U0584027

中国古代法律文献研究

第十辑

中国政法大学法律古籍整理研究所 编

徐世虹 主编

赵晶 执行编辑

社会科学文献出版社

SOCIAL SCIENCES ACADEMIC PRESS (CHINA)

目　录

·书 评·

《中国古代法律文献研究》第十辑
2016 年，第 001 ~019 页

曾伯陭钺铭文平议

郭永秉*

摘　要： 本文在既有研究的基础上，对曾伯陭钺铭文的若干疑难问题进行了讨论，认为“戚钺”应从刘雨等先生说改释为“杀钺”；认为“⿱刑鼎”字确实从“鼎”，但此字应该是刑范之“刑”的本字，与“铸刑鼎”毫无关系，钺铭“⿱刑鼎”字和“井”都读为“刑”，但义各有当，所以用字区别；结合对曾伯陭钺铭的考释和《康诰》等文献中所反映的思想，指出 20 世纪 30 年代出土于浚县、形制与曾伯陭钺最为接近的康侯钺即应是西周早期明德慎罚思想的实证物，并指出曾伯陭钺铭的内容，可能受到《吕刑》、《厚父》等西周文献所反映的用刑治民思想的影响。

关键词： 曾伯陭钺　康侯钺　《康诰》　明德慎罚

2002 年，湖北枣阳郭家庙曾国墓地 21 号墓出土一件曾伯陭钺（GM21：9），黄锡全先生对此钺情况有很好的介绍：

> 此钺出在椁内棺外南侧中部，整器呈“T”字形。通长 19.3、刃宽 14.8 厘米，重 680 克。样式与一般的钺有所不同，而与传世之“康侯斧（钺）”相似。康侯钺原为于省吾先生旧藏，后归故宫博物院，

* 复旦大学出土文献与古文字研究中心教授。

均有“康侯”二字（引者按：康侯钺有两件，故言“均有”）。此钺正反两面均有铭文，环钺形刃部铸铭。两面均为9字，计18字。

黄先生将钺铭释读为：

曾白（伯）陭铸戚戉（钺），用为民䵼，非历殴井（刑），用为民政。[①]

后来对这件钺铭的讨论虽然不算很多，但在从事法律史研究的学者中间，此铭仍然引起了颇为激烈的讨论，个中缘由也十分简单，因为黄锡全先生在考释曾伯陭钺铭文的文章里有这样一段话：

刑字下从“贝”，实“鼎”之演变。刑字从鼎，金文首见，可能与铸成文法典于鼎有关。《左传·昭公六年（前536年）》：“三月，郑人铸刑书。”杜预注：“铸刑书于鼎，以为国之常法。”《左传·昭公二十九年》：“冬，晋赵鞅、荀寅帅师城汝滨，遂赋晋国一鼓铁，以铸刑鼎，著范宣子所为刑书焉。”这件戚钺要早于郑国、晋国“铸刑书于鼎”之时。根据此字，似可说明“铸刑书于鼎”早已有之。

因为铸刑鼎是春秋史上众所周知的大事（叔向因郑人著刑书而致书子产，批评这将导致“民知争端”“弃礼而徵于书”；孔子也对晋国铸刑鼎有严厉批评，认为这是丧弃唐叔虞所受法度的行为，将导致“贵贱无序”），钺铭“䵼”字则恰好把“刑”与“鼎”作为一个字的两个部件结合起来，所以有些法律史学者花了不少笔墨在这一问题上反复论述、商榷。[②] 后来

① 黄锡全：《枣阳郭家庙曾国墓地出土铜器铭文考释》，收入黄锡全《古文字与古货币文集》，文物出版社，2009，第119～131页。下引黄先生意见皆出此文，不再出注；襄樊市考古队等：《枣阳郭家庙曾国墓地》，科学出版社，2005，第306～379页。

② 王沛：《刑鼎源于何时：从枣阳出土曾伯陭钺铭文说起》，《出土文献与法律史研究》第2辑，上海人民出版社，2013；李力：《“䵼”、“殴”、“历”三字的疑难与困惑》，《中国古代法律文献研究》第8辑，社会科学文献出版社，2014（下引李力先生意见皆出此文，不再出注）；王沛：《曾伯陭钺铭文的再探讨》，《中国古代法律文献研究》第9辑，社会科学文献出版社，2015；王沛：《曾伯陭钺铭文补释》，《出土文献研究》第14辑，中西书局，2015。

的一些研究讨论还提出了一些与黄先生释读不一样的看法，莫衷一是。今草此小文简单谈谈我对这件铭文和曾伯陭钺本身意义的几点看法，希望能给研究此铭文及相关问题的学者提供参考；因为铭文简奥，文中一定存在错误，欢迎指正。首先应当强调，从铭文的文义、语法、用韵、节奏看，我认为黄先生对铭文的断句无疑是最合理可信的，下面的讨论都在这个认识的基础上展开。

一　所谓"戚钺"确宜改释为"杀钺"

从古文字释字角度看，曾伯陭钺铭中较困难的一个字是"戉（钺）"字上面的字，目前占优势的是黄锡全先生的释"戚"说（此字已经被《新见金文字编》收在"戚"字下，[1] 可见影响之大），刘雨、严志斌先生则释作"杀"。[2] 我是赞同释"杀"之说的。然而因为刘、严两位先生限于著作体例，并没有对此作论证，相信此说的人很少，这一释文颇为重要，关系到全铭理解的问题，所以我要在这里作一些补充。

黄先生释"戚"之说，是建立在裘锡圭先生对西周金文中一个怪字的考释基础上并加以推阐的结果。这个用作形容钟声的叠词的怪字，在金文当中或写作从"鸟"，或从"金"，也有几个时代稍晚的写作从"戈"之字，声旁则都是一个被裘锡圭先生隶写为"丮"的部件，故得通用。黄锡全先生拿来同钺铭此字直接比对的从"戈"的字形，是见于春秋时代叔弓钟、镈和莒平钟的、字，这是没有疑义的。但这个被裘先生隶定为"丮"的部件究竟是什么，从古文字考释角度一直都有争论。为了确定它的音读，裘先生联系了秦汉篆文、古隶"叔"字所从得声的、写作、、、形的"尗"旁，认为秦汉文字的"叔"字所从实际上就来自"丮"而不是一般的"尗"。黄锡全先生则进一步补充认为楚文字用作"戚郢"之"戚"的字，所从得声的也是这个"丮"，使得释"戚"的意见似乎又增添了一个证据。因此，尽管裘先生仍然很谨慎地认为，叔弓钟、镈和

① 陈斯鹏、石小力、苏清芳：《新见金文字编》，福建人民出版社，2012，第 367 页。

② 刘雨、严志斌：《近出殷周金文集录二编》，中华书局，2010，第 297 页。

莒平钟的从“戈”“兂”之字“跟‘戚’字是否有关，尚待研究”，黄先生则已直接主张把此字读为“戚”了。表面上看，释“戚”的根据似乎很充分，但仔细推敲是有问题的。

第一，从字形上讲，我曾经联系战国文字“尗”旁的特殊写法，论证秦汉篆文、古隶“叔”字和战国楚文字“戚”字所从的“尗”旁，虽然从表面上看与“兂”的形体有些相似，但字形演变序列的角度看，秦汉篆文、古隶“叔”字和战国楚文字“戚”字所从者，其实都是从早期古文字一般的“尗”直接变来的，排除了它们与裘先生所隶写的“兂”旁之间的关系。[①] 换言之，钺铭的字所从是“兂”，它和钟铭的怪字都是不能与楚文字的“戚”字联系的。

第二，从文字系统角度看，把钺铭的释为“戚”，那么加上战国楚文字和秦文字都还在使用的“戚”之初文变来的那种“戚”（详下），以及从戚姬簋〔《殷周金文集成》（以下简称《集成》）3569 号〕字演变而成的标准的《说文》、三体石经篆文“戚”字，文字系统里面将有三种不同文字结构和来源的“戚”。从文字学角度而言，这种情况是绝难找到类似可以比附的例子的。

第三，从文义和器物形制上讲，“戚钺”的意思其实也并不妥当。据林沄先生研究，“戚”所指的器物“是一种特殊形式的钺，即两侧有齿牙形扉棱的钺”，这从殷墟甲骨文的“戚”字字形、可以看得非常清楚，而且这类像“戚”之初文的省变之形，一直到战国秦汉文字中还能看到。[②] 所以，从字形演变序列与器物形制的对应关系，完全可以确定“戚”确实就是一种带有扉棱的钺。黄锡全先生举出古书中“戚钺”连称的例子，从古书的注释及文义来看，也实际上都是“戚”与“钺”的意思，并非一种特殊“钺”的专名。从曾伯陭钺的形制看（参看本文末附图），它与真正的“戚”的差别很大，完全不具备称“戚”或者“戚钺”（如果“戚钺”

① 郭永秉：《谈谈战国楚地简册文字与秦文字值得注意的相合相应现象（提要）》，《战国文字研究的回顾与展望国际学术研讨会论文集》，上海，2015 年 12 月 12 ~ 13 日。

② 林沄：《说戚、我》，《林沄学术文集》，中国大百科全书出版社，1998，第 12 ~ 18 页；陈剑：《说殷墟甲骨文中的“玉戚”》，《中央研究院历史语言研究所集刊》第 78 本第 2 分，2007。

可以勉强视作一种小名冠大名的结构的话）的条件。

正如裘锡圭先生在考释“兇”字时曾描述的那样：“叔弓钟和莒平钟略去了下部的点，上部则沿袭有点的写法而加以变化，因此就跟古文字里有些‘杀’字的左旁难以区分了〔关于这种‘杀’字的写法，请看李家浩《齐国文字中的“遂”字》，《湖北大学学报》（哲学社会科学版）1992年第3期30~31页〕”，此字与“杀”的关系确实密切；李力先生推测刘雨、严志斌先生释“杀”的根据就是李家浩先生的意见，可能的确如此。从字形上看，叔弓钟、镈，莒平钟及钺铭之字去除“戈”旁部分的写法，确实最近于确定无疑的早期古文字的“杀”字（例如西周春秋金文中写作[illegible]、[illegible]、[illegible]的“杀”字）所从，极有可能本就与“杀”字所从为同一个部件，而并不是从其他形体讹变的结果。一般的“杀”字皆从“殳”或“攴”作，这几个字从“戈”，是偏旁通用的关系，这一点李家浩先生文章已引王国维说加以说明了。

“曾伯陭铸杀钺”句，意思也极为顺适。“杀”是表示“钺”的功用的词，犹如青铜器铭文中的“食鼎”、“羞豆”、“饮鑵”、“盥盘”等功用加器物自名的格式。① 刑杀是钺的功能，《礼记·王制》“诸侯赐弓矢然后征；赐鈇钺然后杀”，已经明确说清楚了这一点。《逸周书·克殷》：“（武王）先入，适（纣）王所，乃克射之三发，而后下车，而击之以轻吕，斩之以黄钺，折县诸大白”，“周公把大钺，召公把小钺，以夹王”（参看《尚书·牧誓》、《史记·鲁周公世家》等），武王所执黄钺与周、召所执的大钺、小钺，无疑都是专杀的象征。汉代以下的文献仍有相关表述，如《白虎通·考黜》：“喜怒有节，诛伐刑，赐以鈇钺，使得专杀。”《后汉书·郭躬传》：“帝曰：‘军征校尉一统于督。（秦）彭既无斧钺，可得专杀人乎？’”从先秦到两汉，赐斧钺专杀的象征意义是一贯的。

所以无论是从字形还是文义讲，释[illegible]为“杀”要比释“戚”合理得多。“杀钺”的释读确定下来之后，对于我们理解铭文剩余部分的意旨，无疑是有积极作用的（详本文第三部分）。

---

① 陈英杰：《西周金文作器用途铭辞研究》，线装书局，2008，第129~204页。

二　关于“⿱刑鼎”字问题

前文已经提及，铭文“⿱刑鼎”字在金文资料中首次出现，也是很受关注、争论颇多的一个焦点。在此节当中准备谈三个问题：第一，“⿱刑鼎”究竟是否从“鼎”；第二，此字如果从“鼎”，能否为铸刑鼎说提供字形上的佐证；第三，此字与铭文下文“井”的关系。

此字原字形作，上部从“刑”，黄锡全先生认为下部是由“鼎”演变过来的“贝”形。此后王沛先生就曾把这个字的下部释作“贝”，并说“在古文字中，贝和鼎是同一个象形字，对此黄先生的论文中已经阐明了”。他的这种说法，受到了李力先生的批评。李先生指出“贝”“鼎”本是不同的字，“鼎”变成“贝”的现象是古文字中的“讹混”现象，并举齐国国差（佐）𦉜“鼏”字“鼎”旁变成“贝”形的例子，指出春秋时“鼎”“贝”二旁出现讹混。这些批评无疑是有道理的。然而尽管李力先生举出的“鼎”“贝”讹混的例证时代（即齐国国佐所处的时代）距离西周晚期到春秋早期的曾伯陭钺铸造的时代，大约至少有两百年的时间，他却仍然主张把字下部的“贝”形视为“鼎”的讹变，这从证据力上则是不足以服众的。因为众所周知，古文字学家一般认为“鼎”讹混成“贝”形的现象基本上是春秋以下才有的，裘锡圭先生曾经说：

> （战国时代）在秦和东方国家的文字里，都出现了“则”字所从的“鼎”旁简化为“贝”旁的现象。在东方，早在春秋战国间，晋国的侯马盟书里已经出现了从“贝”的“则”字（盟书里多数“则”字仍从“鼎”）。秦系文字省“鼎”旁为“贝”旁，有可能是由于东方国家文字的影响。①

可见秦系文字“鼎”讹省作“贝”的情况一般而言都认为是相当晚的。曾

① 裘锡圭：《文字学概要（修订本）》，商务印书馆，2013，第78页。

伯陭钺时代在西周春秋之际，与宗周及秦系文字形体特征的关系应该是极其密切的，所以从逻辑上讲，要证明此字从写作“贝”形的“鼎”旁而非从“贝”，还必须举出更加过硬的共时性证据，否则就会像《新见金文字编》那样，仍然把钺铭此字收在“贝部”的“賏”字下面（即并不认为此字是从“贝”形“鼎”旁的）。①

其实在西周金文当中，已经出现了若干“鼎”旁讹混为“贝”的例子，先看下面所举的两例“娟（妘）”字〔“员”本从“鼎”从“○（即‘圆’之初文）”〕：

《集成》2546 辅伯𤔲父鼎（西周晚期）

《集成》9447 仲皇父盉（西周晚期）②

这种将鼎足两侧扉棱形省掉的写法，已滥觞于西周中期金文的“员”字，只不过当时鼎身部分的写法，还保留了比较明显的“鼎”形原始特点：

《集成》3950、3951□弔簋（西周中期）③

同为西周中期的“贝”字或作（《集成》2776 剌鼎）、（《集成》4293 六年琱生簋），④ 比较后可以看出二者混同的字形基础已经完全出现。⑤ 再看下面一例“贞”字：

《文物》1994 年第 8 期晋侯邦父鼎（西周晚期）⑥

所从“鼎”已与春秋以下混同于“贝”的写法如出一辙。可见至迟在西周晚期，用作某些字的偏旁的“鼎”确实已经出现了混同于“贝”形的明显

---

① 陈斯鹏、石小力、苏清芳：《新见金文字编》，第 194 页。王沛先生后来仍然把此字下部隶定为“贝”，虽然他自己解释为“出于造字方便的原因”（王沛：《曾伯陭钺铭文补释》，《出土文献研究》第 14 辑，第 179 页），但实际上仍然有字形表面上与“贝”一致的缘故。

② 董莲池：《新金文编》，作家出版社，2011，第 1639 ~ 1640 页。

③ 董莲池：《新金文编》，第 798 页。不过这个字比较奇特，也有可能不是“员”字，即使此字被排除与“员”的关系，也不会影响到我们的结论。

④ 董莲池：《新金文编》，第 801、802 页。

⑤ 西周晚期金文有一个从“鼎”“卯”声的字，有学者认为就是“贸”字的讹字（陈斯鹏、石小力、苏清芳：《新见金文字编》，第 192 页），其说如确，则是一种非常特殊的逆向讹混现象，这无疑可以旁证当时“贝”“鼎”相混的严重程度。

⑥ 董莲池：《新金文编》，第 399 页。此“贞”字假借为“鼎”用。

趋势。这些字的共同特点是："鼎"旁都居于字形结构的下部或一角，所以会在最末书写（或局于一角书写）的鼎足部分加以简省（很可能正是因为"则"字的"鼎"旁上方没有其他部件，所以"则"字的"鼎"旁讹省为"贝"的写法就出现得比较晚）。而且值得注意的是仲皇父盉的"媍"字所从"鼎"形的写法，与钺铭字下所从偏旁的写法十分接近，鼎体部分皆只有一横；两角的竖笔微微出头，应当是从象鼎形立耳的笔画省变而来的痕迹。大家一般都把曾伯陭钺的时代定在西周晚期至春秋早期，从我们所比对的字形特征及时代看，也是完全合拍的。这都可以支持黄锡全先生的释字及对字形特点的分析。[①]

确定了字确实从"鼎"，下面就来谈这个字是否可以为铸刑鼎说提供证据的问题。持此字可以为铸刑鼎说提供证据的学者，实际上是把这个字看作从"刑"、"鼎"会意的字，或者是把这个字看成从"鼎"从"刑"、"刑"亦声的特殊形声字，认为这个字是专为铸于鼎上的刑书而造的字。这种看法从文字学角度仔细推敲，其实是无法站住脚的。因为无论取上面那种分析，这个字所代表的词，无疑仍是刑罚之"刑"，西周时候的刑律，即使姑且假设存在铸在鼎上的情况，也必定不是惯常现象，而该以书写在简册上面为绝对常态〔《逸周书·尝麦》一般被认为是可靠的西周文献，[②] 此篇有"太史筴（策）刑书九篇以升，授大正"语，可证刑书在西周一定是书于简册的；从叔向、孔子对铸刑书的做法的批评完全可以看出来，这种行为春秋时代尚不多见、引起政治家的异议，绝无可能想象在西周时反而是一种常见现象〕，如要为刑法、刑律的"刑"造字，断不会用一个非常态的特殊载体"鼎"来作为这个字的义符或表意偏旁——因为"鼎"作为限定意义的偏旁，其定符功用是完全

① 当然，我们现在注意到这些例子之后，也应当思考，战国以后秦文字的"鼎"旁出现省变为"贝"的现象，很有可能也并不是受了东方国家文字特点的影响，而是宗周及秦系文字自发的字形省变现象，因为在西周晚期的金文当中，这类现象即使不能说十分普遍，但也已绝不是仅见的特例了。

② 参看黄怀信《〈逸周书〉源流考辨》，西北大学出版社，1992，第116页；但也有学者从语言特点等方面考察，主张是春秋早期的作品（参看周玉秀《〈逸周书〉的语言特点及其文献学价值》，西北师范大学博士学位论文，2004，第ii页）。

不适切、没有普遍性的。所以，看到这个字形便联想到古代铸刑鼎的事情，实际上是犯了一种利用古文字字形谈论上古历史文化问题时经常出现的“望形生义”的毛病，还不完全是李力先生批评的“过度解读”的问题。

其实，我们把这个字释作“䵺”、认为下部不是“贝”而是混同于“贝”形的“鼎”，是基于一个重要的考虑，那就是“鼎”与刑（型）范之“刑”有密切联系，这一认识是与字形结构分析密切相关的。我们注意到，王沛先生在受到李力先生对“刑鼎”说的批评之后，提到“䵺”（按：王文仍把下部隶定为“贝”）“字形从井从鼎，和从鼎之‘则’类似”，[①]这似已无意间触及“鼎”旁的表意作用所在，惜未能作合理深论；且因为王先生要牵合他所谓“井”与“䵺”是有级别高低之别的法的解释（详下），还因为他还没有彻底放弃“䵺”字表示铸刑鼎说，所以刻意地把“䵺”字分析为“从井从鼎”，这是非常不妥当的，“䵺”字无疑从“鼎”从“刑”、“刑”亦声，在分析字形的时候，不能忽略字形上部是从“刀”的“刑”字的事实。“刑”古代有刑范的意思（《荀子·强国》：“刑范正，金锡美，工冶巧，火齐得，剖刑而莫邪已。”），这个意义后来往往写作“型”。鼎是青铜器的重要器型之一，铸造铜器的刑范之“刑”以“鼎”为意符，是非常恰切的。“则”字从“鼎”情况当类似。按照孙常叙先生的看法，以西周金文从两鼎一刀的“则”字字形结合“则”字字义来推测，“则”字从“鼎”是“以鼎代器。上一鼎是所比照的器样，下一鼎是比照器样仿制出来的模型母胎”，[②]刑范与楷模、准则的意思也相承（从前举《强国》语中有“刑范正”语可知刑范的最重要特质为标准规范），所以“刑”、“则”从“鼎”的用意颇有接近处。在西周金文当中，“鼎”字就可以作为“则”来用，[③]这恐怕并不是偶然“省脱”“则”字“刀”旁的结果，或许可以看作类似“一形多用”的早期古文字特殊现象。前面曾

① 王沛：《曾伯陭钺铭文补释》，《出土文献研究》第14辑，第177页。

② 孙常叙：《则、法度量则、则誓三事试解》，《孙常叙古文字论集》，上海古籍出版社，2016，第300页。

③ 朱凤瀚：《卫簋与伯㺇诸器》，《南开大学学报》（哲学社会科学版）2008年第6期；裘锡圭：《㺇簋铭补释》，《裘锡圭学术文集》第3卷，复旦大学出版社，2012，第178页；李学勤：《关于伯㺇器的补记》，《新出青铜器研究（增订版）》，文物出版社，2016，第349页。

提及的从“鼎”的“员”字，一般认为是在“○（圆）”下加注“鼎”字以避免与其他字相混的繁体，因为“鼎绝大多数是圆口的”，[①] 这当然是一种很合理的解释，但或许也有可能是以“鼎”形所带有的刑范、准则之义来表示规则标准的“圆形”的意思的。所以“鼏”是为刑（型）范之“刑（型）”所造的专字，应该是绝无疑义的；换言之，这个字形对铸刑书于鼎的时代的推定毫无作用。

李力先生驳斥铸刑鼎说时，引李学勤先生对师同鼎两种不同写法的“车”字的考释，认为钺铭“鼏”和“井”都读为“刑”，也是所谓“同字同辞异构”现象，“鼏”与铸刑鼎事无关。这一解释自然没有为王沛先生接受。李力先生对“同字异构”现象的理解确实有问题，他也没有解释“鼏”字的本义究竟是什么。“井”字用为“刑”是纯粹假借用法，无论李力先生对“鼏”字本义如何理解，“鼏”“井”两字绝非“同字异构”关系；即使它们在铭文中确实都是表示“刑”这个词，也只是用了两个不同字的问题，援引李学勤先生之说来作解释，的确并不贴切合理。

王沛先生所谓“井”“鼏”乃旧法与新规或高级法与特别法的区别，不但建立在不当断句的基础之上立说，而且这种立论全无训诂学根据，是无法令人相信的。试问表示“法”的意思的“井”该读什么词呢？显然就是“刑”，因为“井”字本身如果不是假借来表示“刑”这个词，在词义引申的序列当中，“井”字是不可能具有“法”一类意思的。如果“井”就应破读为“刑”，我们就不得不追问，“鼏（刑）”这种王沛先生所谓的“特别法”，与高级法“井（刑）”在语言上到底有何种区别呢？王沛先生极力主张不破读大家公认应该读为“刑”的西周牧簋、逑鼎的“井”字，我认为实际上似乎正是在刻意地回避这个问题。所以，王沛先生的解释是不能成立的。

根据我们前文对“鼏”字造字本义的分析出发，对于“鼏”“井”二者的区别其实是容易解释的。我认为“鼏（刑）”字在此用作本义刑范、法则一类意思；而“井”读为“刑”，表示的则是刑律、刑罚的意思。它们表示的是同一个词（“刑”）的不同义位，所以使用不同的字来表示。

---

① 裘锡圭：《文字学概要（修订本）》，第115页。

“曾伯陭铸杀钺，用为民刑”的意思，就是曾伯陭铸造这件用以刑杀的钺，以作为百姓的刑范、标准（意即以此钺为权威，来刑范、规则百姓之行为）。[①]“非历殹（伊）井（刑），用为民政”句的“非……殹（伊）……”结构和“历”字如何作解，因为涉及钺铭反映的西周用刑思想，我们放到下面一节去谈，此处不赘；但将此句“井”字读为“刑”，表示刑罚、刑杀的意思，[②]也就是《史记·周本纪》说成康之际“刑措四十年不用”的“刑”，我认为则应无太大问题。总之，铭文中这两个“刑”，分别使用“䵻”与“井”字表示，有着文字职能分工、明确字义的作用，王沛先生对李力先生“同字异构”说提出的质疑，在我们看来也完全可以得到合理回答。

三　康侯钺和曾伯陭钺皆为西周明德慎罚思想的实证物

钺铭的“非历殹（伊）井（刑），用为民政”一句，是全铭最为难解，也是最重要的一句话，迄今似未得善解。我认为这句话应当结合西周慎罚思想来做解释，下面试作论述。

“非……殹（伊）……”句，最容易联想作比的便是黄锡全先生文中提到的《诗经·小雅·蓼莪》的“匪莪伊蒿”、“匪莪伊蔚”结构，表示“不是……而是……”的意思。这类结构在《诗经》当中，还有《鲁颂·泮水》的“匪怒伊教”一句。但是按照这种结构去解释，“匪”“伊”二字之后必须是对言的两个事物，这就会碰到“历”作为与“刑”相对的事物，应当如何落实的麻烦问题。黄锡全先生提出“历”训为“行”和读为“辟”（表示杀伐或型范义）两种意见，认为整句的意思是“不是行用此钺杀伐用刑，而是以刑律治理人民”。实际上训“历”的“行”，不是“行用”的意思，而是“行走”“周行”的“行”，“行用此钺杀伐用刑”的翻译，则似乎是要再把训“行”和读“辟”的意见糅合起来作解，这自然是

① “用为”即“以为”，用法同《诗经·大雅·抑》“匪用为教，覆用为虐”的“用为”。

② 黄锡全先生说“刑字处有缺口，仅存‘井’形，根据文义，当是‘刑’字，构形当与上一‘刑’字类同，只是刀形位于左面，下未见从鼎”，如其说符合事实，则此字本来就应该释为“刑”。

更不合适的。至于把“历”读为“辟”，也并没有可靠的根据，这一点王沛先生也已指出了。[①] 我曾反复地从“匪莪伊蒿”、“匪怒伊教”这类句型出发，去考虑钺铭的读法，感觉实在很难得到一个满意的解释，所以想到很可能应该换一种读解的方向。

我现在认为，“非”字应当是否定后面“历伊刑”的，而不是单单否定“历”字的（用法犹《尚书·盘庚》“非废厥谋”、《君奭》“非克有正”之“非”）；“殹（伊）”字当从王沛先生的意见，用作指示代词，[②] 但王先生把“伊”训作“那”，则不如传统语文学家训“伊”为“是”的意见来得妥当。[③] “伊刑”应是“历”的宾语。我们知道，“历”（来母锡部）、“丽”（来母歌部）古音很近，往往相通，例如古书中从“历”、“磿”得声的字，常与“丽”及从“丽”声的字互为异文；[④] 《论衡·薄葬》：“鲁人将以玙璠敛，孔子闻之，径庭丽级而谏。”《吕氏春秋·安死》叙述同一件事作“孔子径庭而趋，历级而上”。所以我怀疑钺铭的“历”可以读为“丽”。“丽”由附丽之义引申有施加的意思，《荀子·宥坐》：“官致良工，因丽节文。”王念孙《荀子杂志》指出：“丽者，施也（见《广雅》及《多方》《顾命》《吕刑》传、《士丧礼》注）。言因良材而施之以节文也。”[⑤] 正如王氏指出的，《尚书》中这类意思的“丽”字多次出现，例如《吕刑》下面几句话值得注意：

> 越兹丽刑并制，罔差有辞。
>
> 惟时苗民匪察于狱之丽，罔择吉人，观于五刑之中。

汉人多训《吕刑》的“丽”为“施”，江声《尚书集注音疏》说“盖

---

① 王沛：《曾伯陭钺铭文补释》，《出土文献研究》第14辑，第174页。

② 王沛：《曾伯陭钺铭文补释》，《出土文献研究》第14辑，第176页。

③ 谢纪锋：《虚词诂林》，商务印书馆，2015，第290～291页。

④ 高亨、董治安：《古字通假会典》，齐鲁书社，1989，第471页。锡部是支部的入声，支、歌二部古音关系密切，是古音学的常识；过去古音学家就有把“丽”字归入支部的（参看郭永秉《补说“丽”、“瑟”的会通》，《古文字与古文献论集续编》，上海古籍出版社，2015，第24页）。“丽”字和从“丽”声的字，多有与从“斯”字和从“斯”声、“儿”声的支部字相通之例，参看《古字通假会典》，第675～676页。

⑤ 王念孙：《读书杂志》，上海古籍出版社，2014，第1926页。

附罪人于刑即是施刑于罪人，均为丽也，故丽可训附亦可训施也”。戴钧衡解释前一句说：“丽刑，犯罪者也。制，裁割也。‘有辞’，有理可言者，《孔传》所谓有直辞也。于此丽刑之民，一并裁割，虽无罪者不加差别。”①孙星衍解释后一句说：“惟是苗民不审察于狱之施，不择善人，察于五刑之适中。”② 但这种传统解释后来有学者并不同意，杨筠如先生《尚书覈诂》主张见于《尚书·多方》“不克开于民之丽”、“慎厥丽乃劝”，《顾命》“奠丽陈教则肄”和上举《吕刑》文的“丽”字，都不是汉人所说的“施”义，而应是法则、刑律的意思。③ 他的说法影响似乎颇大，④ 但我认为对于《尚书》多数的“丽”字，解释为“法则”、“刑律”其实都不能通，杨说恐有问题。反倒是《多方》讲成汤“代夏作民主”之后“慎厥丽，乃劝；厥民刑，用劝”，其中的“丽”字似乎只能解释为“施用（刑罚）”，周秉钧先生说这两句“言成汤施罚行刑，皆所以劝勉为善也”，⑤ 大致是可信的。“丽”、“施”这些表示施加义的动词，往往可以省去后面所带的直接宾语“刑罚”，例如《左传》昭公十四年：“叔向曰：三人同罪，施生戮死可也。”杜预注：“施，行罪也。”“施生”就是判生人罪、加生人刑的意思。所以把“慎厥丽”解释为审慎对人施刑是合适的。⑥

如果这些意见离事实不远，我认为钺铭的“非历（丽）殹（伊）井（刑），用为民政”的意思实际上是：并不是要施用这刑罚，而是以此钺作为老百姓的准则与禁令。《逸周书·允文》：“宽以政之，孰云不听，听言靡悔，遵养时晦。”唐大沛云：“政者，正也。”⑦ 这个“政”的意思是“使之正”。《大戴礼记·盛德》：“德盛则修法，德不盛则饰政。”卢辩注：

① 皆引自顾颉刚、刘起釪《尚书校释译论》，中华书局，2005，第1943～1944页。

② 孙星衍：《尚书今古文注疏》，中华书局，1986，第528页。

③ 杨筠如：《尚书覈诂》，陕西人民出版社，2005，第382页。

④ 顾颉刚、刘起釪：《尚书校释译论》，第1726页。

⑤ 周秉钧：《尚书易解》，华东师范大学出版社，2010，第241页。

⑥ 《尚书·梓材》有所谓“历人”，四十三年逑鼎铭文记周王册命逑“官司历人”〔参看李学勤《四十三年佐鼎与牧簋》，《新出青铜器研究（增订版）》，第320页〕，颇疑所谓“历人”亦即“丽人”，谓施刑罚于人（或被施刑之人）之义，记此待考。

⑦ 黄怀信、张懋镕、田旭东：《逸周书汇校集注（修订本）》，上海古籍出版社，2007，第101页。

"法，德法。政，禁令。"[①] 禁令是让人行为得正的东西。所以我认为钺铭的"民政"，也应该指能使老百姓行为得正的标准、禁令之意，与前文的"民刑"实际上是互文见义的。所谓"伊刑"一语，照应的显然是铭文开头的"杀钺"。

钺是专刑杀的象征，已见前文；但是铭文又反过来强调"非丽伊刑"，这显然是西周时代"明德慎罚"思想的反映。西周明德慎罚的思想十分重要，中国古代法制慎刑思想导源于是，学者对此已多有论述，[②] 此处无须多赘。我们只想补充谈一下康侯钺与曾伯陭钺对研究西周明德慎罚思想的意义。

本文开头已引及黄锡全先生的文章，指出与曾伯陭钺形制最相似的，是西周早期的两件康侯钺（铭文著录于《集成》11778、11779 号）。康侯，即武王母弟卫康叔封。据清华简《系年》"周成王、周公既迁殷民于洛邑……乃先建卫叔封于庚（康）丘，以侯殷之余民。卫人自庚（康）丘迁于淇卫"的表述，可知"康侯"、"康叔"之"康"是据封邑名"庚（康）丘"而来，卫康叔是先受封于"康"地的；[③] 董珊先生据此指出，"卫康叔"名号是因徙封而联称二邑之名。[④] 据陈梦家先生统计，西周金文中铭"康侯"二字而出土时代较近的有斤、钺（2 件）、矛、銮铃、觯、罍；较早被著录的则有康侯丰鼎、康侯鬲等。[⑤] 据《左传》定公四年，"分康叔以……殷民七族……命以《康诰》，而封于殷虚"；《书序》也明确指出《康诰》、《酒诰》、《梓材》三篇是"成王……以殷余民封康叔"时所作。大约 1931 年与康侯钺等康侯器同时在浚县被盗掘而不一定是出自同墓

① 方向东：《大戴礼记汇校集解》，中华书局，2008，第 831 页。

② 参看曾荣汾《康诰研究》，台湾学生书局，1981，第 65 页；冯卓慧《中国古代慎刑思想研究——兼与 20 世纪西方慎刑思想比较》，《法律科学（西北政法学院学报）》，2006 年第 2 期。

③ 李学勤：《清华简〈系年〉及有关古史问题》，《文物》2011 年第 3 期。

④ 董珊：《清华简〈系年〉所见的"卫叔封"（修订稿）》，复旦大学出土文献与古文字研究中心网，2011 年 12 月 26 日。

⑤ 陈梦家：《西周铜器断代》，中华书局，2004，第 11～14 页。参看唐兰《西周青铜器铭文分代史征》，中华书局，1986，第 34 页（藏于弗利尔美术馆的康侯器，唐先生称"刀"，与陈先生记作"斤"不同；陈先生称为"戉（钺）"的，唐先生称"斤"）。

的，还有沬司徒疑簋（《集成》4059 号），[①] 职官“司徒”前所冠的地名“沬”即《尚书·酒诰》“妹邦”之“妹”，为纣之都所处，[②] 与器物出土地正相合。所以同在浚县出土的康侯器群（包括康侯钺在内），极有可能就是成王分封康叔时所铸。我们都熟悉，分封康叔的最重要的一篇历史文献——《康诰》，就是所谓“明德慎罚”一语的出典之一：[③]

> 王若曰：“孟侯，朕其弟，小子封。惟乃丕显考文王，克明德慎罚，不敢侮鳏寡，庸庸，祗祗，威威，显民。”

稍后的古书中往往以“德”“刑”并举（《左传》多见），即与此处“德”“罚”对举同意；在刑罚的对立面提出“德”的思想，是周人统治术的一种创造。[④]《康诰》通篇可以说就是围绕着明德慎罚展开的，请看如下几段文字：

> 王曰：“呜呼！封，敬明乃罚。人有小罪非眚，乃惟终，自作不典，式尔，有厥罪小，乃不可不杀。乃有大罪，非终，乃惟眚灾，适尔，既道极厥辜，时乃不可杀。”

这是强调谨慎刑罚，无论罪行大小、判决是否杀戮的关键在于犯罪者主观意图及是否屡犯。

> 王曰：“呜呼！封，有叙时，乃大明服，惟民其敕懋和。若有疾，惟民其毕弃咎。若保赤子，惟民其康乂。非汝封刑人杀人，无或刑人杀人。非汝封又曰劓刵人，无或劓刵人。”

---

① 唐兰：《西周青铜器铭文分代史征》，第 34 页。

② 唐兰：《西周青铜器铭文分代史征》，第 28 ~ 29 页。

③ 《尚书》中另一处谈到“明德慎罚”的地方是《多方》“乃惟成汤克以尔多方简，代夏作民主，慎厥丽，乃劝。厥民刑，用劝。以至于帝乙，罔不明德慎罚，亦克用劝”。

④ 顾颉刚、刘起釪：《尚书校释译论》，第 1303 ~ 1304 页。

这是要求康侯保民如子，刑杀劓刵之权掌握于康侯封手中，他人不得行使。

> 王曰："汝陈时臬事，罚蔽殷彝，用其义刑义杀，勿庸以次汝封。乃汝尽逊，曰时叙，惟曰未有逊事。"

这则是强调要合理刑杀，不顺从迁就康侯封个人的意愿。

> 王曰："封，予惟不可不监，告汝德之说于罚之行。"

"于"的意思类同于连词"与"，"行"即"道"，[①]"德之说于罚之行"呼应前文的"明德慎罚"。

差不多是同时所做的《酒诰》和《梓材》贯彻了同样的思想：

> 厥或诰曰："群饮。"汝勿佚，尽执拘以归于周，予其杀。又惟殷之迪，诸臣惟工乃湎于酒，勿庸杀之，姑惟教之。有斯明享，乃不用我教辞，惟我一人弗恤，弗蠲乃事，时同于杀。（《酒诰》）
>
> 曰："予罔厉杀人。"亦厥君先敬劳，肆徂厥敬劳。肆往奸宄、杀人、历人，宥，肆亦见厥君事，戕败人，宥。（《梓材》）

这也是强调教化的重要性，强调应杜绝滥杀无辜、宽宥有罪之人。所以我们有理由推论，分封康侯时所铸的康侯钺也是一件专主刑杀的"杀钺"，正是《康诰》等历史文献中反映出来的明德慎罚思想的实证物。这一点过去不为人所论及，想必是从简单的"康侯"二字铭文中不能发掘出更多历史信息，很难对此钺的象征意义及政治内涵有透彻了解，易把它等同于一般的兵器看待的缘故。但通过上文对形制功能完全一致的曾伯陭钺铭文的考释，结合《康诰》《酒诰》《梓材》三篇思想的分析，我认为已基本上可以清楚揭示康侯钺的这一重要价值了。

① 顾颉刚、刘起釪：《尚书校释译论》，第1350页。

两周时代的曾国族属与相关历史问题，因为考古资料的不断发现，呈现出比较复杂的面貌。目前对于西周早期的曾国究竟是姬姓，还是其他族姓，仍有争论；① 但对西周晚期至两周之际以后的曾国即古文献中所见的姬姓随国这一认识，则基本已并无疑义。② 我们所探讨的两周之际的曾伯陭钺，当属于姬姓曾国（也就是文献里的随国）国君所有，应该是可以确信地。曾伯陭秉持西周早期以来明德慎罚思想，明确宣示铸杀钺并非以施丽刑杀为目的，而是为型范、规正下民，应该与其出身姬姓周人之后，受到西周传统思想深刻影响有关。《礼记·中庸》：

> 是故君子不赏而民劝，不怒而民威于鈇钺。《诗》曰："不显惟德，百辟其刑之。"

"不怒而民威于鈇钺"、"百辟其刑"，正是钺铭宣扬"铸杀钺"的目的"用为民刑；非历伊刑，用为民政"，这类秉德用刑治民的古老思想，都可以在曾伯陭钺上得到印证。

我们知道，明德慎罚思想在西周中期以后的铜器铭文里面也有反映〔例如牧簋铭文提到，周王册命牧时要求他"女（汝）毋敢弗帅先王作明井（刑）"〕，但说得最透彻明白且有所发展的，还要算近年发表的清华简《厚父》。《厚父》是一篇佚《书》，它很可能是西周人根据早期传说，以夏代某王与其臣厚父对话的形式，③ 撰写的一篇宣扬作刑治理下民的重要文献，其中的文句曾见引于《孟子》。在这篇佚《书》当中，厚父指出：

> 古天降下民，设万邦，作之君，作之师，惟曰其助上帝乱下民之

---

① 参看黄凤春《说西周金文中的"南公"——兼论随州叶家山西周曾国墓地的族属》，《江汉考古》2014 年第 2 期。

② 参看董珊《从出土文献谈曾分为三》，《出土文献与古文字研究》第 5 辑，上海古籍出版社，2013。这一姬姓曾国，董珊先生认为是西周晚期周人伐灭本属于姒姓之曾附近的鄂侯（其事见禹鼎铭文，《集成》2833、2834 号），势力进驻之后，在原曾地改封姬姓诸侯的产物。

③ 参看郭永秉《论清华简〈厚父〉应为〈夏书〉之一篇》，《出土文献》第 7 辑，中西书局，2015。

> 慝。王乃（按："乃"训为假设连词"若"）遏佚其命，弗用先哲王孔甲之典刑，颠覆厥德，淫湎于非彝，天乃弗若，乃坠厥命，亡厥邦；惟时下民巩（?）帝之子，咸天之臣，民乃弗慎厥德，用叙在服。
>
> 天命不可谌斯，民心难测。民式克恭心敬畏，畏不祥，保教明德，慎肆祀，惟所役之司民启之。民其亡谅，乃弗畏不祥，亡显于民，亦惟祸之攸及，惟司民之所取。今民莫不曰余保教明德，亦鲜克以谋。①

厚父这是说，上天为下民立君主，就是为之作师，是要助上天治理下民罪恶的，所以他要求夏王继承先哲王孔甲的"典刑"（即常法），不能颠覆先哲王的旧德，这样才能保有天命，下民才能慎德、臣服。又因为天命无常、民心难测，所以民能否明德、慎祀，完全取决于管理臣民的人（所谓"司民"）本身的作为。这已经把君主以典刑治理下民及慎德、明德，提高到了天命的层次（君主是受天命来纠治下民之恶的），这似乎可以说是西周政治和法律思想上的一个发展（这一点应该是从《吕刑》"敬之哉，官伯族姓，朕言多惧，朕敬于刑，有德惟刑。今天相民，作配在下……天罚不极，庶民罔有令政在于天下"发展出来的，可见《厚父》撰作时代可能不会太早）。曾伯陭钺铭强调铸钺的作用是"为民刑"、"为民政"，或许就是受到了这类思想的影响。

2016 年 6 月 28 日定稿

① 李学勤主编《清华大学藏战国竹简（伍）》，中西书局，2015；郭永秉：《论清华简〈厚父〉应为〈夏书〉之一篇》，《出土文献》第 7 辑。

附图

曾伯陭钺正背面拓本（取自黄锡全先生文）

康侯钺（《集成》11778、11779号）

《中国古代法律文献研究》第十辑
2016年，第020～035页

《周礼》大宰八法研究*

朱红林**

摘　要：大宰八法指的是《周礼·天官·大宰》中治理官吏的八项举措：官属、官职、官联、官常、官成、官法、官刑、官计。这八项措施形成了比较完整的治官制度，被认为是全书之"纲领"。从战国时期传世文献和出土文献的记载来看，八法中的多数内容或指导原则都在当时的政治实践中或多或少得到了应用。大宰八法很可能是战国时期治官制度的理论化总结，对于研究中国早期官僚制度具有很重要的意义。

关键词：《周礼》　大宰八法　战国时期　治官理论

大宰八法指的是《周礼·天官·大宰》中治理官吏的八项举措。《大宰》曰："以八法治官府：一曰官属，以举邦治。二曰官职，以辨邦治。三曰官联，以会官治。四曰官常，以听官治。五曰官成，以经邦治。六曰官法，以正邦治。七曰官刑，以纠邦治。八曰官计，以弊邦治。"孙诒让曰："全经六篇，文成数万，总其大要，盖不出此八科。"① 洪诚指出："大

* 本文为国家社科基金项目"《周礼》注所见汉代史料辑证"（14BZS098）阶段性成果。

** 吉林大学古籍研究所、出土文献与中国古代文明研究协同创新中心教授。

① 孙诒让：《周礼正义》第1分册，中华书局，1987，第63页。

宰八法，为全经之纲领，新疏以官职官常为经，以官联为纬。其于官联之错综隐互，钩覈尤详。此为全书之内部脉络，为董理全书之最切要处。”[1] 沈文倬说：“‘八法治官府’是治理众官之‘法’，实是全书纲领，最为重要。八法阐明，就能若网在纲，无事不举。”[2]《周礼》以天地春夏秋冬为纲，构筑了一个庞大繁杂、无所不包的国家职官体系，而八法则是如何有效地组织运作这庞大的职官体系的关键所在。因此，八法受到学者高度重视是理所当然的。

学者们已经认识到，《周礼》大宰八法是战国时期的一种官僚控制理论，特别是吸收了商鞅、韩非子等关于君主加强中央集权的学说。[3] 但对于八法各自的内涵及彼此之间相辅相成的组合关系，八法理论在《周礼》职官设置中的具体体现，以及八法理论与近年来出土文献中有关战国秦汉职官理论之间的关系等，还有必要进一步跟进研究，这对于我们研究战国时期的官僚制度都是很有意义的。

下面我们就此谈几点不成熟的看法，请专家学者批评指正。

一　官属

官属之法强调的是职官系统内部的统属关系。《周礼》作为一部专门记载职官制度的典籍，官吏的上下统属关系当然是其重点关注的内容之一。《大宰》：“一曰官属，以举邦治。”“举”有纲举目张之义。官僚系统内部上下统属关系明确，国家机器的运转才能井然有序，纲举而目张。尤其是春秋战国以来，国家机构不断完善，职官的设置也越来越复杂，这就对国家管理体系的层次化、系统化提出了越来越高的要求，官属理论也就应运而生。孙诒让曰：“属犹言属别，谓以爵位尊卑相领隶。《国语·楚语》云：‘五物之官陪属万，为万官。’彼据五官言之，义亦同也。凡官

① 洪诚：《读〈周礼正义〉》，杭州大学语言文学研究室编《孙诒让研究》（内部发行），1963，第21页。

② 沈文倬：《孙诒让〈周礼〉学管窥》，杭州大学语言文学研究室编《孙诒让研究》，第38页。

③ 彭林：《〈周礼〉主体思想与成书年代研究》（增订版），中国人民大学出版社，2009，第76页。

属，有总属，有分属，有当官之属，有冗散之属。总属即六官属各六十，通属于其正是也。分属若庖人、内饔、外饔、亨人属膳夫是也。当官之属者，宫正中下士以下，属于上士是也。冗散之属，若四方之舞仕者属旄人，国勇力之士属司右，相犬、牵犬者属犬人，皆无职名员数也。四者各以尊卑相隶，通谓之官属，先郑举其大者言之。凡六官之属亦多赢羡，不皆六十，《小宰》约举大数耳。”①

六官之属各六十，孙诒让认为这种“官属”属于“总属”，基本原则是“大事则从其长，小事则专达”，既强调上下级之间的隶属关系，又主张发挥官吏本身的主观能动性。《小宰》：“以官府之六属举邦治：一曰天官，其属六十，掌邦治，大事则从其长，小事则专达。二曰地官，其属六十，掌邦教，大事则从其长，小事则专达。三曰春官，其属六十，掌邦礼，大事则从其长，小事则专达。四曰夏官，其属六十，掌邦政，大事则从其长，小事则专达。五曰秋官，其属六十，掌邦刑，大事则从其长，小事则专达。六曰冬官，其属六十，掌邦事，大事则从其长，小事则专达。”其属，都是本系统的下属职官和部门。

《周礼》中职官之下，多有“帅其属”或“使其属”，这里的“属”一般指当官之属，也就是说本部门直属人员。如《甸师》：“掌帅其属而耕耨王藉，以时入之，以共粢盛。”郑玄注：“其属，府史胥徒也。”② 孙诒让曰：“以经云帅其属，即其本职之府史胥徒可知。”③《九嫔》：“掌妇学之法以教九御妇德、妇言、妇容、妇功，各帅其属而以时御叙于王所。”郑玄注：“教各帅其属者，使亦九九相与从于王所息之燕寝。”④ 孙诒让曰：“谓女御八十一人为九嫔之属，是一九嫔领九女御以御于王寝。”《师氏》：“使其属帅四夷之隶，各以其兵服守王之门外，且跸。”贾公彦曰：“使其属者，属即《序官》‘师氏，中大夫之下’，有属官上士二人，并有府史胥徒之等。使此人帅四夷之隶，若秋官蛮隶之等，各使四夷隶以其本国之兵

① 孙诒让：《周礼正义》第1分册，第64页。
② 孙诒让：《周礼正义》第1分册，第284页。
③ 孙诒让：《周礼正义》第1分册，第285页。
④ 孙诒让：《周礼正义》第2分册，第553页。

器及其服，以守王门之外，以卫王宫。"[①]《士师》："诸侯为宾，则帅其属而跸于王宫；大丧亦如之。大师，帅其属而禁逆军旅者与犯师禁者，而戮之。"贾公彦曰："士师言帅其属，当官下云属，上士已下皆是也。"[②]《乡士》："大祭祀、大丧纪、大军旅、大宾客，则各掌其乡之禁令，帅其属夹道而跸。"郑玄注："属，中士以下。"[③]《朝士》："帅其属而以鞭呼趋且辟。"贾公彦曰："案《序官》，朝士，中士六人，府三人，史六人，胥六人，徒六十人。云帅其属者，是徒六十人为之。"[④] 当官之属所做之事，实为官常。

睡虎地秦简《语书》称良吏"廉洁敦悫而好佐上"，恶吏"不廉洁毋以佐上"，可以说也是对官吏统属关系的一种强调，只有"好佐上"，遇大事才能"从其长"。睡虎地秦简《为吏之道》说官吏为官可能会出现五种过失，"三曰擅裚割，四曰犯上弗智（知）害"；岳麓书院藏秦简《为吏治官及黔首》也说官吏五失有"三曰亶（擅）折割，四曰犯上不智（知）其害"。"擅裚割"即"亶（擅）折割"，都是说官吏应该向上级请示时而不请示，擅自决断。同理，"犯上弗智（知）害"，"犯上不智（知）其害"也都是说下级冒犯上级而毫无顾忌，这被视为官吏为官之大忌，与《周礼》官属之法强调"大事则从其长，小事则专达"的精神是相一致的。

二　官职

官职之法强调的是不同职官之间权责有别，不能越权。《大宰》："二曰官职，以辨邦治。""辨"即别也，强调的是职务范围的区别。孙诒让曰："职者，主领之言。"[⑤] 官职有别，处理政务才能各司其职。张家山汉简《二年律令·置吏律》："官各有辨，非其官事勿敢为，非所听勿敢听。"

① 孙诒让：《周礼正义》第4分册，第1008页。
② 孙诒让：《周礼正义》第11分册，第2793页。
③ 孙诒让：《周礼正义》第11分册，第2800页。
④ 孙诒让：《周礼正义》第11分册，第2824页。
⑤ 孙诒让：《周礼正义》第1分册，第64页。

就是说不同职官，职责各不相同，不该自己管的别管，不该自己知道的别打听，其规定与《周礼》“辨邦治”何其相似。

《周礼》从职务内容性质，把官职分为六类，即治、教、礼、政、刑、事职，与天地春夏秋冬六官相对。《小宰》：“以官府之六职辨邦治：一曰治职，以平邦国，以均万民，以节财用。二曰教职，以安邦国，以宁万民，以怀宾客。三曰礼职，以和邦国，以谐万民，以事鬼神。四曰政职，以服邦国，以正万民，以聚百物。五曰刑职，以诘邦国，以纠万民，以除盗贼。六曰事职，以富邦国，以养万民，以生百物。”其中，治职追求“平均”、教职追求“安宁”、礼职追求“和谐”、政职追求“服正”、刑职强调“诘纠”、事职追求“富养”，侧重点各不相同。

《周礼》对于官职目标的确定，对于研究战国时期的治官思想很有学术意义。六职之中，治职、政职、刑职、事职或可归入“硬法”的范围之中，教职、礼职则可归入“软法”的范围之中。特别是礼职追求社会和谐的目标，对我们研究和探索如何追求当代和谐社会是很有意义的。《大宰》在所掌建邦之六典中，礼典的目标也是“以和邦国，以统百官，以谐万民”，“和谐”同义，谐即和也。孙诒让引《大戴礼记·盛德记》：“父子不亲，长幼无序，君臣上下相乖，曰不和也，不和则饬宗伯。”那么，父子亲，长幼序，君臣顺，整个社会井然有序，就是“和”。所谓社会和谐指的就是整个社会各种因素、各个阶层所形成的各就各位、相辅相成的社会局面。

三　官联

官联之法强调的是机构之分的协同合作，是大宰八法最重要的部分。[①]《大宰》：“三曰官联，以会官治。”会即合也。郑司农曰：“官联谓国有大事，一官不能独共，则六官共奉之。”[②] 孙诒让曰：“大事即小宰六联之属，

① 宫长为：《〈周礼〉官联初论》，《求是学刊》2000年第1期。

② 孙诒让：《周礼正义》第1分册，第62页。

其事众多，则六官之属相佐助共举之。依《小宰》云“‘凡小事皆有联’，则不必举大事而后有联。此举六官共举者言之，故云大事。其小事则不必合六官，或异官，或同官，凡各属共为一事，亦得为联”。[①] 官联分为六大类。《小宰》：“以官府之六联合邦治：一曰祭祀之联事，二曰宾客之联事，三曰丧荒之联事，四曰军旅之联事，五曰田役之联事，六曰敛弛之联事。凡小事皆有联。”睡虎地秦简《语书》：“凡良吏明法律令，事无不能殹（也）；有（又）廉絜（洁）敦悫而好佐上；以一曹事不足独治殹（也），故有公心；有（又）能自端殹（也），而恶与人辨治，是以不争书（署）。”秦简强调，良吏意识到“一曹事不足独治殹（也）”，所以从不独断专行，有“公心”，[②] 注意同僚之间的团结协作，而“恶与人辨治”。“辨治”，睡虎地秦简整理小组注：“辨读为别。辨治，分治，与上文独治意近。”[③]《语书》“辨治”与《周礼》大宰八法之二的“辨邦治”同义，只不过《语书》此处强调的是需要同僚之间通力协作的时候，不应该分你我彼此；[④] 而《周礼》八法中的“辨邦治”强调的是官吏要做好自己的本职工作，切勿越俎代庖；两者说的是一个问题的两个方面，是相辅相成，而不是相互矛盾。

《周礼》中“执事”，多指各部门联合协作者而言，属于官联的范畴。如：《大宰》：“祀五帝，则掌百官之誓戒与其具修。前期十日，帅执事而卜日，遂戒。”郑玄注：“执事，宗伯、大卜之属。”孙诒让曰：“贾疏云：‘《大宗伯职》云“凡祀大神，享大鬼，祭大示，帅执事而卜日”，谓宗伯涖卜。又案《大卜》云“大祭祀视高命龟”。故知执事中有宗伯、大卜之属。中含有小宗伯及卜师，故言之属。’诒让案：《肆师》云‘凡祭祀之卜日，宿为期，诏相其礼’。又《大史》云‘大祭祀与执事卜日’。彼二官亦当在执事之数。郑不言者，‘之属’中晐之。”可见大宰所率领的执事中至少包括大宗伯、小宗伯、大卜、卜师、大史、肆师等诸官联事。[⑤]

---

① 孙诒让：《周礼正义》第1分册，第64～65页。

② 中国政法大学中国法制史基础史料研读会：《睡虎地秦简法律文书集释（一）：〈语书〉（下）》，《中国古代法律文献研究》第7辑，社会科学文献出版社，2013，第69～70页。

③ 睡虎地秦墓竹简整理小组：《睡虎地秦墓竹简》，文物出版社，1990，第15页。

④ 戴世君：《〈睡虎地秦墓竹简〉注译商榷六则》，《江汉考古》2012年第4期，第116页。

⑤ 孙诒让：《周礼正义》第1分册，第143～144页。

又《小宗伯》："大灾，及执事祷祠于上下神祇。"郑玄注："执事，大祝及男巫、女巫也。"孙诒让曰："注云'执事，大祝及男巫、女巫也'者，贾疏云：'郑知者，见《大祝职》云"国有大故、天灾，则弥祀社稷"；《司巫》云"国大灾，则帅巫而造巫恒"。《男巫职》中虽无事，其司巫所帅者，即帅男巫也。《女巫职》云"凡邦之大灾，歌哭而请"。是以郑君历而言焉以充事也。'诒让案：上大师、军将有事、大甸，三者并云'有司'，此大灾及下文王崩三言'执事'者，胡匡衷云：'《特牲馈食礼》有司、群执事分言之。凡职有专司者谓之有司，无专司而临事来助祭者，谓之群执事。《士虞礼》有宾执事者，注云"宾客来执事者"是也。'"① 有司，即专司其职，强调的是官吏日常主要从事的工作，相当于所谓的官常，故曰"职有专司"。执事则是为了共同完成一项事务，各部门相关人员协同参与，任务完成，人员即归本职，所谓"无专司"即谓此。

随着战国时期国家职能的不断完善和强化，国家机构越来越复杂，不同机构之间的分工协作日益成为常态，官联的作用越来越不可或缺。但如果官员结党营私，则又是国家法律所不容许的。为此国家也制定了相应的法律对策。《士师》掌"士之八成"，第七条就是"为邦朋"。郑玄注："朋党相阿，使政不平者。"②

四　官常

官常之法强调各级机构官吏要做好自己的本职工作。郑司农曰："官常谓各自领其官之常职，非联事通职所共也。"③ 孙诒让曰："谓各职当官常行之事，《大史》云'祭之日执书以次位常'是也。每官各有其专领之职事，不得相侵越，官常主分，与官联主合，义正相反。盖以官职分言之，著于书者为官法，布于行事者为官常，官尊者法与常皆备，官卑者则

① 孙诒让：《周礼正义》第5分册，第1452～1453页。
② 孙诒让：《周礼正义》第11分册，第2789页。
③ 孙诒让：《周礼正义》第1分册，第62页。

惟奉行官常而已。"[1] 官常其实就是官职，不过在八法之中，二者的侧重点不同。官职重在强调职务范围界限，官常则强调的是做好本职工作。睡虎地秦简《效律》："同官而各有其主殹（也），各坐其所主。"这条法律说的是同一个部门内的官吏各有专职，自己要为自己的那部分事务负责。《法律答问》："啬夫不以官为事，以奸为事，论可（何）殹（也）？当䙴（迁）。"这条法律则说的是如果官吏不务正业、荒废本职工作，就要处以迁刑。秦律这两条关于督查官吏是否尽职的规定，相当于《周礼》八法对于"官常"的规定。

《周礼》中把执行任务的官吏称为"有司"时，多是从"官常"的角度而言，也就是官吏的本职工作。《宰夫》："三公、六卿之丧，与职丧帅官有司而治之。凡诸大夫之丧，使其旅帅有司而治之。"孙诒让曰："官有司，谓小官之主共丧事者，亦谓之公有司。""胡匡衷云：'司，主也。凡事有专主者谓之有司。有司有二义：一是事有常职者，谓之有司；一是事本无常职者，行礼时，特使人主其事者，亦目为有司也。'案：胡说是也。此经凡云有司者，并据专主其事之官。其本非专主而联事通职以共其礼者，则谓之执事。"[2] 又如《泉府》："买者各从其抵，都鄙从其主，国人、郊人从其有司，然后予之。""凡民之贷者，与其有司辨而授之，以国服为之息。"这里指乡遂都鄙负责借贷事务这类事务的官吏。[3] 又如《小宗伯》："若大师，则帅有司而立军社、奉主车。"郑玄注："有司，大祝也。"孙诒让曰："是军社及迁庙主皆大祝奉之也。以其为专主神事之官，故谓之有司。"[4]《职丧》："凡国有司以王命有事焉，则诏赞主人。凡其丧祭，诏其号，治其礼。凡公有司之所共，职丧令之，趣其事。"郑司农曰："凡国，谓诸侯国。有司，谓王有司也。以王命有事，职丧主诏赞主人。"[5] 有司，相当于现在所说的有关部门负责人的意思。

西周春秋官制中已不乏"有司"之称呼。张亚初、刘雨指出，金文中

① 孙诒让：《周礼正义》第1分册，第65页。
② 孙诒让：《周礼正义》第1分册，第208页。
③ 孙诒让：《周礼正义》第4分册，第1098页。
④ 孙诒让：《周礼正义》第5分册，第1448页。
⑤ 孙诒让：《周礼正义》第6分册，第1708页。

“有司”就是专门的管事人员，如“师汤父有司”、“荣有司”、“厉有司”、“颜有司”等等，指的都是王朝大臣或邦君属下的专有职事人员，其中王朝及诸侯国中最重要的官员司徒、司马、司空被称为“三有司”，又被称为“三事大夫”。①《左传》中亦把有专职之官吏称为“有司”。如《左传》僖公十二年（前648），管仲曰：“臣，贱有司也。”文公十三年（前614），魏寿余曰：“请东人之能与夫二三有司言者，吾与之。”文公十四年，“公子商人骤施于国而聚多士，尽其家，贷于公有司以继之”。由此可见，从官吏职有所司的角度称其为“有司”，这一称谓至少从西周时期就已经开始了。《周礼》官常理论的形成，可以说是有所继承的。

五 官成

官成是国家进行考核的各种标准规范。这些规范可能是一些故事成例，也可能包括一些理论化的文件。《周礼·天官·大宰》：“五曰官成，以经邦治。”又曰：“以官成待万民之治。”郑司农曰：“官成谓官府之成事品式也。”②

对于郑司农的解释，贾公彦和孙诒让的理解不同。贾公彦曰：“官成者，谓官自有成事品式，依旧行之，以经纪邦治也。”③《小宰》“以官府之八成经邦治”，贾公彦曰：“以官府之中有八事，皆是旧法成事品式，依时而行之，将此八者，经纪国之治政，故云经邦治也。”④也就是说，贾公彦认为，官成是规范性的文件，是用来考核官吏工作的标准和依据。孙诒让曰：“云‘官成谓官府之成事品式也’者，谓各官府所掌之事已成，则案其簿书文字，考其品数法式，即治会之事。《司会》云：‘以参互考日成，以月要考月成，以岁会考岁成。’此官成正与日成、月成、岁成同义。《司书》云：‘凡税敛，掌事者受法焉。及事成，则入要贰焉。’注云：‘成犹毕也。’此注云成事，犹彼云事成；彼要贰，亦即官成之要会也。然则

① 张亚初、刘雨：《西周金文官制研究》，中华书局，1986，第57～58页。

② 孙诒让：《周礼正义》第1分册，第62页。

③ 郑玄注，贾公彦疏《周礼注疏》（上），上海古籍出版社，2010，第40页。

④ 郑玄注，贾公彦疏《周礼注疏》（上），第81页。

郑所谓成事品式，即谓凡官事之有文籍可稽校案验者，《小宰》以比居简稽等为八成，正是此义。士师掌士之八成，邦汋邦贼之等，亦即最会刑名之簿书。”[①] 孙诒让认为，官成就是官府对已完成之事的总结汇报，比如日成、月要和岁会。我们赞同贾公彦的说法，因为孙诒让之说把官成解释成了考核内容，而《周礼》此处显然是把官成作为考核依据而提出的，所以才位列“八法”之一。

官成与官计实际上是相辅相成的，官成是官计实施的法律依据，官计就是依据官成来进行审计考核的。不过，彭林认为官成和官计是考核官吏的两种手段。他说：“八成只涉及一部分官员，并不能包括所有的工作。对官员的考核，除了有文书可案验的部分之外，还应有对实际能力等等方面状况的课验。所以，《周礼》又有‘官计’一项作为考核标准。”[②] 郝铁川基本上沿用了这一说法。[③] 其实，这种认识还是值得进一步研究的。《周礼》所载国家制度的特点实际上就是“以文书御天下”，官吏的实际工作能力也是要通过他的年度工作报告来体现，不可能进行现场观摩评判。

《周礼》中的官成包括两个部分：一部分是“小宰之八成”。《小宰》职曰：“以官府之八成经邦治，一曰听政役以比居，二曰听师田以简稽，三曰听闾里以版图，四曰听称责以傅别，五曰听禄位以礼命，六曰听取予以书契，七曰听买卖以质剂，八曰听出入以要会。”另一部分是“士之八成”。《周礼·秋官·士师》：“掌士之八成：一曰邦汋，二曰邦贼，三曰邦谍，四曰犯邦令，五曰矫邦令，六曰为邦盗，七曰为邦朋，八曰为邦诬。”郑司农曰：“八成者，行事有八篇，若今时决事比。”贾公彦疏：“言士者，此八者皆是狱官断成事品式，士即士师已下是也。”庄存与云：“若今现行例也，乃决狱之成案。”[④] 士之八成，按照郑司农、贾公彦、庄存与的观点，都认为是法官作为断狱依据的八篇或八类案例集。它们既是法官已经完成审判的案件，也是他后来工作的参考。孙诒让把官成理解为月要、岁会，或许与此有关。而现在包山楚简中的《胥狱》、《集箸》、《集箸言》，

---

① 孙诒让：《周礼正义》第1分册，第65～66页。

② 彭林：《〈周礼〉主体思想与成书年代研究》（增订版），第87页。

③ 郝铁川：《经国治民之典——〈周礼〉与中国文化》，河南大学出版社，1995，第68页。

④ 孙诒让：《周礼正义》第11分册，第2787页。

张家山汉简中的《奏谳书》，岳麓书院藏秦简中的《为狱等状四种》等恐怕都与《周礼》中的“士之八成”是同一类的东西。

小宰之八成和士之八成，又统称为“邦成”。《周礼·秋官·大司寇》：“凡庶民之狱讼，以邦成弊之。”郑玄注：“邦成，八成也，以官成待万民之治。”郑司农注：“邦成，谓若今时决事比也。”① 这就是说，郑玄以小宰之八成释邦成，郑司农以士之八成释邦成。两人都有道理，但都不全面。其实，小宰之八成侧重于行政手段，士之八成侧重于刑事手段，二者合起来解释“邦成”，这样就全面了。《周礼》中多处提到“附于刑者归于士”，如果“不附于刑”，就不用士来处理。大司寇提到以邦成处理庶民之狱讼，那就要看庶民狱讼的性质了，如果属于刑事案件，那么可能就会用到士之八成；但如果是民事案件，那么更多地则会用到小宰之八成。所以二郑的注释不可偏废其一，孙诒让单独以小宰之八成来解释“邦成”，未必正确。

六　官法

官法就是官吏行使职责所据之法。它所强调的是官吏要依法办事。《周礼·天官·大宰》：“六曰官法，以正邦治。”正，即匡正、规范之义。郑司农曰：“官法谓职所主之法度，官职主祭祀、朝觐、会同、宾客者，则皆自有其法度。《小宰》职曰：‘以法掌祭祀、朝觐、会同、宾客之戒具。’”② 孙诒让曰：“谓邦之大事，各有专法，著其礼节名数，若今会典、通礼之属，一官秉之，以授众官，使各依法共治之，是谓官法。若《大司徒》之地法，《小司徒》之比法，《大司马》之战法，后世谓之司马法，《县师》之县法，皆是也。”③《周礼》中所说的官法，是一个很宽泛的概念，“包括礼法、法则、标准、方法、做法以及法律等等”。

具体而言，天官大宰之官法，即治象之法，包括六典、八法、八则、八枋、八统、九职、九赋、九式、九贡、九两等。地官司徒之官法，即教

① 孙诒让：《周礼正义》第 11 分册，第 2757 页。

② 孙诒让：《周礼正义》第 1 分册，第 62 页。

③ 孙诒让：《周礼正义》第 1 分册，第 66 页。

象之法，包括土会之法、十二教、土宜之法、土均之法、土圭之法、十二荒政、保息六、本俗六等。春官宗伯之官法，包括吉凶军宾嘉五礼、九仪之命、六瑞、六挚、六器之法等。夏官司马之官法，即政象之法，包括邦国之九法、九伐之法、蒐法、田法、战法等。秋官司寇之官法，即刑象之法，包括邦之三典、五刑等。

官法与官职、官常有着密切的关系。孙诒让曰："盖以官职分言之，著于书者为官法，布于行事者为官常，官尊者法与常皆备，官卑者则惟奉行官常而已。故《宰夫》八职'一曰正，掌官法以治要；二曰师，掌官成以治凡；三曰司，掌官法以治目；四曰旅，掌官常以治数'。明司以上皆布官法，旅以下则惟守官常也。"[①]若从这个角度说，《周礼》职官凡有经文表述者三百六十余职，皆为官法。无官法而唯有官常者，就是那些府史胥徒了。睡虎地秦简中有《内史杂》、《尉杂》，张家山汉简中有《史律》，《说文》中有《尉律》等，都属于孙诒让所谓"著于书者为官法"之类。

七　官刑

官刑是专门针对国家官吏的行政处罚。《周礼·天官·大宰》："七曰官刑，以纠邦治。"郑司农曰："官刑谓司刑所掌墨辠、劓辠、宫辠、刖辠、杀辠也。"郑玄曰："官刑，《司寇》之职五刑，其四曰官刑，上能纠职。"[②] 郑司农把官刑解释为墨、劓、宫、刖、杀五刑，是把官刑理解为"官府之刑"。大宰八法是治理官府、治理官吏之法，故其中的官刑也应是针对官吏的"治官之刑"。所以郑玄以《大司寇》五刑"其四曰官刑，上能纠职"来解释，是正确的。郑玄注："能，能其事也。职，职事修理。"[③] 孙诒让曰："能即谓多才艺、堪任事者……职事修理，谓课举其当官之职事。"[④]"上能纠职"就是说要通过官刑，崇尚官员的工作能力，而对于工

① 孙诒让：《周礼正义》第 1 分册，第 65 页。
② 孙诒让：《周礼正义》第 1 分册，第 62 页。
③ 孙诒让：《周礼正义》第 11 分册，第 2744 页。
④ 孙诒让：《周礼正义》第 1 分册，第 66 页。

作不力，出现职务过失的行为进行处罚。譬如《宰夫》："凡失财用、物辟名者，以官刑诏冢宰而诛之。"郑玄注："财，泉谷也。用，货贿也。物，畜兽也。辟名，诈为书，以空作见，文书与实不相应也。"这是说官吏在职务上出现经济过失，在不触犯刑律的前提下，则上报冢宰给予行政处罚。

《周礼》主张以法治官，官吏犯法者有刑。《周礼·天官·小宰》："正岁，帅治官之属而观治象之法，徇以木铎，曰：'不用法者，国有常刑！'乃退，以宫刑宪禁于王宫。令于百官府，曰：'各修乃职，考乃法，待乃事，以听王命。其有不共，则国有大刑。'"《大司徒》："岁终，则令教官正治而致事。正岁令于教官曰：'各共尔职，修乃事，以听王命。其有不正，则国有常刑。'"《小司徒》："正岁则帅其属而观教法之象，徇以木铎，曰：'不用法者，国有常刑。'"《小司寇》："正岁帅其属而观刑象，令以木铎，曰：'不用法者，国有常刑！'"《职方氏》："王将巡守，则戒于四方，曰：'各修平乃守，考乃职事，无敢不敬戒，国有大刑。'"常刑、大刑在这里所指相同，包括上能纠职之官刑和墨劓宫刖杀之五刑，具体实施根据官员犯法性质而定，触犯刑律者用墨劓宫刖杀之五刑，未入刑律者则用上能纠职之官刑。

《周礼》中对于行政处罚与刑事处罚已经有了明确的区分。如《大司徒》："凡万民之不服教而有狱讼者，与有地治者听而断之；其附于刑者归于士。"有地治者指的是各级地方行政长官。万民之不服教化者在不触犯刑律的前提下，可由司徒及各级行政部门来处理，一旦触犯刑律，则由士来处理。此处的士为主刑断之官的代称，包括大小司寇、士师、乡士、县士、遂士等等。又如《媒氏》："凡男女之阴讼，听之于胜国之社；其附于刑者，归之于士。"男女婚姻之间的纠纷，如不触犯刑律，媒氏就可以进行处理，但如果触犯了刑律，那就得交给刑官裁断了。《司市》："市刑：小刑宪罚，中刑徇罚，大刑扑罚，其附于刑者归于士。"《小司寇》："以五刑听万民之狱讼，附于刑，用情讯之。"附于刑，就是触犯了刑律。归于士，相当于我们现在所说的移交司法机关处理。如果没有触犯刑律，当然就不用归于士，而是由相关部门进行行政处罚。

八　官计

官计之法实际上就是官吏上计考课之法。《周礼·天官·大宰》："八曰官计，以弊邦治。"郑司农注："官计谓三年则大计群吏之治而诛赏之。"[①] 郑玄注："官计谓小宰之六计，所以断群吏之治。"[②] 三年大计说的是考核时段，是官计所涵盖的考核制度中最重要的一种，时间跨度长、奖惩力度大。小宰之六计说的是考核角度，或者说考核标准，分为廉善、廉能、廉敬、廉正、廉法、廉辨。郑司农与郑玄所说的是一个问题的两个方面。"官计"一词亦见于睡虎地秦简《效律》："司马令史掾苑计，计有劾，司马令史坐之，如令史坐官计劾然。"《效律》就是关于经济审计考课制度的法律。睡虎地秦简所记载的秦国的考核制度已经相当系统，考核同样存在日考、月考、季考、年考和三年大考。另外里耶秦简中则发现了大量的课志、计录等秦代官府簿籍文书。这些都足以证明战国及秦代考课制度的发达，同时也说明《周礼》有关所载官计之法很大程度上是战国制度的反映。

《周礼》中记载的官计有日成、月要、岁会，还有季度上计与三年大计。《周礼·天官·酒正》："酒正之出，日入其成，月入其要，小宰听之。"《宰夫》："岁终，则令群吏正岁会；月终，则令正月要；旬终，则令正日成。"日成本为一日之成，因为《宰夫》这里说"旬终则令正日成"，故十日之成也称为"日成"。因此日成就是对每日或每十日的工作报告。月要和岁会则分别为月度工作报告和年度工作报告。《小司徒》："乃颁比法于六乡之大夫，使各登其乡之众寡、六畜、车辇，辨其物，以岁时入其数，以施政教，行征令。"郑玄注："岁时入其数，若今四时言事。"[③] 岁时所上的报告就属于季度报告，汉简中也有四时簿可为证。

与上计制度密切相关的就是考课制度，《周礼》中国家针对各级机构及地方政府实行的三年大考称为"大比"，是考课制度中最重要的一种。

① 孙诒让：《周礼正义》第1分册，第62~63页。

② 孙诒让：《周礼正义》第1分册，第63页。

③ 孙诒让：《周礼正义》第3分册，第774页。

《小司徒》："及三年，则大比；大比则受邦国之比要。""及大比六乡四郊之吏，平教治，正政事，考夫屋及其众寡、六畜、兵器，以待政令。"《乡师》："若国大比，则考教察辞，稽器展事，以诏诛赏。"《乡大夫》："三年则大比，考其德行道艺，而兴贤者能者。"《州长》："三年大比，则大考州里，以赞乡大夫废兴。"《党正》："以岁时莅校比。及大比，亦如之。"《县师》："三年大比，则以考群吏，而以诏废置。"《均人》："三年大比，则大均。"《遂大夫》："三岁大比，则帅其吏而兴甿，明其有功者，属其地治者。"《小司寇》："及大比，登民数，自生齿以上登于天府。"《司民》："及三年大比，以万民之数诏司寇。"可以看出，三年大考涉及的部门广，从中央到地方，都在统计考核范围之内；涉及内容广，包括政治、经济、司法、教化诸方面。

《周礼》官计制度主要考核官吏的六个方面，也就是《小宰》所谓的"六计"，即廉善、廉能、廉敬、廉正、廉法、廉辨。官吏考课配有严格的赏罚制度。《大宰》"三岁，则大计群吏之治而诛赏之"，郑玄注："事久则听之：大无功，不徒废，必罪之；大有功，不徒置，必赏之。"[①] 根据官吏功绩的性质及大小，有具体的等级划分及相应的赏赐之法。《司勋》："王功曰勋，国功曰功，民功曰庸，事功曰劳，治功曰力，战功曰多。"不同的功劳有不同的赏赐。

《周礼》中不同部门职官，考核有不同的考核方式。如《医师》："掌医之政令，聚毒药以共医事。凡邦之有疾病者、有疕疡者造焉，则使医分而治之。岁终，则稽其医事以制其食：十全为上，十失一次之，十失二次之，十失三次之，十失四为下。"医师对所管辖内医生的考核标准是以疾病的治愈率来衡量，具体为"十全为上，十失一次之，十失二次之，十失三次之，十失四为下"，直接与其月食挂钩，赏罚分明。《槀人》："乘其事，试其弓弩，以下上其食而诛赏。"槀人是主管弓弩制作的官员，他对弓弩制作的考核也是与制作工人的月食挂钩，"以下上其食而诛赏"当与《医师》的考核原则相同，根据成绩有优劣，决定每月口粮发放的多少。《占人》："岁终，则计其占之中否。"这也应当是年终根据占人占卜结果的

① 孙诒让：《周礼正义》第1分册，第156页。

灵验率对其进行考核。可以看出，这些考核无不以工作效率的高低作为赏罚的唯一标准。《礼记》和《吕氏春秋》都记载了“物勒工名”的制度。“物勒工名”的现象春秋时期铜器上已经出现，[①] 但形成制度当在战国时期。《礼记·月令》孟冬之月：“是月也，命工师效功，陈祭器，案度程，毋或作为淫巧，以荡上心，必功致为上。物勒工名，以考其诚，功有不当，必行其罪，以穷其情。”《吕氏春秋·孟冬纪》：“是月也，工师效功，陈祭器，按度程，无或作为淫巧，以荡上心，必功致为上。物勒工名，以考其诚。工有不当，必行其罪，以穷其情。”《礼记·月令》作为战国晚期的文献，[②] 与《吕氏春秋》一样，都反映了战国晚期官营手工业管理中实施的考课制度。《周礼》所反映的考课制度同样也是如此，只不过记载更加全面，政治、经济诸方面都有涉及。

综上所述，《周礼》大宰八法代表了战国时期的一种国家治官理论，它在强调国家机关各司其职的同时，也强调了不同部门之间分工协作的重要性。这一点与荀子、商鞅、韩非子等人的思想都有着一定程度的共同性。《周礼》强调依法治官，专门提出了官法、官刑两项针对官吏的制度措施，与商鞅、韩非子等相比，还是有其独特之处的。

① 于省吾：《双剑誃诸子新证》（下），中华书局，2009，第1297页。
② 王锷：《〈礼记〉成书时代考》，中华书局，2007，第268～274页。

《中国古代法律文献研究》第十辑
2016年，第036~118页

睡虎地秦简法律文书集释（五）：《秦律十八种》（《效》——《属邦》）、《效》*

中国政法大学中国法制史基础史料研读会

摘　要：本文对《秦律十八种》中的《效》到《属邦》诸篇及单篇《效》做出题解及集释，就一些字句提出理解：《秦律十八种·效》162简中的"实官"，指官有物资的仓库之一。175简的"以平罪人律论之"，指以与"平罪人"相关的律条论处，如果理解为"以与罪犯同等的法律（处罚）"，与秦律固有的表达术语不合。《行书律》184简与185简的接续可从何四维先生所论，读"令书、廷辟"比较合理。"内史杂"197~198简一条皆言火事，"吏已收藏"或可从陈伟先生之读，作"事已，收藏"，

* 本文研读的主持人为徐世虹教授，参与者有（以姓氏笔画为序）：山珊、支强、王泽雨、王聪聪、付宁馨、朱潇、朱仕金、庄小霞、齐伟玲、闫振宇、安洋、刘自稳、孙思贤、沈成宝、张寒、张京凯、陈鸣、陈迪、陈晶、杜远芳、姜晓敏、钟昊、段俊清、聂雯、袁航。本文统稿，初稿：张传玺、朱潇、陈迪；二稿：徐世虹；三稿：张传玺、朱潇、陈迪；四稿：徐世虹。支强、陈鸣参与了部分按语的讨论。

本文所引张家山汉简皆出自张家山汉墓竹简整理小组《张家山汉墓竹简〔二四七号墓〕》（文物出版社，2001）；所引居延汉简则出自谢桂华、李均明、朱国炤《居延汉简释文合校》（文物出版社，1987）；甘肃省文物考古研究所、中国社会科学院历史研究所《居延新简——甲渠候官》（中华书局，1994）。为避文烦，文中不再逐一出注。

全条首句是一般性的强制规定，其次是对合法用火的规定，最后是夜间巡逻防火的规定。“属邦”201简“受者”，彭浩先生的“指‘道官相输’时的接受方”说是。本条规定：输送方需要写明被输送者已禀粮的年月日，是否领用衣服、是否已有妻室，接收方在掌握这些信息的基础上，按法律规定继续提供衣食。隶臣妾是否可以得到公家提供的衣食，受劳动强度、老小及有无妻室影响。单篇《效》在既有成果的基础上，增加栏目，制成若干表，以疏解律意。41简的第一个“旅”字，也是合文。43简的“大者”、“小者”，应理解为价值大小，而非器物大小。44简“马牛误职（识）耳，及物之不能相易者”，是指对马牛误标识、误混杂，“误”涉及“及”前后两个宾语。46~48简的“饮水”，是官府为保证收到的漆符合预定数额而采用的检测方法。50简“计用律不审而赢、不备……勿令赏（偿）”的原因，是在会计中因适用法律不当而导致诸如计算错误、登记错误等后果，但并未造成实际损失。53简的“令史掾计”之“掾”，看作动词相对合理。54简的“尉计”，周群先生的“县尉的计簿（或账簿）”说是。60简的“误自重”，整理小组的“自己查出错误”的理解较符合律意。文末的“附录”，比对了睡虎地秦简《效》、《秦律十八种·效》、《秦律十八种·仓律》，王家台秦简《效律》，张家山汉简《二年律令·效律》的律文异同。

关键词： 实官　平罪人律　误职（识）　饮水　掾

效

【题解】

效，核验。据张家山汉简《二年律令》353简“■效律”，其为标题简，故“效”应是律篇名，即《效律》。按整理小组整理，效律包括162~178简，共17简，计8条。整理小组认为“效，验也”，《效律》即“关于核验官府物资财产的法律”。除睡虎地秦简外,《效律》亦可见于江陵王家台 15 号秦墓竹简及张家山汉简《二年律令》。前者的内容与睡虎地秦简相同,唯书写次序有异。[①]

睡虎地秦简另有单篇《效律》60 枚简。整理小组认为,《秦律十八种·效律》只是摘录了《效律》的中间一部分。蔡万进先生则指出:“《秦律十八种》中的《效》只是摘录了《效律》中有关粮仓物资核验的一部分律文。”[②] 本篇《效律》与单篇《效律》19~40 简内容大体相同,但存在用字不同或多字、少字的情况。张家山汉简《二年律令》亦有《效律》之篇,包含五条律文(347~352 简),还有一枚“效律”标题简(353 简),内容也与睡虎地秦简类似。但是从 347~348 简规定的内容看,主要是对“县道官令长”及“有丞者”免、徙时的核验制度,以此可以推知,《效律》规范的内容要更为宽泛。秦汉后《效律》篇名消失,其相关内容或分流到其他律、令篇之中。

本篇《效律》规定的内容主要有三个方面:第一,粮仓管理以及对管理不善、犯罪行为的惩罚。包括:谷物出入仓的程序;谷物入仓、打开漏仓的验视方式;谷物出仓的统计管理;对称量粮食、刍稾不足数情况的处理;对管理粮仓不善致使粮食不能食用的主管官吏的处罚,以及在粮食尚能食用的情况下对损耗之数的赔偿;对隐匿、挪用等犯罪行为的处罚和连带责任的规定等。第二,官吏交接职务时的物资核验。包括:核验方法以及物资不足数时的责任承担,啬夫免职及仓啬夫、佐、史免职时新任官吏对仓的核验方式。第三,对核验中发现的违规违法行为的处罚规定。更详细的规定,可参单篇《效律》的题解。

【简文】

實官佐史柀免徙官嗇夫必與去者效代者節官嗇夫免而效不備代者居吏坐之故吏弗效新吏 162

居之未盈歲去者與居吏坐之新吏弗坐其盈歲雖弗效新吏與居吏坐之去者弗坐它如律效 163

---

① 荆州地区博物馆:《江陵王家台 15 号秦墓》,《文物》1995 年第 1 期,第 39 页。

② 蔡万进:《云梦秦简中所见秦的粮仓管理制度》,《华北水利水电学院学报》(社会科学版)1999 年第 4 期,第 51 页。

【释文】

實官［1］佐、史柀［2］免、徙，官嗇夫必與去者效代者。［3］節（即）官嗇夫免而效，不備，代者【與】居吏坐之。故吏弗效，新吏 162 居之未盈歲，去者與居吏坐之，新吏弗坐；其盈歲，雖弗效，新吏與居吏坐之，去者弗坐，它如律。　　效 163

【集释】

［1］实官

整理小组：贮藏谷物官府。（译）

徐富昌：秦律中有时也称“仓”为实官，“实官佐”即仓佐。[①]

蔡万进：实官是设于各县的粮食管理机构，接受县廷的管理监督。[②]

陈伟：“实”包括“谷”而不仅仅等于“谷”。[③]

【按】《法律答问》150 简：“实官户扇不致，禾稼能出，廷行事赀一甲。”此可见实官为储藏谷物之所。不过整理小组对《效律》的定义是“关于核验官府物资财产的法律”，这意味着核验对象不只是粮仓。陈伟先生对“实”字有较详细的考证，引《左传》、《国语》注指出其“财”义。以《效律》本条而见，它是对官吏在职务交接之际核验官有财产的规定，核验对象大于贮藏的谷物。岳麓书院藏秦简 1413 正“内史杂律曰：刍稾廥、仓、库、实官、积，垣高毋下丈四尺……”，又 1266 正“内史杂律曰：黔首室、侍（寺）舍有与廥、仓、库、实官补属者，绝之，毋下六丈”，[④] 其中实官与廥、仓、库并列，应有所区别。故“实官”或指官有物资仓库之一。

［2］柀

整理小组：分别免职或调任。（译）

---

① 徐富昌：《睡虎地秦简研究》，文史哲出版社，1993，第 412 页；参见陈伟主编《秦简牍合集（壹）上》，武汉大学出版社，2014，第 137 页。

② 蔡万进：《秦国粮食经济研究》，内蒙古人民出版社，1996，第 51 页；参见陈伟主编《秦简牍合集（壹）上》，第 137 页。

③ 陈伟：《云梦睡虎地秦简〈秦律十八种〉校读（五则）》，《简帛》第 8 辑，上海古籍出版社，2013，第 348 页；参见陈伟主编《秦简牍合集（壹）上》，第 137 页。

④ 陈松长主编《岳麓书院藏秦简（肆）》，上海辞书出版社，2015，第 124、126 页。

何四维："柀"用来指代"罢"。（注）罢免、退休、调任。（译）[①]

戴世君："部分"也是秦简中"柀"的常用义。[②]

夏利亚：疑该处柀当读为被，意即遭受。[③]

【按】单育辰先生对秦简"柀"字有专论，指出"柀"字大多数应读为"颇"，在动词前作程度副词，既可表示"略、稍、少"之意，也可表示"多、甚"之意。此句意为"官吏或多或少免职或调离"。[④] 里耶秦简8－197简"居吏柀繇（徭）使及□"，研读者指出"柀"读为"颇"，意为"多"。[⑤] 在读"颇"字的意义上，此句当意为"官库之吏多有免职、调任的情况"。或解作"部分"亦通。张家山汉简《二年律令·效律》349简"实官史免、徙，必效□"，不见"柀"字。

［3］效代者

整理小组：核点物资向新任官员交代。

【按】代者，继任者。《二年律令·效律》347简："县道官令长及官（?）比（?）长而有丞者□免、徙，二千石官遣都吏效代者。"研读者指出："效代者"，与代者互相进行核验、确认。[⑥]

【译文】

官库的佐、史多有免职、调任，官啬夫必须同离任者一起，与新任者互相核验。如果官啬夫在（离任者）免职时已经核验，后出现不足数，就由继任者和留任者承担责任。原任吏不进行核验，新任吏在任不满一年，离任者和留任吏承担责任，新任吏不承担责任；新任吏在任已满一年，虽未核验，新任吏和留任吏承担责任，离任者不承担责任，其他都按律文规定。　　效

【简文】

倉扁死禾粟及積禾粟而敗之其不可食者不盈百石以下誶官嗇夫百石以

---

① A. F. P. Hulsewe, *Remnants of Ch'in law*, E. J. Brill, 1985, p. 78.

② 戴世君：《睡虎地秦简研读札记（四则）》，简帛网，http://www.bsm.org.cn/show_article.php?id=1337，2010年11月26日。

③ 夏利亚：《秦简文字集释》，华东师范大学博士学位论文，2011，第210页。

④ 单育辰：《秦简"柀"字释义》，《江汉考古》2007年第4期，第83页。

⑤ 陈伟主编《里耶秦简牍校释》第1卷，武汉大学出版社，2012，第109页。

⑥ 详见〔日〕冨谷至编《江陵張家山二四七号墓出土漢律令の研究》，朋友書店，2006，第226页，注释4。

上到千石貲官嗇夫 164

一甲過千石□上□官嗇夫二甲令官嗇夫冗吏共賞敗禾＝粟＝雖敗而尚可食殹程之以其秏石數論 165

負之　　　　　　　　　　　　　　效 166

【释文】

倉屚（漏）死（朽）禾粟，及積禾粟而敗之，［1］其不可食者不盈萬［2］石以下，誶官嗇夫；百石以上到千石，貲官嗇夫 164 一甲；過千石以上，貲官嗇夫二甲；令官嗇夫、冗吏共賞（償）敗禾粟。禾粟雖敗而尚可食殹（也），程之，以其秏（耗）石數論 165 負之。［3］　　效 166

【集释】

［1］仓屚死（朽）禾粟，及积禾粟而败之

路方鸽："朽"与"败"同义，皆表腐烂，"败"指称范围更广，可指粮食、肉类腐烂，而"朽"睡简中凡二见，均指粮食腐烂。[①]

【按】"朽"指粮食腐烂。"败"的意义则较为广泛，可泛指粮食、肉类腐败，动物逃走等。如《法律答问》158 简："甲小未盈六尺，有马一匹自牧之，今马为人败。"整理小组将"败"释为"将马吓惊逃走"。本律涉及"朽禾粟"和"积禾粟而败之"两种情形，后文论及赔偿时仅称"败禾粟"，则可推测"败"或包含"朽"的情形。因漏雨导致粮食腐烂称为"朽"，而因漏雨、虫蛀等一切原因导致粮食败坏皆可称为"败"。

［2］万

整理小组（1977）：百。

魏德胜：不盈百石以下。龙仕平、张显成、夏利亚同。[②]

【按】据图版当释为"百"。"万"应是误植。

［3］禾粟虽败而尚可食殹（也），程之，以其秏（耗）石数论负之

何四维：文本区分了"败"（"腐坏"）和"耗"（也可表示"腐

① 路方鸽：《楚地秦汉简牍字词论考》，浙江大学博士学位论文，2013，第 106 页。

② 魏德胜：《〈睡虎地秦墓竹简〉词汇研究》，华夏出版社，2003，第 241 页；龙仕平、张显成：《〈睡虎地秦墓竹简〉释文校补》，《乐山师范学院学报》2010 年第 4 期，第 66 页；夏利亚：《秦简文字集释》，第 211 页；亦可参见陈伟主编《秦简牍合集（壹）上》，第 138 页。

败”）。①

【按】上文对败禾粟的行为规定了两种承担责任的方式：一是谇、赀，二是共偿。本句是对上文罚则的补充规定，即要求将虽已败坏但尚可食用的粮食另行计算数量，不视为损耗。而“耗石数”则指前文提到的“不可食者”，对不能食用的粮食计算出损耗石数，适用本律规定的惩罚标准，并责令相关责任人赔偿损耗。“论”指论处，“负”表示赔偿，故律文可读为“以其耗石数论，负之”。

【译文】

粮仓漏雨而导致粮食朽烂，粮食堆积而导致腐败，造成不能食用的粮食不满百石，斥责官啬夫；一百石以上到一千石，罚官啬夫一甲；超过一千石以上，罚官啬夫二甲，以上都要令官啬夫和众吏一起赔偿损坏的粮食。粮食虽然损坏但还可食用的，应加以估算，根据损耗的石数论处责任，判令赔偿。　　效

【简文】

度禾芻稾而不備十分一以下令復其故數過十分以上先索以稾人而以律論其不備　　效 167

【释文】

度禾、芻稾而不備十分一以下，令復其故數；過十分以上，［1］先索以稾人，［2］而以律論其不備［3］。　　效 167

【集释】

［1］过十分以上

曾仲珊：“过……以上”，表大于某数，但不包括这个数。魏德胜同。②

［2］先索以稾人

整理小组：先全部发放给领用的人。（译）

孙晓春、陈维礼：索，当释为求……意为索赔。稾人，管理仓库的官吏。③

---

① A. F. P. Hulsewé, *Remnants of Ch'in Law*, p. 79.

② 曾仲珊：《〈睡虎地秦墓竹简〉中的数词和量词》，《求索》1981 年第 2 期，第 92 页；魏德胜：《〈睡虎地秦墓竹简〉语法研究》，首都师范大学出版社，2000，第 114 页。

③ 孙晓春、陈维礼：《〈睡虎地秦墓竹简〉译注商兑》，《史学集刊》1985 年第 2 期，第 71 页。

赵友良：索，追查。稟人，粮食草料的领取人。（译）[①]

【按】“先索以稟人”，见解不一。里耶秦简常见“稟人”一语，其后多缀有人名，如“稟人显”、“稟人忠”等，且多与“出稟”、“出贷”连用，[②] 故一般作名词理解。睡虎地秦简中也有“稟人”作名词的例子，如《秦律十八种·效》168 简（《效》28 简同）中的“稟人某”。然而此处作名词解并理解为先向稟人索赔，尚存疑问。首先，据下条 169 简入禾登记制度规定，需要登记的责任人依次为仓啬夫某、佐某、史某、稟人某，其具有连带责任。[③] 因而当出现“不备”的情况时，先向稟人索赔似乎有些突兀。其次，按上条 164 ~ 166 简确立的处罚规则，是先明确行政、刑事处罚责任，再明确赔偿责任。如果是先赔偿后处罚，则与律文规定的责任顺序不合。最后，“索”字在睡虎地秦简中，绝大多数作“空、尽”解；[④] 而且释为“先全部发放给领用的人”，也与《仓律》31 简“不备，令其故吏杂先索（索）出之”、“索（索）而论不备”的规定相合。故暂以整理小组说为是。

［3］以律论其不备

【按】“以律论”为秦汉律文常见术语，指援引彼律文适用此罪。此处指向的是涉及“不备”的处罚与赔偿规定。单篇《效律》12 ~ 16 简中对“不备”的具体罚则，可做参考。只是需要指出的是，该条中的处罚对象为官啬夫，因而在理解上当侧重于连带责任，而非直接责任。[⑤]

【译文】

称量谷物、刍稾时有缺数，不足十分之一，应补足原数；超过十分之一，

---

① 赵友良：《中国古代会计审计史》，立信会计图书用品社，1992，第 101 页。

② 陈伟主编《里耶秦简牍校释》第 1 卷，第 219、256 页。

③ 此据 164 ~ 166 简规定即可明了。

④ 在《秦律十八种》中，“索”字除去作“空”解之外，另有作“绳索”解两处（《法律答问》29 简、《封诊式》65 ~ 71 简），作“搜查”解（《封诊式》20 简）一处，作“求”解（《为吏之道》135 简）一处，疑读为“腊”（《日书甲种·病》简七二正贰）一处。作“搜查”及“求”解时，上下文结构内容与此简迥异，故不从。

⑤ 在《秦律十八种》中，“索”字除去作“空”解之外，另有作“绳索”解两处（《法律答问》29 简、《封诊式》65 ~ 71 简），作“搜查”解（《封诊式》20 简）一处，作“求”解（《为吏之道》135 简）一处，疑读为“腊”（《日书甲种·病》简七二正贰）一处。作“搜查”及“求”解时，上下文结构内容与此简迥异，故不从。

先全部发放给领用的人，再依照律条处罚（造成）缺数（的行为）。　　效

【简文】

入禾萬□□□□比黎之爲戶籍之曰其廥禾若干石倉嗇夫某佐某史某稟人某是縣入之縣 168

嗇夫若丞及倉鄉相雜以封印之而遺倉嗇夫及離邑倉佐主稟者各一戶以氣人其出禾 169

書其出者如入禾然　　　　　　　　　　效 170

【释文】

入禾，萬【石一積而】比黎之爲戶，籍之曰："其廥禾若干石，倉嗇夫某、佐某、史某、稟人某。"是縣入之，縣 168 嗇夫若丞及倉、鄉相雜以封印之，而遺倉嗇夫及離邑倉佐主稟者各一戶，以氣（餼）人。其出禾，有（又）169 書其出者［1］，如入禾然。　　效 170

【集释】

［1］书其出者

整理小组：记下出仓的人名。（译）

【按】本条《效律》与《仓律》21～27 简的部分内容相同。本律所载"籍之曰：'其廥禾若干石，仓啬夫某、佐某、史某、稟人某'"，规定了入禾需要登记的内容，即谷物数量和管理的责任人，此为《仓律》所无。后文"其出禾，有（又）书其出者，如入禾然"句，规定了出仓谷物的登记与入仓一致，即至少应包括谷物数量和责任人两项。因此"书其出者"，除去整理小组所说的"出仓的人名"外，还应包括出仓谷物的数量等内容。又，关于本条的理解，可参研读会对《仓律》21～27 简的集释与翻译。①

【译文】

谷物入仓，以一万石为一积排列，设置仓门，在簿籍上登记："某仓谷物若干石，仓啬夫某、佐某、史某、稟人某。"在该县入仓，县啬夫或丞及仓、乡主管官吏共同封缄，而给仓啬夫及离邑仓佐、乡主管稟给的人

① 中国政法大学中国法制史基础史料研读会：《睡虎地秦简法律文书集释（三）：〈秦律十八种〉（〈仓律〉）》，《中国古代法律文献研究》第 8 辑，社会科学文献出版社，2014，第 56～64 页。

员各一积，以便发放粮食。谷物出仓，也要记下出仓的数量和人员，和入仓时一样。　　效

【简文】

嗇夫免而效＝者見其封及隄以效之勿度縣唯倉所自封印是度縣終歲而爲出凡曰某廥出禾若干 171

石其餘禾若干石倉嗇夫及佐史其有免去者新倉嗇夫新佐史主廥者必以廥籍度之其有所疑 172

謁縣＝嗇夫＝令＝人復度及與雜出之禾贏入之而以律論不備者　　效 173

【释文】

嗇夫免而效，效者見其封及隄（題），以效之，勿度縣，唯倉所自封印是度縣。終歲而爲出凡［1］曰："其廥出禾若干 171 石，其余禾若干石。"倉嗇夫及佐、史，其有免去者，新倉嗇夫，新佐、史主廥者，必以廥籍度之，其有所疑 172，謁縣嗇夫，縣嗇夫令人復度及與雜出之。禾贏，入之，而以律論不備者。　　效 173

【集释】

［1］终岁而为出凡

整理小组：到年末应统计出仓总数。（译）

何四维："出凡"表示"总括，意即发出的总数"。①

【按】本律规定了在啬夫、仓啬夫、佐、史免职后核验仓库的具体方法，分为"勿度县"与"度县"两种，对应"杂以封印"与"自封印"两种封印方式：即"杂以封印"者可据封印与题识核验，不必称量；而"自封印"者则需要称量。这意味着"杂以封印"的粮仓在一年中不能随意出仓，因终岁保持原状故可"勿度悬"。而"自封印"粮仓在一年中的出入状况可能会有多次变动，因而需要在岁终进行核验统计。朱红林先生认为："继任者首先根据账目簿籍与仓储封题相核对，如果没有开启过的仓库，封题与簿籍所记一致，即可通过，不必开仓核验，只有开启过且正

① A. F. P. Hulsewé, *Remnants of Ch'in Law*, p. 80.

在使用的仓储，方需实际清点。"① 因此"终岁而为出凡"，或是相对于前文"唯仓所自封印是度悬"而言。

【译文】

啬夫免职后进行核验，检验的人通过验视仓上的封缄和题识来核验，不必称量，只称量由仓的管理人员独自封印的仓。到年末应统计出仓谷物的总数："某仓已出谷物若干石，尚余谷物若干石。"仓啬夫和佐、史如有免职离任的，新任的仓啬夫，新任的负责仓管理的佐、史，必须根据仓簿籍加以称量，如有疑问，向县啬夫报告，由县啬夫令人再次称量并一起出仓。谷物超过了应有数量，上缴，而按律文规定惩罚数量不足的责任人。　　效

【简文】

禾芻稾積廥有贏不備而匿弗謁└及者移贏以賞不備群它物當負賞而僞出之以彼賞皆與174

盜同灋└大嗇夫丞智而弗辠以平辠人律論之有與主廥者共賞不備至計而上廥籍內史入禾175

發屚倉必令長吏相雜以見之芻稾如禾　　效176

【释文】

禾、芻稾積廥，有贏、不備，而匿弗謁，及者（諸）移贏以賞（償）不備，群它物當負賞（償）而僞出之以彼（貱）［1］賞（償），皆與盜174同灋。大嗇夫、丞智（知）而弗辠，以平辠人律論之［3］，有（又）與主廥者共賞（償）不備。至計而上廥籍內史。［4］入禾175、發屚（漏）倉，必令長吏相雜以見之。芻稾如禾。　　效176

【集释】

［1］彼

整理小组：彼（貱），音责。貱偿，补垫。

何四维：我采纳"彼"字作为指示代词，表"这个、这些"的常见义项……②

① 朱红林：《睡虎地秦简和张家山汉简〈效律〉研究——简牍所见战国秦汉时期的经济法规研究之二》，《社会科学战线》2014年第3期，第91页。

② A. F. P. Hulsewé, *Remnants of Ch'in Law*, p. 81.

单育辰：作指示代词用。“彼”指代的是“伪出之”，整句话的意思是“其他各种物品中，应该赔偿的却作假注销，而用作假注销来偿补（空缺）”。[①]

陶安あんど：整理小组将“彼”读为“貱”（移予 = 补填），但还是读为“避”好，即意为将毁损或丢失的器物伪装成合法支出，以逃避赔偿义务。[②]

【按】陈剑先生曾对“彼”读“避”有所考证，[③] 认为读“避”文意更顺畅。“彼”如果指代“伪出之”，则与前“伪出之”义同，多少有些复沓之感。

［3］以平罪人律论之

整理小组：平，相等。

何四维：依照针对普通罪人之律来判决。（译）这是个尝试性的翻译。“平人”有时被用来指平民，“平罪人”可能是一个定语结构。本条规则的目的可能是，在这种案件中，官阶高的官吏（上级官吏）不得获得宽待。（注）[④]

大庭脩：“平罪人律”是单一的条文。[⑤]

魏德胜：介词“以”的宾语是一种罪行的名称……有时在罪名的后面缀以“律”。[⑥]

陶安あんど：“平”既非“平等”（整理小组“相等、同等”），亦非“平常”或“普通”〔何四维“普通（罪犯）”〕，而应读为“平 = 治”。意思是啬夫等忽略账簿的操作，即等同于在审判程序上忽视罪人之罪，当问以“纵囚”或“不直”之罪。[⑦]

【按】“以某某律论”的表述常见于秦汉律，一般指按某类或某条法

① 单育辰：《秦简“柀”字释义》，《江汉考古》2007 年第 4 期，第 83 页。

② 〔德〕陶安あんど：《秦漢刑罰体系の研究》，東京外国語大学アジア・アメリカ言語文化研究所，2009，第 410 页，注释 54。

③ 单育辰：《秦简“柀”字释义》，《江汉考古》2007 年第 4 期，第 84 页注释 14 所引。

④ A. F. P. Hulsewé, *Remnants of Ch'in Law*, p. 81.

⑤ 〔日〕大庭脩：《秦汉法制史研究》，林剑鸣等译，上海人民出版社，1991，第 54 页。

⑥ 魏德胜：《〈睡虎地秦墓竹简〉语法研究》，第 199 页。

⑦ 〔德〕陶安あんど：《秦漢刑罰体系の研究》，第 410 页，注释 54。

律条文论处。“以平罪人律论之”，即指按与“平罪人”相关的律文论处。“平罪人律”目前未详具体条文。从其适用本条中的“知而弗罪”的行为推测，它应具有惩治放纵犯罪的约束力。整理小组将其译为“以与罪犯同等的法律处罚”，意思就是大啬夫、丞与“与盗同法”者同罪。这样理解尚存疑问：首先，大啬夫、丞与被“与盗同法”者是连带责任关系，其所承担的责任一般不同于直接责任人；其次，“以与罪犯同等的法律处罚”这一意思，在秦律中已有固定表达术语，即“与同罪”，如《法律答问》20简“律曰‘与盗同法’，有（又）曰‘与同罪’，此二物其同居、典、伍当坐之。云‘与同罪’，云‘反其罪’者，弗当坐”。立法应避免以两种表述传达同种含义的情况，故本条仍以“按平罪人之律”理解。只是“平罪人律”的具体内容只能有待新资料的出现。

［4］至计而上廥籍内史

【按】此句未见于单篇《效律》。其下“入禾、发屚仓”句，在单篇《效律》中作“入禾及发屚仓”，且另起一简书写。

【译文】

谷物、刍稾贮藏在仓里，有超出或者不足数目的情况而隐匿不报的，以及挪用超出部分弥补不足部分的，在其他各种物品中应该赔偿却作假注销以此躲避赔偿的，都适用盗罪之法。大啬夫和丞知情而不加惩治，以“平罪人律”论处，并与仓的负责人共同赔偿不足数目。到上计时将仓的簿籍上报内史。谷物入仓，打开漏仓，必须让长吏会同验视。刍稾和谷物同例。　　效

【简文】

效公器赢不備以齎律論及賞毋齎者乃直之　　　　效 177

【释文】

效公器赢、不備，以齎律［1］論及賞（償），毋齎者乃直之。　　效 177

【集释】

［1］齎律

【按】参见《工律》103简注2“以齎律责之”条。

【译文】

检验官有器物发现有超出或不足数目的，按《齎律》论处及赔偿，律文没有规定的则加以估价。　　效

【简文】

公器不久刻者官嗇夫貲一盾　　　　效 178

【释文】

公器不久刻［1］者，官嗇夫貲一盾。　　效 178

【集释】

［1］久刻

【按】参见《金布律》86 简注 1“久识”条。

【译文】

官有器物未加标记的，官嗇夫罚一盾。　　效

传食律

【题解】

按整理小组整理，“传食律”包括 179～182 简，凡 4 简，共计 3 条律文，每条律文后缀“传食律”，应为律名。整理小组注：“传食律，关于驿传供给饭食的法律规定”，大庭脩先生认为是“关于因公旅行者利用国家的住宿及运输设备的规定”。[①] 张家山汉简《二年律令》中也有《传食律》，内容包括：1. 乘传从长安起始到各地的路线；2. 毋得传食的情形及对超过人数传食、私使人传食的法律制裁；3. 可以享用传食的人员的范围；4. 供给传食的数量、次数、天数的限制，县传食的记录及县之间传食的接续，官吏随从的人数。其中对马的传食标准，只概括规定为“食马如律，禾之比乘传者焉”。李均明先生将秦汉《传食律》总结为“关于驿传的法律。详细规定不同身份的官员及有爵者享用传舍、传车的条件及膳食的数量与质量等，又规定对违反者的惩罚”。[②] 秦简中有相关记载可佐证

① 〔日〕大庭脩：《秦汉法制史研究》，林剑鸣等译，第 53 页。

② 李均明：《秦汉简牍文书分类辑解》，文物出版社，2009，第 165 页。

《传食律》的执行。[①] 秦汉以后，律典中未见此律篇名，相关内容有可能内化于各律篇或分流至令篇之中。

本篇《传食律》规定的内容主要有：（1）御史、卒人使者及其从者的伙食供应标准，其中爵位在大夫与官大夫以上者，按爵级享受伙食标准；（2）不更以下到谋人的伙食及刍稾供应标准，宦奄同不更；（3）上造以下至无爵位的官佐、史及卜、史、司御、寺、府的伙食供应标准。

【简文】

御史└卒人使者食粺米半斗醬駟分升一采羹給之韭葱其有爵者自官士夫=以上爵食之使者 179

之從者食糲米半斗僕少半斗　　　　傳食律 180

【释文】

御史卒人使者，[1] 食粺米半斗，醬駟（四）分升一，采（菜）羹，給之韭葱。其有爵者，自官士大夫以上，爵食之［2］。使者 179 之從者，食糲（糲）米半斗；僕，少半斗。　　傳食律 180

【集释】

［1］御史卒人使者

整理小组：御史，疑为监郡的御史。御史的卒人出差。（译）

何四维：作为使者的御史和卒人。（译）[②]

王裕昌：史、卒人、使者。[③]

【按】张家山汉简《二年律令·传食律》232 简："丞相、御史及诸二千石官使人……皆得为传食。"侯旭东先生认为，"得为传食"者不仅包括这些官员派遣的使者，亦应包含这些官员本身。[④] 彭浩先生将此句读为

---

① 里耶秦简 8－1517 简正："卅五年三月庚寅朔辛亥，仓衔敢言之：疏书吏、徒上事尉府者牍北（背），食皆尽三月，迁陵田能自食。谒告过所县，以县乡次续食如律。"参见陈伟主编《里耶秦简牍校释》第 1 卷，第 344 页。

② A. F. P. Hulsewé, *Remnants of Ch'in Law*, p. 83.

③ 王裕昌：《汉代传食制度及相关问题研究补述》，《图书与情报》2010 年第 4 期，第 149 页。

④ 侯旭东：《汉代律令与传舍管理》，《简帛研究二〇〇七》，广西师范大学出版社，2010，第 153～154 页。

“御史、卒人使者”，并指出据《二年律令·传食律》232～233简，秦律“御史”亦应指御史大夫；又据里耶秦简，秦律的“卒人”似当指包括郡太守在内的二千石官。[①] 据“御史”后的勾识符，御史与卒人之间当断开。使者，派出公差的人。上引232简作“使人”。

［2］爵食之

整理小组：按其爵级规定供应饭食。（译）

朱绍侯：“爵食之”会有更详细、具体的规定，可惜没有保存下来……官士大夫以上的“爵食之”的等级中，可以肯定还会分出若干等级，由于没有具体记载，也无法推测。[②]

宋杰：爵食之……照国家颁行的爵级待遇供给饭食……高爵者属于上层统治阶级，另有详细的伙食供应标准。[③]

董平均：是指传舍根据出差官员职务不同，参照有无爵位或爵位的高低，供给不同的伙食标准。[④]

【按】“御史、卒人使者，食粺米半斗，醬驷（四）分升一，采（菜）羹，给之韭葱”是一般规定，但如果有爵位在大夫与官大夫以上者，就适用特别规定“爵食之”，即按爵位级别的标准供应伙食。181～182简则规定了爵位在“不更以下”者的伙食标准。从“不更以下”的伙食标准有明文规定，而大夫与官大夫以上仅言“爵食之”来看，或者大夫与官大夫以上有爵者的伙食供应标准属于其他律令的规范范围，或者抄写者省略未抄而以“爵食之”概括。

【译文】

御史、卒人的使者出差，每餐伙食标准为粺米半斗，酱四分之一升，菜羹，供给韭、葱。有爵位的，从大夫、官大夫以上，按爵位级别供应伙食。出差者的随从，每餐伙食标准为糲米半斗；驾车的仆，糲米三分之一斗。　　传食律

---

① 陈伟主编《秦简牍合集释文注释修订本（壹）》，武汉大学出版社，2016，第131、132页。

② 朱绍侯：《军功爵制研究》，上海人民出版社，1990，第188～189页。

③ 宋杰：《〈九章算术〉与汉代社会经济》，首都师范大学出版社，1994，第165～166页。

④ 董平均：《出土秦律汉律所见封君食邑制度研究》，黑龙江人民出版社，2007，第161页。

【简文】

不更以下到謀人粺米一斗醬半升采羹芻稾各半石・宦奄如不更傳食律 181

【释文】

不更以下到謀人，[1] 粺米一斗，醬半升，[2] 采（菜）羹、芻稾各半石。・宦奄（閹）[3] 如不更。　　傳食律 181

【集释】

[1] 谋人

整理小组：据简文当为秦爵第三级簪裹的别称。

何四维："谋人"的头衔未详。[①]

朱绍侯：秦二十级军功爵制无此爵名，拙见以为谋人是官称，不是爵名。不过，把谋人理解为相当于簪裹级别的官吏是可以的。[②]

夏利亚：疑此处即《词典》所言之谋士之类，战国时代谋士、说客甚众，地位特殊，此处将其待遇与秦第四爵不更并提，当不足为怪。[③]

【按】据下文 182 简"上造以下到官佐、史毋（无）爵者"可知，该律文的规范对象为上造、公士以及无爵的官佐、史三类人，"上造以下"包含了公士。此处"不更以下到谋人"的结构也与 182 简类似，"不更以下"似应还有所指，如果谋人是紧承第四的第三爵级，"以下"则无所指。《二年律令・传食律》236 简"五大夫以下到官大夫比五百石"，可知"以下"包含了公乘、公大夫，亦可证律文"以下到"所关联的前后爵位未必是紧承排序的，"以下"应是类别的概括。[④] 因此将"谋人"视为紧承"不更"的第三级爵位簪裹，尚存疑问。即使将"谋人"看作官称，也存在同样的问题。

[2] 粺米一斗，酱半升

整理小组：每餐粺米一斗，酱半升。（译）

---

① A. F. P. Hulsewé, *Remnants of Ch'in Law*, p. 85.

② 朱绍侯：《军功爵制考论》，商务印书馆，2008，第 76 页。

③ 夏利亚：《秦简文字集释》，第 215 页。又，文中所言《词典》为《汉语大词典》。

④ 其中"五大夫"是二十级爵第九级，"官大夫"则是爵第六级。两者之间相差了三个等级。参见张家山汉墓竹简整理小组《张家山汉墓竹简〔二四七号墓〕》（释文修订本），第 40 页。

于振波：可以推定，“不更以下到谋人”条所说的“粺米一斗，酱半升”和“上造以下”条所说的“粝米一斗”等属于一日的廪食量，而“御史卒人使者”条所提到的“粺米半斗，酱驷分升一”为一餐的廪食量。[①]

郭志勇：推断出睡虎地秦简《传食律》中规定的“传食”的数量应为每人每天的标准。[②]

【按】整理小组在179简的译文中，已指出粺米半斗，酱驷分升一是“御史卒人使者”一餐的定量，同时也将此条所见定量理解为每餐的标准。由此产生的问题是，为何“不更以下”一餐的食量是“御史卒人使者”的两倍？如果推定“不更以下……”、“上造以下……”的伙食标准是一天的量，可以解决这一问题。但如此还需要解答，为何律文对定量的规定有一餐与一天的差异？还有，“不更以下”的定量标准与“御史卒人使者”一致，其理由为何？一说，“不更以下”与“上造以下”所规范的是另一种情况，与“御史卒人使者”不同。

［3］宦奄（阉）

整理小组：奄，即阉。

何四维：“宦”表示“为仕宦”，“宦官”指阉人；而“阉人”是“阉”自古就有的一个意思。既然这些人会受到优遇，这些阉人就应是宫内工作人员。1977年本整理小组在“宦”和“奄”间加的顿号，在“文物”本和1978年本里被正确地略去了。[③]

魏德胜：“宦奄”表宫内宦官，这是目前最早的用例。在上古，“宦”、“奄”各都有“宫内宦官”的意思。[④]

郭志勇：“宦奄”应当为张家山汉简中出现的“宦皇帝者”，“吏”有禄秩而“宦皇帝者”没有禄秩，因此才说“宦奄如不更”。[⑤]

---

① 于振波：《“参食”考辨》，中国文物研究所编《出土文献研究》第8辑，上海古籍出版社，2007，第30～31页；又氏著《简牍与秦汉社会》，湖南大学出版社，2012，第352页。

② 郭志勇：《秦汉传食制度考述》，郑州大学硕士学位论文，2013，第57页。

③ A. F. P. Hulsewé, *Remnants of Ch'in Law*, p. 85.

④ 魏德胜：《〈睡虎地秦墓竹简〉语法研究》，第43页。

⑤ 郭志勇：《秦汉传食制度考述》，郑州大学硕士学位论文，2013，第50页。“宦皇帝”解释具体参见阎步克《论张家山汉简〈二年律令〉中的“宦皇帝”》，《中国史研究》2003年第3期，第73～90页。

【按】“宦”在秦汉简牍与典籍中多见，可参研读会对《仓律》44 简的集释。[①] 奄，一作“阉”，即俗称的宦官。《周礼·天官·序官》“酒人，奄十人”，郑玄注：“奄，精气闭藏者，今谓之宦人。”又可作“淹”，《尔雅》：“淹，久也。”据此，“宦奄”似可作不同的理解：其一，二字连读，表示宦官；其二，二字连读，奄通“淹”，“宦淹”可解为“长期为宦”之人；其三，两字断开，“宦、奄”分别表示“宦者、阉者”。岳麓书院藏秦简有“冗宦”之语，1303 简、1352 简又见规定“1303 任人为吏及宦皇 1352 帝，其谒者有辠，尽去所任，勿令为吏及宦”。[②]

【译文】

不更以下到谋人，（每天）粺米一斗，酱半升，有菜羹，刍稾各半石。宦阉与不更的标准相同。　　传食律

【简文】

上造以下到官佐史毋爵者及卜史司御寺府□米一斗有采羹鹽廿二分升二傳食律 182

【释文】

上造以下到官佐、史毋（無）爵者，及卜、史、司御、寺、府，[1]□（糲）米一斗，有采（菜）羹，鹽廿二分升二。　　傳食律 182

【集释】

[1] ……寺、府

整理小组：寺，读为侍。府，掌管府藏的人。

夏利亚：寺，近侍的内臣，通常指宦官。[③]

【按】岳麓书院藏秦简 0782 简：“佐弋隶臣、汤家臣，免为士五，属佐弋而亡者，论之，比寺车府。”[④] 车府是太仆的属官。《汉书·百官表》载：“太仆，秦官……又车府、路軨、骑马、骏马四令丞。”相家巷秦封泥

① 中国政法大学中国法制史基础史料研读会：《睡虎地秦简法律文书集释（三）：〈秦律十八种〉（〈仓律〉）》，《中国古代法律文献研究》第 8 辑，第 73 页。

② 陈松长主编《岳麓书院藏秦简（肆）》，第 140 页。

③ 夏利亚：《秦简文字集释》，第 216 页。

④ 陈松长主编《岳麓书院藏秦简（肆）》，第 41 页。

见“寺车丞印”、“寺车府印”,[①]“寺”或通“侍”，“寺车府”即寺车府令。[②]律文中的“寺、府”是否可读作“寺府—寺车府”，尚难确定。此暂从整理小组所读。

【译文】

上造以下到没有爵位的官佐、史，以及卜、史、司御、侍、府，每天粝米一斗，有菜羹，盐二十二分之二升。　传食律

行书律

【题解】

据整理小组整理，《行书律》包括183～185简，共计2条律文，每条律文之后均抄有“行书”二字。《行书律》是关于文书传递的法律，秦汉传世史籍未载，首见睡虎地秦简。此后《行书律》又见岳麓书院藏秦简，内容涉及：对拖延急件、非急件传送行为的惩罚，对非急件的二千石官书传送方式的规定；对传送制书者的性别、年龄的限制以及对捕获违反规定者的人的优待；对传送官府文书者的年龄限制以及对违反行为的惩罚；对允许“以邮行”的特别规定。[③]张家山汉简《二年律令·行书律》包括13枚简、8条律文及1枚“行书律”标题简，内容有：关于邮之间距离的规定；一邮中家室的数量、人员的待遇、特殊地区的设邮、邮舍设施的规定；特别地区邮人的复除规定；对文书传递失期、不以次、擅以邮行行为的惩罚；对邮人传递文书的时间与里程的规定以及对违反规定的罚则；对允许以邮行的文书种类的规定。[④]以上三种《行书律》均属摘抄性质，并非秦汉《行书律》的全部内容。李均明先生指出：“行书律是关于传送文书的法律、规定传递文书的速度及对违章的惩罚。规定不同地区驿站的设

---

① 刘庆柱、李毓芳：《西安相家巷遗址秦封泥考略》，《考古学报》2001年第4期，第436页。

② 彭浩、陈伟、〔日〕工藤元男主编《二年律令与奏谳书》，上海古籍出版社，2007，第289页。

③ 条文见陈松长主编《岳麓书院藏秦简（肆）》，第131～133页。

④ 条文见张家山二四七号汉墓竹简整理小组编著《张家山汉墓竹简〔二四七号墓〕》（释文修订本），文物出版社，2006，第45～47页。

置距离、房舍数量、驿站人员的资格及优惠政策等。”①

本篇《行书律》所涉及的内容有：重要文书和紧急文书必须立即传送，非紧急文书需要当天传送，不准稽留，稽留者将受到法律制裁；传收和接受文书，需要登记发出和接收的日期和时间；文书丢失，必须报告官府；老弱隶臣妾与不可靠的人员不得传送文书。

【简文】

行命書及書署急者輒行之不急者日觱勿敢留＝者以律論之　　行書 183

【释文】

行命書［1］及書署急者［2］，輒行之；不急者，日觱（畢），勿敢留。留者以律論之。［3］　　行書 183

【集释】

［1］命书

整理小组：命书，即“制书”，秦始皇统一后改“命为制”。

【按】里耶秦简 8－461 简“秦更名方”载“承【命】曰承制”、“受（授）命曰制”、“□命曰制”。②

［2］书署急者

整理小组：标明急字的文书。

【按】里耶秦简 8－90 简：“迁陵以邮利足行洞庭，急。”③ 因属急件，故由脚力强健的“利足”传送，以保证速度。

［3］留者以律论之

【按】相关惩罚规定可见岳麓书院藏秦简 1250 简：“行书律曰：传行书，署急辄行，不辄行，赀二甲。不急者，日觱（毕）。留三日，赀一盾；四日以上，赀一甲。”④

【译文】

传送命书及标明急字的文书，应立即传送；不紧急的文书，当天送

① 李均明：《秦汉简牍文书分类辑解》，第 166 页。

② 陈伟主编《里耶秦简牍校释》第 1 卷，第 156 页。

③ 陈伟主编《里耶秦简牍校释》第 1 卷，第 106 页。图见湖南省文物考古研究所编著《里耶秦简（壹）》，文物出版社，2012，第 26 页，图版九〇。

④ 陈松长主编《岳麓书院藏秦简（肆）》，第 131 页。

出，不得稽留搁置。稽留搁置者，依法论处。　　行书

【简文】

行傳書受書必書其起及到日月夙莫以輒相報殹書有亡者亟告官隸臣妾老弱及不可誠仁者勿 184

令書廷辟有曰報宜到不來者追之　　　行書 185

【释文】

行傳書、受書，必書其起及到日月夙莫（暮），以輒相報殹（也）［1］。書有亡者，亟告官。［2］隸臣妾老弱及不可誠仁者勿 184 令。［3］書廷辟有曰報，宜到不來者，［4］追之。　　行書 185

【集释】

［1］必书其起及到日月夙莫（暮），以辄相报殹（也）

整理小组：必须登记发文或收文的月日朝夕，以便及时回复。（译）

彭浩：在居延汉简中也能见到内容与秦律规定相类的送檄。①

李均明：秦律中已见填写传递记录的条款……居延、敦煌汉简中，可见到大量的传递文书的记录，当时称之为“邮书刺”及“邮书课”。②

【按】相似律文见岳麓书院藏秦简 1271 简：“□律曰：传书受及行之，必书其起及到日月夙暮以相报。宜到不来者，追之。书有亡者，亟告其县。”③ 彭浩先生和李均明先生所说的居延汉简的例子可见 EPT51：14 简：

南书一封居延都尉章　　诣张掖大守府　　三月庚午日出三分吞远卒赐受不侵卒受王食时五分付诚北卒朐

此即文书传递过程中记录文书接收时间之一例。

［2］书有亡者，亟告官

① 彭浩：《读张家山汉简〈行书律〉》，中国社会科学院简帛研究中心编《张家山汉简〈二年律令〉研究文集》，广西师范大学出版社，2007，第 319 页。

② 李均明：《张家山汉简〈行书律〉考》，第 37 页。

③ 陈松长主编《岳麓书院藏秦简（肆）》，第 142 页。

【按】前引岳麓书院藏秦简 1271 简作“书有亡者，亟告其县”，意思相同。本条指出若丢失文书必须报告官府，这是秦汉时期处理丢失文书的正规程序。敦煌悬泉汉简《失亡传信册》记录了西汉元帝永光五年（前 39 年）下发全国追查使者遗失传信的文书，简文载：“以传信予御史属泽钦，钦受忠传信，置车笭（軨）中，道随亡。今写所亡传信副移如牒。书到，二千石各明白布告属官县吏民，有得亡传信者，予购如律”，[①]说明使者丢失文书后上书官府，官府发出布告，对捡到丢失文书者按法律规定奖励。

［3］不可诚仁者勿令

整理小组：不可诚仁，意应为不足信赖。

何四维：“令”可与下字“书”相连，“令书”一词可与上文“命书”的表述相对照……“令书”就是“书面命令”，由上级机关（不一定都是廷）发布。进而言之，“令书”就与下文“廷辟”相并列。[②]

夏利亚：不可诚仁者后当点断，即“……不可诚仁者，勿令”。[③]

彭浩：秦《行书律》规定“隶臣妾老弱及不可诚仁者勿令”，指出除有过犯罪史的“隶臣妾”中的“老弱、不可诚仁者”不能充任邮人外，其他的皆可承担行书之事。[④]

【按】律文规定老弱隶臣妾不得传送文书，反之亦可证明非老弱隶臣妾可承担此事。

对此里耶秦简不乏其例。如 8－1524 简：“廿九年十二月丙寅朔己卯，司空色敢言之：廷令隶臣□行书丨六封，曰传言。今已传者，敢言之。己卯水下六刻，隶妾畜以來。”[⑤] 又据“卅四年十二月仓徒簿□”记载，见于徒簿的大隶臣妾、小隶臣共 4376 人，从事各种工作，其中“男三十人廷走”，“女六十人行书廷”，“女七人行书酉阳”，[⑥] 可见隶臣妾传送文书较

① 胡平生、张德芳：《敦煌悬泉汉简释粹》，第 29 页。

② A. F. P. Hulsewé, *Remnants of Ch'in Law*, p. 86, note. 3, 4.

③ 夏利亚：《秦简文字集释》，第 215 页。

④ 彭浩：《读张家山汉简〈行书律〉》，第 322 页。

⑤ 陈伟主编《里耶秦简校释》第 1 卷，第 348 页。

⑥ 郑曙斌、张春龙、宋少华、黄朴华编著《湖南出土简牍选编》，岳麓书社，2013，第 117、118 页。

为常见。

另外关于此句的句读，何四维先生的意见不无道理。秦律中的“勿令”，一般意为“不得使之……”，如《秦律杂抄》38 简“·求盗勿令送逆为它，令送逆为它事者，赀二甲”，以“勿令”结句确实有突兀之感，而且“书廷辟”也不好理解。详下。

［4］书廷辟有曰报，宜到不来者

整理小组（1977）：此句疑指在征召文书上写明必须回报。

整理小组：廷辟，疑指郡县衙署关于征召的文书。报，此处疑读为赴，速至。

何四维：“以辄相报殹（＝也）”，78 年本整理小组翻译为“以便及时回复”……（而把本句）译为“征召文书上写明需急到的，该人应已来到而没有到，应加以追查（把‘追’译为‘追查’）”，认为“报”的意思是“速至”。整理小组的解释看来不可取，因为这样本条中的“报”字会出现两种截然不同的含义。①

陶安あんど：整理小组与何四维解为“人未来”……而本条针对的问题是文书传递，“不来”的主语除去文书而无其他。还有，何四维主张简 184 与 185 之间有脱简，简 185 之文始于“令书、廷辟”。读法上同意何四维的意见。“廷辟”之“辟”，非“征召”之意（整理小组）……无疑应解为断狱文书。②

夏利亚：疑本句当与该简所言性质相同，速到的应该是书信而不当是人。“报”的理解当同上文，意为“回复”……疑本句书廷辟之意如狱辟书。③

【按】如果按何四维先生对上简的理解，“书”字上读而与“令”组成“令书”，则此句为“令书、廷辟有曰报”。令书，上级所发的命令文书。里耶秦简 8－769 简：“卅五年八月丁巳朔己未，启陵乡守狐敢言之：廷下令书曰取鲛鱼与山今卢（鲈）鱼献之。”④ 此“令书”即是廷下发的

① A. F. P. Hulsewé, *Remnants of Ch'in Law*, p. 86, note. 2, 6.

② 〔德〕陶安あんど：《秦漢刑罰体系の研究》，第 463 页，注释 94。

③ 夏利亚：《秦简文字集释》，第 218 页。

④ 陈伟主编《里耶秦简牍校释》第 1 卷，第 222 页。

有关获取鱼的命令文书。廷辟，张家山汉简《二年律令·行书律》276 简："诸狱辟书五百里以上，及郡县官相付受财物当校计者书，皆以邮行。"整理小组注释："辟书，理治狱讼文书。"[①] 报，整理小组 1977 年版的解释较为合理，意为回复、答复。《封诊式》7 简"当腾，腾皆为报"，整理小组注："报，答复。云梦睡虎地四号墓出土木牍甲有：'书到，皆为报。'"故此处的"廷辟"指官府的狱讼文书而非征召文书。此句与下句意为：上级命令文书、狱讼文书有要求回复的，应当送到而没有送到的，要加以追查。

【译文】

传送或接收文书，必须登记发文及收文的日期早晚，以便及时回复。文书如有丢失，应立即报告官府。老弱隶臣妾以及不足信赖的人，不要派去送递文书。上级命令文书、官府狱讼文书有要求回复的，应当送到而没有送到的，要加以追查。　　行书

内史杂

【题解】

按整理小组整理，《内史杂》条文共计 11 条，由于残断，187 简仅见"杂"字，[②] 196 简简尾仅有疑似"内"的残字，其他每条律文末尾都抄有"内史杂"三字。岳麓书院藏秦简亦见"内史杂律"律文，内容涉及对官有廥、仓、库、实官的看护与量器的配备与校准。另还有较多与内史相关的令。[③]

按整理小组的意见，《内史杂》是"关于掌治京师的内史职务的各种法律规定"。学界一般认为内史的权力很大。如张金光先生认为，简牍所

① 张家山汉墓竹简整理小组：《张家山汉墓竹简〔二四七号墓〕》（释文修订本），第 45～47 页。

② 此"杂"字为一残片，整理小组将其系于 187 简末尾。林清源先生认为二者可能不属于同一枚简。参见林清源《睡虎地秦简标题格式析论》，《中央研究院历史语言研究所集刊》第 73 本第 4 分，2002，第 789 页。

③ 陈松长主编《岳麓书院藏秦简（肆）》，2015。

见内史为中枢机要官，职责为总理秦的财政并掌管史职文书档案；[①] 工藤元男先生认为，秦国内史本是执掌文书的行政官吏，由于在文书行政中财政比重很大，内史逐渐发展为掌管太仓、大内与管理从中央到地方财政的财政机关，另外又在战国末期逐渐分为掌管财政的治粟内史与掌管京师的内史。[②]

在《秦律十八种》中，带有“杂”字的律文规定除《内史杂》之外，还有《尉杂》，二者性质相同，都是对特定职官职责的规定，因此当与正式律篇名《杂律》无涉。推测《内史杂》可能是对与内史有关的法令的摘抄汇总，并非正式的律篇之名。

本篇所涉及的内容有：都官对其所使用法律的抄写规定，器物管理规定，请示规定，任命官啬夫的期限，任命佐、史等属吏的年龄要求与身份限制，进入学室学习的身份限制，对储藏谷物、器物及文书府库的安全管理规定等。另据学者梳理，在睡虎地秦简的其他律篇中，也有与内史相关的规定，如在《秦律十八种》中，《厩苑律》涉及内史对县官耕牛的考课、对主管官吏和饲养者的奖惩（19～20 简），《仓律》规定禾稼、刍稾入仓簿籍需上报内史（28 简），各县每年需向太仓上报领取口粮人员名籍与其他费用的计簿（35～36 简），《金布律》规定对公器的处理情况应上报内史（86～88 简），《均工律》规定按期未能学成的新工匠的名籍需要上报内史（111～112 简），《效律》规定每年仓的账簿需要向内史上报（174～176 简），还有《法律答问》有对将偷运出境的珠玉上交内史者的奖励规定（140 简）。[③] 另外张家山汉简《二年律令》中的《置吏律》、《田律》、《津关令》亦可见与内史有关的规定。

【简文】

縣各告都官在其縣者寫其官之用律　　　内史雜 186

【释文】

縣各告都官在其縣者，寫其官之用律。［1］　　　内史雜 186

---

① 张金光：《秦简牍所见内史非郡辨》，《史学集刊》1992 年第 4 期，第 11 页。

② 参见〔日〕工藤元男著《睡虎地秦简所见国家与社会》，〔日〕广濑薰雄、曹峰译，上海古籍出版社，2010，第 42～43 页。

③ 参见〔日〕工藤元男著《睡虎地秦简所见国家与社会》，〔日〕广濑薰雄、曹峰译，第 19、43 页。

【集释】

［1］写其官之用律

整理小组：写，抄写。都官各有所遵行的法律，所以所在的县要去抄写。

高恒：即设置在各县的都官都应到县廷抄录与其有关的法律，以便遵守统一的法制。①

朱红林：都官各有所遵行的法律，所以要去所在的县抄写。整理小组的解释或是排版之误。②

徐世虹：这里的"其官之用律"，当非指专为某一官署（如内史）制定的法律，而是指国家现行律令适用于该官署的内容……③

【按】律文明确规定，"县"是通知在县都官去抄写"其官之用律"的主体，这意味着国家法律犹如命书、制书的传达，是通过行政组织机构逐级下达的。法律保存在县里，这也可以通过里耶秦简 6－4 简"令史廱讎律令沅陵"④ 得到佐证。

【译文】

县各自通知在其县内的都官，抄写该官署所使用的法律。　　内史杂

【简文】

都官歲上出器求補者數上會九月內史　　雜 187

【释文】

都官歲上出［1］器求補者數，上會［2］九月內史。　　【內史】雜 187

【集释】

［1］出

整理小组：注销。（译）

【按】睡虎地秦简中"出"可作销账、注销解的文例，除本条外还有

① 高恒：《秦汉法制论考》，厦门大学出版社，1994，第 4 页。

② 朱红林：《战国时期国家法律的传播——竹简秦汉律与〈周礼〉比较研究》，《法制与社会发展》2009 年第 3 期，第 122 页。

③ 徐世虹：《九章律再认识》，"沈家本与中国法律文化国际学术研讨会"组委会编《沈家本与中国法律文化国际学术研讨会论文集》，中国法制出版社，2005，第 688 页。

④ 陈伟主编《里耶秦简牍校释》第 1 卷，第 19 页。

两例：一为《司空律》148 简“城旦舂毁折瓦器……（值）廿钱以上，孰（熟）治（笞）之，出其器”之“出”，即将已毁坏器物的销账称为“出”。二为《厩苑律》19 简“其乘服公马牛亡马者而死县……官告马牛县出之”，此处“马牛县”似应指死马牛所属县，如按整理小组将“出”理解为“销账”，则指死马牛所属县将该马牛从簿籍上注销。

［2］上会

整理小组：报账。

何四维：提交账目。“会”，年度账目。[①]

高敏：即“上计”之意。[②]

【按】《说文解字·会部》：“凡曰会计者，谓合计之也。”又《周礼注疏·天官·小宰》“八月听出入以要会”郑司农注：“要会，谓计最之簿书，月计曰要，岁计曰会。”按整理小组、何四维先生的解释，“上会”指上报一年的有关账目（在本条中指一年中被注销与需要补充的公器数量的账目）。又学者指出，“会”加具体日期表示具体事务的期限，[③] 如里耶秦简 8－1379 简“上人奴笞者，会七月廷”，8－767 简“令曰二月壹上人臣治（笞）者名”，[④] 又《二年律令·田律》256 简“官各以二尺牒疏书一岁马、牛它物用稾数，余见刍稾数，上内史，恒会八月望”。综上可知，“上会”之“上”为动词，作“上交”解，“会”加具体日期则表示上报的期限。

【译文】

都官每年上报已注销而要求补充的器物数量，于九月向内史上报账目。　　【内史】杂

【简文】

有事請殹必以書毋口請毋請　　　　内史雜 188

【释文】

有事請殹（也），必以書，毋口請，毋（羈）請。　　内史雜 188

① A. F. P. Hulsewé, *Remnants of Ch'in Law*, Leiden E. J. Brill, 1985, p. 90.

② 高敏：《秦汉史探讨》，中州古籍出版社，1998，第 180 页。

③ 〔日〕冨谷至编《江陵張家山二四七號墓漢律令の研究　譯註篇》，第 170 页。〔日〕专修大学《二年律令》研究会：《専修大学二年律令訳注（六）》，《专修史学》第 40 号，第 70 页。

④ 陈伟主编《里耶秦简牍校释》第 1 卷，第 318、221 页。

【译文】

有事请示，一定要用文书，不要口头请示，不要托人代请。　　内史杂

【简文】

官嗇夫免□其官亟置嗇夫過二月弗置嗇夫└令└丞爲不從令　　内史雜 189

【释文】

官嗇夫免，□□□□□□□其官亟置嗇夫。過二月弗置嗇夫，令、丞爲不從令。［1］　　内史雜 189

【集释】

［1］不从令

【按】研读会曾概括过学界对“犯令”的研究状况，指出学界对“犯令”大体上有两种理解，一种为实体令在律中的残存，另一种为对律文法律属性的违背。以《管子·立政》之文看，“犯令”未必皆指违背了一条具体的实体令，也有不遵守法律的含义。① 本条“不从令”亦应作如是解。岳麓书院藏秦简 1409 简：“·尉卒律曰：县尉治事，毋敢令史独治，必尉及士吏与，身临之，不从令者，赀一甲。”②

【译文】

官啬夫免职……他所在的官署应尽快任命啬夫。过了两个月还没有任命啬夫，县令、丞就是违反规定。　　内史杂

【简文】

除佐必當壯以上毋除士五新傅苑嗇夫不存縣為置守如廄律　内史雜 190

【释文】

除佐必當壯［1］以上，毋除士五（伍）新傅。［2］苑嗇夫不存，縣為置守，如廄律。［3］　　内史雜 190

【集释】

［1］壮

---

① 中国政法大学中国法制史基础史料研读会：《睡虎地秦简法律文书集释（三）：〈秦律十八种〉（〈仓律〉）》，中国政法大学法律古籍整理研究所编《中国古代法律文献研究》第 8 辑，第 83～84 页。

② 陈松长主编《岳麓书院藏秦简（肆）》，第 114 页。

整理小组：壮年，古时一般指三十岁。

何四维：实际情况说明，至迟到23岁已达成年。①

林剑鸣：据《尉律》云“学僮十七已上始试讽籀书九千字乃得为吏”，可知（壮）当为十七岁。②

刘向明：其具体年龄应在18岁至22岁范围内……20岁应是百姓承担国家义务，同时又享有一定权利的关键性年龄。③

【按】整理小组持“壮”为三十岁之说，可能如何四维先生所言，是以《礼记·曲礼》“人生十年曰幼，学；二十曰弱，冠；三十曰壮，有室”的记载为据。但有学者（如上引刘向明先生文）已指出，根据《国语·晋语》韦昭注（“此壮，谓未二十时”），“壮”尚可指不足20岁；而根据睡虎地秦简《编年记》的记载（喜17岁傅籍，22岁任安陆令史），④作为除佐的积极条件的“壮”，不大于22岁。另外，除佐的消极条件是“士伍新傅”，则“壮”必在“新傅”的年龄之上。据前引《编年记》，秦时傅籍年龄为17岁，壮当在此之上。因此，秦时“壮”的年龄或在17岁至20岁的范围内。

［2］毋除士五（伍）新傅

整理小组：不要任用刚傅籍的没有爵的人。（译）

何四维：“士伍”是应承担徭役和军役的成年平民……整理小组的翻译不恰当地强调了“士伍”没有爵位这个负面事实，这必然会导致信息不足的读者误以为佐必须拥有爵位。⑤

周厚强：“士伍”即应是尝有爵而被夺去爵位的人。⑥

---

① A. F. P. Hulsewé, *Remnants of Ch'in Law*, p. 87.

② 林剑鸣：《秦汉史》，上海人民出版社，2003，第168页。

③ 刘向明：《睡虎地秦律“除佐必当壮以上”年龄规定辨析》，《南昌大学学报》（人文社会科学版）2005年第5期，第74～75页。

④ 《编年记》82简有“今元年（公元前246年）喜傅”，132简有“六年（公元前241年），四月，为安陆令史”。《编年记》未记明喜傅籍的具体月份，由于计龄方法有虚实二种，故喜有十七、十六、十五岁傅籍起役的三种说法，不过这并不影响对“壮”具体年龄的确定。此姑采整理小组喜十七周岁傅籍之说。则喜十七岁傅，二十二岁任安陆令史。

⑤ A. F. P. Hulsewé, *Remnants of Ch'in Law*, p. 87.

⑥ 周厚强：《秦士伍的身份及其阶级属性辨析》，《求索》1991年第4期，第123页。

郑有国："士伍"仅仅指的是无爵的"耕战之士"。[①]

施伟青：所谓"士伍"，应当是指必须服事"正卒"徭役的无爵的男子，他们具有如下特征：1. 是无爵（包含未尝获爵者和以罪免爵者）的男子；2. 年龄是17岁至60岁；3. 不是刑徒或官、私奴婢；4. 身体没有残疾。[②]

朱绍侯：秦汉时期的士伍，就是居住在里伍或什伍中，没有官职、没有爵位，在户籍上有名的成年男子。[③]

【按】除佐的年龄条件限定在"壮以上"，旨在要求官员有一定的阅历。据张家山汉简《二年律令·傅律》364、365简"公士、公卒及士五（伍）、司寇、隐官子，皆为士五（伍）"，可知"士伍"的身份具有继承性。而未成年的"士伍"显然不能被"除佐"，故需要以"傅籍"来限制。然而新傅籍的士伍未必有当然的任佐资历，因而法律对此做出了限定。"勿用士伍新傅"的立法目的，在于限制刚满17岁傅籍、缺乏历练的士伍出任佐，此与"除佐必当壮以上"的规定相呼应。

［3］厩律

整理小组：即《厩苑律》。

大庭脩：这究竟是《厩苑律》的略称，或是另有一种《厩律》，进而或者可能又有《苑律》，尚不能预先判断，不过，《厩律》并非萧何独创的，这一点值得注意。[④]

【按】汉九章律有厩律，此应承袭自秦。只是秦厩律与厩苑律的关系尚不明确。出土龙岗秦简的墓葬年代为秦末，龙岗秦简的中心内容是"禁苑"，其与厩苑律的关系如何，亦待探讨。

【译文】

任命佐必须符合壮年以上，不要任用新傅籍的士伍。苑啬夫不在，由县安排代理人员，依厩律行事。　　内史杂

---

① 郑有国：《秦简"士伍"的身份及特征》，《福建论坛》（文史哲版）1991年第6期，第55页。

② 施伟青：《也论秦"士伍"的身份——与周厚强同志商榷》，《中国社会经济史研究》1993年第1期，第16页。

③ 朱绍侯：《军功爵制考论》，第415页。

④ 〔日〕大庭脩：《秦汉法制史研究》，林剑鸣等译，第50页。

【简文】

令敫史毋從事官府非史子殹毋敢學＝室犯令者有辠　　　　内史雜 191

【释文】

令敫史［1］毋從事官府。非史子殹（也），毋敢學學室，［2］犯令者有罪。［3］　　内史雜 191

【集释】

［1］敫史

整理小组：敫，字不识，疑为“赦”字之误。

何四维：（整理小组的解释）似乎可能性不大，因为这会暗示他们（被免职的官吏）可以被安排在其他地方工作，而这又违反了明文禁止任命被免官吏的《除吏律》（《秦律杂抄》简 1）。[①]

董珊：“敖史”当为学史之敖童，即成童而未傅籍之史子。[②]

【按】广濑薰雄先生指出：董珊先生据秦封宗邑瓦书“大田佐[illegible]童曰末”，指出[illegible]为敖字，[illegible]童即敖童。敖童是到了傅籍年龄的未冠之人，敖史是敖童之史，“令敖史毋从事官府”的意思，就是禁止敖童之史在官府做事。[③]

［2］非史子殹（也），毋敢学学室

【按】据《二年律令·傅律》365 简“畴官各从其父畴，有学师者学之”，《史律》474 简“史、卜子年十七岁学”，《史记·项羽本纪》集解引如淳曰“律：年二十三傅之畴官，各从其父畴内学之”，可知秦及汉初法律规定，部分职业只有从业者后代才能从事，史、卜即为其中之二。

［3］令敫史毋从事官府。非史子殹（也），毋敢学学室，犯令者有罪。

何四维：该“令”字为“令（ordinance）”，表示一条令规定了后文内容，故需要将“令”字断开。[④]

---

① A. F. P. Hulsewé, *Remnants of Ch'in Law*, p. 88.

② 董珊：《二年主父戈与王何立事戈考》，《文物》2004 年第 8 期，第 72 页，注释 20。

③ 〔日〕广濑薰雄：《〈秦律十八种·内史杂〉“敖史”补论——读〈秦简牍合集〉札记（一）》，中国政法大学法律古籍整理研究所主办“中国古代法律文献研究前沿论坛”会议论文，2015。

④ A. F. P. Hulsewé, *Remnants of Ch'in Law*, p. 88.

张建国："非史子也，毋敢学学室"的规定，正是"令"的具体内容，不按此规定做，应属于……"犯令"。[①]

【按】"犯令"，据《法律答问》142简"律所谓者，令曰勿为，而为之，是谓'犯令'"，意为从事法律禁止的行为。岳麓书院藏秦简1384、1388简："1384·行书律曰：有令女子、小童行制书者，赀二甲。能捕犯令者，为除半繇（徭），其不当繇（徭）者，得以除它人1388繇（徭）。"[②] 这里的"犯令者"，应指违反了《行书律》有关禁止女子、小童传送制书规定的人。又"犯令者有罪"，针对的是敖史从事官府与非史子学学室两种犯罪行为，故此句标点应改为："令敖史毋从事官府。非史子殹（也），毋敢学学室。犯令者有罪。"

【译文】

敖童之史不得在官府工作。不是史的儿子，不能在学室学习。违反规定的有罪。　　内史杂

【简文】

下吏能書者毋敢從史之事　　　　内史雜192

【释文】

下吏［1］能書者，毋敢從史之事。　　内史雜192

【集释】

［1］下吏

【按】参研读会《秦律十八种·工人程》108简集释。

【译文】

下吏中可以书写公文的，不能做史的工作。　　内史杂

【简文】

侯司寇及羣下吏毋敢为官府佐史及禁苑憲盜　　　　内史雜193

【释文】

侯（候）、［1］司寇及羣下吏毋敢为官府佐、史及禁苑憲盜。［2］

内史雜193

① 张建国：《秦令与睡虎地秦墓竹简相关问题略析》，《中外法学》1998年第6期，第36页。

② 陈松长主编《岳麓书院藏秦简（肆）》，第132页。

【集释】

［1］侯（候）

整理小组：候，本义为伺望，此处指一种被用以伺望敌情的刑徒。

堀毅：候是比前项司寇更轻的刑罚，从秦律的构成上看，候似乎属于法定劳役刑的下限。①

刘海年：（候）在备守中与司寇的分工有所不同，因之劳役的轻重也有所分别……候是秦律中最轻的徒刑。②

傅荣珂："侯"之原来身份应为官吏，由于触犯刑律，而沦为刑徒，虽不得复为官府之佐吏，然其劳役则较司寇为轻。③

魏德胜：虽由"伺望"得名，而实际上不一定都作这个工作。可能与"城旦"、"鬼薪"等一样，只是一种刑徒的代名词……可能相当于一些小官吏。④

夏利亚：侯当如鬼薪、白粲等刑徒一样，最初的命名都是根据其工作的性质，后来因为需要也从事其他的劳作。⑤

【按】诸家多以侯（候）为一种刑罚或受此刑罚的刑徒。在秦律中，可与耐构成复合刑的有耐为鬼薪白粲、耐为隶臣妾、耐为司寇与耐为候。《法律答问》117 简："当耐司寇而以耐隶臣诬人，可（何）论？当耐为隶臣。丨当耐为侯（候）罪诬人，可（何）论？当耐为司寇。"可知候是轻于司寇的刑等。目前所见秦律适用耐为候的行为，有"伪听命书，废弗行"（《秦律杂抄》4 简），"除弟子籍不得，置任不审"（《秦律杂抄》6 简）。据"候"字义推测，侯（候）的工作或为伺望、侦察敌情。至于侯（候）坐罪前的身份及除伺望外是否承担其他工作，由于材料缺乏，尚无确论。

［2］宪盗

整理小组：一种捕"盗"的职名，《法律答问》作害盗。

① 〔日〕堀毅：《秦汉法制史论考》，萧红燕等译，法律出版社，1988，第 160 页。

② 刘海年：《秦律刑罚考析》，中华书局编辑部编《云梦秦简研究》，中华书局，1981，第 186 页。

③ 傅荣珂：《睡虎地秦简刑律研究》，商鼎文化出版社，1992，第 178 页。

④ 魏德胜：《〈睡虎地秦墓竹简〉词汇研究》，第 153～154 页。

⑤ 夏利亚：《秦简文字集释》，华东师范大学博士学位论文，2011，第 223 页。

何四维：据上下文应指守卫或（禁苑）看守人。[①]

陶安あんど：从司寇不得为“禁苑宪盗”这一事实可以推测，司寇担任一般的宪盗是常见的。[②]

【按】整理小组已指出，《说文解字·心部》：“宪……害省声。”知“宪”可与“害”通。又《说文通训定声》：“害，假借为曷。”[③]“害”在先秦两汉可通“曷”，有遏止之义，如《管子·七法》“收天下之豪杰，有天下之骏雄，故举之如飞鸟，动之如雷电，发之如风雨，莫当其前，莫害其后”，[④]《淮南子·览冥训》“余任天下，谁敢害吾意者”，[⑤]王念孙注曰“害读为曷，曷止也”。[⑥]故“宪盗”即为“曷盗”，当为遏止盗贼的小吏。《法律答问》1简：“害盗别徼而盗，驾（加）罪之。”2简：“求盗，当刑为城旦，问罪当驾（加）如害盗不当？当。”[⑦]将害盗与求盗并举，犯罪后都加罪一等，亦可证害盗之身份。岳麓书院藏秦简1247简：“任者免徙，令其新啬夫任，弗任，免。害（宪）盗，除不更以下到士五，许之。”[⑧]

又，根据整理小组对此前律文的句读，此句可读作“侯（候）、司寇及群下吏，毋敢为官府佐、史及禁苑宪盗”。

【译文】

候、司寇和众下吏，不得任官府佐、史和禁苑宪盗。　　内史杂

【简文】

有實官縣料者各有衡石羸斗甬期䟣計其官毋叚百姓不用者正之如用者

内史雜194

【释文】

有實官［1］縣料［2］者，各有衡石羸（纍）、斗甬（桶）［3］，期

---

① A. F. P. Hulsewé, *Remnants of Ch'in Law*, p. 88.

② 〔德〕陶安あんど：《秦漢刑罰体系の研究》，2009，第72页。

③ （清）朱骏声：《说文通训定声》，武汉市古籍书店影印，1983，第660页。

④ 黎翔凤撰，梁运华整理《管子校注（上）》，中华书局，2004，第117页。

⑤ 何宁：《淮南子集释（上）》，中华书局，1998，第446页。

⑥ （清）王念孙：《读书杂志·淮南内篇第六》，江苏古籍出版社，1985，第814页。

⑦ 睡虎地秦墓竹简整理小组：《睡虎地秦墓竹简》，第93页。

⑧ 陈松长主编《岳麓书院藏秦简（肆）》，第137页。

𨅈。計其官，［4］毋叚（假）百姓。不用者，正之如用者。［5］　内史雜 194

【集释】

［1］实官

【按】参前《秦律十八种·效》163 简集释。

［2］县料

整理小组：料，《说文》："量也。"县料，称量。

冨谷至："县"通"悬"，是"测量"、"悬衡"的意思。而且，从测量重量的"悬"通"挂"的语义也很容易想象得到，秦律的"县"也在测量重量的时候使用。①

魏德胜：料，据字形，是用斗量米的意思。其他文献中未发现用例，《睡简》中有 4 例，都是"县料"连用……"县"是用秤称，"料"是用斗量。②

【按】县对应的是衡石赢（累），表示重量的称量。料对应的是斗甬（桶），表示对容积的称量。《二年律令·效律》351 简"效案官及县料而不备者，负之"，整理小组认为："县料，称量计数。县，《汉书·刑法志》注引服虔云：'称也。'料，《国语·晋语》注：'数也。'"③

［3］衡石赢（纍）、斗甬（桶）

【按】参研读会《秦律十八种·工律》100 简集释。

［4］期𨅈。计其官，

整理小组：以足用为度。这些器具应在官府中量用。（译）

何四维：断句为"各有衡石赢（纍）、斗甬（桶），期足计。其官毋叚（假）百姓"。三个版本均在"官"字后断句，无疑是因简上此字后留有空白，（编辑者）受到诱导而如此断句。不过我确信空白是为编绳所留……④

戴世君：语译中将"期足"一语承接"备有衡石的权、斗桶"说为

① 〔日〕冨谷至：《从额济纳河流域的食粮配给论汉代谷仓制度》，杨振红译，中国社会科学院简帛研究中心编《简帛研究译丛》第 2 辑，湖南人民出版社，1998，第 238 页。

② 魏德胜：《〈睡虎地秦墓竹简〉词汇研究》，第 11 页。

③ 张家山二四七号汉墓竹简整理小组：《张家山汉墓竹简〔二四七号墓〕》（释文修订本），第 56 页。

④ A. F. P. Hulsewé, *Remnants of Ch'in Law*, p. 88, et p. 89 n. 4.

"以足用为度"，与后文"不用者"矛盾，且与生活常情不合……"期足"或应与"计其官"连读，"期足计其官"是说，满了期限，要将权、斗桶交给有关官府加以检测、校正。"期足"相当于前引《工律》"县及工室听官为正衡石累、斗桶、升，毋过岁一"之"毋过岁一"。①

【按】上引戴世君先生文对"期足"有两种解释，此处解为"满了期限"，而《秦律十八种·司空律》129简的"期足"解为"数量足够"。何四维先生依据编绳位置而重新断句，并将语义解释为"负责称量的实官，各有石赢（纍）、斗甬（桶），以期它们足敷计量之用。相关官府不能把这些器具借给百姓"。各可备一说。不过据前述129简"官有金钱者自为买脂、胶，毋（无）金钱者乃月为言脂、胶，期踐（足）。为铁攻（工），以攻公大车"，"期踐"显然不能与其后的"为"连读，"期踐"可以表达一个完整的意思。故此暂从整理小组的意见。

［5］有实官县料者……正之如用者

【按】岳麓书院藏秦简1296、1237简："1296·内史杂律曰：诸官县料各有衡石赢（纍）、斗甬（桶），期足，计其官，毋叚（假）黔首。不用者，平之如用者。以铁午(杵）1237 閪（扃）甬（桶）□，皆壹用方㮣（概），［方］㮣（概）毋得，用槩及园㮣（概）。"② 可与本条对读。

【译文】

储藏物资的官府需要称量，应各备有衡石的权、斗桶，以保证足用。器具应在官府使用，不得借给百姓。当时不用的器具，也要和使用的时候一样校正。　　内史杂

【简文】

有實官高其垣牆它垣屬焉者獨高其置芻廥及倉茅蓋者令人勿紤舍└非其官人殹毋敢舍焉195

善宿衛閉門輒靡其旁火慎守唯敬有不從令而亡有敗失火官吏有重辠大嗇夫丞任之內196

---

① 戴世君：《云梦秦律注释商兑（续）》，简帛网，http://www.bsm.org.cn/show_article.php?id=822，2008年4月22日首发。

② 陈松长主编《岳麓书院藏秦简（肆）》，第124～125页。

【释文】

有實官高其垣墻。它垣屬焉者，獨高其置芻廥及倉茅蓋者。令人勿紤（近）舍。非其官人殹（也），毋敢舍焉。［1］195 善宿衛，閉門輒靡其旁火，慎守唯敬（儆）。有不從令而亡、有敗、失火，官吏有重罪，大嗇夫、丞任之。　　内［2］196

【集释】

［1］它垣属焉者，独高其置刍廥及仓茅盖者……毋敢舍焉

陈伟："令人勿紤（近）"当作一句读。①

【按】岳麓书院藏秦简1413、1297简："1413・内史杂律曰：刍稾廥、仓、库、实官、积，垣高毋下丈四尺，瓦墙，财（裁）为候，晦令人宿候，二人备火，财（裁）为□1297□水，宫中不可为池者财（裁）为池宫旁。"又1266、1274简："1266・内史杂律曰：黔首室、侍（寺）舍有与廥、仓、库、实官补属者，绝之，毋下六丈。它垣属焉者，独高其侍（置），不1274从律者，赀二甲。"② 可对读。

［2］内

何四维：简末缺失约2厘米；整理小组将残断处的残字读为"内"。③

林清源：《秦律十八种》简一九六末尾所谓的"内"字，笔者怀疑并非"内"字，更非律名"内史杂"的简称，而且简一九六极有可能不是该章最后一简，该简末尾其实并无所谓的章题。④

【按】简末残字是否为"内"，是否为章名，学者有不同见解。但据上引岳麓书院藏秦简，本条律属于"内史杂"无疑。

【译文】

储藏物资的官府需要加高垣墙。其他垣墙与其垣墙相连的，就只加高贮藏刍稾的廥和以茅草加盖的仓的垣墙。命令人不得靠近居住，不是相关机构的人员，不得在其中住宿。要严加守卫，关门的时候要熄灭旁近的

① 陈伟：《云梦睡虎地秦简〈秦律十八种〉校读（五则）》，《简帛》第8辑，上海古籍出版社，2013，第348页。

② 陈松长主编《岳麓书院藏秦简（肆）》，第124、126页。

③ A. F. P. Hulsewé, *Remnants of Ch'in Law*, p. 90.

④ 林清源：《睡虎地秦简标题格式析论》，《中央研究院历史语言研究所集刊》第73本第4分，第790页。

火，谨慎警戒。有违反规定而造成遗失、损坏或者失火的，官吏有重罚，大啬夫、丞也要承担责任。　　内

【简文】

毋敢以火入臧府書府中吏已收臧官嗇夫及吏夜更行官毋火乃閉門戶令=史循其廷府節新爲197

吏舍毋依臧府書府　　　　　　　　　　内史雜198

【释文】

毋敢以火入臧（藏）府、書府［1］中。吏已收臧（藏），［2］官嗇夫及吏夜更行官。毋火，乃閉門戶。令令史循其廷府。節（即）新爲197吏舍，毋依臧（藏）府、書府。　　内史雜198

【集释】

［1］臧（藏）府、书府

整理小组：藏府，收藏器物的府库。书府，收藏文书的府库。

佐原康夫：可知在各级“廷”设置了财库“藏府”与文书库“书府”，在防火上以期完全。①

【按】《史记·梁孝王世家》：“孝王未死时，财以巨万计，不可胜数。及死，藏府余黄金尚四十万余斤，他财物称是。”故藏府也是收藏金钱、财物之处。《效律》42简“官府臧（藏）皮革，数炀风之”，具体反映了当时的藏府物之一种。《说文解字·广部》：“府，文书藏也。”此指收纳、保管日常公文、簿籍的府库。张家山汉简《二年律令·户律》331简：“民宅园户籍、年细籍、田比地籍、田命籍、田租籍，谨副上县廷，皆以箧若匣匮盛，缄闭，以令若丞、官啬夫印封，独别为府，封府户。”以“独别为府”可知，保管户籍、地籍和田租籍等官府文书的“府”是特别的书府。

［2］吏已收臧（藏）

陈伟：“吏已收臧（藏）”费解。睡虎地法律简中，“事”一概写成“吏”形……此处仍当释为“事”。“事已收藏”，大概是说用过火之后，要妥为收捡保存。②

① 〔日〕佐原康夫：《戰國時代の府・庫について》，《東洋史研究》第43卷第1号，1984，第37页。

② 陈伟：《云梦睡虎地秦简〈秦律十八种〉校读（五则）》，第349页。

【按】按整理小组的理解，“吏已收藏”以下一句，似乎无涉防火，在文意上与“毋火，乃闭门户”显得有些隔阂。陈伟先生以《二年律令·贼律》19简“节（即）追外蛮夷贼，以假之，事已辄收臧”之文比照此句，读作“事已，收藏”，有一定的合理性。即前句立意在于府内禁火，而“事已”不承上句，立意在于就府外合法用火后如何防火做出规定。如果是这样，本条律文或可分为三层：首先是一般性的强制规定，即禁止将火带入藏府、书府之中。其次是对合法用火的规定，即用火后要妥善处理。最后是夜间巡逻防火的规定，即无火后方可关闭门户。如此，句读或可改为：“事已，收藏。官啬夫及吏夜更行官，毋火，乃闭门户。”

【译文】

不得将火带进收藏财物的府库与收纳文书的府库。（合法）用火后要妥善处理。官啬夫和吏要轮番值夜看守，经检查没有火，才可关闭门户。让令史巡察其衙署的府库。如果新建吏舍，不得靠近收藏财物的府库与收纳文书的府库。　　内史杂

尉　杂

【题解】

按整理小组整理，“尉杂”条文共有2枚简，分为2条律文。2条律文末尾均抄缀“尉杂”二字。整理小组认为：“尉，这里指廷尉……尉杂，关于廷尉的各种法律规定。”但是大庭脩先生认为“尉杂”的性质并不明确：“不能确认‘尉’是指何种官职。在秦朝，武官中的最高官员是国尉。这一律文究竟是国尉之律还是廷尉之律，或是与其他尉官有关的律，尚不明确。此外，人们知道汉律中有《尉律》，也许有与《尉律》相对应的《尉杂律》。”①

《尉律》之名已见于传世文献。许慎《说文解字·序》引有尉律之文，段玉裁认为“谓汉廷尉所守律令也”。沈家本则指出：“惟许序所引律文乃汉初取人之法，不专指廷尉。《昭纪》如淳注云：‘后从尉律，卒践更一

① 〔日〕大庭脩：《秦汉法制史研究》，林剑鸣等译，第53页。

月，休十一月也。’所言亦非治狱之事。汉之以尉名官者，曰太尉，掌武事。应劭曰：‘自上安下曰尉，武官悉以为称。’曰卫尉，掌宫门卫屯兵。曰中尉，掌徼循京师。曰水衡都尉，掌上林苑。曰主爵中尉，景帝更名都尉，武帝更名右扶风，治内史右地。曰护军都尉，武帝属大司马。曰司隶校尉，督大奸猾。曰八校尉，所掌并武事。曰奉车都尉，掌御乘舆车。驸马都尉，掌驸马。其他以尉名者尤多，大抵近于武事。郡有郡尉，亦典武职。安见尉律之必专指廷尉也？且九章之律，户律关于大司农，厩律关于太仆，兴律关于卫尉、中尉诸官，不仅关于廷尉一官，正不得以尉氏旧名而附会之也。”[①]《尉律》未必专指廷尉，是沈家本的主要见解。

对秦汉简牍所见之“尉”，学者已有部分论断。于豪亮先生根据睡虎地秦简《秦律杂抄》所载内容指出，“秦律中的尉是县尉”。[②] 于振波先生认为，里耶秦简 8－157 简和《二年律令·置吏律》215 简记载“尉”任用县道属吏，“‘尉’是县尉，而不是廷尉”。[③] 杨振红先生也分析了秦汉简牍乃至传世文献所载“尉”对吏的任免之事，认为里耶秦简 8－157 简里的“‘尉’显然是县尉”。[④] 此外，新见岳麓书院藏秦简有“尉卒律”律文，内容涉及黔首外出须向尉报告的义务以及尉应承担的责任（1404 简），对逃亡黔首削爵的规定（1234 简），要求县尉、士吏必须亲自参与政事的规定（1409 简），乡啬夫、典、老须向尉报告入谷、徙除及死亡者的规定（1387 简），里置典、老的规定（1373 简）等，[⑤] 其中受规范的对象明显是县尉。

因此，“尉杂”有可能是关于县尉职务的各种法律规定。只是“尉杂”与《尉律》的关系如何，尚不明。

本篇“尉杂”仅有 2 条律文，第 1 条是到御史处核对法律的规定，第

① 中国政法大学法律古籍整理研究所等整理《沈家本全集》第 4 卷，中国政法大学出版社，2010，第 168 页。

② 于豪亮：《云梦秦简所见职官述略》，《文史》第 8 辑，1980，第 12 页。

③ 于振波：《汉代的都官与离官》，李学勤、谢桂华主编《简帛研究二〇〇二～二〇〇三》，广西师范大学出版社，2005，第 226 页。

④ 杨振红：《秦汉时期的“尉”、“尉律”与“置吏”、“除吏”——兼论“吏”的属性》，《简帛》第 11 辑，上海古籍出版社，2013，第 335 页。

⑤ 简文见陈松长主编《岳麓书院藏秦简（肆）》，第 111～116 页。

2 条简文漫漶，文意难明，但从“……法律程籍，勿敢行，行者有罪”来看，或与应遵循某种规范，否则将治罪的规定有关。

【简文】

歲讎辟律于御史　　　　尉雜 199

【释文】

歲讎辟律［1］於御史。　尉雜 199

【集释】

［1］辟律整理小组：刑律。

何四维：“辟”的一个含义是“法律、规则”，因此“辟律”可能是“法律”的泛称；另一个含义是“君主”，则辟律表示“君主之律”。但是“辟”也能表示“刑”（punishment），这产生了“刑律”的翻译，这一翻译为整理小组和本书所采纳。①

【按】《汉书·百官表》：“廷尉，秦官，掌刑辟，有正、左右监，秩皆千石。”辟即法。

【译文】

每年到御史处核对刑律。　尉杂

【简文】

其官之吏□□□□□□□□□□□□灋律程籍勿敢行=者有辠

尉雜 200

【释文】

□其官之吏□□□□□□□□□□□□法律程籍，勿敢行，行者有罪。［1］　尉雜 200

【集释】

［1］其官之吏……有罪

【按】关于本条律文，整理小组认为缺字过多，不能译释。何四维先生推测本条可能涉及徭役。② 魏德胜先生认为律文是直接讨论司法文书的。③

① A. F. P. Hulsewé, *Remnants of Ch'in Law*, p. 90.

② A. F. P. Hulsewé, *Remnants of Ch'in Law*, p. 91.

③ 魏德胜：《〈睡虎地秦墓竹简〉词汇研究》，第 124 页。

刘海年先生认为是基于某种原因，禁止某些法律程籍实行。[①] 王惠认为是郡守、县令的属官郡尉、县尉等应每年学习新传达到的朝廷送来的经核对好的法律并按其行事，对未经核对的法律不能使用，否则有罪。[②] 本条从“……勿敢行，行者有罪”看，只能推测出属于禁止性规定，具体内容尚无法判断。

【译文】

官府之吏……法律程籍，不得行用，行用者有罪。　　尉杂

属　邦

【题解】

“属邦”仅有201简1枚，律文后缀“属邦”。“属邦”，秦兵器铭文较多见。[③] 在秦汉简牍中除睡虎地秦墓竹简外，还见于里耶秦简8－657简：“□亥朔辛丑，琅邪叚（假）【守】□敢告内史、属邦、郡守主：琅邪尉徙治即【默】□。”[④] 关于“属邦”的性质，整理小组注：“属邦，管理少数民族的机构……本条为关于属邦职务的法律。”大庭脩先生指出：“与‘夏’即秦相对的有‘臣邦’、‘他邦’；与‘秦母’相对的有‘臣邦父’，可见‘邦’是指秦以外的六国地区。所谓‘属邦’，与汉的‘属国’同义……由此可见，这是关于占领地区的法律。”[⑤] 于豪亮先生认为，“关于专门处理少数民族关系的法律，称为属邦律”。[⑥]

本条“属邦”是律篇名，还是自当时律文中摘抄出来的有关“属邦”的内容，目前未详。本条“属邦”律文主要记载了道官输送隶臣妾、收人时的衣食规定。

① 刘海年：《秦代法吏体系考略》《学习与探索》1982年第2期，第58页。

② 王惠：《秦简律目衔微》，华东政法大学硕士学位论文，2009，第46页。

③ 对秦金文中“属邦”的综述，参见陈力《试论秦国之“属邦”与“臣邦”》，《民族研究》1997年第4期，第82页。

④ 陈伟主编《里耶秦简牍校释》第1卷，第193页。

⑤ 〔日〕大庭脩：《秦汉法制史研究》，林剑鸣等译，第54页。

⑥ 于豪亮：《秦王朝关于少数民族的法律及其历史作用》，中华书局编辑部编《云梦秦简研究》，中华书局，1981，第316页。

【简文】

道官相輸隸臣妾收人必署其已稟年日月受衣未受有妻毋有受者以律續食衣之　屬邦□201

【释文】

道官相輸隸臣妾、收人，必署其已稟年日月，受衣未受，有妻毋有。受者以律續食衣之。[1]　　屬邦201

【集释】

[1] 受者以律续食衣之

整理小组：如系领受者，应依法继续给予衣食。

彭浩：受者指"道官相输"时的接受方。[①]

【按】彭浩先生说是。本条是对道官输送、接收隶臣妾、收人时的衣食规定：输送方需要写明被输送者已稟粮的年月日，是否领用衣服，是否已有妻室；接收方在掌握这些信息的基础上，按法律规定继续提供衣食。所谓"以律续食衣之"中的"律"，是指有关隶臣妾稟衣食的规定。隶臣妾是否可以得到公家提供的衣食，受劳动强度、老小及有无妻室影响。具体可参看《金布律》90～96简、《司空律》141～412简。

【译文】

各道官府输送隶臣妾、收人，必须写明已领口粮的起讫年月日，有没有领过衣服，有没有妻子。接受方应依法继续给予衣食。　　属邦

效

【题解】

按整理小组整理，《效律》共60枚简，28条律文。第一枚简背面写有"效"字，正面则写有表明制定该律目的的简文，故如整理小组所言，这是一篇首尾完整的律文。江村治树先生认为，就出土位置、书写格式与字体、条文数量之多以及内容而言，《效律》已有相当程度的集录，因此是

① 于豪亮：《秦王朝关于少数民族的法律及其历史作用》，中华书局编辑部编《云梦秦简研究》，中华书局，1981，第316页。

了解秦律律文形式的最合适的资料。另外根据《效律》的某些内容亦见于《仓律》与《藏律》，推测《效律》是在某一时期参照它律而新追加的律篇，时间是在商鞅之后的惠文王二年（前336）“初行律”以后。①

本篇《效律》的内容有：第一，对赢、不备的处罚办法（1～2简），这也是全篇的基础。第二，主管官吏（官啬夫）所要承担的责任，违法行为涉及：1. 衡石、斗不正（3～7简）；2. 数而赢、不备（8～10简）；3. 县料而不备（11～16简）；4. 仓漏朽禾、积禾而败（22～24简）；5. 度禾、刍稾不备（25～26简）；6. 公器不久刻（40简）；7. 甲旅札赢不备（41简）；8. 皮革蠹突（42简）；9. 标识不当（43～45简）；10. 计用律不审而赢、不备（50～53简）；11. 计校相谬（56～57简）；12. 计脱实、出实多于律程、不当出而出（58～60简）。这其中的5、7虽然没有明确的责任对象，但从“以律论不备”、“责其不备”，而“官啬夫与冗吏皆共偿不备”的规定来看，其中无疑包含了官啬夫。第三，主管官吏与上级的连带责任（17～18、54～55简）。第四，官吏免、徙时效的规定（19～21、32～36简）。第五，仓出入禾时的管理规定（27～31、37简）。第六，对漆损耗率以及相应的处罚规定（46～48简）。

出土秦汉文献所见《效律》，除睡虎地秦简《秦律十八种·效》、《效》外，又有江陵王家台秦简《效律》、张家山汉简《二年律令·效律》，各种《效律》的条文对照及与其他律篇相关条文的对照，可参文末“附录”。

【简文】

效 1 背

【释文】

效 1 背

【简文】

爲都官及縣效律其有赢不備物直之以其賈多者辠之勿赢 1 正

【释文】

爲都官及縣效律：其有赢、不備，物直（值）之，以其賈（價）多者罪之，勿赢（纍）。［1］1 正

① 〔日〕江村治树：《雲夢睡虎地出土秦律の性格をめぐって》，《東洋史研究》第40卷第1号，1981年，第5～8页。

【集释】

［1］勿羸（累）

整理小组：累，累计。

【按】累，秦汉法律术语，涉及刑罚裁量的适用方法。《岳麓书院藏秦简（叁）》“暨过误失坐官”一案，当事人暨犯有八劾，上级机关原以“羸（累）论”适用刑罚，即涉及数罪并罚的问题。不过本条并不属于数罪并罚的范畴，而是在一种犯罪涉及数种钱额的情况下，如何选择量刑适用方法的问题。本条首先明确了羸、不备有罪，其次确定物的价值是罪轻重的标准，而当涉案之物有数种时，就需要明确是累计其价值还是选择其一。“勿羸（纍）”，正是对羸、不备这种职务犯罪量刑时所确立的一个原则，即按最多的一个数值计算，而不是合并累计数值科刑。又，“为都官……勿羸（累）”，江陵王家台秦简《效律》443简和218简与此条同文：“为都官及县效律其有羸、不备物直之□（443）□以其贾多者辠之勿羸□（218）”，[①] 但分书于两简。

【译文】

制订都官和县效律：凡有超出、不足的，对每种物品进行估价，按其中价值最高的处罚，估算价值不要累计。

【简文】

官嗇夫冗吏皆共賞不備之貨而入羸2

【释文】

官嗇夫、冗長［1］皆共賞（償）不備之貨而入羸。［2］2

【集释】

［1］冗长

整理小组：众吏。（译）

张政烺、日知：all the other officers。[②]

① 王明钦：《王家台秦墓竹简概述》，［美］艾兰、邢文编《新出简帛研究——新出简帛国际学术研讨会文集》，文物出版社，2004，第39页。443简的释文可读为“为都官及县效律，其有羸不备物直之□”，见荆州地区博物馆刘德银执笔《江陵王家台15号秦墓》，《文物》1995年第1期，第39页；〔日〕佐佐木研太：《出土秦律书写形态之异同》，《清华大学学报》（哲学社会科学版）2004年第4期，第49页。

② 张政烺、日知：《云梦竹简Ⅲ》，东北师范大学出版社，1994，第5页。

魏德胜：冗吏。①

【按】整理小组 1976 年、1977 年及 1978 年释文，均将此二字释为“冗吏”，故当如黄文杰先生所说，“冗长”是误植。②

［2］官啬夫……入赢。

【按】江陵王家台秦简《效律》498 简：“□[illegible]官啬夫□□冗吏皆共赏不备之货而入赢□”，③ 与本条内容基本相同。④

【译文】

官啬夫、冗吏共同赔偿不足数的财货，上缴多余的财货。

【简文】

衡石不正十六两以上赀官啬夫一甲不盈十六两到八两赀一盾└甬不正二 3

升以上赀一甲不盈二升到一升赀一盾 4

【释文】

衡石不正，十六两以上，赀官啬夫一甲；不盈十六两到八两，赀一盾。［1］甬（桶）不正，二 3 升以上，赀一甲；不盈二升到一升，赀一盾。［2］4

【集释】

［1］赀一盾

【按】“赀一盾”后有钩识符。

［2］衡石不正……赀一盾

【按】本条规定了对“衡石不正”与“甬（桶）不正”行为的处罚对象与等级。“衡石不正”以八两为界，不到八两为合理误差，八两以上为“不正”，分“不盈十六两”与“十六两以上”两等处罚；“甬（桶）不正”以二升为界，不到二升为合理误差，二升以上为“不正”，亦分两等处罚。处罚对象为官啬夫。具体可见表 1。

---

① 魏德胜：《〈睡虎地秦墓竹简〉词汇研究》，附录《〈睡简〉误字表》，第 241 页。

② 黄文杰：《秦至汉初简帛文字研究》，商务印书馆，2008，第 158 页。

③ 王明钦：《王家台秦墓竹简概述》，［美］艾兰、邢文编《新出简帛研究——新出简帛国际学术研讨会文集》，第 39 页。

④ 王明钦：《王家台秦墓竹简概述》，［美］艾兰、邢文编《新出简帛研究——新出简帛国际学术研讨会文集》，第 39 页。

表 1　秦律关于“衡石不正”与“甬（桶）不正”的处罚标准

类别	重量单位	误差	误差率（%）	处罚对象	处罚结果
衡制	石（120 斤，1920 两）	[16 两，+∞）	[0.83，+∞）	官啬夫	赀一甲
		[8 两，16 两）	[0.42，0.83）		赀一盾
		（-∞，8 两）	（-∞，0.42）		不处罚
量制	甬（桶）（10 斗，100 升）	[2 升，+∞）	[2，+∞）	官啬夫	赀一甲
		[1 升，2 升）	[1，2）		赀一盾
		（-∞，1 升）	（-∞，1）		不处罚

【译文】

衡石不准确，（误差）在十六两以上，赀官啬夫一甲；（误差）不足十六两而在八两以上，赀一盾。桶不准确，（误差）在两升以上，赀一甲；（误差）不足两升而在一升以上，赀一盾。

【简文】

斗不正半升以上貲一甲不盈半升到少半升貲一盾 ˪半石不正八兩以 5

上鈞不正四兩以上 ˪斤不正三朱以上 ˪半斗不正少半升以上 ˪參不正六 6

分升一以上 ˪升不正廿分升一以上 ˪黃金衡羸不正半朱上貲各一盾 7

【释文】

斗不正，半升以上，貲一甲；不盈半升到少半升，貲一盾。半石不正，八兩以 5 上；鈞不正，四兩以上；斤不正，三朱（銖）以上；半斗不正，少半升以上；參不正，六 6 分升一以上；升不正，廿分升一以上；黃金衡羸（纍）[1] 不正，半朱（銖）【以】上，貲各一盾。[2] 7

【集释】

[1] 黄金衡羸（累）

整理小组：称量黄金用的天平砝码。

【按】累，标准权器。西汉铜权可见“官累，重若干”之铭文（参见图 1、图 2），“官累”指官方监制颁发的标准权器，[①]“累”为其自名。岳麓书院藏秦简《为吏治官及黔首》81～84 简：“官羸不备，□□□□，亡

① 参国家计量总局等编《中国古代度量衡图集》图版一九九、二〇〇、二〇一，第 141～142 页。

器齐（赍）赏（偿），衡石权羸（累）”，[①] 其中“羸（累）”亦为权器名。又，睡虎地秦简《秦律十八种·工律》100 简：“县及工室听官为正衡石羸（累）、斗用（桶）、升，毋过岁壶〈壹〉。”[②]

图 1　西汉官累铜权，权身刻“官累，重斤十两”，中国国家博物馆藏

图 2　西汉官累铜权，权身刻“官累，重斤十两”，上海博物馆藏

［2］斗不正……赀各一盾

【按】本条是对斗、钧、斤、参、黄金衡累“不正”的处罚规定（具体可参表 2）。本条性质与上条相同，而在上条中，被处罚对象“官啬夫”在首次出现后，下文皆被省略，故本条的处罚对象当仍是官啬夫。

3～7 简两条律文，是对主管官吏违反衡制和量制校验标准行为的处罚规定，由此又可见秦代的衡量制度。《汉书·律历志》云：“量者，龠、

① 朱汉民、陈松长主编《岳麓书院藏秦简（壹）》，上海辞书出版社，2010，第 145～146 页。

② 睡虎地秦墓竹简整理小组编《睡虎地秦墓竹简》，第 43 页。

合、升、斗、斛也……合龠为合，十合为升，十升为斗，十斗为斛”，“权者，铢、两、斤、钧、石也……一龠容千二百黍，重十二铢，两之为两。二十四铢为两。十六两为斤。三十斤为钧。四钧为石。”其中见于此二条中的衡量单位，有“斗”、“升”、“石”、“均”、“斤”、“两”、“朱（铢）”。又《礼记·月令》：“（仲春之月）日夜分，则同度量，钧衡石，角斗甬，正权概。”郑玄注：“甬，今斛也。”① 知秦简中的“甬”相当于《汉志》中的“斛”。其余“半石”、“半斗”，分别为石、斗之半，“参”是三又三分之一升。若秦汉间衡量制度无大变更，则这里出现的衡、量单位序列及进制当为：二十四铢为两，十六两为斤，三十斤为钧，六十斤为半石，百二十斤为石；三又三分之一升为参，五升为半斗，十升为斗，十斗为甬。整理小组已对两条的内容制表加以说明，现在整理小组所制表的基础上，再加“误差率”、“处罚对象”二栏而成表 2。

表 2　秦律有关衡制、量制以及权器误差的处罚标准

类别	单位	误差	误差率（%）	处罚对象	处罚（赀）
衡制	石	[16 两，+∞)	[0.83，+∞)	官啬夫	一甲
		[8 两，16 两)	[0.42，0.83)	官啬夫	一盾
	半石	[8 两，+∞)	[0.83，+∞)	官啬夫	一盾
	钧	[4 两，+∞)	[0.83，+∞)	官啬夫	一盾
	斤	[3 铢，+∞)	[0.78，+∞)	官啬夫	一盾
量制	甬	[2 升，+∞)	[2，+∞)	官啬夫	一甲
		[1 升，2 升)	[1，2)	官啬夫	一盾
	斗	[半升，+∞)	[5，+∞)	官啬夫	一甲
		[少半升，半升)	[3.33，5)	官啬夫	一盾
	半斗	[少半升，+∞)	[6.67，+∞)	官啬夫	一盾
	参	[六分之一升，+∞)	[5，+∞)	官啬夫	一盾
	升	[二十分之一升，+∞)	[5，+∞)	官啬夫	一盾
权器	黄金衡赢（累）	[半铢，+∞)		官啬夫	一盾

另外，在王家台秦简《效律》中，此二条律文的内容位于睡虎地秦简《效》41 简后，而 41 简又位于 43 简后。②

① 《礼记正义》卷一五《月令》，（清）阮元校刻《十三经注疏》，中华书局 1980 年影印本，第 1362 页。

② 参见王明钦《王家台秦墓竹简概述》，［美］艾兰、邢文编《新出简帛研究——新出简帛国际学术研讨会文集》，第 39 页。

【译文】

斗不准确，（误差）在半升以上，赀一甲；不到半升而超过三分之一升，赀一盾。半石不准确，（误差）在八两以上；钧不准确，（误差）在四两以上；斤不准确，（误差）在三铢以上；半斗不准确，（误差）在三分之一升以上；参不准确，（误差）在六分之一升以上；升不准确，（误差）在二十分之一升以上；称量黄金的砝码不准确，（误差）在半铢以上的，各赀一盾。

【简文】

數而赢不備直百一十錢以到二百廿錢誶官嗇夫過二百廿錢以到千一百 8

錢貲嗇夫一盾過千一百錢以到二千二百錢貲官嗇夫一甲過二千二百錢 9

以上貲官嗇夫二甲 10

【释文】

數［1］而赢、不備，直（值）百一十錢以到二百廿錢，誶官嗇夫；過二百廿錢以到千一百 8 錢，貲嗇夫［2］一盾；過千一百錢以到二千二百錢，貲官嗇夫一甲；過二千二百錢 9 以上，貲官嗇夫二甲。10

【集释】

［1］数

整理小组：清点物品的数目。

彭浩：疑“数”指点数、计算。①

【按】“数”是对首条“为都官及县效律：其有赢、不备……以其贾（价）多者罪之”规定的呼应，其惩罚对象是官啬夫，即在官啬夫的职责范围内只要出现了清点、统计物资而赢、不备的情况，即按价值大小适用相应的惩罚。下条“悬料”也是如此。

［2］赀啬夫

【按】原简“啬夫”前应漏写一“官”字。

【译文】

清点、统计物资数目出现了超出或不足（的情况），价值在一百一十钱至二百二十钱，斥责官啬夫；超过二百二十钱至一千一百钱，罚官啬夫

① 陈伟主编《秦简牍合集释文注释修订本（壹）》，第 146 页。

一盾；超过一千一百钱到一千二百钱，罚官啬夫一甲；超过二千二百钱以上的，罚官啬夫二甲。

【简文】

縣料而不備者欽書其縣料殹之數 11

【释文】

縣料而不備者，欽書其縣料殹（也）［1］之數。11

【集释】

［1］殹（也）

大西克也："殹"是与以前东方诸国"也"对应的秦国方言词语。但在秦统一的过程中，"殹"向旧六国地区渗透。秦以隶书实施政务，因而在公文中强制使用"殹"。此时在书面语的层面上，其方言性大为减色……因此统一六国以后的抄本，即使使用了"殹"，也不能仅以此为据，认为是以秦方言书写的。①

张玉金："县料殹之数"是定中短语，意思是称量出的数量。"县料"是定语，而"殹"用于其后，"也"没有这种用例。②

【按】在睡虎地秦简中，殹字的一般用法为：在句末表示判断语气，如《金布律》89 简："传车、大车轮，葆缮参邪，可殹（也）。"在句末表示疑问，如《法律答问》154 简："吏有故当止食，弗止，尽稟出之，论何殹（也）？"在句中表示停顿，如《金布律》69 简："有买（卖）及买殹（也），各嬰其贾（价）。"本条用法较为少见，"殹（也）"在宾语前的定语之末，表示某种语气，并无实际意义。

【译文】

称量物资而有不足的，要全部记录称量出的数量。

【简文】

縣料而不備其見數五分一以上直其賈其貲誶如數者然十分一以到不盈
12

---

① 〔日〕大西克也：《"殹""也"の交替——六國統一前後に於ける書面言語の一側面》，《中國出土資料研究》第 2 号，1998，第 19 页。

② 张玉金：《出土战国秦汉文献中的语气词"殹"》，《殷都学刊》2011 年第 3 期，第 108 页。

五分一直過二百廿錢以到千一百錢誶官嗇夫過千一百錢以到二千二百錢 13

貲官嗇夫一盾過二千二百錢以上貲官嗇夫一甲└百分一以到不盈十分一 14

直過千一百錢以到二千二百錢誶官嗇夫過二千二百錢以上貲官嗇夫 15

一盾 16

【释文】

縣料而不備其見（現）數五分一以上，直（值）其賈（價），其貲、誶如數者然。十分一以到不盈 12 五分一，直（值）過二百廿錢以到千一百錢，誶官嗇夫；過千一百錢以到二千二百錢 13，貲官嗇夫一盾；過二千二百錢以上，貲官嗇夫一甲。［1］百分一以到不盈十分一 14，直（值）過千一百錢以到二千二百錢，誶官嗇夫；過二千二百錢以上，貲官嗇夫 15 一 16 盾。［2］

【集释】

［1］一甲

【按】据图版，14 简"一甲"与"百分"之间有一勾识符。

［2］县料而不备……赀官啬夫一盾

【按】释文中的简号"16"当置于"盾"字之后。

本条是对"县料而不备"的具体罚则。如果"县料"是一种包含了"出仓"、"入仓"以及"度禾、刍稾"等的泛义称量行为，则《秦律十八种·效》167 简的"度禾、刍稾不备"和《秦律十八种·效》171～173 简的"度禾、出禾不备"中的"以律论不备"之"律"，所指就是规定了具体罚则的本条律文。本条对"县料而不备"共分三个数量界限并规定了相应的处罚：一是五分之一以上，适用罚则为前条"数而赢、不备"的规定；二是十分之一到不足五分之一；三是百分之一到不足十分之一，均按价值大小适用相应的惩罚。三款处罚规定共同构成一个逐级递减、层级分明的罚则体系（参见表 3）。自表 3 可见，自第二等以下，在同等价值的情况下，对"县料不备"的惩罚要轻于"数而赢、不备"。

表 3　“数而赢不备”与“县料而不备”处罚体系表 *

罪值（钱）/罚则	涉罪比例	谇	赀一盾	赀一甲	赀二甲
数而赢不备	—	［110,220）	［220,1100）	［1100,2200）	［2200，+∞）
县料而不备	［1/5,1）	同上（赀、谇如数者然）			
	［1/10,1/5）	［220,1100）	［1100,2200）	［2200，+∞）	—
	［1/100,1/10）	［1100,2200）	［2200，+∞）	—	—

*本表系参考陶安先生的相关表述、夏利亚先生所绘相关表格制作而成。参见〔德〕陶安あんど《秦漢刑罰体系の研究》，第 190 页；夏利亚《秦简文字集释》，华东师范大学博士学位论文，2011，第 229～230 页。

【译文】

称量物资的缺额达到现有数额的五分之一以上，估算其价值，按照统计物资的处罚规定处罚。缺额在十分之一以上而不满五分之一，价值在二百二十钱到一千一百钱的，斥责官啬夫；价值在一千一百钱到二千二百钱的，罚官啬夫一盾；价值超过二千二百钱，罚官啬夫一甲。缺额在百分之一以上而不满十分之一，价值在一千一百钱到二千二百钱的，斥责官啬夫；价值超过二千二百钱，罚官啬夫一盾。

【简文】

同官而各有主殹各坐其所主官嗇夫免縣令＝人效其官＝嗇夫坐效以 17

貲大嗇夫及丞除縣令免新嗇夫自效殹故嗇夫及丞皆不得除 18

【释文】

同官而各有主殹（也），各坐其所主。官嗇夫免，縣令令人效其官，官嗇夫坐效以 17 貲，大嗇夫［1］及丞除。縣令免，新嗇夫自效殹（也），故嗇夫及丞皆不得除 18。

【集释】

［1］大啬夫

整理小组：此处大啬夫及下文新啬夫、故啬夫，均指县令而言。

钱剑夫：“大啬夫”是“县啬夫”的别称，因为它在所有啬夫中最大，所以“大啬夫及丞除。”①

① 钱剑夫：《秦汉啬夫考》，《中国史研究》1980 年第 1 期，第 140 页。

高敏："大啬夫"可能是"县啬夫"的另一称呼，是管理全县各级、各类啬夫的官吏……是"官啬夫"的上级。[①]

工藤元男：《效律》所见县令和大啬夫的"共同统治"正反映出将旧县逐渐编入"县令、丞体制"的过渡情况。[②]

【按】"大啬夫"目前仅见于《睡虎地秦墓竹简》，郑实（熊铁基）先生认为"大啬夫"即是县令的别名。[③] 裘锡圭先生认为，从"大啬夫"字面上的意义看，县令、长以外的各种令、长也可以称为大啬夫。但除了可以明确认定专指县令、长的例子以外，未见能够确凿断定是其他官吏的大啬夫例子。[④] 高敏先生结合其他大啬夫的律文记载进一步认为，"县啬夫"的地位仅次于县令而高于丞尉，因疑其是县令的助手。[⑤] 工藤元男先生同意县啬夫、大啬夫实际上就是县令的观点，但进一步认为在商鞅实施县制之后，县由县令统治，但以往的旧县还是由县啬夫（大啬夫）统治。[⑥] 苏卫国先生则指出县啬夫与县令丞共司县政，又依据里耶秦简J1（16）5简正之简文，将县啬夫定义为："郡长官为办理军政要务而派遣至所属县的吏员。"[⑦]

本简中县令与大啬夫并存，说明二者同时存在且有所区别。律文又见县令较大啬夫有令人核验的优先权，而大啬夫及丞是否免罪由核验情况而定，这说明县令地位高于县（大）啬夫；而"县令免"后接"新啬夫"说明在县令免职的同时，啬夫也进行了更换，亦见县令与啬夫之间存在连带关系。

【译文】

在同一官府任职而各有不同的职掌，职掌者分别承担所掌管的责任。

---

① 高敏：《云梦秦简初探》（增订本），河南人民出版社，1981，第174、175页。

② 〔日〕工藤元男：《睡虎地秦简所见秦代国家与社会》，〔日〕广濑薰雄、曹峰译，第335页。

③ 郑实：《啬夫考——读云梦秦简札记》，《文物》1978年第2期，第56页。

④ 裘锡圭：《啬夫初探》，中华书局编辑部编《云梦秦简研究》，中华书局，1981，第229页。

⑤ 高敏：《云梦秦简初探》（增订本），第180页。

⑥ 〔日〕工藤元男：《睡虎地秦简所见秦代国家与社会》，〔日〕广濑薰雄、曹峰译，第335页。

⑦ 苏卫国：《重新定位"县啬夫"的思考》，《史学月刊》2006年第4期，第25页。

在官啬夫免职，县令派人核验该官府的物资，官啬夫因核验出问题而被处罚的情况下，大啬夫和丞免罪。县令免职，新任啬夫自行核验，原任啬夫和丞都不得免罪。

【简文】

實官佐史柀免徙官嗇夫必與去者效代者節官嗇夫免而效不備代者與 19

居吏坐之故吏弗效新吏居之未盈歲去者與居吏坐之新吏弗坐 ㇗其 20

盈歲雖弗效新吏與居吏坐之去者弗坐它如律 21

【释文】

實官佐、史柀免徙，官嗇夫必與 19 去者效代者。節（即）官嗇夫免而效不備，代者與居吏坐之。故吏弗效，新吏居之未盈歲，去者與居吏坐之，新吏弗坐；其 20 盈歲，雖弗效，新吏與居吏坐之，去者弗坐。它如律。［1］21

【集释】

［1］实官佐、史柀免徙……它如律

【按】本条与《秦律十八种·效》162～163 简内容完全相同，但为不同抄手所书。整理小组对两者的释文断句标点略异（参见表 4）。

表 4　《秦律十八种·效》162～163 简与《效》19～21 简相同内容断句相异对照表

《秦律十八种·效》	《效律》
实官佐、史柀免、徙， 節(即)官啬夫免而效，不备， 去者弗坐，它如律。	实官佐、史柀免徙， 節(即)官啬夫免而效不备， 去者弗坐。它如律。

其中前两部分，《秦律十八种·效》断句为宜，第三部分则《效》为宜。相关集释可参前述 162～163 简。

【译文】

参见《秦律十八种·效》162～163 简译文，此处从略。

【简文】

倉屚朽禾粟及積禾粟而敗之其不可飤者不盈百石以下誶官嗇夫 22

百石以到千石貲官嗇夫一甲過千石以上貲官嗇夫二甲令官嗇夫冗 23

吏共賞敗禾＝粟＝雖敗而尚可飤殹程之以其秏石數論𧤴之 24

【释文】

仓屚（漏）死（朽）禾粟，及積禾粟而敗之，其不可飤（食）者，不盈百石以下，誶官嗇夫；22 百石以到千石，貲官嗇夫一甲；過千石以上，貲官嗇夫二甲；令官嗇夫、冗23 吏共賞（償）敗禾粟。禾粟雖敗而尚可飤（食）殹（也），程之，以其秏（耗）石數論𧶠（負）之。［1］24

【集释】

［1］仓屚（漏）死（朽）禾粟……以其秏（耗）石数论𧶠（负）之

【按】本律与《秦律十八种·效》164~166 简的内容基本相同，唯若干字词抄写有异，具体可参文末之表。

【译文】

参见《秦律十八种·效》164~166 简译文，此处从略。

【简文】

度禾芻稾而不備十分一以下令復其故數過十分以上先索以稾人而25

以律論其不備26

【释文】

度禾、芻稾而不備，十分一以下，令復其故數；過十分以上，先索（索）以稾［1］人，而25 以律論其不備。26

【集释】

［1］稾

【按】整理小组 1977 年本将此字释为“稟”，而此本作“稾”。魏德胜先生指出应释为“稟”字。① 此本或为误植。又，相关集释与按语，可见《秦律十八种·效》167 简。

【译文】

参见《秦律十八种·效》167 简译文，此处从略。

【简文】

入禾萬石一積而比黎之爲戶及籍之曰某廥禾若干石倉嗇夫某佐某史27

某稾人某是縣入之縣嗇夫若丞及倉鄉相雜以封印之而遺倉嗇夫及離28

邑倉佐主稾者各一戶以氣人其出禾有書其出者如入禾然嗇夫免而效＝者29

① 魏德胜：《〈睡虎地秦墓竹简〉词汇研究》，第 241 页。

見其封及隄以效之勿度縣唯倉所自封印是度縣終歲而爲出凡曰某廥 30

出禾若干石其餘禾若干石 31

【释文】

入禾，萬石一積而比黎之爲戶，及籍之曰：“某廥禾若干石，倉嗇夫某、佐某、史 27 某、稟人某。”是縣入之，縣嗇夫若丞及倉、鄉相雜以封印之，而遺倉嗇夫及離 28 邑倉佐主稟者各一戶，以氣（餼）人。其出禾，有（又）書其出者，如入禾然。嗇夫免而效，效者 29 見其封及隄（題）以效之，勿度縣，唯倉所自封印是度縣。終歲而爲出凡曰：“某廥 30 出禾若干石，其余［1］禾若干石。”［2］31

【集释】

［1］余

【按】据图版当为“餘”。

［2］入禾……其余禾若干石

【按】《秦律十八种·仓律》21～27 简及《秦律十八种·效》168～170 简的内容与本条相似，可参相关集释与按语。

【译文】

参见《秦律十八种·仓律》21～27 简及《秦律十八种·效》168～170 简译文，此处从略。

【简文】

倉嗇夫及佐史其有免去者新倉嗇夫新佐史主廥者必以廥籍度之其有 32

所疑謁縣＝嗇＝夫＝令人復度及與雜出之禾贏入之而以律論不備者禾芻稾 33

積廥有贏不備而匿弗謁及者移贏以賞不備羣它物當負賞而僞出之以 34

彼賞皆與盜同灋大嗇夫丞智而弗辠以平辠人律論之有與主廥者共 35

賞不備 36

【释文】

倉嗇夫及佐、史，其有免去者，新倉嗇夫、新佐、史主廥者，必以廥籍度之。其有 32 所疑，謁縣嗇夫，縣嗇夫令人復度及與雜出之。禾贏，入之；而以律論不備者。［1］禾、芻稾 33 積廥，有贏不備，而匿弗謁，及者（諸）移贏以賞（償）不備，羣它物當負賞（償）而僞出之以 34 彼（貱）

賞（償），皆與盜同灋（法）。大嗇夫、丞智（知）而弗辠（罪），以平辠（罪）人律論之，有（又）與主廥者共35賞（償）不備。[2] 36

[1] 仓啬夫及佐、史……以律论不备者

【按】此部分内容与《秦律十八种·效》171~173简相同。

[2] 禾、刍稾积廥……有（又）与主廥者共赏（偿）不备

【按】此部分内容与《秦律十八种·效》174~175简相同。

【译文】

参见《秦律十八种·效》171~175简译文，此处从略。

【简文】

入禾及發扇倉必令長吏相雜以見之芻稾如禾37

【释文】

入禾及發扇（漏）倉，必令長吏相雜以見之。芻稾如禾。[1] 37

[1] 入禾……如禾

【按】本条与《秦律十八种·效》176简同文。

【译文】

参见《秦律十八种·效》176简译文，此处从略。

【简文】

櫟陽二萬石一積咸陽十萬石一積38

【释文】

櫟陽二萬石一積，咸陽十萬石一積。[1] 38

【集释】

[1] 栎阳……十万石一积

【按】此条与《秦律十八种·仓律》26简部分内容相同，只是《仓律》为“咸阳十万一积”，即少一“石”字。

【译文】

栎阳以二万石为一积，咸阳以十万石为一积。

【简文】

效公器贏不備以齎律論及賞者乃直之39

【释文】

效公器贏、不備，以齎律論及賞（償），【毋齎】者乃直（值）之。

［1］39

【集释】

［1］效公器……乃直（值）之

【按】本条同《秦律十八种·效》177 简。整理小组应据 177 简补出本条中“毋赍”。

【译文】

参见《秦律十八种·效》177 简译文，此处从略。

【简文】

公器不久刻者官嗇夫貲一盾 40

【释文】

公器不久刻者，官嗇夫貲一盾。［1］40

【集释】

［1］公器……赀一盾

【按】本条同《秦律十八种·效》178 简。

【译文】

参见《秦律十八种·效》，此处从略。

【简文】

甲旅札赢其籍及不備者入其赢旅 = 札而責其不備旅 = 札 41

【释文】

甲旅札［1］赢其籍及不備者，入其赢旅衣札［2］，而責其不備旅衣札。41

【集释】

［1］甲旅札

整理小组：甲的旅札。（译）

聂新民：“甲、旅札”……这里的“旅衣札”当指金属甲片，“甲”指皮甲。[1]

何四维：此处遗漏了合文号。[2]

① 聂新民：《秦俑铠甲的编缀及秦甲的初步研究》，《文博》1985 年第 1 期，第 25 页。

② A. F. P. Hulsewé, *Remnants of Ch'in Law*, Leiden: E. J. Brill, 1985, p. 96.

赵平安："甲、旅札"或"旅、旅札"是指铠甲或铠甲上的叶片两种东西而言。①

［2］旅衣札

整理小组：简文"旅"，作"旅"，为"旅衣"二字的合文。

何四维：整理小组并未解释何为"旅衣"，三处的"旅"意思相同，即盔甲的一部分（旅）以及这部分的甲片（旅札）。②

赵平安："="应是重文符号，"旅=札"应释为"旅、旅札"，它与上文"甲、旅札"相对应。③

【按】简文中三个"旅"字均写作，整理小组将一字释为"旅"，另两字释为"旅"、"衣"二字的合文，似有不妥。而且在睡虎地秦简中，其他"旅"字作，与该字明显不同。《说文解字·□部》："旅，军之五百人为旅。从□，从从"，睡虎地秦简中"众"写作""，"衣"写作，因此该字应为"旅衣"二字的合文。何四维先生认为第一处"旅"也应释为合文，比较合理。可能是抄手遗漏了该处的合文号。从本条简文看，因首句已说明"旅衣札"为甲之从属部分，故而后文直言"旅衣札"而省略"甲"字。

《周礼·考工记·函人》："凡为甲，必先为容，然后制革。权其上旅，与其下旅，而重若一。"贾公彦疏："谓札叶为旅者，以札众多，故言旅，旅即众也。"④ 从尹湾汉简"□革札廿四"、"铁甲札五十八万七千二百九十九革札十四斤"⑤ 的记载中也可看出，兵器库确有对皮甲、铁甲片的数量进行登记。因此，此条为关于甲片管理的规定并无疑问。秦兵马俑甲衣大致可以分为两种基本类型，一种由整块皮革或其他材料制成，另一种铠甲均由正方形或长方形甲片编缀而成，⑥ 但此处旅衣札或应为金属与皮甲片的统称。

---

① 赵平安：《睡虎地秦简"伊阑"、"旅=札"新诠》，《中文自学指导》1997年第1期，第4页。

② A. F. P. Hulsewé, *Remnants of Ch'in Law*, p. 96.

③ 赵平安：《睡虎地秦简"伊阑"、"旅=札"新诠》，《中文自学指导》1997年第1期，第3页。

④ 《周礼注疏·考工记·函人》，（清）阮元校刻《十三经注疏》，第917页。

⑤ 连云港市博物馆、东海县博物馆、中国社会科学院简帛研究中心、中国文物研究所编《尹湾汉墓简牍》，中华书局，1997，第108、115页。

⑥ 参见徐海荣主编《中国服饰大全》，华夏出版社，2000，"秦汉铠甲"条，第33页。

【译文】

甲的旅衣札数量多出或者不足簿籍登记数的，多出的上缴，不足的赔偿。

【简文】

官府臧皮革數穋風之有蠹突者貲官嗇夫一甲 42

【释文】

官府臧（藏）［1］皮革，數穋（煬）［2］風之。有蠹突者，貲官嗇夫一甲。42

【集释】

［1］臧（藏）

整理小组：收藏。（译）

栗劲：这里的藏是收藏、保存皮革的府藏，也设有啬夫主持，并隶属于县令和县丞。因此，它也属于一个县下的机构。①

【按】以《秦律杂抄》16 简“臧（藏）皮革橐（蠹）突，貲嗇夫一甲，令、丞一盾”来看，此处的“藏”如整理小组释为动词较为稳妥。睡虎地秦简中有“臧（藏）府”之称，如《内史杂》197 简“毋敢以火入臧（藏）府、书府中”，此为名词，泛指收藏官有器物的府库。又据《为吏之道》183 简“皮革橐（蠹）突”可知，谨慎保管皮革是当时官吏的重要职责之一。

［2］穋（煬）

整理小组：暴晒。

何四维：可释作“煬”，“使……变干”。②

【按】“数煬风之”，即经常拿出皮革来晾晒，以使皮革保持干燥状态，以防虫蛀。岳麓书院藏秦简《为吏治官及黔首》79 简正“杨（煬）风必谨”，82 简正“库臧（藏）羽革”，③ 可窥其日常职责。

【译文】

官府府库中收藏的皮革，应时常晾晒吹风。有被蠹咬坏的，罚官啬夫

---

① 栗劲：《秦律通论》，山东人民出版社，1985，第 413 ~ 414 页。

② A. F. P. Hulsewé, *Remnants of Ch'in Law*, p. 96.

③ 朱汉民、陈松长主编《岳麓书院藏秦简（壹）》，第 144、145 页。

一甲。

【简文】

器職耳不當籍者大者貲官嗇夫一盾小者除43

【释文】

器職（識）耳［1］不當籍者，大者貲官嗇夫一盾，小者除。［2］43

【集释】

［1］职（识）耳

整理小组：疑读为佴，《尔雅·释诂三》："次也。"识佴当即标记次第。

魏德胜：疑职从耳，与古代职耳习俗有关。古代驯养牲畜，为了区别各家的牲畜，通常在耳朵上作记。①

王三峡："耳"当读如字……"职耳"……只是在特殊部位施加标记而已。②

【按】"耳"字难定其义，但"职（识）耳"的意思是对官有器物作标记，当可确定。45简所说的"职耳不当之律"即指本条。《效》40简"公器不久刻者，官啬夫赀一盾"，这是对不按规定标记官有器物行为的处罚，本条则是对器物标记与簿籍不合行为的处罚。所作标记，有官府之名，如《工律》102简"公甲兵各以其官名久刻之"。还有编号，据介绍，秦俑坑兵器识即编号方法有三种：一是纯数字编号；二是用天干地支编号，已发现的有戊、丁、壬、酉、丙、午、卯、寅等；三是干支与数字相结合的方法，如丁十、戌六、子壬五、子乙六等。③

［2］大者赀官啬夫一盾，小者除

【按】整理小组将"大"和"小"分别释作"大的器物"和"小的器物"。邬文玲先生则据《法律答问》209简："可（何）如为'大误'？人户、马牛及者（诸）货材（财）直（值）过六百六十钱为'大误'，其他为小"，《效》60简："人户、马牛一以上为大误"，认为这里的"大"和

① 魏德胜：《〈睡虎地秦墓竹简〉词汇研究》，第24页。

② 王三峡：《秦简"久刻职物"相关文字的解读》，《江汉考古》2006年第1期，第89页。

③ 郭淑珍、王关成：《秦军事史》，陕西人民教育出版社，2000，第388页。

“小”应指“器职（识）耳不当籍”这种过错行为所造成的损失程度的大小。[①] 其说较为合理。器物标记与簿籍不合所造成的损失，不以器物大小为论，而应以价值大小为论。

【译文】

器物标记与簿籍不合，价值高的器物，罚官啬夫一盾，价值低的器物，不处罚。

【简文】

馬牛誤職耳及物之不能相易者貲官嗇夫一盾 44

【释文】

馬牛誤職（識）耳，及物之不能相易者，［1］貲官嗇夫一盾。［2］44

【集释】

［1］及物之不能相易者

整理小组：不能调换的器物。（译）

何四维：此句不知何意，可能缺少“丢失”之类的动词。[②]

陈伟：四五所说的“漆彤相易也”，大致指红、黑二色相混。简四四的“相易”也可能具有类似含义。“物”亦有标记之义……不过，“物”又指毛物，即牲畜毛色以及由此分成的种类。[③]

朱红林：（《效律》44 简）物，也是标记的意思。[④]

王三峡：“器职（识）耳”之“耳”并非实际指“耳”，而是后文所说的“物之不能相易者”，亦即器物上不可替换的特殊部位，这是牛马之耳的引申说法。[⑤]

---

① 邬文玲：教育部哲学社会科学研究重大课题攻关项目“秦简牍的综合整理研究”子课题“秦律研究”报告书，第 32 ~ 35 页。

② A. F. P. Hulsewé, *Remnants of Ch'in Law*, p. 97.

③ 陈伟：《张家山汉简〈津关令〉中的涉马诸令研究》，《考古学报》2003 年第 1 期，第 34 页。

④ 朱红林：《张家山汉简〈二年律令〉集释》，社会科学文献出版社，2005，第 290 页。

⑤ 王三峡：《秦简“久刻职物”相关文字的解读》，《江汉考古》2006 年第 1 期，第 89 页。

【按】及，是秦汉法律中极为常见的连词，基本表示并列关系。[①] 因此此句当承上而来，涉及范围仍在“马牛”之内。物，可指标记，亦可指同一类型。《秦律十八种·工律》98 简“为器同物者”整理小组注：“同物，同一类型。”“物之不能相易者”，意为标记（或类型）不能相混。[②] 此句是前句“误”的宾语之一。即在对马牛做标记及登记时出现两种错误：一是“误识耳”，二是“误物之不能相易”，即误标、误混。动词谓语涉及“及”前后两个宾语的用例，如《秦律十八种·仓律》37 简“县上食者籍及它费大（太）仓，与计偕”，《二年律令·贼律》4 简“贼燔城、官府及县官积冣（聚），弃市”。

【译文】

对马牛误标记号以及误混了不能相混的记号（或类型），罚官啬夫一盾。

【简文】

殳戟弩鬃汧相易殹勿以爲贏不備以職耳不當之律論之 45

【释文】

殳、戟、弩鬃汧［1］相易殹（也），勿以爲贏、不備，以職耳不當之律論之。45

【集释】

［1］鬃汧

整理小组：汧，疑即“丹”字，《说文》“丹”字的一种写法写作“彤”，古书常见“彤漆”、“丹漆”，均指红黑两种涂料。

何四维：字面上理解是“天然漆与辰砂”。[③]

于豪亮：此字当隶定为汧，即丹字……律文所谓的“鬃汧相易”大约

① 王三峡先生统计了《二年律令》中的“及”，共出现 228 次，用为连词的有 223 例，且全部表示并列关系。王三峡：《〈二年律令〉中的并列结构》，《长江大学学报》2008 年第 2 期，第 91 页。

② 敦煌悬泉汉简有《传马名籍》，记录了传马的品种、年龄、性别、具体外形特征等内容。陈伟先生认为这其中的“騩、駶、騮……”就可能是对马“物”的记载。陈伟：《张家山汉简〈津关令〉中的涉马诸令研究》，《考古学报》2003 年第 1 期，第 34 页。

③ A. F. P. Hulsewé, *Remnants of Ch'in Law*, p. 97.

就是“下丹而上漆”或“丹漆染色不真”之类。[①]

后德俊：“洀”是漆器制作过程中的阴干工序。[②]

何琳仪：释“彤”不可信。应释“汭”。“汭”为“雕”的战国古字，简文“髹汭”应读为“漆雕”，谓“漆饰雕画”。[③]

何豪亮：“鬃汭”两字是一件器皿的名称，也就是“漆盘”两字。不应把“汭”字与汉代漆器铭文中的“洀”字混为一谈。[④]

陆锡兴：髹涂朱漆说，文字隶定上解释稍有不同，工艺上合乎情理，基本可信……这个“洀”字还是“丹”字，不过是漆器工艺中“丹”的专用字。[⑤]

范常喜：周世荣先生将此字隶定为“洀”，“洀工”是一种具有覆盖含义类的工种，《髹饰录》中有一种覆盖之类的工种叫“罩明”，杨明注中将其解释为一种经过加工特制的清漆。漆器施加“罩明”后，会更加光洁，明亮……睡虎地秦简《效律》简45中的“鬃汧”可能就是因为所涂的对象是“殳、戟、弩”相对重要的军用器物。[⑥]

黄文杰：“鬃汧相易也”，应是指把髹漆的次第搞错了。[⑦]

【按】“汧”字的隶定存有不同见解，此暂从整理小组意见，两字隶定为“鬃汧”。鬃汧，指黑漆与朱漆。马王堆一号汉墓遣策192简、193简：“鬃汧幸食杯五十”，[⑧] 出土的实物漆器可见50件内髹红漆、外髹黑漆，光素无纹饰的食杯。朱德熙、裘锡圭先生认为：“铭文或遣策称‘鬃汧画’

① 于豪亮：《于豪亮学术文存》，中华书局，1985，第142页；又查《吕氏春秋集释》中为“丹漆染色不贞”，中华书局，2009，第536页。

② 后德俊：《“洀”及“洀工”初论》，《文物》1993年第12期，第70页。

③ 何琳仪：《释“汭”》，《华夏考古》1995年第4期，第108页。

④ 何豪亮：《〈中国漆器全集〉读后记》，《文物》2003年第4期，第82页。

⑤ 陆锡兴：《“汧”与有关的秦汉漆器工艺问题》，陈建明主编《湖南省博物馆馆刊》第4辑，岳麓书社，2007，第272页。

⑥ 范常喜：《秦汉简牍漆器“洀”补议》，简帛网，http://www.bsm.org.cn/show_article.php?id=361，2006年6月12日。又可参见周世荣《汉代漆器铭文“洀工”考》，《考古》2004年第1期。范文在周文基础上对“洀”字字形进一步分析以及补充，对该字含义没有认识上的差异，两文可相互参看。

⑦ 黄文杰：《秦系简牍文字译释商榷（三则）》，《中山大学学报》（社会科学版）1996年第3期，第107页；又见氏著《秦至汉初简帛文字研究》，商务印书馆，2008，第175~176页。

⑧ 湖南省博物馆：《长沙马王堆一号汉墓》，第145页。该书对“汧”字隶定为“涓”字。

的漆器，一般都在施黑漆、朱漆后再加文饰。马王堆遣策屡称‘髹画’，大概是以‘髹’兼指施黑漆和朱漆。单称‘髹’而不加‘画’字，应该是施黑漆、朱漆而不加文饰的意思。”①

先秦、秦汉时期在兵器制作中经常使用黑、红色漆料。如曾侯乙墓中出土的戟柲涂黑红两漆，殳柲已出现先涂黑漆，再涂红漆的现象。② 秦始皇陵一号兵马俑坑出土有铜戟标本，“通体漆黑漆，其中两段涂朱红”，或“漆褐色漆，有三段涂朱”，或“上髹褐色漆，有彩绘的图案花纹两段”；一号坑出土的一些长兵器的柲为木质，均髹漆，有的涂朱；出土的弩残迹显示当时弩通体髹漆。③ 马王堆三号汉墓出土竹弓“通体髹黑漆”，木弩弩臂“髹黑漆”。④ 本条律文中的“殳、戟、弩髼洀相易”，是指在登记兵器时，将黑、红两色相混而导致数目不一。亦可指在制造兵器时，将黑、红两色相混而导致数目不一。在此种情况下，不应该以“赢、不备”之律论处，而应该按照《效律》43 简规定的“职（识）耳不当之律”论处。析其原因，可能是因为兵器登记或制造的总数目并未出现实质性的增减，因而不适用“赢，不备”之律。

另说，据《秦律十八种·工律》102 简“公甲兵各以其官名刻久之，其不可刻久者，以丹若髼书之”，可见当时官府在管理公有兵器等物资时，要求刻写官府之名，无法刻写的则用红漆或黑漆书写，而此处的“髼洀”似指代的是《工律》规定的上述情形。如此，本条即专指殳、戟、弩的官名书写出现了用漆相混的情况，对此应适用“职（识）耳不当之律”。

【译文】

殳、戟、弩的黑漆与红漆相混，不要当作数量超过或不足，而应以标识不当的律条论处。

---

① 朱德熙、裘锡圭：《马王堆一号汉墓遣策考释补正》，《文史》第 10 辑，中华书局，1980，第 70 页。

② 湖北省博物馆编《曾侯乙墓（上）》，文物出版社，1989，第 264、294 页。

③ 具体参见《秦始皇陵兵马俑坑一号坑发掘报告 1979～1984（上）》，文物出版社，1988，第 258～293 页。

④ 具体参见《长沙马王堆二、三号汉墓第一卷田野考古发掘报告》，文物出版社，2004，第 205～207 页。

【简文】

工稟髼它縣到官試之飲水＝減二百斗以上貲工及吏將者各二甲不盈 46

二百斗以下到百斗貲各一甲不盈百斗以下到十斗貲各一盾不盈十斗以下 47

及稟髼縣中而負者負之如故 48

【释文】

工稟髼它縣，到官試之。飲水，［1］水減二百斗以上，貲工及吏將者各二甲。不盈 46 二百斗以下到百斗，貲各一甲。不盈百斗以下到十斗，貲各一盾。不盈十斗以下 47 及稟髼縣中而負者，負之如故。［2］48

【集释】

［1］饮水

整理小组：饮水，当与测验漆的质量有关。

曹旅宁：根据《效律》的文例，即根据物资的损害数量处罚主事者，则“饮水”、“减水”应该与漆的数量有关，而且应该是漆工行业的专业术语……秦简中的“水”大概就是漆。①

大川俊隆、田村诚：运到官府之漆先要被查验在搬运送时是否进行了适当的管理（注水）。漆在搬运时的理想状态应该是“极”状态……接受漆的上级官员大概是根据到“极”状态为止加水的水量，来判断管理是否得当。因此，各个漆桶加水愈多，就说明管理愈不得当。这就是设置 200 斗～100 斗、100 斗～10 斗、10 斗以下 3 段位的理由。“水减”是指官署准备的水的总量由于漆桶注水而减少（这从上缴漆的一方来看，则是应该注入的水量缺少多少）。②

【按】张家山汉简《算数书》有“饮漆”之题，整理小组指出“饮漆是往盛储生漆的容器中注水，直至容器中生漆留下的最高痕迹。注入的水量即为生漆失去的水量，依此确定生漆在储连时质与量的变化”，并认为《效律》该条中的“饮水”即为“饮漆”。③ 大川俊隆、田村诚先生通过实验，证明了“漆一斗，饮水三斗而极”，指出“极”的意思是“漆与 3 倍

---

① 曹旅宁：《秦律新探》，中国社会科学出版社，2002，第 231～232 页。

② 〔日〕大川俊隆、田村诚：《张家山汉简〈算数书〉“饮漆”考》，《文物》2007 年第 4 期，刘恒武译，第 90 页。

③ 张家山二四七号汉墓竹简整理小组：《张家山汉墓竹简〔二四七号墓〕》，第 141 页。

量的水融合‘饮水’，容积达到最大，失去最佳黏着力，成果冻状的饱和状态”。[①] 吴朝阳先生也指出：“合格的生漆加入三倍体积的水恰好达到‘极’的状态。所谓‘饮水’，就是向生漆中加水使其达到‘极’的过程。官方收取生漆时需要验收，验收的办法就是‘饮水’，如果生漆‘饮水’不到三倍就达到饱和的状态，则说明上缴的生漆是水分过多的不合格品”。[②]

本条的立意，在于保证官府收到的漆是符合预定数额的，因此文中“水减”的含义，是指应注入水量与被注入水量之差，即实际注入水量少于应注入量的部分。“水减”越多，表明漆数量越低，与预定数额差得越多，惩罚也越重。以下依据律文所规定的四等段位，即 200 斗以上、200 斗以下到 100 斗、不足 100 斗到 10 斗、不足 10 斗，列表 5 举例说明：

表 5　稟漆“饮水”比例及法律后果示例表

稟漆量	应注入水量	实际注入水量	水减	法律后果
100 斗	300 斗	60 斗	240 斗	赀二甲（负）
		150 斗	150 斗	赀一甲（负）
		240 斗	60 斗	赀一盾（负）
		295 斗	5 斗	负之如故

［2］稟鬃县中而负者，负之如故

整理小组：从该县领漆时亏欠的，应补偿使足原数。

陶安あんど：负，亏欠之意。故，训为事，如故，按照事实，即仅赔偿亏欠的部分。[③]

【按】“县中”与“它县”相对，可知“县中”指在本县内。岳麓书院藏秦简 1272 简、1245 简：“1272 置吏律曰：县除有秩吏，各除其县中。其欲除它县人及有谒置人为县令、都官长、丞、尉、有秩吏，能任 1245

① 〔日〕大川俊隆、田村诚：《张家山汉简〈算数书〉“饮漆”考》，刘恒武译，第 89 页。

② 吴朝阳：《秦汉数学类书籍与“以吏为师”——以张家山汉简〈算数书〉为中心》，南京大学古典文献研究所主编《古典文献研究》第 15 辑，凤凰出版社，2012，第 172 页。

③ 〔德〕陶安あんど：《秦漢刑罰体系の研究》，第 496 页，注释 24、25。

者，许之。”[①] “负之如故”从整理小组意见，即补足原来应领漆的数量。不过“负之如故”的赔偿责任是仅由“不盈十斗以下及稟髼县中而负者”承担，还是被赀者亦需承担，尚不能断然明确。从秦律对主管官吏失职行为的处罚方法来看，一种是罚、偿并处。如《秦律十八种·效》164～166简关于仓漏朽禾、积禾粟而败的处罚，便是赀+偿的方式，本篇58～60简对“计脱实”等会计工作中失职行为的处罚亦如此。但是从这些律条所规定的法律后果来看，一般是在依轻重表述完“赀”的适用后，再统一明确“偿”的责任，即赀、偿之间间隔分明。而本条对“不盈十斗以下……”缺少具体处罚方法，看上去“负之如故”更像是针对它的处罚。但从另一方面看，本条的立意应在于要求工匠及吏将者在他县领漆回到本县后，保证数量不出现缺额，一旦出现缺额，便需要承担责任。而这个责任，依《效律》1～2简“为都官及县效律：其有赢、不备，物直之，以其贾多者罪之，勿羸（累）。官啬夫、冗吏皆共赏（偿）不备之货而入赢”的规定，应并不仅限于赀，故“负之如故”责任涉及本条整体。

【译文】

工匠到他县领漆，运回本县官府时加以测试。注水，存水量减少二百斗以上，罚工匠及率领他们的吏各二甲。不满二百斗而在一百斗以上，罚各一甲。不满一百斗而在十斗以上，罚各一盾。不满十斗以下以及在本县中领取漆数量亏欠的，按原数补足（工匠到他县领漆，运回本县官府时加以测试。注水，存水量减少二百斗以上，罚工匠及率领他们的吏各二甲，补足缺数。不满二百斗而在一百斗以上，罚各一甲，不足缺数。不满一百斗而在十斗以上，罚各一盾，补足缺数。不满十斗以及以及在本县中领取漆数量亏欠的，按原数补足）。

【简文】

上節發委輸百姓或之縣就及移輸者以律論之 49

【释文】

上節（即）發委輸［1］，百姓［2］或之縣就（僦）及移輸者，以律論之。49

---

① 陈松长主编《岳麓书院藏秦简（肆）》，第136、137页。

【集释】

［1］委输

整理小组：委输，以车运送。

【按】里耶秦简 16-5“传送委输，必先悉行城旦舂、隶臣妾、居赀、赎责（债），急事不可留，乃兴繇（徭）”。张春龙先生解释委输为“以车或担徒运行”，[①] 黄展岳先生则认为“传送委输”的意思是徒负或用舟车运送物资到他处交卸。[②] 岳麓书院藏秦简 1394 简：“·繇（徭）律曰：委输传送，重车负日行六十里，空车八十里，徒行百里。”[③] 律文不仅提到了车，还涉及徒行。可见委输不单指以车运送，应当也包括担徒等形式。

［2］百姓

高敏：这种“百姓”既有力雇车、雇人，恐不可能是贫苦农民。[④]

蔡万进：文中的“百姓”，睡虎地秦简秦律反映，他们不仅“有贷于公”，而且拥有一定数量的奴仆、牛马、粮食等，他们有力量、有能力雇车输送以逃避转输徭役之苦。[⑤]

【译文】

朝廷征发运输劳役，百姓到县里后雇车或者移交给别人运送的，依律论处。

【简文】

計用律不審而贏不備以效贏不備之律貲之而勿令賞 50

官嗇夫貲二甲令丞貲一甲官嗇夫貲一甲令丞貲一盾其吏主者坐以貲誶 51

如官嗇夫其他冗吏令史掾計者及都倉庫田亭嗇夫坐其離官 52

屬於鄉者如令丞 53

① 张春龙：《湘西里耶秦代简牍选释》，《中国历史文物》2003 年第 1 期，第 20～21 页。

② 黄展岳：《里耶秦简“传送委输”者的身份》，中国社会科学院考古研究所、中国社会科学院历史研究所、湖南省文物考古研究所编《里耶古城·秦简与秦文化研究——中国里耶古城·秦简与秦文化国际学术研讨会论文集》，科学出版社，2009，第 114 页。

③ 陈松长主编《岳麓书院藏秦简（肆）》，第 150 页。

④ 高敏：《云梦秦简初探》（增订本），333 页。

⑤ 蔡万进、陈朝云：《里耶秦简秦令三则探析》，《许昌学院学报》2004 年第 6 期，第 89 页。

【释文】

計用律不審而贏、不備，以效贏、不備之律貲之，［1］而勿令賞（償）。［2］50

官嗇夫貲二甲，令、丞貲一甲；官嗇夫貲一甲，令、丞貲一盾。其吏主者坐以貲、誶51如官嗇夫。其他冗吏、令史掾計者，［3］及都倉、庫、田、亭嗇夫［4］坐其離官52屬於鄉者，如令、丞。53

【集释】

【按】整理小组注51～53简："本条是关于会计的规定，应与上条连读。"说是。50简确立了对"计用律不审而赢、不备"的适用律文，51～53简则是适用律文后的法律后果，故两条当合读。

［1］以效赢、不备之律赀之

【按】何四维先生以为可参看《效律》8～10简、11～16简、22～24简、25～26简之规定，[①] 夏利亚先生认为《赢、不备律》之条文或包含《效律》19～21、25～26、32～36及39诸简内容，[②] 朱红林先生也指出《效律》8～10简属于"效赢、不备之律"的一部分。[③] 以《效律》1～2简的内容来看，所谓"为都官及县效律：其有赢、不备，物直之，以其贾多者罪之，勿赢（累）。官啬夫、冗吏皆共赏（偿）不备之货而入赢"，实际表述了两层意思，一是明确了赢、不备入罪，二是明确了处罚方式，即计算价值分等处罚，但计算价值不得累计，而是按最高的一个论处，同时共同承担赔偿责任。因此本条的"以效赢、不备之律赀之"，是指会计工作如果未按法律规定而出现了赢、不备的情况，就按"赢、不备之律"处罚，也就是计算出实际数额，赢的部分缴入官府，不备的部分按价值处罚。51简以下之所以不列出具体价值，原因即在于这些价值等级已在相关律文中被明文规定了。而这一"相关律文"，就是8～10简。如本条的"官啬夫赀二甲"，其对应的是"过二千二百钱以上"，其余依次。另外，"赢、不备律"加书名号并不妥当，因为以目前所见，毕竟还都是律文而

① A. F. P. Hulsewé, *Remnants of Ch'in Law*, p. 98, note2.

② 夏利亚：《秦简文字集释》，第237～238页。

③ 朱红林：《睡虎地秦简和张家山汉简〈效律〉研究——简牍所见战国秦汉时期的经济法规研究之二》，《社会科学战线》2014年第3期，第94页。

非律篇。

［2］计用律不审……勿令赏（偿）

【按】以 1 ~ 2 简尤其是“不备之货”需要官啬夫、冗吏共偿之规定而见，在适用赢、不备之律时，责任人除承担刑事、行政责任外，还需要承担赔偿责任。张家山汉简《二年律令·效律》351 简“效案官及县料而不备者，负之”，规定亦同。而本简内容是对在适用赢、不备之律时所做的一个特别规定。即对于“计用律不审而赢、不备”的情况，适用赢、不备之律，但只是追究刑事、行政责任，不追究赔偿责任。原因是此种赢、不备，是在会计中因理解法律不清楚而导致的后果（例如计算错误、登记错误），但并未造成实际损失。

又，50 简在睡虎地秦简《效》中接排于 49 简“上即发委输”后，而在王家台秦简《效律》中，同样的内容则接于“同官而各有主也”条（即睡简《效律》17 ~ 18 简）之后。[①]

［3］令史掾计者

整理小组：掾（音院），一种属吏。令史掾，令史的掾。

高敏：由于“计”本是计算、计簿、计账之意，所以从事这种事宜的官吏也叫“计”，或者叫“掾计”……从事这种其中“掾计者”，其处罚数量与令、丞相同，可见“掾计”已是官名。[②]

杨剑虹：在汉简里……令吏的地位应在掾之下。“掾计者”，即“计掾”，地位应在令吏之上。[③]

何四维：此处“掾”应当为“计”的动词……“掾”并非指某种吏员，从 55 简“司马令史掾”也可以看出来，掾字前有其他官衔。我试将“掾”翻译为“编制”。[④]

王伟：我觉得睡虎地秦简《效律》中的这两个“掾”字也都可以理解为“审核”。简 51 ~ 53 中“……令史掾计者……如令、丞”的意思是：参

① 王明钦：《王家台秦墓竹简概述》，第 39 页。

② 高敏：《云梦秦简初探》（增订本），第 197 页。

③ 杨剑虹：《令吏琐议》，《中国古代史论丛》编委会编《中国古代史论丛》第 7 辑，福建人民出版社，1983，第 197 页。

④ A. F. P. Hulsewé, *Remnants of Ch'in Law*, p. 99.

与审核官府上计文书的令史，如果上计文书出现问题，要像令、丞一样承担责任。[①]

陈长琦："令史"与"掾"不应该连称，"令史掾计者"的"掾"与"司马令史掾苑计"的"掾"，二者用意相同，都是动词，意思是参与。"令史掾计者"应译作"令史参与编制计簿者"；而"司马令史掾苑计"则应是"司马令史参与苑计"。[②]

陶安あんど：如《二年律令》396～397简兴律中"二千石官丞谨掾当论"所示，"丞"与"掾"之间有"谨"字，与其说是丞的属吏，不如将"谨掾"训为是以"当论"行为为宾语的动词，这样更易理解。另外，《效律》55简，也有相对于令史的属吏，训为动词更通的用例。因此，应从何四维将"掾"解释为动词之说，"计"等是其宾语……掾，可以理解为各种令史辅佐"令"、"丞"等"长吏"，负责"苑计"、"当论"等事务的处理。[③]

籾山明：规定检查过苑囿会计的司马令史也有责任。[④]

【按】学界对的"掾"字的理解大致可以分为两种。一种意见认为"掾"为名词，另一种意见也是大多数意见将"掾"视为动词。就本条而言，作动词解相对合理。从55简来看，如果按整理小组的理解，将"司马令史掾苑计"解为"司马令史的掾管理苑囿的会计"，一是"管理"这一动词并无对应原文；二是依此理解，本条的处罚对象应是"司马令史掾"，然而后文却只是提出了司马令史。当然，若从连带责任的角度出发，这样也不矛盾。即令史之掾出现问题，令史也要承担责任。可是用这一理解去解释本条的"令史掾计者"，又会出现窒碍。即"令史掾计者"如果"计用律不审而赢、不备"，对其处罚"如令、丞"，那么令史又如何呢？另一方面，从其他律文的规定来看，令史往往是与令、丞并列的责任主

① 王伟：《张家山汉简〈二年律令〉杂考》，简帛研究网，http：//www. jianbo. org/Wssf/2003/wangwei01. htm，2003年5月30日首发。

② 陈长琦：《〈睡虎地秦墓竹简〉译文商榷（二则）》，《史学月刊》2004年第11期，第117页。

③ 〔德〕陶安あんど：《秦漢刑罰体系の研究》，第514～515页，注释154。

④ 〔日〕籾山明：《中国古代诉讼制度研究》，李力译，上海古籍出版社，2009，中文版序第2页。

体。如岳麓书院藏秦简1400简："黔首居田舍者毋敢醢〈醢（酤）〉酒，不从令者䙴（迁）之，田啬夫、吏、吏部弗得，赀各二甲，丞、令、令史各一甲。"1305、1355简："1305繇（徭）律曰：发繇（徭），自不更以下繇（徭）戍，自一日以上尽券书，及署于牒，将阳倍（背）事者亦署之，不从令及繇（徭）不当1355券书，券书之，赀乡啬夫、吏主者各一甲，丞、令、令史各一盾。"① 张家山汉简130～131简："□金四两罪罚金二两，罚金二两罪罚金一两。令、丞、令史或偏（徧）先自得之，相除。"就此而言，在本条中将令史视为与令、丞同等的责任主体，并无窒碍。

［4］都仓、库、田、亭啬夫

整理小组：都，总。都田见西汉封泥。都亭见《汉书·赵广利传》。

栗劲：在简文中，"都"与"乡"对应，正说明都对乡有统治或管辖关系。仓（官）啬夫、库（官）啬夫、田（官）啬夫、亭（官）啬夫，这些县一级行政机构，均设于县所在的都。因此，都不作总字解，与西汉封泥的"都田"并无关系。②

何四维：都仓、库、田、亭的啬夫。（译）③

蔡万进："都"之义可能与都官之"都"有别，而与见于《汉书·百官公卿表》的都水、都船等官名的"都"字相同，是主管、总管的意思。也可能都仓、库、田、亭就是指县治所内的仓、库、田、亭，都仓、库、田、亭啬夫既直接管理都仓、库、田、亭，又主管全县的仓、库、田、亭。④

陶安あんど：玺印史料可见"都仓啬夫"，像何四维那样读为"都仓、库、田、亭之啬夫"虽也可通，但这之外也有"都田"、"都亭"之用例。"都"仅指"仓"，不如像整理小组那样，统摄"仓、库、田、亭"四者更为自然。这样的话，可以罗列为"都仓啬夫"、"都库啬夫"、"都田啬夫"、"都亭啬夫"，但语法上，可以统合"仓、库、田、亭"四者，词性

① 陈松长主编《岳麓书院藏秦简（肆）》，第152页。

② 栗劲：《〈睡虎地秦墓竹简〉译注斠补》，《吉林大学社会科学学报》1984年第5期，第93页。

③ A. F. P. Hulsewé, *Remnants of Ch'in Law*, p. 99.

④ 蔡万进：《秦国粮食经济研究》，第21～22页。

只能是动词。此处“都”，不是“大”，应该解释为“统辖”。①

【译文】

会计因适用法律不清楚而导致超出或不足数，按照核验时超出或不足数的律条处以赀刑，但不要让他们赔偿。

官啬夫罚二甲，令、丞罚一甲；官啬夫罚一甲，令、丞罚一盾。主管该事的吏，按与官啬夫同样的赀刑、斥责处罚。其他群吏、令史参与会计的，以及都仓、都库、都田、都亭啬夫因属于乡的离官会计而坐罪的，按令、丞标准处罚。

【简文】

尉計及尉官吏節有劾其令丞坐之如它官然 54

【释文】

尉計［1］及尉官吏節（即）有劾，其令、丞坐之，如它官然。54

【集释】

［1］尉计

整理小组：县尉的会计。

高敏：以“计”命名的官吏，有的叫“尉计”，有的叫“苑计”，随所主管部门的不同而不同，总称为之“官计”。②

唐婉晴：“尉”，是指“县尉”，则“尉計”应是县尉手下之主管记账的人。③

周群：此处的“尉计”还是理解成“县尉的计簿（或账簿）”为佳。如此，“有劾”就不可直解为“有罪”，而应释为“被揭发有问题”。④

【按】周群先生说较为合理。里耶秦简有不少县办事机构的统计记录，如 8－480 简“司空曹计录”、8－481 简“仓曹计录”、8－488 简“户曹计录”、8－493 简“金布计录”等，每种“计录”都是分类进行，如“仓曹计录”有禾稼计、贷计、畜计、器计、钱计、徒计、畜官牛计、马计、羊

① 〔德〕陶安あんど：《秦漢刑罰体系の研究》，第 515 页，注释 155。

② 高敏著《云梦秦简初探》（增订本），第 197 页。

③ 唐婉晴：《简析〈睡虎地秦墓竹简〉中的“计”与“廥籍”》，《科教文汇》2008 年 1 月，第 117 页。

④ 周群：《“尉计”、“苑计”非官名辨——读〈战国会要〉札记》，《史学集刊》2008 年 5 月第 3 期，第 115 页。

计、田官计，总共“十计”。里耶秦简中虽未见相应的“尉计”内容，但从“尉课志”共有三课，即“卒死亡课，司寇田课，卒田课”（8－482简）来看，[①] 其考课必以实际的统计记录为据，县尉的日常工作也必与统计密切相关。岳麓书院藏秦简1397、1372简：“1397尉卒律曰：为计，乡啬夫及典、老月辟其乡里之入（穀）、徙除及死亡者，谒于尉，尉月牒部之，到十月乃1372比其牒，里相就殹（也）以会计。”[②] 可见县尉每月都要接受乡里有关入谷、徙除、死亡者的报告并按类记录，到十月时再汇总编次，与里核对。县尉的日常统计工作由此可窥一斑。还有《秦律十八種·金布律》80－81简所说的“县、都官坐效、计以负偿者”，即指《效律》中因各种效、计而赢、不备，需要赔偿的情况，“尉计”也属于其中之一。因此本条的“尉计”，还是作县尉的会计、统计文书解为宜。55简的“苑计”也作此理解。

【译文】

县尉的会计文书以及县尉机构中的吏如有被检举告发，县令、丞也要承担责任，和其他机构一样。

【简文】

司馬令史掾苑計＝有劾司馬令史坐之如令史坐官計劾然55

【释文】

司馬令史掾苑計，計有劾，司馬令史坐之，如令史坐官計劾然。［1］55

【集释】［1］司马令史……坐官计劾然

【按】关于“司马令史掾苑计”的理解，参见前52简“令史掾计者”按语。本条因规制对象司马令史属于军事系统，故与上条同为特别规定，但在具体连坐责任的规定上，则直接比照“令史坐官计劾”，即50～53简中有关令史会计犯罪的处罚办法。

【译文】

司马令史参与苑囿的会计，在会计工作被举劾的情况下，司马令史要

---

① 陈伟主编《里耶秦简牍校释》第1卷，第164、167、169、165页。

② 陈松长主编《岳麓书院藏秦简（肆）》，第114页。

承担责任，按令史因官署会计犯罪而被劾的办法。

【简文】

計校相繆殹自二百廿錢以下誶官嗇夫過二百廿錢以到二千二百錢貲一盾 56

過二千二百錢以上貲一甲人户馬牛一貲一盾自二以上貲一甲 57

【释文】

計校［1］相繆（謬）殹（也），自二百廿錢以下，誶官嗇夫；過二百廿錢以到二千二百錢，貲一盾；56 過二千二百錢以上，貲一甲。人户、馬牛一，貲一盾；自二以上，貲一甲。57

【集释】

［1］计校

整理小组：会计经过核对……（译）

孙晓春、陈维礼：计：账目；校：检校。①

汪桂海：应当是指取计偕簿籍与计簿相互计会、校雠。②

陶安あんど：秦律“效”与“校”有别，相较于“效”在免职等时实施的现场检查，“校”作为“考核”、“对比”之意的普通动词使用。此条法令中，“校”指在被称为“计”的会计文书提出后在中央进行审查。③

【按】意为对会计簿籍进行核验。核验的主体有可能是上级，也有可能是同级。“计校”有时亦作“校计”。如张家山汉简《二年律令·行书律》276 简“诸狱辟书五百里以上，及郡县官相付受财物当校计者书，皆以邮行”，研读者将“及郡县官相付受财物当校计者书”解释为“郡县之官互受财物时应核对的文书”。④ 本条是对经核验而发现问题的会计簿籍所在部门的负责人（官啬夫）的惩罚规定。

【译文】

核校会计簿籍而发现差错，数目在二百二十钱以下，斥责官啬夫；超

① 孙晓春、陈维礼：《〈睡虎地秦墓竹简〉译注商兑》，《史学集刊》1985 年第 2 期，第 71 ~ 72 页。

② 汪桂海：《秦汉简牍探研》，文津出版社有限公司，2009，第 146 ~ 147 页。

③ 〔德〕陶安あんど：《秦漢刑罰体系の研究》，第 426 页，注释 69。

④ 〔日〕冨谷至：《江陵張家山二四七号墓出土漢律令の研究》，第 187 页。

过二百二十到二千二百钱，罚一盾；超过二千二百钱以上，罚一甲。错人口一户或马牛一头，罚一盾；两户或两头以上，罚一甲。

【简文】

計脱實及出實多於律程及不當出而出之直其賈不盈廿二錢除廿 58

二錢以到六百六十錢貲官嗇夫一盾過六百六十錢以上貲官嗇夫一甲而復 59

責其出殹人戶馬牛一以上爲大誤 = 自重殹減罪一等 60

【释文】

計脱實及出實多於律程，及不當出而出之，［1］直（值）其賈（價），不盈廿二錢，除；廿 58 二錢以到六百六十錢，貲官嗇夫一盾；過六百六十錢以上，貲官嗇夫一甲，而復 59 責其出殹（也）。［2］人戶、馬牛一以上爲大誤。誤自重殹（也），減罪一等。［3］60

【集释】

［1］计脱实及出实多于律程，及不当出而出之

整理小组：脱实疑指不足实际数；出实，疑指超出实有数；“不当出而出之”，指的是不应销账而销了账。（译）

何四维：“出实多于律程，及不当出而出之”，指分发储存物资时超过法律规定的标准，以及分发不应分发的物资。①

徐世虹：“出实多于律程，及不当出而出之”中的“出”指的都是出账。“出实多于律程”是指应当出账的实际数目超出了法律规定，下句的“不当出而出之”是指本不当出账而出账。②

冨谷至：“出实”指“谷物的支出”。③

陶安あんど：何四维先生将“实”译为“store”，理解为谷物等贮藏物，但因下文可见“人户”、“马、牛”，故“实 = 谷物”很难成立，还是应从整理小组，将“实”解释为“实际”。另外，整理小组将第一个“出”译为“超出”，将“脱实”理解为账簿记载比实际少，“出实”理

① A. F. P. Hulsewé, *Remnants of Ch'in Law*, p. 100.

② 徐世虹：《张家山二年律令简中的损害赔偿之规定》，饶宗颐主编《华学》第 6 辑，紫禁城出版社，2003，第 143 页。

③ 〔日〕冨谷至编《江陵張家山二四七号墓出土漢律令の研究》，第 229 页。

解为比实际多。这样解释，除去此“出”字与后文“出”字意义有异外，也造成秦律中容忍一定的误差存在（多于律程）。我认为“出”字都应理解为会计用语。“计脱实”，指账簿与实际的数字相左；“出实多于律程”，是指“支出”实际超出了律程，这样整合后可以比较贯通的解读此条法令。①

【按】本条律文一共规定了三种“计”范围内的违法行为：计脱实、出实多于律程和不当出而出之。“实”，应作（账的）实际数目理解，“脱实”、“出实”都是动宾结构。岳麓书院藏秦简1244简“·贼律曰：为券书，少多其实”，②“少多其实”即指对券书应有的实际数目减少或增多。“脱”，意为脱漏。因此三种违法行为应理解为：会计账目脱漏了实际数目，支出物资多于法律规定和不当支出而支出。

［2］复责其出殹（也）

【按】律文对前述三种行为分别确定了对应的损害后果等级：不足二十二钱，二十二钱到六百六十钱，六百六十钱以上。同时也确定了官啬夫所应承担的法律后果：不足二十二钱，不承担刑事、行政责任；二十二钱到六百六十钱，赀一盾；六百六十钱以上，赀一甲。与此同时，按张家山汉简《二年律令·效律》352简“出实多于律程，及不宜出而出，皆负之”的规定，后两种行为还要承担赔偿责任，即所谓“复责其出殹（也）”。

［3］误自重殹（也），减罪一等

整理小组：重，疑读为踵，踪迹。误自踵，意为会计者自己查出错误。

陶安あんど：“重”可训为“任”，《左传·昭公五年》可见“谁其重此”，俞樾《群经平议》卷二十七：“重犹任也。（中略）言谁任其咎也。”“自重”无需替读，可以解释为自己承认错误。③

【按】从律意考虑，自己发现错误的说法相对合理。又前引岳麓书院藏秦简《贼律》条的完整律文为：“1244·贼律曰：为券书，少多其实，人户、马、牛以上，羊、犬、彘二以上及诸误而可直（值）者过六百六十钱，皆为1246+1395大误；误羊、犬、彘及直（值）不盈六百六十以下

① 〔德〕陶安あんど：《秦漢刑罰体系の研究》，第426页，注释69。

② 陈松长主编《岳麓书院藏秦简（肆）》，第142页。

③ 〔德〕陶安あんど：《秦漢刑罰体系の研究》，第426页，注释69。

及为书而误、脱字为小误。小误，赀一盾；大误，赀一甲。误，毋（无）所害1364□□□□殹（也），减辠一等。”① 可对读。

【译文】

会计账目脱漏了实际应有的数目，以及出账的实际数目多于法律规定，以及不当出账而出账的，估算其价值，不满二十二钱，免予处罚；二十二钱到六百六十钱，罚官啬夫一盾；超过六百六十钱以上，罚官啬夫一甲，并且要求他们赔偿违法出账的损失。错人户一口、马牛一头以上是大误。能够自己发现错误的，减罪一等。

附录

表6　《效》与《秦律十八种·效》简文差异对照表

序号	《效》	《秦律十八种·效》
1	……节官啬夫免而效不备代者与19居吏坐之……20	……节官啬夫免而效不备代者□居吏坐之……162
2	……其不可飤者不盈百石以下……22	……其不可食者不盈百石以下……164
3	百石以到千石……23	……百石以上到千石……164
4	……禾粟禾粟虽败而尚可飤殹程之以其秏石数论負之24	……禾=粟=虽败而尚可食殹程之以其秏石书论165負之166
5	……先索以稟人……25	……先索以稟人……167
6	入禾万石一积而比黎之为户及籍之曰……27	入禾萬□□□□比黎之为户籍之曰……168
7	……群它物当负赏而伪出之以34彼赏皆与盗同法……35	……群它物当负赏而伪出之以彼赏皆与174盗同法∟……175
8	……有与主廥者共赏不备36入禾发扇仓必令长吏相杂以见之……37	……有与主廥者共赏不备至计而上廥籍内史入禾175发扇仓必令长吏相杂以见之……176
9	效公器赢备以齎律论及赏□□者乃直之39	效公器赢不备以齎律论及赏毋齎者乃直之177

① 陈松长主编《岳麓书院藏秦简（肆）》，第142~143页。

表7　睡虎地秦简《效》与王家台秦简《效律》简文对照

序号	睡虎地秦简《效》	王家台秦简《效律》
1	为都官及县效律其有赢不备物直之以其贾多者辠之勿赢 1 正	为都官及县效律其有赢不备物直之□443□以其贾多者辠之勿赢□218
2	官啬夫宂吏皆共赏不备之货而入赢 2	□[illegible]官啬夫□□冗吏皆共赏不备之货而入赢□498
3	……过二千二百钱以上赀官啬夫 15 一盾 16	过二千二百钱以上赀官啬夫一盾[illegible]□451

资料来源：本表所引王家台秦简《效律》第 218、443 和 498 简的释文，出自王明钦先生的《王家台秦简概述》，载〔美〕艾兰、邢文编《新出简帛研究——新出简帛国际学术研讨会文集》（文物出版社，2004）一文；第 451 简的释文，出自荆州地区博物馆刘德银先生的《江陵王家台 15 号秦墓》一文（《文物》1995 年第 1 期）。

表8　睡虎地秦简《秦律十八种·效》、《效》及张家山汉简《二年律令·效律》相关简文对照

序号	睡虎地秦简《效》	睡虎地秦简《秦律十八种·效》	张家山汉简《二年律令·效律》
1	县料而不备其见数五分一以上直其贾其赀谇如数者然十分一以到不盈 12 五分一直过二百廿钱以到千一百钱谇官啬夫过千一百钱以到二千二百钱 13 赀官啬夫一盾过二千二百钱以上赀官啬夫一甲 └ 百分一以到不盈十分一 14 直过千一百钱以到二千二百钱谇官啬夫过二千二百钱以上赀官啬夫 15 一盾 16		效案官及县料而不备者负之 351
2	实官佐史柀免徙官啬夫必与去者效代者……19	实官佐史柀免徙官啬夫必与去者效代者……162	实官吏免徙必效代□349
3	……故吏弗效新吏居之未盈岁去者与居吏坐之新吏弗坐 └ 其 20	……故吏弗效新吏 162 居之未盈岁去者与居吏坐之新吏弗坐……163	效案官而不备其故吏不效新吏新吏居之不盈岁新吏弗坐 348
4	计脱实及出实多于律程及不当出而出之直其贾不盈廿二钱除……58		出实多于律程及不宜出而出皆负之。352

资料来源：本表所引张家山汉简《二年律令·效律》简文均据彭浩、陈伟、〔日〕工藤元男主编《二年律令与奏谳书：张家山二四七号汉墓出土法律文献释读》，上海古籍出版社，2007。

表 9　《效》、《秦律十八种·效》、《秦律十八种·仓律》相关简文对照

序号	《效》	《秦律十八种·效》	《秦律十八种·仓律》
1	入禾万石一积而比黎之为户及籍之曰……27	入禾万□□□□比黎之为户籍之曰……168	入禾仓万石一积而比黎之为户……21
2	……是县入之县啬夫若丞及仓乡相杂以封印之而遗仓啬夫及杂 28 邑仓佐主稟者各一户以气人……29	……是县入之县 168 啬夫若丞及仓乡相杂以封印之而遗仓啬夫及离邑仓佐主稟者各一户以气人……169	……县啬夫若丞及仓乡相杂以印之而遗仓啬夫及离邑仓佐主 21 稟者各一户气……22
3	……啬夫免而效 = 者 29 见其封及隄以效之勿度县唯仓所自封印是度县……30	啬夫免而效 = 者见其封及隄以效之勿度县唯仓所自封印是度县……171	……啬夫免效者发见杂封者以隄效之而复 22 杂封之勿度县唯仓自封印者是度县……23

表 10　睡虎地秦简《效》与《秦律十八种·金布律》简文对照

序号	《效》	《秦律十八种·金布律》
1	……节官啬夫免而效不备代者与 19 居吏坐之……20	……官啬夫免效其官而有不备者令与其稗官分如其事（吏?）= ……83

《中国古代法律文献研究》第十辑
2016 年，第 119～138 页

《岳麓书院秦简（肆）》中有关“雇佣”的法律规定研究*

张韶光**

摘　要：岳麓书院藏秦简中有多条与雇佣活动相关的律令。这些律令规定：禁止雇佣有罪之人；一般情况下，雇佣活动对受雇者具有独占性，受雇者不能将雇佣与其他活动同时进行；因贫困所致的衣用无法自理的服役者，官府会在服役期间专门给以从事雇佣活动的时间；雇佣代役对双方爵位有所限制，且双方需为同县关系，身体素质相当，并且需要向官府登记，以保证其合法性。

关键词：雇佣　雇佣条件　雇佣代役　雇佣登记

雇佣活动在秦汉之际广泛存在，新出的《岳麓书院藏秦简（肆）》中有多条与之相关的律令，涉及秦代雇佣活动的条件以及官府对雇佣活动的管理等内容。以往学者结合《史记》、《汉书》等传世文献与睡虎地秦

* 本文为吉林大学研究生创新基金资助项目“《岳麓书院藏秦简（叁）》的整理与研究”（项目批准号：2016043）、吉林大学基地重点项目“秦简牍所见职官的搜集与整理”阶段性成果。

** 吉林大学古籍研究所硕士研究生。

简、里耶秦简、北大秦简、张家山汉简、居延汉简等出土文献对秦汉时期雇佣人口的性质、雇佣活动的内容、佣金以及雇佣的条件进行了深入的讨论。其中，在雇佣条件方面，学界普遍认为逃亡人口及有罪之人不能被雇佣。① 新出的《岳麓书院藏秦简（肆）》中关于雇佣活动的律令，进一步规范了秦汉之际雇佣的条件，除了贫困者可以在服役期间接受雇佣外，一般情况下雇佣活动对雇佣者具有独占性，受雇者不能在进行雇佣活动的同时进行其他活动。此外，该律令中对雇佣代役双方的规定，为解决居延简中存在的关于雇佣登记内容的疑问提供了法律依据。这对研究秦汉之际法律的沿革，了解秦汉之际的社会管理制度具有学术意义。本文以新出的《岳麓书院藏秦简（肆）》为主，结合其他简牍与传世文献，对秦汉之际雇佣活动的条件及其登记制度谈几点不成熟的看法，敬请专家批评指正。

一　关于禁止雇佣有罪者的规定

秦汉时期，雇佣有罪者属于非法行为。《汉书·王子侯表》记载："元鼎五年，侯圣嗣，坐知人脱亡名数，以为保，杀人，免。"颜师古注："脱亡名数，谓不占户籍也。以此人为庸保，而又别杀人也。"② 材料中诸侯所犯罪行之一就是雇佣犯有脱离户籍罪的人。新出的《岳麓书院藏秦简

① 翦伯赞：《两汉时期的雇佣劳动》，《北京大学学报》1959 年第 1 期，第 51～58 页；何清谷：《略论战国时期的雇佣劳动》，《陕西师范大学学报》1981 年第 4 期，第 47～51 页；徐扬杰：《汉代雇佣劳动的几个问题》，《江汉论坛》1982 年第 1 期，第 47～51 页；高敏：《试论汉代的雇佣劳动者》，《秦汉史论集》，中州书画社，1982，第 188～212 页；张泽咸、王曾瑜：《试论秦汉至两汉的乡村雇佣劳动》，《中国史研究》1984 年第 3 期，第 3～7 页；陈直：《居延汉简研究》，天津古籍出版社，1986，第 89～91 页；薛英群：《居延汉简中的雇佣劳动者试析》，《兰州学刊》1986 年第 5 期，第 76～82 页；宋杰：《汉代雇佣价格辨析》，《首都师范大学学报》1988 年第 2 期，第 77～83 页；庄辉明：《略论汉代雇佣劳动的发展及其原因》，《许昌学院学报》1990 年第 1 期，第 36～41 页；庄辉明：《汉代雇佣劳动者身份特点的再探讨》，《中国社会经济史研究》1990 年第 1 期，第 1～8 页；朱绍侯：《对居延敦煌汉简中庸的性质浅议》，《中国史研究》1990 年第 2 期，第 3～8 页；安忠义：《汉简中的雇佣劳动者》，《鲁东大学学报》2009 年第 5 期，第 41～46 页；李振宏：《居延汉简与汉代社会》，中华书局，2003，第 79～89 页。

② 《汉书》卷一五《王子侯表》，中华书局，1962，第 437～438 页。

（肆）》说明至晚在秦代已经出现了明确禁止雇佣有罪者的法律条文。

《岳麓书院藏秦简（肆）》简75～76：

> 取罪人、群亡人以为庸，智（知）其请（情），为匿之；不智（知）其请（情），取过五日以上，以舍罪人律论之。廿年后九月戊戌以来，取罪人、群亡人以为庸，虽前死及去而后遝者，论之如律。[①]

该条律令的内容简单来说就是雇佣有罪者非法，其中所强调的“群亡人”也属于有罪者的范畴。具体来说，如果雇主在知道所雇之人有罪的情况下仍雇佣该人，则雇主会被定罪为“匿罪人”。如果雇主不知情且雇佣时间在五日以上，则会按照“舍罪人”论处雇主。也就是说，法律会根据雇主对所雇之人有罪情况知情与否，对雇主分别论以“匿罪人”和“舍罪人”。整理小组指出：“‘为匿之’：视为‘匿罪人’行为论罪。‘匿罪人’与‘舍罪人’的刑罚不同，有时合称‘舍匿罪人’。《张家山汉简·二年律令·亡律》：‘匿罪人，死罪，黥为城旦舂，它各与同罪。其所匿未去而告之，除。诸舍匿罪人，罪人自出，若先自告，罪减，亦减舍匿者罪。’此处，‘匿罪人’是一类行为，‘诸舍匿罪人’是‘匿罪人’和‘舍罪人’等多类行为的合称。”[②]

在秦汉简牍中，“匿”和“舍”的区别在于两者的主观动机不同，“匿”强调有意而为，而“舍”则强调无意而为。睡虎地秦简《秦律杂抄》简32：“匿敖童，及占瘩（癃）不审，典、老赎耐。”[③] 此处的“匿敖童”当理解为故意隐瞒其真实年龄身份，冒充敖童。《岳麓书院藏秦简（肆）》简156～159中提到敖童的特权：“●繇（徭）律曰：发繇（徭），兴有爵以下到人弟子、复子，必先请属所执法，郡各请其守，皆言所为及用积徒数，勿敢擅兴，及毋敢擅傳（使）敖童、私属、奴及不从车牛，凡免老及敖童未傅者，县勿敢傳（使），节载粟乃发敖童年十五岁以上，史子未傅先觉（学）觉（学）室，令与粟事，敖童当行粟而寡子独与老父老

① 陈松长主编《岳麓书院藏秦简（肆）》，上海辞书出版社，2015，第63～64页。

② 陈松长主编《岳麓书院藏秦简（肆）》，第79页。

③ 睡虎地秦墓竹简整理小组：《睡虎地秦墓竹简》，文物出版社，1990，第87页。

母居，老如免老，若独与瘩（癃）病母居者，皆勿行。”[①] 从中可见，不能擅自征发敖童服役，十五岁以上的敖童，还可以受分粮食。此外，如果应当“行粟”的敖童和已经免老或者残疾的家人生活在一起则不用服役。由此可见，敖童在服役方面享有一定的特权。照此来看，睡虎地秦简《法律答问》简 32 中的“匿”所强调的正是在知晓敖童享有特权的情况下，故意隐瞒其真实信息，冒充敖童。张家山汉简《二年律令·捕律》简 146 也体现了“匿”故意性的特点：“群盗、盗贼发，告吏，吏匿弗言其县廷，言之而留盈一日，以其故不得，皆以鞫狱故纵论之。”[②] 这则材料中，官吏知道发生了群盗案件，却故意隐瞒此事不向上级汇报，拖延一日之后才汇报，以致群盗没有被及时抓获。其中，官吏的隐瞒行为也被称为“匿”，即官吏在知情的情况下隐瞒不报，也强调了其故意性。由此可见，“匿”是指在知情的情况下，故意隐瞒非法行为。“舍”在秦汉简牍中也有出现，强调的是当事人的不知情。张家山汉简《二年律令》简 170～172：“诸舍亡人及罪人亡者，不智（知）其亡，盈五日以上，所舍罪当黥▨赎耐；完城旦舂以下到耐罪，及亡收、隶臣妾、奴婢及亡盈十二月以上，赎耐。取亡罪人为庸，不智（知）其亡，以舍亡人律论之。所舍取未去，若已去后，智（知）其请（情）而捕告，及詷〈诇〉告吏捕得之，皆除其罪，勿购。”[③] 在该材料中，构成“舍亡人”的条件之一是“不智（知）其亡”。且材料中的“所舍取”是指上文的“舍亡人”和“取亡罪人为庸”，“智（知）其请（情）而捕告”是说在了解实情之后将有罪之人抓捕告官，这也反映了“舍”是在不知情的情况下发生的。由此来看，“匿”相对于“舍”侧重的是故意性。那么，上引《岳麓书院藏秦简（肆）》中，判处“匿罪人”或“舍罪人”主要是根据雇主是否在知情的情况下有意而为。

秦汉律对有意雇佣有罪者的惩处均有较为明确规定。新出的《岳麓

① 陈松长主编《岳麓书院藏秦简（肆）》，第 119～120 页。

② 张家山二四七号汉墓竹简整理小组：《张家山汉墓竹简〔二四七号墓〕》（释文修订本），文物出版社，2006，第 28 页。

③ 张家山二四七号汉墓竹简整理小组：《张家山汉墓竹简〔二四七号墓〕》（释文修订本），第 31～32 页。

书院藏秦简（肆）》简 75 提到：“取罪人、群亡人以为庸，智（知）其请（情），为匿之。”[①]也就是说会以故意藏匿来论处有意雇佣有罪之人的行为。《岳麓书院藏秦简（肆）》简 45 中有对故意藏匿有罪之人的惩处：“廿五年五月戊戌以来，匿亡人及将阳者，其室主匿赎死罪以下，皆与同罪。”[②] 鲁家亮将其断读为：“廿五年五月戊戌以来，匿亡人及将阳者其室、主匿赎死罪以下，皆与同罪。”[③] 也就是说如果在知情的情况下故意藏匿亡人，将根据所匿之人的罪行来论处藏匿者。如果所匿之人在赎死罪以下，藏匿者将被判与被藏匿者同罪。汉律中对故意藏匿有罪者也有规定，张家山汉简《二年律令·亡律》简 167：“匿罪人，死罪，黥为城旦舂，它各与同罪。”[④]也就是说“匿”罪人，除了在所匿之人犯有死罪的情况下，藏匿者会被黥为城旦舂之外，其他情况下，藏匿者会被判处与被藏匿者同罪。

秦汉律对无意雇佣有罪者的惩处也有明确规定。新出的《岳麓书院藏秦简（肆）》简 75 提到：“不智（知）其请（情），取过五日以上，以舍罪人律论之。”[⑤] 也就是说对不知情者，如果雇佣时间在五日以上，就会按照舍罪人来论处雇主。在汉律中也有类似规定，张家山汉简《二年律令·亡律》简 172：“取亡罪人为庸，不智（知）其亡，以舍亡人律论之。”[⑥] 同简《二年律令·亡律》简 170～171 对“舍亡人”的处罚方式进行了说明：“诸舍亡人及罪人亡者，不智（知）其亡，盈五日以上，所舍罪当黥□赎耐；完城旦舂以下到耐罪，及亡收、隶臣妾、奴婢及亡盈十二月以上，赎耐。”[⑦] 也就是说在藏匿者不知情的情况下，藏匿时间在五日

① 陈松长主编《岳麓书院藏秦简（肆）》，第 63 页。

② 陈松长主编《岳麓书院藏秦简（肆）》，第 53 页。

③ 鲁家亮：《岳麓书院藏秦简〈亡律〉零拾之二》，简帛网，2016 年 3 月 31 日（http://www.bsm.org.cn/show_article.php?id=2510）。

④ 张家山二四七号汉墓竹简整理小组：《张家山汉墓竹简〔二四七号墓〕》（释文修订本），第 31 页。

⑤ 陈松长主编《岳麓书院藏秦简（肆）》，第 63 页。

⑥ 张家山二四七号汉墓竹简整理小组：《张家山汉墓竹简〔二四七号墓〕》（释文修订本），第 31 页。

⑦ 张家山二四七号汉墓竹简整理小组：《张家山汉墓竹简〔二四七号墓〕》（释文修订本），第 31 页。

以上，且被藏匿者所犯罪行当被处以黥刑时，藏匿者会被判赎耐；如果被藏匿者所犯的罪行是完城旦舂以下到耐罪、被收为徒隶，且逃亡时间在十二个月以上，藏匿者当被判赎耐。张建国认为："舍亡人罪这一条中间出现断简，所缺字从简的长度推算，大约有十余字，那么，简文第一个赎耐究竟是针对哪种舍亡人类型，很难下断语。但总体来说，因为是'不知'，比'知'其亡的情节要轻，大概可归纳到'误入刑'一类。"[①] 虽然目前对该简的识读还有待进一步讨论，但从现有材料中可以发现，对雇主无意雇佣有罪者的行为，汉律会根据被雇之人的罪行及被雇时间，对雇主定罪量刑。

通过对比秦汉律中对有意与无意雇佣有罪者的判罚可以发现，当事人的动机会对判罚产生一定影响。正如栗劲所说："秦律在基本上坚持了犯罪的客观行为与主观心理状态统一的原则。"[②] 雇佣有罪之人会按照"舍匿"罪来论处，闫晓君认为："舍匿犯罪是在知情的情况下'欺公党恶'，属于'自犯之罪'，自得其咎，故此与所藏匿罪人同罪，不得减等；但如果在'不智（知）其亡'的情况下舍亡人，属于'因人连累致罪'。"[③] 可见，对不知情者的惩罚会酌情减轻。《周礼·秋官·司刺》中也有类似记载："壹宥曰不识，再宥曰过失，三宥曰遗忘。"郑司农云："谓愚民无所识则宥之。"[④] 也就是说对在不知情时发生的犯罪行为，会有所宽宥。

但是，在秦律中也存在不知情者不入罪的规定。睡虎地秦简《法律答问》简10："甲盗不盈一钱，行乙室，乙弗觉，问乙论可（何）殹（也）？毋论。其见智（知）之而弗捕，当赀一盾。"[⑤] 这则材料是说，如果乙在知晓甲盗窃行径的情况下，没有及时制止，则会被处以赀一盾的惩罚，但如果不知情，则不被论处，即不知情者不入罪。刘海年认为："在某种情况

① 张建国：《论西汉初期的赎》，《政法论坛（中国政法大学学报）》2002年第5期，第38页。

② 栗劲：《秦律通论》，山东人民出版社，1985，第163页。

③ 闫晓君：《张家山汉简〈亡律〉考论》，《法律科学（西北政法大学学报）》2009年第1期，第166页。

④ 孙诒让：《周礼正义》，中华书局，2013，第2842页。

⑤ 睡虎地秦墓竹简整理小组：《睡虎地秦墓竹简》，第96页。

下无犯罪动机的，尽管与他人的犯罪活动有所牵连，也不加追究。”[①] 由此看来，对不知情者减轻处罚和不入罪的情况是同时存在的。这两种情况看似矛盾，但又与整个法律体系相协调。秦汉律对不知情时雇佣及“舍匿”有罪之人，都会根据雇佣及“舍匿”罪人的时间及其罪行对雇主及“舍匿”者定罪。在《岳麓书院藏秦简（肆）》及张家山汉简《二年律令·亡律》的相关判罚中，都以“五日”为期限，不足五日不入罪，超过五日则会按照“舍亡人”论处。由此推断，秦代不知情者不入罪的施行是有一定条件的。

此外，通过比较岳麓秦简与张家山汉简对“舍罪人”的判罚可知，秦律中认定其行为是“舍罪人”的时间标准是五日。汉律对“舍罪人”的定罪量刑，有五日和十二月两个界限，而且还将被“舍”之人所犯罪行考虑在内。这也体现了汉律对秦律的借鉴和发展。

在新出的《岳麓书院藏秦简（肆）》简76中还提到：“廿年后九月戊戌以来，取罪人、群亡人以为庸，虽前死及去而后遝者，论之如律。”[②] 这则材料是说，在“廿年后九月戊戌”以后被揭露的雇佣有罪者的案件，即使雇主在“廿年后九月戊戌”之前已经死亡或者已经不再从事非法活动，按律仍会受到处罚。

“廿年后九月戊戌”在《岳麓书院藏秦简（肆）》中还出现了两次，分别是：

> 简44：“廿年后九月戊戌以来，其前死及去乃后遝者，尽论之如律。”[③]
>
> 简70：“廿年后九月戊戌以来，其前死及去而后遝者，尽论之如律。”[④]

这些材料除了都提到“廿年后九月戊戌”之外，还都提到“虽前死及去乃

① 刘海年：《秦律刑罚的适用原则（上）》，《法学研究》1983年第1期，第79页。
② 陈松长主编《岳麓书院藏秦简（肆）》，第64页。
③ 陈松长主编《岳麓书院藏秦简（肆）》，第53页。
④ 陈松长主编《岳麓书院藏秦简（肆）》，第62页。

（而）后遝者，尽论（论）之如律”。也就是说在“廿年后九月戊戌”之后被发现的案件，即使涉案人员在“廿年后九月戊戌”之前，已经死亡或者已经不再从事非法活动，但按律也应当受到处置。但是睡虎地秦简却明确指出，对于已经死亡的当事人不追究法律责任。睡虎地秦简《法律答问》简68：“甲杀人，不觉，今甲病死已葬，人乃后告甲，甲杀人审，问甲当论及收不当？告不听。”[①] 也就是说，如果当事人的罪行在死后被揭露，即使罪行属实，也不追究当事人的责任。对这两种相互矛盾的情况，似可推测，在“廿年后九月戊戌”或在此之前进行过一次改革，新的律令将从“廿年后九月戊戌”开始实施，且新律令实施过程中可能遇到的问题也在律令中予以说明。材料中的“廿年”是指秦王政二十年（前227），在文献中尚未发现此次秦司法改革的记录，这或是对秦法制史的一次补充。

二　关于雇佣活动对受雇者独占的规定

根据秦律规定，雇佣活动对受雇者具有独占性，即受雇者在进行雇佣活动时不能进行其他活动，这同时也说明，在进行其他活动时不能接受雇佣。但是在服役者贫困的情况下，官府会专门在其服役期间分配时间接受雇佣，以获得钱财来补充衣用。这两点在《岳麓书院藏秦简（肆）》中均有体现。

1. 一般情况：雇佣活动对受雇者具有独占性

《岳麓书院藏秦简（肆）》简68～69：

隶臣妾及诸当作县道官者、仆、庸，为它作务，其钱财当入县道官而逋未入去亡者，有（又）坐逋钱财臧，与盗同法。[②]

① 睡虎地秦墓竹简整理小组：《睡虎地秦墓竹简》，第109页。

② 陈松长主编《岳麓书院藏秦简（肆）》，第61页。

岳麓秦简整理小组将“作县道官”的“作”解释为：“居作，居赀劳作。”[①]“作务”，睡虎地秦简《秦律十八种》简97：“为作务及官府市，受钱必辄入其钱缿中，令市者见其入，不从令者赀一甲。”[②] 睡虎地秦简整理小组将“作务”理解为“从事于手工业”。[③]《岳麓书院藏秦简（肆）》中这条律令是说被雇者如果同时从事其他手工业，所得钱财应当交给官府，如拒不上交且携款逃跑，逃逸者将会被按收入的多少以盗罪论处。

从现有材料看，秦汉之际从事手工业的人员中，有徒隶及居作者，虽然他们可以从事手工业，但是在从事如雇佣等活动的同时从事其他手工业劳动，属非法行为。里耶秦简“作徒簿”中有简8－145EⅧ：“一人作务：青。”[④] 和简8－2008BⅡ：“一人为作务：且。”[⑤]“作徒簿”是登记徒隶劳动的簿籍，其中登记着青和且两个“作务”的徒隶，也就是说，徒隶可以从事“作务”的工作。此外，《岳麓书院藏秦简（肆）》简57有：“其亡居日都官、执法属官└、禁苑└、园└、邑└、作务└、官道畍（界）中，其啬夫吏、典、伍及舍者坐之，如此律。”[⑥] 整理小组注：“居日：居赀偿日，即以居赀服役的方式来抵偿役期。”[⑦] 此处，“作务”者的身份就是居作者。由此看来，徒隶和居作者均可以从事手工业劳动。但徒隶、居作者等人从事例如手工业等有偿劳作是否有一定的区别，由于材料所限，仍待进一步讨论。在《岳麓书院藏秦简（肆）》简68中指出如果“隶臣妾及诸当作县道官者、仆、庸，为它作务”，[⑧] 则会受到惩罚。这条材料中强调的“它”，当指徒隶、居作者、仆、庸等，在进行其现有工作的同时，从事其他手工业劳动。也就是说，虽然徒隶、居作者、仆、庸等，可以从事手工业劳动，但如果已经被雇佣，受雇者不能在被雇期间从事其他活动，如若接受其他手工业活动，除非上交所得，否则属于非法行为。

---

① 陈松长主编《岳麓书院藏秦简（肆）》，第79页。

② 睡虎地秦墓竹简整理小组：《睡虎地秦墓竹简》，第42页。

③ 睡虎地秦墓竹简整理小组：《睡虎地秦墓竹简》，第43页。

④ 陈伟主编《里耶秦简牍校释》第1卷，武汉大学出版社，2012，第85页。

⑤ 陈伟主编《里耶秦简牍校释》第1卷，第416页。

⑥ 陈松长主编《岳麓书院藏秦简（肆）》，第57页。

⑦ 陈松长主编《岳麓书院藏秦简（肆）》，第78页。

⑧ 陈松长主编《岳麓书院藏秦简（肆）》，第61页。

由于律令规定雇佣活动对受雇者具有独占性，受雇者在被雇时间内不能进行其他活动，否则需要向官府上交所得，所以，出于增加收入的考虑，一些人会在暗地里同时进行雇佣和其他活动。《岳麓书院藏秦简(叁)》“同、显盗杀人案”中，就涉及一个尚处于服役期间的人接受雇佣的事件。简144：

同曰：为吏仆，内为人庸（佣），恐吏毄（系）辟同。[①]

上引材料是说，同在被捕后接受审问时承认自己的真实身份是吏仆，在服役期间暗地里接受他人雇佣。所谓“吏仆”，整理小组注：“吏仆，官吏的侍从，是徒隶的服役内容之一。里耶秦简J1⑧130＋J1⑧190＋J1⑧193：‘诸徒隶当为吏仆、养者皆属仓。’”[②] 沈刚认为：“秦简中出现的吏仆与吏养分别指驾车和炊事人员，其来源主要是徒隶，偶有戍卒，但有特殊技能的工匠不能担任吏仆。”[③] 也就是说吏仆的身份是徒隶或戍卒，属于服役人员。同被“内为人庸（佣）”，所谓“内”，整理小组指出：“内，暗地里。”[④] 也就是说，同在服役期间，暗地里接受他人雇佣。也正因如此，同在供述中提到“恐吏毄（系）辟同”。“辟”，整理小组解释为：“辟，罪，引申为加之以罪，即治理。”[⑤] 徐世虹将“辟”解释为“验问审理”。[⑥] 也就是说，同因自知违法，因此害怕官府将其捉拿审问。

事实上，像“同、显盗杀人案”中的“同”，在服役期间擅自离开服役地点，或者服役未够期限均是违法行为。睡虎地秦简《法律答问》简164：“可（何）谓‘逋事’及‘乏□（繇）’？律所谓者，当□（繇），吏、典已令之，即亡弗会，为‘逋事’；已阅及敦（屯）车食若行到

① 朱汉民、陈松长主编《岳麓书院藏秦简（叁）》，上海辞书出版社，2013，第179页。
② 朱汉民、陈松长主编《岳麓书院藏秦简（叁）》，第182页。
③ 沈刚：《秦简中的“吏仆”与“吏养”》，《人文杂志》2016年第1期，第73页。
④ 朱汉民、陈松长主编《岳麓书院藏秦简（叁）》，第182页。
⑤ 朱汉民、陈松长主编《岳麓书院藏秦简（叁）》，第106页。
⑥ 徐世虹：《张家山二年律令简中的损害赔偿之规定》，载饶宗颐主编《华学》第6辑，紫禁城出版社，2003，第146页。

□（徭）所乃亡，皆为‘乏□（徭）’。”[①] 从这条材料可知，在接到服役命令后便直接逃亡的行为被称为“逋事”，在服役期间逃亡的，被称为“乏□（徭）”，这两种行为均是律令所不允许的。张家山汉简《二年律令·兴律》简398也有相关规定：“当戍，已受令而逋不行盈七日，若戍盗去署及亡盈一日到七日，赎耐；过七日，耐为隶臣；过三月，完为城旦。”[②] 从这条律令可以看出，汉代对逃避服役行为定罪量刑的细化。服役期间逃亡的，当根据其逃亡的时间量刑，七日之内，赎耐；七日到三月，耐为隶臣；超过三个月的则完为城旦。同样，在张家山汉简《二年律令·兴律》中，简401提到“乏□（徭）及车牛当□（徭）而乏之，皆赀日廿二钱，有（又）赏（偿）乏□（徭）日，车▨”。[③] 从中可知，服役时间不足的，每差一日，当罚二十二钱，且需将所缺时间补足。以上两条律令的区别在于，前者针对的违法行为是逃避服役并且逃亡，而后者所适用的情况只是服役时间不足，并没有故意逃亡。也就是说，凡是在服役期间擅自离开岗位的，都会受到惩罚。因此，在“同、显盗杀人案”中，“同”将服役与雇佣活动同时进行的行为是律令所不允许的。

秦汉律规定雇佣活动对受雇者具有独占性，受雇者不能在被雇期间进行其他活动，这使得劳动者会将接受雇佣与其他活动的时间错开，这一点在张家山汉简中有所反映。

张家山汉简《奏谳书》简111：

> 讲曰：十月不尽八日为走马魁都庸（佣），与偕之咸阳，入十一月一日来，即践更，它如前。[④]

这则材料是说讲被走马魁都雇佣去咸阳，后又返回践更。所谓践更，《汉

① 睡虎地秦墓竹简整理小组：《睡虎地秦墓竹简》，第132页。

② 张家山二四七号汉墓竹简整理小组：《张家山汉墓竹简〔二四七号墓〕》（释文修订本），第62页。

③ 彭浩、陈伟、工藤元男主编《二年律令与奏谳书——张家山二四七号汉墓出土法律文献释读》，上海古籍出版社，2007，第244页。

④ 张家山二四七号汉墓竹简整理小组：《张家山汉墓竹简〔二四七号墓〕》（释文修订本），第101页。

书·吴王濞传》服虔曰："以当为更卒，出钱三百，谓之过更。自行为卒，谓之践更。"[①] 正如张金光所言："亲自去服更卒之役，谓之'践更'。"[②] 在上引《奏谳书》材料中，讲被走马魁都雇佣的时间，是十月最后八天，而讲亲自去服役的时间是十一月一日之后。也就是说，讲把雇佣安排在服役之前，两者在时间上互不冲突。讲这种将服役和雇佣错开的安排，或和错开其他活动与雇佣活动时间有一定关系。

2. 特殊情况：贫困者服役期间可以接受雇佣

前文所引《岳麓书院藏秦简（肆）》的材料表明，一般情况下，雇佣活动对受雇者具有独占性，国家不支持受雇者同时进行雇佣活动与其他活动。但是，《岳麓书院藏秦简（肆）》中的另一条材料表明，特殊情况下，官府会主动分配时间，让服役者在服役期间接受雇佣。

《岳麓书院藏秦简（肆）》简278～279：

> ●□律曰：冗募群戍卒及居赀赎责（债）戍者及冗佐史、均人史，皆二岁壹归，取衣用，居家卅日，其□□□以归宁，居室卅日外往来，初行，日八十里，之署，日行七十里。当归取衣用，贫，毋（无）以归者，贷日，令庸以逋。[③]

这则材料是说，一般情况下，服役的戍卒可以每两年回家一次，取衣物等日常用品，并且在家休息三十天。钱剑夫认为，秦汉时期之所以会出现服役者向家中索要衣用的情况是因为"公家发的衣服自然不多，零用钱更是少得可怜"。[④] 但是该律令指出，对于因贫困而不能回家取衣用的服役者，可由官府批准其进行雇佣活动。整理小组注："'令庸以补'即令'毋以归者'以作'庸（佣）'的方式去补偿。"[⑤] 也就是说对贫困的服役者，官府可以按规定，在服役期间分配时间，即"贷日"，使其进行雇佣活动。所

① 《汉书》卷35《吴王濞传》，第1905页。

② 张金光：《秦制研究》，上海古籍出版社，2004，第237页。

③ 陈松长主编《岳麓书院藏秦简（肆）》，第160页。"逋"，整理小组认为"或当是'补'字之讹"〔陈松长主编，《岳麓书院藏秦简（肆）》，第175页〕。

④ 钱剑夫：《秦汉赋役制度考略》，湖北人民出版社，1984，第152页。

⑤ 陈松长主编《岳麓书院藏秦简（肆）》，第175页。

谓“贷日”，整理小组解释为“给予居作的日子”。[①] 睡虎地秦简《法律答问》简 206 规定：“‘貣（贷）人赢律及介人。’·可（何）谓‘介人’？不当貣（贷），貣（贷）之，是谓‘介人’。”[②] 可见，秦律对官府“贷”的对象、所“贷”之物的种类和数量等都有严格规定，当“贷”的行为逾越了律令的规定，有关人员将会受到惩罚。并且，官府对这种“贷”的行为都会记录在案。里耶秦简简 8－980“☐稟人忠出贷更戍城父士五（伍）阳□倗八月九月☐”，[③] 《岳麓书院藏秦简（肆）》简 278～279 中的“贷日”当与此类似，国家对此行为也应有严格规定。

贫困服役者可以靠在“贷日”期间的雇佣所得购买衣用。湖北云梦睡虎地 4 号秦墓出土的索要衣用的家书中就出现了服役者在服役地点购买衣用的情况。《散见简牍合辑》简 1008 正面：

> 二月辛巳黑夫惊敢再拜问中母毋恙也前日黑夫与惊别今复公矣
>
> 黑夫寄益就书曰遗黑夫钱毋操夏衣来今书节到母视安陆丝布贱可以为禅
>
> 帬襦者母必为之令与钱偕来其丝布贵徒□钱来黑夫自以布此[④]

该材料主要是讲黑夫兄弟写信向家中索要钱财和衣物。信中强调，如果安陆丝布价格比较低，其母可以用这些价格低廉的丝布做成衣服与钱一起寄过来，如果丝布价格较高，其母可以直接寄钱，他们可以在服役地购买。从中可知，在秦代，服役者在服役地点购买衣用的现象是存在的。在汉代，这种现象更为常见，居延简中就出现多条与在服役地买卖衣用有关的契约。例如，“建始二年闰月丙戌甲渠令史董子方买鄣卒欧威裘一领直千百五十约里长钱毕已　旁人杜君隽”；[⑤] “七月十日鄣卒张中功贳卖皂布章单衣一领直三百五十二”。[⑥] 据现有材料来看，汉代服役者在服役

① 陈松长主编《岳麓书院藏秦简（肆）》，第 175 页。

② 睡虎地秦墓竹简整理小组：《睡虎地秦墓竹简》，第 143 页。

③ 陈伟主编《里耶秦简牍校释》第 1 卷，第 256 页。

④ 李均明、何双全编《散见简牍合辑》，文物出版社，1990，第 83 页。

⑤ 劳榦：《居延汉简考释释文之部》，商务印书馆，1949，第 169 页。

⑥ 劳榦：《居延汉简考释释文之部》，第 169 页。

地点买卖衣用的情况较秦代更为常见，这或可反映汉代商品经济较秦代有所发展。

三　关于雇佣代役的规定

秦汉时期，不亲自服役者可以出钱雇佣代役。新出的《岳麓书院藏秦简（肆）》对雇佣代役双方的身份等都提出了一定要求。并明确规定，雇佣代役需要到官府登记。

《岳麓书院藏秦简（肆）》简 182～183：

> ●戍律曰：下爵欲代上爵、上爵代下爵及毋（无）爵欲代有爵者戍，皆许之。
>
> 以弱代者及不同县而相代，勿许。【不当相代】而擅相代，赀二甲；虽当相代而不谒书于吏，其庸代人者及取代者，赀各一甲。[①]

从些条材料可以看出，秦代已经对雇佣代役有了较为细致的规定，这些规定主要表现在以下四个方面：

其一，对双方身份的要求。爵位高的人可以雇佣爵位低的人代役，爵位低的人也可以雇佣爵位高的人代役，也就是说有爵位的人可以相互雇佣代役。此外，有爵位的人也可以雇佣无爵位的人代役。但是，无爵位的人不能雇佣有爵位的人代役。由此看来，雇佣代役不一定是有爵位者的特权，但有无爵位者在雇佣关系中所处的地位是不同的。《吕氏春秋·上农》中也有相关记载："农不上闻，不敢私籍于庸，为害于时也。"[②] 孙诒让曰："'上闻'，谓赐爵也。""农得上闻者，亦谓名通于官也。""'不敢私藉于庸'，谓不得私养庸以代耕。"[③] 也就是说没有爵位之人，不敢私自雇佣他人劳作，这也反映了当时的社会政策向有爵位之人倾斜。这可能与秦代爵制有关，《史记·商君列传》记载："宗室非有军功论，不得为属籍。明尊

① 陈松长主编《岳麓书院藏秦简（肆）》，第 128 页。

② 吕不韦著，陈奇猷校释《吕氏春秋新校释》，上海古籍出版社，2002，第 1719 页。

③ 吕不韦著，陈奇猷校释《吕氏春秋新校释》，第 1728 页。

卑爵秩等级，各以差次名田宅，臣妾衣服以家次。有功者显荣，无功者虽富无所芬华。”① 可见秦按军功授爵，且以此获爵者可获得较高的社会地位。张金光认为：“秦爵以军功为本，当大行于兼并战争炽盛之时，而反以为确立于统一中国之后。”② 也就是说，秦统一后对因军功受爵者依旧倚重，秦律对雇佣代役的规定向有爵位者倾斜，也当是鼓励军功的一个表现。

其二，雇佣双方的身体强弱程度应相当，身体较弱者不能代替身体较强者服役。在秦代，替人劳作或以自身赎免他人时，都会强调替代者与被替代者双方的身体素质。睡虎地秦简《秦律十八种》简 136 提到：“居赀赎责（债）欲代者，耆弱相当，许之。”③也就是说，找人代替自己劳作以抵消对官府的债务时，要求替代双方身体强弱程度相当。睡虎地秦简《秦律十八种》简 61～62 还提到：“隶臣欲以人丁粼者二人赎，许之。其老当免老、小高五尺以下及隶妾欲以丁粼者一人赎，许之。赎者皆以男子，以其赎为隶臣。”④从中可见，法律允许身体素质强的代替身体弱的。

其三，雇佣代役需要向官府登记报备。从上引岳麓秦简的材料中可以看出，在雇佣双方都符合法律要求的情况下，还需要“谒书于吏”，也就是需要向官府报备，经官府批准后双方雇佣关系方可生效。如若不履行向官府登记这一步骤，雇佣双方都会被处以赀一甲的惩罚。事实上，除了雇佣代役外，雇人进行其他活动也应当向官府报备，不能私自雇佣，里耶秦简的一个案例正说明了这点。

> 廿六年八月丙子，迁陵拔、守丞敦狐诣般刍等，辤（辞）各如前。
>
> 8－1743＋8－2015
>
> 鞫之：成吏、閒、起赘、平私令般刍、嘉出庸（佣），贾（价）

① 司马迁：《史记》，中华书局，1959，第 2230 页。

② 张金光：《秦制研究》，第 746 页。

③ 睡虎地秦墓竹简整理小组：《睡虎地秦墓竹简》，第 51 页。

④ 睡虎地秦墓竹简整理小组：《睡虎地秦墓竹简》，第 35 页。

三百，受米一石，臧（赃）直（值）百卌，得。成吏亡，嘉死，审。

8-1743+8-2015背①

上引材料是讲，成吏、閒、起赘、平私自让般刍、嘉接受雇佣，没有向官府报备，且约定好了报酬，包括佣金三百和一石米，后该雇佣行为被认定为非法行为，般刍等被捕。从中可见，不向官府登记的雇佣行为不具有法律效力。

因此，官府会有专门登记雇佣信息的文书。里耶秦简中就出现了专门登记雇佣情况的文书：

☑人庸作志☑　　8-949

☑卅五年☑　　8-949背②

所谓“庸作”，整理小组认为是指“受雇为人劳作”。③“人庸作志”即受雇进行农业劳作的记录。虽然上引材料只是文书抬头，但可以确定当时的确存在这样登记雇佣信息的文书。

在北大秦简中也出现了登记雇佣情况的“佣作文书”。

【上栏】

以正月辛丑，六日，初作，尽四月壬戌，十七日。

定作八十三日，日三钱大半钱。

为钱三百一。

☑以四月庚午作，以五月戊寅去不作。

【下栏】

·正月得六日，为钱廿二。

·二月得一月，钱百一十。

·三月得一月，钱百一十。

① 陈伟主编《里耶秦简牍校释》第1卷，第385页。

② 陈伟主编《里耶秦简牍校释》第1卷，第252页。

③ 陈伟主编《里耶秦简牍校释》第1卷，第252页。

·四月得十七日，钱六十二。

·凡钱三百四，巳（已）入二百五十三。　　W－014 正面[①]

【第一栏】

卌钱夜取。

粸（秫）米一石五斗，石十三，直廿。

十七夜取。

十五醉取，贺。

十五朝取。朝以六月丁巳作。

【第二栏】

十二夜取。

廿夜取。

廿吾取。

十八夜取。

二，酒，□取。

【第三栏】

三，酒，吾取。

一，酒，张忘取。

廿夜取。

卅夜取。

廿夜取。

【第四栏】

夜取廿。

·凡取钱二百五/十三。　　W－014 背面[②]

上引材料详细记录了受雇者进行雇佣活动的总时间、每日佣金以及佣金总额。此外，工作时长的累计、佣金的收支明细及佣金是以何种方式支取的

① 陈侃理：《北京大学藏秦代佣作文书初释》，载中国文化遗产研究院：《出土文献研究》第14辑，中西书局，2015，第8～9页。

② 陈侃理：《北京大学藏秦代佣作文书初释》，载中国文化遗产研究院：《出土文献研究》第14辑，第10页。

都有详细记录。在该木牍上的“六日”、“十七日”当是后增添上去的，从该文书的图版上可以明确看出。[①]

何有祖认为：“‘六日’、‘十七日’，从文意上看，应是后来添加。”“‘六日’夹在第一、二列之间，小字书写，而‘十七日’从书写情况来看，如果不从文意的角度分析，那么是不容易看出来是后来添加的。”[②] 陈侃理也认为：“都是计算该月劳作的天数。”[③] 这种标注可以方便工作时间和佣金的结算。

① 何有祖：《北京大学藏秦代庸作文书木牍 W－014 补说》，简帛网，2016 年 3 月 27 日（http：//www. bsm. org. cn/show_ article. php？ id＝2500）。

② 何有祖：《北京大学藏秦代庸作文书木牍 W－014 补说》，简帛网。

③ 陈侃理：《北京大学藏秦代佣作文书初释》，载中国文化遗产研究院：《出土文献研究》第 14 辑，第 9 页。

上引北大秦简的材料，应当不是官府登记雇佣信息的文书，但是，官府登记的信息当以此为基础。《岳麓书院藏秦简（肆）》简68～69规定：“隶臣妾及诸当作县道官者、仆、庸，为它作务，其钱财当入县道官而逋未入去亡者，有（又）坐逋钱财臧，与盗同法。”[①] 由该材料可知，官府为了保证雇佣活动对受雇者的独占性，避免有人同时参与雇佣与其他活动且不向官府缴纳所得的情况发生，可以通过掌握受雇人员被雇佣的详细情况，特别是被雇佣的时间及其领取报酬的情况，来加强对受雇者的监督，避免违法行为的发生。而北大秦简“佣作文书”，正为官府掌握这些信息提供了便利。

其四，雇佣双方必须是“同县”关系。《岳麓书院藏秦简（肆）》这条材料的出现为居延简所登记的雇佣信息中特别强调双方为“同县”关系提供了法律依据。居延简中出现了大量雇佣代役的信息：

▱济阴郡定陶徐白大夫蔡守年卅七　庸同县延陵大夫
陈遂成年廿九第廿三□▱　13·9A[②]

戍卒南阳郡鲁阳重光里公乘李少子年廿五庸同▱　49·32[③]

戍卒庸昭武安汉▱　146·31[④]

中为同县不审里庆□来庸贾钱四千六百戍诣居延六月
旦署乘甲渠第　159·23[⑤]

张掖居延库卒弘农郡陆浑河阳里大夫成更年廿四　庸
同县阳里大夫赵勋年廿九贾二万九千　170·2[⑥]

▱南阳郡杜衍安里公乘张贵，年廿六。
庸同县安居里公乘张胜，年廿八。　EPT52：240[⑦]

---

① 陈松长主编《岳麓书院藏秦简（肆）》，第61页。

② 谢桂华、李均明、朱国炤：《居延汉简释文合校》，文物出版社，1987，第21页。

③ 谢桂华、李均明、朱国炤：《居延汉简释文合校》，第86页。

④ 谢桂华、李均明、朱国炤：《居延汉简释文合校》，第242页。

⑤ 谢桂华、李均明、朱国炤：《居延汉简释文合校》，第262页。

⑥ 谢桂华、李均明、朱国炤：《居延汉简释文合校》，第271页。

⑦ 中国简牍集成编辑委员会编《中国简牍集成》（标注本），敦煌文艺出版社，2005，第10册，第196页。

以上列举的是官府登记雇佣代役的信息。在这些信息中都特别点明了雇佣双方的“同县”关系，新出的《岳麓书院藏秦简（肆）》为此提供了法律依据，简182：“●戍律曰：下爵欲代上爵、上爵代下爵及毋（无）爵欲代有爵者戍，皆许之。以弱代者及不同县而相代，勿许。”[①] 从中可见如果双方不是“同县”关系，则不允许雇佣代役。居延简中强调雇佣双方的同县关系或与此规定有关。

至于强调“同县”关系的原因，朱绍侯认为：“这是秦汉时期徭戍制中‘践更’、‘过更’代役制的具体反映。有钱而不愿意服役的当役者，最方便的办法是从同郡、同县、同里的应役人中雇佣代役者，到外郡、外县去找代役人是难以办到的。”[②] 笔者认为该观点可备一说。

笔者认为，强调双方的“同县”关系，应与当时的“流庸”现象和司法制度有关。《岳麓书院藏秦简（壹）》《为吏治官及黔首》简1521提到“流【庸】□☐”。[③]《为吏治官及黔首》所讲乃是官吏自治与治民之道，“流庸”被明确写入其中，可见治理“流庸”已经成为当时官吏日常管理工作中应重视的一个问题。而“流庸”是指受雇者在其户籍所在县之外的地方被人雇佣。在雇佣关系登记中特别强调“同县”，也是为了加强对“流庸”的控制，以稳定社会秩序。此外，秦汉时期，处理诉讼的基本单位是县，《汉书·刑法志》记载：“狱之疑者，吏或不敢决，有罪者久而不论，无罪者久系不决。自今以来，县道官狱疑者，各谳所属二千石官，二千石官以其罪名当报之。所不能决者，皆移廷尉，廷尉亦当报之。廷尉所不能决，谨具为奏，傅所当比律令以闻。”[④] 也就是说，秦汉时期案件的审理首先是在县进行的。因此，在确定雇佣关系时强调“同县”，可以在纠纷发生时及时准确掌握雇佣双方的信息，方便案件审理，以此加强对社会治安的控制。

---

① 陈松长主编《岳麓书院藏秦简（肆）》，第128页。

② 朱绍侯：《对居延敦煌汉简中“庸”的性质浅议》，《朱绍侯文集》，河南大学出版社，2005，第195页。

③ 朱汉民、陈松长主编《岳麓书院藏秦简（壹）》，上海辞书出版社，2010，第111页。

④ 《汉书》卷23《刑法志》，第1106页。

《中国古代法律文献研究》第十辑
2016 年，第 139～154 页

汉简所见时限与延期

李均明*

摘　要： 汉代公务（包括司法）活动，都有一定的时间规定，以保障任务的完成及办事的效率，此即本文所谓“时限”。它包括时长时限及时点时限。就适用范围而言，又可分为法定时限（通常适用于全国）、各级机构制定的时限（适用于本机构）、自己承诺的时限（适用于个人），实施时皆有规定的监督检查手段。违限者受一定的惩罚。因主客观原因不能按时完成者，可申请延期，即简牍所谓“假期”，但须经相关方批准。

关键词： 汉简　时限　假期

简牍所见每项公务活动（包括司法）通常有一定的时间限制，以保障政务工作或司法之效率，本文称之为“时限”。就时间规定方式而言，它包括时长时限与时点时限；就适用范围而言又可分为法定时限、各级机构制定的时限及自定时限等，实践中皆有规定检验办法。凡不符合规定时限者，将受到一定的惩罚或警告。由于客观原因或有充分理由者，可提交书面报告，申请延期，简牍所见称之为“假期”，但皆须经过主管批准方能生效。

---

* 清华大学出土文献研究与保护中心、出土文献与中国古代文明研究协同创新中心研究员。

一　法定时限的表现

法定时限是以法律形式硬性规定的时间限制，适用范围广泛，与司法相关的时限多属此类，例如：

《张家山汉简·贼律》："有挟毒矢若谨（堇）毒、糯，及和为谨（堇）毒者，皆弃市。或命糯谓鼷毒。诏所令县官为挟之，不用此律。""军（?）吏缘边县道，得和为毒，毒矢谨臧（藏）。节追外蛮夷盗，以假之，事已辄收臧（藏）。匿及弗归，盈五日，以律论。"[①] 律条规定，对于普通人而言，制造并拥有毒箭是违法犯死罪的，缘边县道及军队除外，但他们也有使用时限，即平时毒箭须集中收藏，出战时才借出，战事结束后五天之内必须归还，未归还者视同犯罪。此五天归还期即时长时限。

《张家山汉简·盗律》："诸有叚（假）于县道官，事已，叚（假）当归。弗归，盈二十日，以私自叚（假）律论。其叚（假）别在它所，有（又）物故毋道归叚（假）者，自言在所县道官，县道官以书告叚（假）在所县道官收之。其不自言，盈廿日，亦以私自假律论。其假已前入它官及在县道官廷（?）。"[②] 律条规定，借用县道官府的财物，必须按期归还。超过期限二十天未归还者，出借人按私自借出论处。如果借用人在外地或已死亡，出借人亦须在二十天内向官府说明，否则也按私自借出论处。此二十天亦属时长时限。

《张家山汉简·户律》："恒以八月令乡部啬夫、吏、令史相杂案户籍，副臧（藏）其廷。有移徒者，辄移户及年籍爵细徙所，并封。留弗移，移不并封，及实不徙数盈十日，皆罚金四两；数在所正、典弗告，与同罪。乡部啬夫、吏主及案户者弗得，罚金各一两。"[③] 律条规定每年八月由乡部啬夫、吏、令史共同办理户籍事宜。凡涉及户口迁移者，须在十天之内完成相关手续，超过期限者，按规定处罚经办人及其上司。此十天也属时长

① 张家山247号汉墓竹简整理小组：《张家山汉墓竹简〔二四七号墓〕》，文物出版社，2001，第145页。

② 《张家山汉墓竹简〔二四七号墓〕》，第145页。

③ 《张家山汉墓竹简〔二四七号墓〕》，第177、178页。

时限，而八月全月可视为时点范围。《张家山汉简·户律》：“为人妻者不得为户。民欲别为户者，皆以八月户时，非户时勿许。”① 亦佐证八月为办理户籍事宜的时点范围。

《张家山汉简·兴律》：“当戍，已受令而逋不行盈七日，若戍盗去署及亡盈一日到七日，赎耐；过七日，耐为隶臣；过三月〈日〉，完为城旦。”② 律条规定，赴徭戍之到达时间过期七天，或已到任又离开、逃亡一至七天，罚赎耐；过七天，耐为隶臣；过三个月，完为城旦。所见七天应是受令后赴任的期限，亦属时长时限，而第七天则可视为其最后的时点。

《张家山汉简·置吏律》：“□□□□有事县道官而免斥，事已，属所吏辄致事之。其弗致事，及其人留不自致事，盈廿日，罚金各二两，有（又）以亡律驾（加）论不自致事者。”③ 律条规定，被免职的官员必须在二十天之内办理完退职手续并离岗，如不及时离岗，则按规定论处当事人及相关官员。此规定适用于被免职官员及所在机构。

《张家山汉简·具律》：“狱已决盈一岁，不得气（乞）鞫。”④ 律条规定，案件判决超过一年后，不得再上诉。则判决后之一年间为上诉期限，此为时长时限。

《张家山汉简·捕律》：“吏将徒，追求盗贼，必伍之，盗贼以短兵杀伤其将及伍人，而弗能捕得，皆戍边二岁。三十日中能得其半以上，尽除其罪；得不能半，得者独除。”⑤ 官吏率领的追捕队伍被盗贼所杀伤，而未能捕获盗贼者，当事人将受戍边惩罚。如果三十天之内能捕获半数盗贼，则可免除惩罚；不过半数，仅免除直接捕获人，他人不免。表明三十天是捕获盗贼的时长期限。

法定时限亦屡见于传世古籍，如：

《史记·秦始皇本纪》：“丞相李斯曰：‘臣请史官非秦记皆烧之。非博士官所藏，天下敢有藏《诗》、《书》百家语者，悉诣守尉杂烧之。有敢偶

① 《张家山汉墓竹简〔二四七号墓〕》，第179页。
② 《张家山汉墓竹简〔二四七号墓〕》，第186页。
③ 《张家山汉墓竹简〔二四七号墓〕》，第161页。
④ 《张家山汉墓竹简〔二四七号墓〕》，第149页。
⑤ 《张家山汉墓竹简〔二四七号墓〕》，第152页。

语《诗》、《书》者弃市。以古非今者族。吏见知不举，与同罪。令下三十日不烧，黥为城旦。'"① 此见以三十日为时长，依令完成焚书任务。

《汉书·严延年传》："会琅邪太守以视事久病，满三月免。"② 知当时病假期限不得超过三个月，过之则被免职。

《汉书·高惠高后文功臣表》：河阳侯陈涓，"孝文元年，信嗣，三年，坐不偿人责过六月，免。"③ 沈家本云："过六月免，是以六月为期也。《唐律》负债危契不偿，一匹以上二十日为限，二十日加一等，而以百日为罪止之限，较汉之期为短。不及百匹，罪止杖六十，或杖八十，较汉为轻，则其法不同也。"④

沈家本《历代刑法考》"徒论决满三日不得乞鞫"引《周礼·秋官·朝士》："凡士之治，有期日，国中一旬，郊二旬，都三月，邦国期。期内之治听，期外不听。"注："郑司农云，谓在期内者听，期外者不听，若今时徒论决满三月不得乞鞫。"⑤ 此与上文引《张家山汉简·具律》："狱已决盈一岁，不得气（乞）鞫。"时限不合，当由于时代不同所致。

《张家山汉简·行书律》："发致及有传送，若诸有期会而失期，乏事，罚金二两。非乏事也，及书已具，留弗行，行书而留过旬，皆盈一日罚金二两。"⑥ 对失期的惩罚，还要看造成的后果决定。

《张家山汉简·行书律》："邮人行书，一日一夜行二百里。不中程半日，笞五十；过半日至盈一日，笞百；过一日，罚金二两。邮吏居界过书，弗过而留之，半日以上，罚金一两。书不当以邮行者，为送告县道，以次传行之。诸行书而毁封者，皆罚金一两。书以县次传，及以邮行，而封毁，□县□劾印，更封而署其送徼（檄）曰：封毁，更以某县令若丞印封。"⑦ 这是西汉前期的情形，西汉中期后稍有变化（详下）。

---

① （汉）司马迁撰，（宋）裴骃集解，（唐）司马贞索隐，（唐）张守节正义《史记》，中华书局，1975，第255页。

② （汉）班固撰，（唐）颜师古注《汉书》，中华书局，1962，第3670页。

③ 《汉书》，第561页。

④ （清）沈家本：《历代刑法考》，邓经元、骈宇骞点校，中华书局，1985，第1511页。

⑤ 《历代刑法考》，第1493页。

⑥ 《张家山汉墓竹简〔二四七号墓〕》，第170页。

⑦ 《张家山汉墓竹简〔二四七号墓〕》，第170页。

二　法定时限的监督

对于法定时限的执行，通常都设有严格的检查监督手段，最典型的如对传递邮书及烽火的监督。

传递邮书及烽火是上令下达及下情上传的必然途径，关乎情报是否畅通，所以汉代对邮书的传递专门设邮书刺及邮书课，有着严格的登录与考核规定。

邮书刺是关于传递邮书过程的实录文书。

> 十二月三日，北书七封。
>
> 其四封皆张掖大守章。诏书一封、书一封，皆十一月丙午起。
>
> 诏书一封，十一月甲辰起。
>
> 一封十一月戊戌起。皆诣居延都尉府。
>
> 二封河东大守章，皆诣居延都尉；一封十月甲子起，一十月丁卯起。一封府君章，诣肩水。
>
> 十二月乙卯日入时，卒宪受不今卒恭；夜昏时，沙头卒忠付騂北卒护。　　《合校》502·9A、505·22A[①]
>
> 南书一輩一封，潘和尉印，诣肩水都尉府。
>
> ·六月廿三日庚申日食坐五分，沙头亭长受騂北卒音；日东中六分，沙头亭卒宣付騂马卒同。　　《合校》506·6[②]
>
> 入西书二封。
>
> 一封中部司马诣平望候官。
>
> 一封中部司马诣阳关都尉府。
>
> 十二月丙辰日下餔时，受殄故卒张永；日下餔付遮奸队长张卿。

① 谢桂华、李均明、朱国炤：《居延汉简释文合校》，文物出版社，1987，第599、600页。正文简称《合校》。

② 《居延汉简释文合校》，第608页。

《疏》651[1]

北书二封。

其一封诣居延骑千人。

一封章破，诣□□赵卿治所。

五月戊寅下铺，推木队卒胜有受三十井诚 队卒樊隆；己卯蚤食五分，当曲隧卒蔡崇付居延收降亭卒尹□□。 《新简》EPT59·156[2]

以上四例皆为邮书刺本文。“邮书刺”亦称“过书刺”，义同，其名目见《合校》135·14：“·吞远部建昭五年二月过书刺”、[3]《合校》136·18：“·诚北建昭五年二月过书刺”、[4]《合校》317·3：“建昭元年三月过书刺”、[5]《新简》EPT51·391：“临木隧建始二年二月邮书刺”、[6]《新简》EPT52·72：“·吞远部建昭五年三月过书刺”、[7]《新简》EPT52·166：“·不侵部建昭元年八月过书刺”等。[8]刺是用于禀报的实录文书，要求所记皆为客观事实。[9]

邮书刺（过书刺）所载皆为客观执行之记录，通常分多栏，三栏者较多见，与时限相关者通常设于末栏。

该栏主要记录邮书在某段邮路传行的始讫时间及经手人。关于时间，涉及月、日、时、分，有的还载有纪年。

邮书课，是关于传递邮书的考核文书，内容除登录实情外，尚加考核评语，例如：

---

① 林梅春、李均明：《疏勒河流域出土汉简》，文物出版社，1984，第74页。正文简称《疏》。

② 甘肃省文物考古研究所、甘肃省博物馆、中国文物研究所、中国社会科学院历史研究所：《居延新简——甲渠候官、甲渠塞第四隧》，文物出版社，1994，第369页。正文简称《新简》。

③ 《居延汉简释文合校》，第224页。

④ 《居延汉简释文合校》，第226页。

⑤ 《居延汉简释文合校》，第512页。

⑥ 《居延新简——甲渠候官、甲渠塞第四隧》，第204页。

⑦ 《居延新简——甲渠候官、甲渠塞第四隧》，第232页。

⑧ 《居延新简——甲渠候官、甲渠塞第四隧》，第240页。

⑨ 参见李均明《秦汉简牍文书分类辑解》，文物出版社，2009，第416页。

北书三封，合檄、板檄各一。

其三封板檄，张掖大守章，诣府。

合檄牛骏印，诣张掖大守府牛掾在所。

九月庚午下铺七分，临木卒副受卅井卒弘；鸡鸣时，当曲卒昌付收降卒福。界中九十五里，定行八时三分，□行一时二分。《合校》157・14[①]

书一封，居延都尉章，诣大守府。

三月癸卯鸡鸣时，当曲卒便受收降卒文；甲辰下铺时，临木卒得付卅井城勢北卒参。界中九十八里，定行十时，中程。《新简》EPW・1[②]

□　正月戊午夜半，临木卒赏受城　卒胜；己未日入，当曲卒□付收降卒海。界中九十八里，定行十二时，过程二时二分。《新简》EPC・26[③]

邮书课之形式与邮书刺同，仅文末多记录了传行里程及所耗费时间并加考核评语。常见考核评语如：

"定行某时某分"，指传行实际耗费的时间。定，止也、成也，是指事后的结果而言，《汉书・王莽传下》："州郡各选精兵，牧守自将，定会者四十二万人，余在道不绝。"四十二万人是已经会集的人数，故云"余在道不绝"。[④]

"当行某时某分"，乃指事先规定的邮书传行所需时间，如《合校》4・23："廿五里，檄当行二时五分，定行十一时"、[⑤]《合校》181・1："……通府，府去降虏隧百五十九里，当行一时六分，定行五时，留迟三时四分，解何？"[⑥] 一简中，"当行"、"定行"同时出时，表明其含义不同，从具体数据中亦证"当行"为事先规定者，而"定行"是事后确定者。

① 《居延汉简释文合校》，第257、258页。

② 《居延新简——甲渠候官、甲渠塞第四隧》，第537页。

③ 《居延新简——甲渠候官、甲渠塞第四隧》，第547页。

④ 《汉书》，第4182页。

⑤ 《居延汉简释文合校》，第6页。

⑥ 《居延汉简释文合校》，第290页。

“中程”指符合规定程限。程，程限，指事先规定好了的标准，《墨子·号令》：“为守备程而署之曰某程，置署术街，街阶若门，令往来者皆视而放。”[①]《商君书·修权》：“中程者赏之。”高亨注：“《穆天子传》郭注‘中犹合也’，朱说‘程，法式也’。”《汉书·尹翁归传》：“责以员程不得取代，不中程辄笞督。”师古注：“员，数也。计其人及日数为功程。”[②] 则知简文所云“定行某时某分，中程”，指当行时间与定行时间相符。

“过程”、“不及行”，前者指超过程限，即迟到；后者指未达程限，即提前。邮书传行时间超过程限或提前传达，简文所反映如《新简》EPC·26：“……界中九十八里，定行十二时，过程二时二分。”[③] 从“当行”与“定行”之时差可看出，“过程”指超过规定时间，简文所见即迟到二时二分。《新简》EPT51·357：“……界中八十里，定行五时，不及行三时。”[④] 按“界中八十里”计，此邮书当行八时，则知“不及行三时”乃指提前三时送达。

上述考核实质就是对是否符合时限的检验，文末之评语即检验结果。

关于烽火的传递，同样有两类用于检验时限的文书形式：

一曰表火出入界刺。

入诟火一通。七月乙未蚤食六分，骍北亭长褒受箕当隧长禹。《释粹》74EJT·3[⑤]

七月乙丑日出二干时，表一通。至莫夜食时，苣火一通，从东方来。杜充见。　《疏》31[⑥]

九月乙酉日出五分，北一表一通；又蚤食尽，北连表一通。受卒同○　《合校》170·4[⑦]

---

① （清）孙诒让：《墨子閒诂》，孙以楷点校，中华书局，1986，第552页。

② 《汉书》，第3208、3209页。

③ 《居延新简——甲渠候官、甲渠塞第四隧》，第547页。

④ 《居延新简——甲渠候官、甲渠塞第四隧》，第202页。

⑤ 甘肃省文物考古研究所：《居延新简释粹》，兰州大学出版社，1988，第77页。正文简称《释粹》。

⑥ 《疏勒河流域出土汉简》，第35页。

⑦ 《居延汉简释文合校》，第271页。

以上三例皆为烽火信号通过部界的记录，可据之核查烽火之传递是否及时准确。

二曰表火课。

表火课是传递烽火的考核记录。

亡人表三桓，通南。

元始五年五月乙酉日中五分□□

半分，当道隧卒廉付安乐隧卒……程。　《释粹》74EJT23・991①

入亡表一桓，通南。

正月癸巳日下餔八分时，万福隧卒同受平乐隧卒同；即日日入一分半时，东望隧卒定军［付］隧长音。界中卅五里，表行三分半分，中程。　《释粹》74EJT24・46②

上引二例皆属表火课，其名目见《释粹》74EJT10・127："右后部初元四年四月己卯尽戊申坞上表出入界课。"③ 据上例又《合校》181・1A："□过半通府。府去降虏隧百五十九里，当行一时六分，定行五时，留迟三时四分，解何？"④ 知当时传递烽火的规定速度为每分十汉里，每时一百汉里，考核即按此标准进行，所用术语与邮书课相同。

三　各级机构规定的时限及自期

始建国三年十二月丙辰朔丁丑，不侵候长茂敢言之。官檄曰：部吏九人，人一鸡重六斤输府，遣候史若祭酒持诣官，会月二十日。・谨案部吏多贫急毋□　《新简》EPT59・56⑤

① 《居延新简释粹》，第 77 页。
② 《居延新简释粹》，第 77 页。
③ 《居延新简释粹》，第 77、78 页。
④ 《居延汉简释文合校》，第 290 页。
⑤ 《居延新简——甲渠候官、甲渠塞第四隧》，第 362、363 页。

“会月二十日”是候官规定的时点时限，而丁丑已是当月的二十二日，超时限两天。显然，这是办事方发出的为自己不能按时限完成任务辩解的文件。简文“·谨案部吏多贫急毋□”以下即其辩解理由。

渠鄣候以邮行

府告居延甲渠鄣候·卅井关守丞匡十一月壬辰檄言：居延都田啬夫丁宫、禄福男子王歆等入关檄甲午日入到府。匡乙未复檄言：《新简》EPF22·151A

男子郭长入关檄丁酉食时到府，皆后官等到，留迟。记到，各推辟界中，定吏主当坐者名，会月晦，有　　《新简》EPF22·151B

教。建武四年十一月戊戌起府。　　《新简》EPT22·151C

十一月辛丑，甲渠守候　告尉谓不侵候长宪等。写移檄到，各推辟界中相付受日时，具状，会月廿六日，如府记律令。　　《新简》EPF22·151D①

以上是写在四面觚的檄文，涉调查行书留迟事。虽然针对同一件事，其中却有两个时点时限的规定，且两个时点不在同一天。简文“府告”之“府”当指居延都尉府。居延都尉府给甲渠候官规定提交调查报告的时限时点是“月晦”，即当月月底最后一天。而甲渠候官给其下属不侵候长宪等的时限时点是当月的二十六日，两个时点之间有三天的时差，可供候官进行汇总或做补充调查，这是留有余地的做法，甚合理。

建武年八月甲辰朔　甲渠鄣候

敢言之：府下赦令　　《新简》EPF22·163

诏书曰：其赦天下自殊死以下诸不当得赦者，皆赦除之。上赦者人数，罪别之，　　《新简》EPF22·164

会月廿八日。·谨案：毋应书，敢言之。　　《新简》EPF22·165②

① 《居延新简——甲渠候官、甲渠塞第四隧》，第486页。
② 《居延新简——甲渠候官、甲渠塞第四隧》，第487页。

以上三简属同一册书，是对赦令诏书的回应文书，当为草稿，故未署具体发文日及责任人。从中亦可看出，凡属须回报的重要指令，都有具体的时限规定。此件所见“会月廿八日”时限，当为居延都尉府给甲渠鄣候规定的。

地节二年六月辛卯朔丁巳，肩水候房谓候长光：官以姑臧所移卒被兵本籍为行边兵丞相史王卿治卒被兵，以校阅亭隧卒被兵皆多冒乱不相应或易处不如本籍。今写所治亭别被兵籍并编。移书到，光以籍阅具卒兵，兵即不应籍，更实定。此籍随即下，所在亭各实弩力石射步数令可知，赍事诣官，会月廿八日夕，须以集，为丞相史王卿治事，课后不如会日者，必报，毋忽如律令。
《合校》7·7A

印曰张掖肩候

六月戊午如意卒安世以来　守令史禹　　《合校》7·7B[①]

此例所见为肩水候官给其属下部候长的指令，令其按所转发姑臧武库的兵器底账核对有关装备，以便巡视边塞的丞相史检查。文中亦指出已存在的诸多问题，提出具体要求，并规定当月二十八日汇报相关情况。专门写上“课后不如会日者”，即强调时限之重要，万万不可忽视。

简牍中尚见专门的期会记录，以确认是否符合时限，如：

▨□□当对。

▨遣督邮案事，掾史主簿诣府白状，会十二月廿日，何顿当对。

▨会其月廿四，士曹当对。

▨诣府白状，会十二月廿二日，右金曹当对。

（以上为正面）

▨□□遣主簿□得□□□□□□，会十二月廿□日，□件当对。

▨□□诣府白状，会十二月廿二日，右金、仓曹吏□、何顿当对。

① 《居延汉简释文合校》，第11页。

〼诣府白状，会十二月廿二日，右仓掾何顿、周□当对。

（以上为背面）　　《东牌楼东汉简牍》77简[①]

此类期会记录，有可能作为备忘录使用。

有许多紧急事务甚至要求当天实施，如：

九月癸亥，官告第十七候史：为官买羊至今不，

解何？记到，辄持羊诣官，会今，毋后都吏。　　《额济纳汉简》2000ES7SF1：16[②]

简文明示“毋后都吏”，知所买羊是用来接待都吏的，故要求当日送达。

……凡七章，皆无出今旦。急急急！　　《里耶秦简》8－2226＋8＋2227背[③]

此简为下行文书，要求下级当天早晨完成有关事务。

官告候长辅上：记到，辅上驰诣官，会餔时。辅上行与廿一卒满之　　《新简》EPT56·88A

诣官，欲有所验，毋以它为解。

第十七候长辅上　故行　　《新简》EPT56·88B[④]

四月戊子，官告仓亭隧长通成：记到，驰诣府，会夕，毋以它为解，急□□教。　　《敦》1065A[⑤]

以上二简皆以简便的文书形式“记”下达指令，要求的时限也具体到当天的某个时辰。

自期：

---

① 长沙文物考古研究所、中国文物研究所：《长沙东牌楼汉墓出土简牍》，文物出版社，2001，第106页。正文简称《东牌楼东汉简牍》。

② 魏坚主编《额济纳汉简》，广西师范大学出版社，2005，第159页。

③ 湖南省文物考古研究所：《里耶秦简》，文物出版社，2012，第100页。

④ 《居延新简——甲渠候官、甲渠塞第四隧》，第313、314页。

⑤ 甘肃省文物考古研究所：《敦煌汉简》，中华书局，1991，第260页。正文简称《敦》。

记到，亟实核，明分别处言。勿失，自期，有　　《五一东汉简牍》例 174。[1]

自期，或指当事人自己承诺的办事期限。

四　违限惩罚

凡有法定条款者，违限无疑按相应条款执行，详前文“法定时限”段。又，简牍亦见其具体之执行情况，如：

十一月邮书留迟不中程各如牒，晏等知邮书数留迟，为府职不身拘校，而委　　《合校》55·11、137·6、224·3

任小吏，忘（枉）为中程，甚毋状，方议罚。檄到，各相与邸校，定吏当坐者，言，须行法。　　《合校》55·13、224·14、224·15[2]

以上二简字体相同，为同一人所书，内容连贯，原属一册书。文中既言“须行法”，就是按法定条款论处的意思。

官去府七十里，书一日一夜行百六十里。书积二日少半日乃到，解何？书到，各推辟界中，必得。事案到，如律令，言，会月廿六日，会月廿四日。　　《新简》EPS4T2·8A

不中程百里，罚金半两；过百里至二百里一两；过二百里二两。不中程车一里，夺吏主者劳各一日；二百里夺令□各一日。　　《新简》EPS4T2·8B[3]

① 长沙市文物考古研究所、清华大学出土文献研究与保护中心、湖南大学岳麓书院、中国文化遗产研究院：《长沙五一广场东汉简牍选释》，中西书局，2015，第 240 页。正文简称《五一东汉简牍》。

② 《居延汉简释文合校》，第 97 页。

③ 《居延新简——甲渠候官、甲渠塞第四隧》，第 554 页。

此为同一简之正背面。正面所见是对违限的追责调查，背面所书则为具体的法律条款，当为论处前者的适用标准。

对各级机构规定时限之违反，最常见的是执行行政处罚，如：

万岁候长田宗。坐发省治大司农茭卒不以时遣吏将诣官，失期，適为驿马载三堠茭五石致止害。　《合校》61·3，194·12[①]

第十候长秦忠。坐部十二月甲午留烽，適载纯赤堇三百丈致□　《合校》262·31[②]

第十候长傅育。坐发省卒部五人，会月十三，失期，毋状，今適载三泉茭二十石致城北隧给驿马，会月二十五日皆。　《新简》EPT59·59[③]

俱南［隧］长范谭。留出入檄，適为驿马运鉼庭茭廿石致止害□　《新简》EPT59·72[④]

□坐闰月乙犯官移府行事檄留迟三时九分，不以马行，適为戍卒城仓转一两……致官，会月十五日毕。　《新简》EPT59·96[⑤]

上引五简皆为適名籍，涉违限。適，责罚，《汉书·食货志》："故吏皆適令伐棘上林，作昆明池。"师古注："適读曰谪。谪，责罚也，以其久为奸利。"[⑥] 汉简所见適是一种对官吏所犯行政过失的处罚。屡犯或将受重罚，《汉书·陈遵传》："……曹事数废。西曹以故事適之，侍曹辄诣寺舍白遵曰：'陈卿今日以某事適。'遵曰：'满百乃相闻。'故事，有百適者斥，满百，西曹白请斥。"[⑦]

① 《居延汉简释文合校》，第107页。

② 《居延汉简释文合校》，第436页。

③ 《居延新简——甲渠候官、甲渠塞第四隧》，第363页。

④ 《居延新简——甲渠候官、甲渠塞第四隧》，第364页。

⑤ 《居延新简——甲渠候官、甲渠塞第四隧》，第365页。

⑥ 《汉书》，第1165页。

⑦ 《汉书》，第3709、3710页。

五　时限之延期

延长时限，汉简称“假期”。

府告临湘：前却，趣诡课左尉邽充、守右尉夏侯弘逐捕杀小史周讽男子冯五、无什及射伤乡掾区晃、佐区期、雨（?）杀弟贼李凑；劫女子王绥牛者师寇、蒋隆等，及吏杀民贼朱祉、董贺、范贺，亭长袁初、殷弘、男子王昌、丁怒、李高、张恭及不知何四男子等不得。令充、弘诣府对。案祉、贺、初、昌、怒、寇、高、四男子等所犯皆无状，当必禽得。县、充、弘被书受诡逐捕连月，讫不捕得，

▨开　咎在不以盗贼责负为忧，当皆对如会。恐力未尽，且皆复假期。记到，县趣课充、弘逐捕祉、贺、高、隆、四男子等，复不发得，充、弘诣府对，会十六年正月廿五日。令卅日勉思谋略，有以自效，有府君教。

长沙大守丞印　永元十五年十二月廿日昼漏尽起　　《五一东汉简牍》例21[①]

此例涉一系列杀伤人案件，未能及时破案，故长沙郡府下文督办。原本之时限已到，今复“假期”。假，借。《后汉书·安帝纪》“诏以鸿池假与贫民”，注：“假，借也。”假期，即延期。档颁发于永元十五年（103）十二月二十日，批准延期至永元十六年正月二十五日，正与简文所云“令卅日勉思谋略”的时长合，则三十天是延期办案的时长时限。

南山乡言民马忠自言

八月廿八日发

不能趣会假期书　　《五一东汉简牍》例112[②]

---

① 《长沙五一广场东汉简牍选释》，第139页。

② 《长沙五一广场东汉简牍选释》，第199页。

此例言乡民马忠不能按时期会，故递交延期申请书。

> 兼左部贼捕掾冯言：逐捕杀
>
> 人贼黄康，未能得，假期解书。　十二月廿八日开。　《五一东汉简牍》例 162[①]

此例言贼捕掾冯未能按规定时限捕得杀人犯，故亦递交申请延期的辩解报告。

可知“假期”之本质为延长完成任务的时间，当受到严格的控制。实现延期或须通过两个途径：一是上级机构依主客观情况主动给予延期；二是经办者先向上级申请，经审核批准后再执行。

当然，简牍所见与时限相关的资料还有许多，以上仅举例说明。凡有法定时限者，通常在文书中不再作专门的说明，但也有少量引述或在简背抄录相关条款者。而各机构自行规定的时限，文书中通常要明确署明。

① 《长沙五一广场东汉简牍选释》，第 233 页。

《中国古代法律文献研究》第十辑
2016年，第155～169页

汉简“王杖诏书”比勘研究*

秦 涛**

摘 要： 分析汉代王杖诏令册和王杖十简的结构并比勘文句可知，其中所含“多份”制诏，母本均为同一份制诏，即汉成帝建始二年九月甲辰诏。甲辰诏自朝廷下达，经由乡里吏员公布并诵读、解说而流入民间。王杖简将甲辰诏断裂、重复抄写并夹杂以案例，是民间抄写者的私人行为所致，并非汉代法律形式的原貌。

关键词： 王杖 诏书 挈令 比勘

汉代的“王杖诏书”简，至今已有三份面世，分别是1959年出土的王杖十简（以下简称“王杖十简”）、1981年发现的王杖诏令册（以下简称“王杖诏令册”）、1989年出土的武威旱滩坡汉简的王杖诏书部分内容。汉简“王杖诏书”究竟是什么性质的文本？自1960年以来，学界就众说纷纭，“然而这一课题尚未进入‘结项’阶段”。[①] 由于汉简“王杖诏书”

* 本文为中央财政支持地方高校发展专项资金“法律文化研究传播协同创新团队”建设项目、2013年国家社科基金重点项目“重新认识中华法系”（13AFX003）的阶段性研究成果。

** 西南政法大学行政法学院教师，法学博士。

① 徐世虹：《百年回顾：出土法律文献与秦汉令研究》，《上海师范大学学报》（哲学社会科学版）2011年第5期。

涉及汉代的挈令、令的形态、律令的私抄本等众多问题，故以下作一个专题探讨。

一　关于“王杖诏书”的研究轨迹

“王杖诏书”的研究迄今已历时半个世纪。察其所以然，盖因“王杖诏书”所呈现的法令形态，不仅迥异于传世文献给我们的印象，且迥异于其他出土法律文献的样貌，甚至于目前发现的三份王杖诏书彼此间也大相径庭。简单来讲，目前所见汉代法律文献，很少有如王杖诏书般将制诏、案例与其他类型的文书交错编纂的。因此，解释“何以王杖简中制诏与案例交错”的原因，从而对王杖简的性质作出判断，是半个世纪以来研究的核心问题。

回顾学界对王杖木简性质的判断，可以大体划分为两个阶段：

前一个阶段，是发生于王杖十简刚公布后的讨论，倾向于认为王杖十简直接反映了汉令或其他汉代法律形式的原貌。例如陈直先生认为王杖十简是附于金布令篇的两份诏书；大庭脩先生认为是以制诏形式反映的“死罪决事比”；滋贺秀三先生则认为“从汉代形成‘令’的法典中抄录的此二诏，附以篇名、条文编号恐怕是其完整形式”。

随着1981年发现的“王杖诏令册”的公布，研究进入后一个阶段，即普遍认为这两份王杖简都属于私抄本，并不能反映汉代法律形式的原貌。例如胡平生先生认为王杖诏书是受王杖主自己编集成册的，目的在于以此作为护身符；冨谷至先生认为是个人为了将既得利益推及身后而制作的“黄泉文书”；广濑薰雄先生认为是一种律令读本；仲山茂先生则将之定性为“在民间被重复抄写的、作为‘护身符’的法律文书”，其原本是“流传于民间的法令”，但是这个法令为何物，又是如何流传的，则阙疑。[①]

应该说，虽然关于王杖诏书简性质的研究尚未结项，但是从第一阶段到第二阶段的探讨，体现出了较为一致的趋势，即不再认为王杖简所

① 以上关于王杖诏书的研究情况，参见徐世虹《百年回顾：出土法律文献与秦汉令研究》，《上海师范大学学报》（哲学社会科学版）2011年第5期。

载内容直接反映了汉代某种法律形式的原貌。但是，籾山明先生的最新研究《王杖木简再考》为这一趋势带来了新的挑战。他认为，王杖诏书的原本是披露、保存在武威郡官署内的挈令；挈令的本质不在于“选编”，而在于“悬挂”、“公布”；挈令不是法典，而是“通告”，由此解释了何以王杖简中制诏与案例交错的原因。[①]易言之，《再考》带来的最大冲击是对前述王杖简研究核心问题的解释，即并非抄写者的原因，而是王杖诏书自身性质（属于“挈令”）的原因，使得王杖简呈现出现在的样貌。

籾山明先生的这一研究胜义缤纷，如利用目前对汉代官文书体例的了解，对王杖简的内容进行结构划分，从而做出了更加细致的分析；再如对王杖诏令册史料价值的肯定等。他的这一研究不仅将王杖简的性质重新判定为汉令（或较为忠实于汉令样貌的私抄本），并且对挈令的过往研究也提出了挑战，将研究更深入地推进一步。所以，以下将如《再考》所示范的那样，对已经公布的三份王杖简进行结构分析和文句比勘，而后尝试厘清“挈令”的意思。

二 “王杖十简”与“王杖诏令册”的结构分析

1959 年和 1989 年的王杖简都是考古发现所得，而 1981 年发现的王杖诏令册则是考古调查时从当地居民手中所获，所以其可靠程度受到了个别学者的质疑。冨谷至先生在《王杖十简》的结语部分，针对王杖诏令册的真伪提出了三点疑问，并且表示“对以上疑问，若没有能够诚服的说明，我认为就不能将此新出的《王杖诏令册》和其他经考古发掘而发现的出土文字资料同等看待”。[②] 籾山明先生则对三点疑问一一释疑，并且提出了一个最有力的证明：1981 年王杖诏令册中的一个案例，不见于 1959 年王杖

① 〔日〕籾山明：《王杖木简再考》（以下简称《再考》），庄小霞译，载中国政法大学法律古籍整理研究所编《中国古代法律文献研究》第 5 辑，社会科学文献出版社，2012，第 23～45 页。本文所引籾山明先生观点皆出自此文，不再出注。

② 见冨谷至《王杖十简》，载杨一凡总主编《中国法制史考证》丙编第 1 卷，中国社会科学出版社，2002，第 544～552 页。

十简而见于1989年武威旱滩坡汉简。这个事实完全可以打消对王杖诏令册史料真伪的顾虑。

就文本情况而言，王杖十简仅十简，且排序存在问题，武威旱滩坡汉简的王杖诏书部分多有残断，而王杖诏令册不仅有二十六枚简，且简端书写有从“第一”到“第廿七”（缺“第十五”）的编号，所以下文将以王杖诏令册为底本，比勘以另两份王杖简。下面征引王杖十简，简号以A1、A2……表示；王杖诏令册，以B1、B2……表示。先来分析“王杖诏令册”的结构（见表1）。

表1 1981年王杖诏令册结构

结构	简文
BⅠ:制诏1	B1 制诏御史:年七十以上,人所尊敬也,非首、杀伤人,毋告劾,它毋所坐。年八十以上,生日久乎? 第一
	B2 年六十以上毋子男为鲲,女子年六十以上毋子男为寡,贾市毋租,比山东复。复 第二
	B3 人有养谨者扶持,明著令。兰台令第卌二 第三
BⅡ:制诏2	B4·孤、独、盲、珠孺,不属律人,吏毋得擅征召,狱讼毋得系。布告天下,使明知朕意。 第四
BⅢ:制诏3	B5 夫妻俱毋子男为独寡,田毋租,市毋赋,与归义同;沽酒醪列肆。尚书令 第五
	B6 臣咸再拜受诏。 建始元年九月甲辰下。 第六
BⅣ:案例1	B7·汝南太守谳廷尉,吏有殴辱受王杖主者,罪名明白。第七
	B8 制曰:谳何,应论弃市。……
BⅤ:案例2	B8……云阳白水亭长张熬,坐殴抴受王杖主,使治道,男子王汤 第八
	B9 告之,即弃市。……
BⅥ:制诏4	B9……高皇帝以来至本始二年,朕甚哀怜耆老。高年赐王杖, 第九
	B10 上有鸠,使百姓望见之,比于节;吏民有敢骂殴詈辱者,逆不道; 第十
	B11 得出入官府节第,行驰道中;列肆贾市,毋租,比山东复。 第十一
BⅦ:案例3	B12 长安敬上里公乘臣广昧死上书 第十二
	B13 皇帝陛下:臣广知陛下神零,复盖万民,哀怜老小,受王杖、承诏。臣广未 第十三
	B14 常有罪耐司寇以上。广对乡吏趣未辨,广对质,衣疆吏前。乡吏 第十四
	B16 下,不敬重父母所致也,郡国易然。臣广愿归王杖,没入为官奴。 第十六
	B17 臣广昧死再拜以闻 第十七
	B18 皇帝陛下。 第十八
	B19 制曰:问何乡吏,论弃市,毋须时;广受王杖如故。 第十九
	B20 元延三年正月壬申下 第廿

续表

结构	简文
BⅧ:制诏 5	B21 制诏御史:年七十以上杖王杖,比六百石,入官府不趋,吏民有敢殴辱者,逆不道, 第廿一
	B22 弃市。令在兰台第卌三。 第廿二
BⅨ:案例 4、5、6、7 及犯罪人数之总计	B23 汝南郡男子王安世,坐桀黠,击鸠杖主,折伤其杖,弃市。南郡亭长 第廿三
	B24 司马护,坐擅召鸠杖主,击留,弃市。长安东乡啬夫田宣,坐系 第廿四
	B25 鸠杖主,男子金里告之,弃市。陇西男子张汤,坐桀黠、殴击王杖主,折伤 第廿五
	B26 其杖,弃市。亭长二人,乡啬二人,白衣民三人,皆坐殴辱王杖功,弃市。 第廿六
BⅩ:总题与编号	B27 右王杖诏书令 在兰台第卌三 第廿七

资料来源：释文引自武威县博物馆《武威新出王杖诏令册》，载甘肃省文物工作队、甘肃省博物馆编《汉简研究文集》，甘肃人民出版社，1984，第 35 ~ 37 页。对三份王杖简进行编号及结构的分析，是对籾山明先生研究方法的袭用，编号方式亦同。不过对文书结构的划分，笔者则保持自己的看法。

因为王杖简研究的核心问题就是结构的分析，而王杖诏令册的结构尤为复杂，故此处划分较细，一共分为十个部分。从形式上看，其中包括五份未必完整的制诏、七个案例以及一枚标题简。需要说明的是，其中制诏与案例的划分并不绝对，如案例 1 与案例 3，均有“制曰”字样，属于大庭脩先生所谓“第二形式的制诏”。① 因此，这种结构划分只是出于研究的便利计，并非绝对的判定。下面再对制诏 1、2、3 划分的依据进行说明。B3 结尾有“明著令兰台令第卌二”字样，从汉代诏书及汉令的辞例来看，“明著令”是属于“著令用语”，② 往往出现在诏书结尾；“兰台令第卌二”是汉令的类别及编号，不是诏书本身的内容，而是编纂者的补注，一般出现在文首或文末。③ 因此，B1 ~ B3 可以判定为一份形式上起讫相对完整的

① 〔日〕大庭脩：《秦汉法制史研究》，林剑鸣等译，上海人民出版社，1991，第 170 ~ 174 页。

② 关于“著令用语”的讨论，较早且具有代表性的可以参见〔日〕中田薰《汉律令》，载中国政法大学法律古籍整理研究所编《中国古代法律文献研究》第 3 辑，中国政法大学出版社，2007，第 107 页。

③ 关于汉代官文书的立卷程序，可参见汪桂海《汉代官文书制度》，广西教育出版社，1999，第 204 ~ 215 页。

制诏。因此，B3 简以下当断为另一份文书。B4 简开端有分隔符，益可证 B3 简以下当断为另一份文书。又，B4 简末尾有“布告天下使明知朕意”，从汉代诏书的辞例来看，这是典型的结尾用语，故 B4 简记载了一份缺掉开头的制诏。B5 简起应断为另一份文书，B5、B6 简有“尚书令臣咸再拜受诏建始元年九月甲辰下”字样，也属于汉代诏书末尾常见的附记之辞。汪桂海先生指出，B5、B6 简为一份独立的制诏，“这道诏书前段文字缺，估计亦当是‘制诏御史’之类的话，乃抄写者承所抄第一道诏书之后，将‘制诏御史’省略”。① 可信从。

下面再列表 2 分析王杖十简的结构。

表 2　1959 年王杖十简结构

结构	简文
AⅠ:制诏 1	A1 制诏御史曰:年七十受王杖者,比六百石,入官廷不趋;犯罪耐以上,毋二尺告劾;有敢征召、侵辱
	A2 者,比大逆不道。建始二年九月甲辰下
AⅡ:制诏 2	A3 制诏丞相御史:高皇帝以来,至本【始】二年,胜(朕)甚哀【怜】老小,高年受王杖,上有鸠,使百姓望见之,
	A4 比于节;有敢妄骂詈、殴之者,比逆不道;得出入官府郎(节)第,行驰道旁道;市卖,复毋所与,
	A5 如山东复。有旁人养谨者常养扶持,复除之,明在兰台石室之中。王杖不鲜明,
	A6 得更缮治之……
AⅢ:河平元年案	A6……河平元年,汝南西陵县昌里先,年七十,受王杖,熲部游徼吴赏使从者
	A7 殴击先,用(因)诉,地大守谳廷尉,报:罪名
	A8 明白,赏当弃市。
AⅣ:墓主情况	A9 孝平皇帝元始五年幼伯生,永平十五年受王杖。
AⅤ:令名及编号	A10 兰台令第卅三,御史令第卌三,尚书令滅受在金。

资料来源：释文及编号、排序引自考古研究所编辑室《武威磨咀子汉墓出土王杖十简释文》，《考古》1960 年第 5 期。个别文字及标点的订正参考陈直《甘肃武威磨咀子汉墓出土王杖十简通考》，《考古》1961 年第 3 期；武威县博物馆《武威新出王杖诏令册》所附王杖十简释文，载甘肃省文物工作队、甘肃省博物馆编《汉简研究文集》，第 60～61 页。

王杖十简结构较简单，不再分析。武威旱滩坡汉简的王杖诏书部分残破严重，无法分析其结构。在正式比勘之前，先解决三个异文的问题：

① 汪桂海：《汉代官文书制度》，第 208 页。

第一，兰台令“第卅三”、“第卌二”、“第卌三”。

王杖十简中出现了“兰台令第卅三”的令名编号，王杖诏书令中则出现了“兰台第卌二”、“兰台第卌三”的字样。《武威新出王杖诏令册》的执笔者党寿山先生认为“卅三”系“卌三”之误，大庭脩先生赞同这一论断。其实，“卌二”也应该系“卌三”之误，论证详后。

第二，“尚书令滅”与“尚书令臣咸”。

党寿山先生推测“尚书令臣咸”可能为陈咸，但史书未载陈咸曾任尚书令，故其说依据不足。按“王杖十简”图版，写作“尚书令滅”，“滅”与“減”形近涉误。此类误例古书多有，如《论衡・佚文》：“成帝奇霸之才，赦其辜，亦不減其经。”同样的内容，《论衡・正说》作：“成帝高其才而不诛，亦惜其文而不滅。”前句“減”即为“滅”之误。[①]而汉时“減”、“咸”往往通用，如汉有酷吏減宣，《史记》、《汉书》或作“減宣”，或作“咸宣”，即为其证。故王杖诏令册中的“尚书令臣咸”即王杖十简的“尚书令滅”。

第三，“建始元年”与“建始二年”。

党寿山先生据二十史朔闰表，建始元年无甲辰日，指出“或‘元年’为‘二年’误，同王杖十简”，[②]可从。

三　三份王杖简的比勘

细读三份王杖简不难发现，有许多词句是相似乃至雷同的。下面，本文将对三份王杖简进行文字上的比勘，从而推定其结构上的关系。

1. B2、B5、B11 文辞近似

B2：年六十以上毋子男为鲲，女子年六十以上毋子男为寡，贾市毋租，比山东复。

B5：夫妻俱毋子男为独寡，田毋租，市毋赋，与归义同；……

B11：……列肆贾市，毋租，比山东复。

---

① 说见黄晖《论衡校释》，中华书局，1990，第862页。

② 武威县博物馆：《武威新出王杖诏令册》所附王杖十简释文，载甘肃省文物工作队、甘肃省博物馆编《汉简研究文集》，第43页。

其中，B2 属 B 制诏 1，B5 属 B 制诏 3，B11 属 B 制诏 4，所以B 制诏 1 与 B 制诏 3、B 制诏 4 很可能来自同一份制诏。

2. B10 与 B21、B22 文辞近似

B10：……吏民有敢骂殴詈辱者，逆不道；

B21、B22：……吏民有敢殴辱者，逆不道，弃市。……

B10 属于 B 制诏 4，B21、B22 属于 B 制诏 5，所以B 制诏 4 与 B 制诏 5 可能抄自同一份制诏。

3. B2、B3 与 A4、A5 文辞近似

B2、B3：……贾市毋租，比山东复。复人有养谨者扶持，明著令。兰台令第卌二

A4、A5：……市卖，复毋所与，如山东复。有旁人养谨者常养扶持，复除之，明在兰台石室之中。……

B2、B3 属于 B 制诏 1，A4、A5 属于 A 制诏 2，所以B 制诏 1 可能与 A 制诏 2 来自同一份制诏。

4. B5、B6 与 A2、A10 文辞近似

B5、B6：尚书令臣咸再拜受诏。　建始元年九月甲辰下。

A2：建始二年九月甲辰下

A10：……尚书令滅受在金。

前已引党寿山先生之说，建始元年九月无甲辰，故“元”当为“二”。又尚书令臣咸，当为尚书令滅。B5、B6 属于 B 制诏 3，A2 属于 A 制诏 1，故B 制诏 3 与 A 制诏 1 可能来自同一份制诏；又 A10 与 A2 可能属于同一份制诏。

5. B9、B10、B11 与 A3、A4、A5 文辞近似

B9、B10、B11：……高皇帝以来至本始二年，朕甚哀怜耆老。高年赐王杖，上有鸠，使百姓望见之，比于节；吏民有敢骂殴詈辱者，逆不道；得出入官府节第，行驰道中；列肆贾市，毋租，比山东复。

A3、A4、A5：制诏丞相御史：高皇帝以来，至本【始】二年，胜（朕）甚哀【怜】老小，高年受王杖，上有鸠，使百姓望见之，比于节；有敢妄骂詈、殴之者，比逆不道；得出入官府郎（节）第，行驰道旁道；市卖，复毋所与，如山东复。……

B9、B10、B11 属于 B 制诏 4，A3、A4、A5 属于 A 制诏 2，所以B 制诏 4 显然与 A 制诏 2 来自同一份制诏。

6. B21 与 A1、A2 文辞近似

B21：制诏御史：年七十以上杖王杖，比六百石，入官府不趋，吏民有敢殴辱者，逆不道

A1、A2：制诏御史曰：年七十受王杖者，比六百石，入官廷不趋；犯罪耐以上，毋二尺告劾；有敢征召、侵辱者，比大逆不道。

B21 属于 B 制诏 5，A1、A2 属于 A 制诏 1，所以B 制诏 5 显然与 A 制诏 1 来自同一份制诏。

概括以上内容，B 制诏 1 = B 制诏 3 = B 制诏 4，B 制诏 4 = B 制诏 5，B 制诏 1 = A 制诏 2，B 制诏 3 = A 制诏 1，B 制诏 4 = A 制诏 2，B 制诏 5 = A 制诏 1，所以王杖十简的两份制诏与王杖诏令册的五份制诏，互相之间都有高度的相似性，由此不难得到这样一个推论：这两份王杖简所包含的七份制诏都不是完整的制诏，而是摘抄自同一份完整的制诏。

以此来看武威旱滩坡出土的王杖诏书，可以发现情况基本一致。武 1 简与 B21、A1 简文字雷同，武 11 简包含的两个案例，与 B 案例 5、6 十分相似。①

如果要进一步推测王杖诏书的颁布时间，即两份王杖简所包含的七份制诏共同的母本是什么，那么我的结论是“建始二年九月甲辰诏”。这个结论的得出，首先基于对两份王杖简中出现的所有时间的考察。

两份王杖简一共出现了七个时间点，分别是王杖诏令册的“建始元年（前 32 年）九月甲辰”、“（高皇帝以来至）本始二年（前 72 年）”、“元延三年（前 10 年）正月壬申”，和王杖十简的“建始二年（前 31 年）九月甲辰”、“（高皇帝以来至）本【始】二年（前 72 年）”“河平元年（前 28 年）”、“孝平皇帝元始五年（公元 5 年）”、“永平十五年（公元 72 年）”。其中，“建始元年”系“二年”之误；“孝平皇帝元始五年”、“永平十五年”是王杖主幼伯的生年及受王杖时间，与颁布时间无关；“元延三年正

① 〔日〕大庭脩：《武威旱滩坡出土的王杖简》，徐世虹、郗仲平译，载《简帛研究译丛》第 1 辑，湖南出版社，1996，第 297 页。

月壬申”、“河平元年”均属利用王杖诏书来判决案例的时间，而非颁布王杖诏书的时间，且这几个时间均晚于建始二年，可知是诏书颁布后运用于实际司法中的案例。唯一的例外是两份诏书中均出现的宣帝“本始二年”，早于成帝“建始二年”。但严格来讲，在这两份诏书中，“本始二年”并非一个时间点，而是指“高皇帝以来至本始二年”这样一个时段，时段是难以成为颁布诏书的时间点的。而“建始二年九月甲辰下”是汉代诏书常见的行下之辞。两相比较，建始二年比本始二年成为本诏书颁布时间的可能性要大得多。总之，七个时间点中，唯有“建始二年九月甲辰”可确信为颁布诏书的时间。因此，王杖诏书的颁布时间当为汉成帝建始二年九月甲辰，是武帝以来法律儒家化至元、成间向纵深发展的结果。①

还须略作交代的是王杖简中出现的案例。两份王杖简共出现八个案例，其中有两则案例内容相对完整，且有明确纪年“元延三年正月壬申”、“河平元年”，均晚于“建始二年”。另外六个没有明确纪年的案例，也可以推想时间当迟于“建始二年”，均产生于建始二年九月甲辰诏颁布之后的司法实践。这些案例陆续通过诏书的形式发布，被相关人员抄写入“建始二年九月甲辰诏”的母本之中，层累形成了今天所见王杖诏书的不同版本。

三份王杖简所呈现的文本虽不相同，但都是一份被重复抄写、内容交错的制诏与案例的杂纂，而其中制诏的母本都是“建始二年九月甲辰诏”。那么这份杂纂是无意拼凑的产物还是有意编辑的成果？为什么同一份制诏会被重复抄写？三份制诏的差异如何解释？这要在比勘的基础上，作进一步的推论。

四 “王杖诏书”的形成及其性质

如前所述，研究王杖简性质的最大难题，在于如何解释制诏与案例交

① 朱红林《汉代“七十赐杖”制度及相关问题考辨》一文认为：汉成帝以前，赐王杖的年限一度提高至八十岁。据此，则汉成帝这道王杖诏书的意义在于：第一，将赐杖年限下调至七十岁；第二，以刑法手段保护王杖主的权利。王杖简所见的案例，意义正在于此（《东南文化》2006年第4期）。

错在一起的问题。对此可以提出种种假说，但是根据以上比勘的结论，王杖简中出现的制诏（不包括裁决案例的制诏）都来自同一个母本，即“建始二年九月甲辰诏”。由此又涉及以下三个问题：

第一，王杖诏书的传播路径。

建始二年九月甲辰诏制作完成以后，由于其受益对象是全国的高龄老人，所以自然应顺沿帝国的行政系统逐级下发。冨谷至先生认为：“行政文书被下发的最低一级官署是乡，而且报送上行文书的最低级别的机关也是乡。”[①] 但是汉代乡之下还有里，许多关涉民生的法令还希望为百姓进一步周知。那么从乡到里再到百姓，法令的传播是如何实现的呢？先来看几条史料：

> 时，上垂意于治，数下恩泽诏书，吏不奉宣。太守霸为选择良吏，分部宣布诏令，令民咸知上意……（《汉书》卷八九《黄霸传》）
>
> 臣闻山东吏布诏令，民虽老羸癃疾，扶杖而往听之……（《汉书》卷五一《贾山传》）
>
> 各明白大扁书市里官所寺舍门亭燧候中，令吏卒民尽讼知之。[②]

由此可知，汉代行政文书下达到乡以后，由吏员制作成布告牌悬挂在公共场所，或直接书写在公共场所的墙壁上、门上，供百姓阅读。这一形式被称为“扁书”。[③] 但在汉代识字率不高的情况下，未必有多少百姓能够读懂布告牌，所以还需要“讽诵”、“宣布”，即集中宣读法令。建始二年九月甲辰诏应该也经过了这样的传播路径，从而被民间好事者抄录、传诵。

第二，王杖简的抄写者和流传情况。

出土的三份王杖简，尤其是王杖十简和王杖诏令册，推测是民间传抄

① 参见〔日〕冨谷至《文书行政的汉帝国》，刘恒武、孔李波译，江苏人民出版社，2013，第 109～113 页。

② 李均明、何双全编《散见简牍合辑》，文物出版社，1990，第 20 页。

③ 徐燕斌在辑录汉简扁书十九则的基础上认为，扁书是“将政令、法律书之于木板之上，悬于高处的一种法律公布形式”（见《汉简扁书辑考——兼论汉代法律传播的路径》，《华东政法大学学报》2013 年第 2 期）。

的版本，抄写者不具有官吏的身份，只具有基本的书写能力。这一推断的依据是“王杖十简”的版面安排。冨谷至先生指出：王杖十简的简 7、简 8 之间存在尚有空白就不顾语义而换简书写，即“换行”的情况，由此可见“十简的笔者并不存在根据内容、语义换行的意识”。[①] 不顾语义而换行书写，这不应该是一名经验老到的行政机关的书手所为。另外，“王杖诏令册”中“制诏”二字抬头，冨谷至先生曾根据汉代公文书中仅“制”一字抬头的格式例提出质疑。籾山明先生对此的释疑当然也有道理，但如果从抄写者的民间身份来看，这也是情理之中的事情。

三份王杖简中所出现的时间，除去十简关于王杖主幼伯的记载，最早的是汉宣帝本始二年（前 72 年），最晚的是汉成帝元延三年（前 10 年），大体时间是在西汉中后期。但是三份王杖简，却至少有两份出自武威的东汉墓。[②] 其中王杖十简时间不可能早于简文中出现的“永平十五年”（公元 72 年），武威旱滩坡汉简所在“墓葬的年代应为东汉中晚期”。[③] 也就是说，这两份王杖简抄写的年代距离所抄诏书发布的年代至少已有八十年以上，甚至上百年之久。在这百年左右的时间里，原本已不知被辗转传抄多少次，从而形成了今天所看到的王杖简。在此传抄的过程中，案例的增删、制诏的断裂、错简的存在，都在情理之中。而不同王杖诏书之间的版本系统早已不可考，所以也并不能据其中一份来对另一份进行校订，因为这三份王杖简任何一份都不是其他两份的祖本，而不如目为三个分别层累形成的，故而面目各异的版本。从这一点来看，仲山茂先生对王杖简的判断——“在民间被重复抄写的、作为‘护身符’的法律文书”是最符合事实的。[④]

第三，目前所见王杖简是出于有意地编辑，还是无意的杂抄？目的是什么？

起码王杖诏令册是有意编辑的成果。首先，册书篇题在最后一简；其

① 〔日〕冨谷至：《王杖十简》，第 526～527 页。

② 据前引《武威新出王杖诏令册》介绍，王杖诏令册与王杖十简一样，也出自磨咀子汉墓群。唯因采集所得，已难确定是西汉墓还是东汉墓。

③ 武威地区博物馆：《甘肃武威旱滩坡东汉墓》，《文物》1993 年第 10 期。

④ 转引自徐世虹《百年回顾：出土法律文献与秦汉令研究》，《上海师范大学学报》（哲学社会科学版）2011 年 9 月第 5 期。

次，B26 有对全册出现案例的一个统计：“亭长二人，乡啬二人，白衣民三人，皆坐殴辱王杖功，弃市。”统计全册被弃市的犯罪嫌疑人，有汝南吏、云阳白水亭长张熬、长安乡吏、汝南郡男子王安世、南郡亭长司马护、长安东乡啬夫田宣、陕西男子张汤，正好七人。其中亭长二人，乡啬夫、乡吏二人，白衣民二人，另有汝南吏一人，也许计入白衣民，则与上述统计一致，所以王杖简是有意编辑的成果。那么编辑和抄写王杖简的目的是什么？我认为“护身符”说和“黄泉文书”说并行不悖。B26 简对殴辱王杖主而弃市七人的统计，带有明显的威吓意味。反复引用制诏，甚至有意把一份制诏拆成数份抄写，也许也是为了增强王杖简的权威色彩。这样的简册，生前可以作为护身符，死后随葬则是希冀把生前的福祉与特权带入地下世界。所以这份王杖简，可能是在武威地方上的老年人（尤其是初受王杖的老年人）之间热衷传抄的“经文”吧。

现再以今见“王杖诏书”简为例，总结一下其文本增益与传播的情况（见表 3）。

表 3　今见“王杖诏书”形成与流传纪事年表

时间	传播情况	文本增益	备注
建始二年（前 31 年）九月甲辰	汉成帝颁布王杖诏书	自“制诏御史”至“布告天下，使明知朕意”，是为诏书原文	“明著令”与“明在兰台石室之中”亦系诏尾用词，当属传抄异文
	尚书令咸受诏	增“尚书令臣咸再拜受诏，建始元年九月甲辰下”	据《史记·三王世家》，补注下书日期当系尚书令工作
	藏于御史府、兰台	增“兰台令第卌三，御史令第卌三”	兰台、御史府所藏令，后即散佚毁灭，今日未见
建始二年九月后不久	御史府下丞相府下武威郡下某县某乡，公布	或增行下之辞，不见于今本王杖简	此过程可参大庭脩、冨谷至对《元康五年诏书册》文本与发布程序的复原研究
	为当地百姓所传抄	民间私抄本出现	
河平元年（前 28 年）	吴赏殴击先案判决诏书颁布	民间好事者抄入王杖简私抄本	
元延三年（前 10 年）正月壬申	乡吏殴广案判决诏书颁布	民间好事者抄入王杖简私抄本	

续表

时间	传播情况	文本增益	备注
不明	用王杖诏书判决之案例、诏书先后颁布	民间好事者抄入王杖简私抄本	至此,武威民间已形成大量夹杂王杖诏书与案例的私抄本,1981 年王杖诏令册即其中之一
不明	某民间好事者抄录一份二十七简王杖诏书,并入葬	增"第一"至"第廿七"编号,或增"亭长二人,……弃市"	此处增益文字,或早已增益,此本不过转抄而已
元始五年(公元 5 年)	幼伯生		
永平十五年(公元 72 年)	幼伯受王杖,并抄录一份"王杖诏书"私抄本	增"孝平皇帝元始五年幼伯生,永平十五年受王杖"	此即今见"王杖十简",又该本之抄录或系幼伯卒年事
永平十五年后某年	幼伯卒,王杖十简陪葬		
1959 年	王杖十简出土		
1981 年	王杖诏令册发现		
1989 年	武威旱滩坡汉简王杖残简出土		

总之，今天所见“王杖诏书”简都是以建始二年九月甲辰诏为母本，夹杂后续公布的案例，进行再编纂和传抄的产物，应该并不直接反映汉代某种法律形式的原貌。

五　小结

简牍文献刚刚出现时，由于数量稀少、近古存真，学界一度不加分辨地将之作为一手史料来利用。随着简牍出土数量的激增，人们逐步认识到：简牍文献（尤其是墓葬简）也有复杂的版本系统，也可能经历了辗转传抄、层累形成的过程。根据简牍文献推考秦汉法律形式的前提，应当是对其文本性质进行审慎的鉴别，即使是同一块简牍所载的文字，也应从时间维度进行剥离与还原。本文考证的汉简“王杖诏书”就是这样一个典型的例子。

我在《汉代集议制研究》中提出过汉代法律文本“四形态”的分析框架——从汉代立法程序着眼，可以将法律文本的制作分为“创制”和“编纂”两大步骤：创制是法律文本内容的原创，编纂是法律文本形式的编辑。其中编纂又可以分为著录、一次选编（官方行为）、二次选编（私人行为）。创制、著录、一次选编和二次选编，分别产生汉代法律文本的第一（制诏）、二（律令）、三（官署法令集）、四形态（公务抄本与私抄本）。[①] 以这个框架来分析，“建始二年九月甲辰诏”属于第一形态，挈令是第三形态，而出土所得的三份王杖简则是典型的第四形态的私抄本。

① 参见拙作《律令时代的“议事以制”：汉代集议制研究》，博士学位论文，西南政法大学，2014，第142～173页。

《中国古代法律文献研究》第十辑
2016年，第170～198页

秦汉法制史研究的两桩公案*

——关于《汉旧仪》、《汉书·刑法志》所载刑制文本解读的学术史考察

李　力**

摘　要：关于《汉旧仪》、《汉书·刑法志》所载刑制文本的研读，近百年来出现了不同的理解和认识。这可以说是秦汉法制史研究中的两桩公案。本文通过梳理其研究的学术史脉络，至少有两点收获：其一，可以判定《汉旧仪》所载并非秦制，而是来自文帝以后武帝时期不见于史书记载的某次刑制改革所完成新律的摘抄或者整理。另外，针对《汉书·刑法志》所载提出的“窜入”之说，目前或许仍应视为一种假说。其二，秦汉法制史研究首先应强调以精读常见书并扎实地处理常见史料为其基本功底。

关键词：《汉旧仪》　《汉书·刑法志》　秦汉徒刑　除肉刑　汉初刑制改革

---

* 本文是教育部人文社科重点研究基地重大项目“秦汉法律研究”（项目批准号：2007JJD810169，中国政法大学法律古籍整理研究所徐世虹教授主持）的研究成果之一。曾提交2012年10月20日“制度因革与社会变迁”学术研讨会暨华中科技大学近代法研究所第三届工作年会，承阎晓君教授评议。谨此致谢！

** 华中科技大学法学院教授。

一　问题的提出

在睡虎地秦简出土之前，目前所见保存于东汉时期所编纂的《汉旧仪》、《汉书·刑法志》之中与秦汉刑制相关的片断记载，一直被秦汉法制史学者视为研究秦汉徒刑（或劳役刑）制度因革问题不容忽视的两种基本史料。①

然而，这两种基本史料在长期的流传过程中，可能至少出现了诸如此类的问题：或者学者对其所属时代的判定有不同意见，或者其文本本身有文字上的讹误与缺失。这些问题比较容易造成研究者在其文本释读和理解上有差异，致使其在运用这两种基本史料时常常感到困惑，乃至无从下手处理该史料，导致其相关的研究结论产生分歧，至今仍难以达成共识，因而成为秦汉法制史研究领域中的两桩公案。

1975 年睡虎地秦简法律文献的出土，尤其是近年来不断出土和发现的秦汉简牍法律文献，为秦汉法制史研究提供了许多新史料与新的学术信息，将有利于继续解读这两种常见史料所载刑制文本研究工作的进展。

不过，中国国内秦汉法制史学界或存在这样的倾向：研究者更加关注新发现的简牍法律史料，并为此倾注相当多的研究精力；相对而言，在客观上就不可避免地忽视挖掘这些常见基本史料及其学术价值。其中，比较显著的一个表现就是：对《汉旧仪》、《汉书·刑法志》所载秦汉刑制文本的重新解读和最新研究成果，缺乏足够的关注与重视，很少有专题论文就其文本问题的研究进行学术史的梳理与总体性的考察。尤其是在秦汉法制相关问题的讨论和研究中，不甚关注日本学者相关研究的成果，而且法学

① 近期的主要研究成果有：〔日〕冨谷至《秦漢の勞役刑》，《東方学報》（京都）第 55 冊，1983，第 106 页。中文本有张鹤泉摘译《秦汉的劳役刑》，《中国史研究动态》1984 年第 3 期，第 24 ~ 25 页。〔日〕冨谷至：《秦漢刑罰制度の研究》，同朋舍，1998，第 24 页。中文本有柴生芳、朱恒晔译《秦汉刑罚制度研究》，广西师范大学出版社，2006，第 5 页。〔日〕籾山明：《秦漢刑罰史研究の現状》，《中国史学》第 5 卷，1995，第 131 ~ 132 页。〔日〕籾山明：《中国古代訴訟制度の研究》，京都大学学术出版会，2006，第 232 页。中文本有李力译《中国古代诉讼制度研究》，上海古籍出版社，2009，第 202 页。

界研究秦汉法制史的学者亦未曾将国内秦汉史学者的相关论著纳入其研究的视野之中，因而难以了解和把握有关这些问题研究的学术前沿所在及其研究进展的总体情况，由此导致其相关研究成果几乎停滞不前，难以有新的突破。这反映出当前法制史学界存在的一种通病，即对于常见基本史料的认识，尚存在相当的不足与缺憾。

以往的学者是如何解读《汉旧仪》、《汉书·刑法志》所载刑制文本的？怎样评价其不同的认识？在目前所见史料的情况下应该如何判定这两桩学术公案？有关这两桩公案的相关研究在史料处理上和研究方法上有什么学术意义和启发性？

本文拟系统清理一下近百年以来中日学者从文献学角度解读《汉旧仪》、《汉书·刑法志》所载秦汉徒刑制度相关文字记载的研究成果，并从学术史的角度评析其得失，就这两桩学术公案的判定提出自己目前的认识，以期引起法制学界同人对于如何处理新发现史料与常见史料关系问题的重视，为进一步研讨秦汉法制史提供学术史上必备的前提与基础。

二 《汉旧仪》所载“秦”徒刑制度文本的解读

众所周知，在东汉人卫宏所撰的《汉旧仪》之中，可见有如下关于刑制改革的一段文字：

> 秦制二十爵。男子赐爵一级以上，有罪以减，年五十六免。无爵为士伍，年六十乃免者，有罪，各尽其刑。凡有罪，男髡钳为城旦，城旦者，治城也；女为舂，舂者，治米也，皆作五岁。完四岁，鬼薪三岁。鬼薪者，男当为祠祀鬼神，伐山之薪蒸也；女为白粲者，以为祠祀择米也，皆作三岁。罪为司寇，司寇男备守，女为作，如司寇，皆作二岁。男为戍罚作，女为复作，皆一岁到三月。令曰：秦时爵大夫以上，令与亢礼。①

① （清）孙星衍等辑《汉官六种》，周天游点校，中华书局，1990，第85页。

清代辑者曾怀疑这段文字存在有若干脱误之处，其后的研究者也基本赞同这一看法。例如，沈家本《汉律摭遗》卷九《具律一》“罚作”条说：“自五岁刑至一岁刑以下，汉盖承用秦法，故《旧仪》详述之。今本辑自《永乐大典》，遗文佚事，讹脱者多，故不及汉法如何也。”① 陈直指出，《汉旧仪》“就辑本探索，文辞既简，错误亦多”；② 并“案汉代徒刑的罪名，《汉旧仪》与《汉书·刑法志》所述比较具体，然皆文字古质，而《汉旧仪》且有缺文误字，不易一目了然”。③

关于这段刑制改革的记载在文字上可能存在的脱误之处，归纳清代辑者与后来学者的研究成果，主要有以下四处。

其一，“罪为司寇……，皆作二岁”。清人纪昀等按：“‘为司寇’数句疑有脱误。考《前汉书·刑法志》：‘隶臣妾满二岁为司寇，司寇一岁，及作如司寇二岁，皆免为庶人。’与此互异。”④

据今人的研究，或可认为《汉旧仪》所载刑制与《汉书·刑法志》所载刑制，是以西汉时期不同的两次刑制改革为基础的。如果这样的认识没有问题的话，那么纪昀等所主张之说是否成立，就值得再作考虑。

其二，“皆一岁到三月”。孙星衍：“案此下疑有脱讹。”⑤ 纪昀等按：“此下疑有脱误，或当别为一条。”⑥

日本学者则对此有不同的断读方案与理解。例如，滨口重国将“皆一岁”与“到三月”断读，并指明：由《周礼·秋官·司寇》“朝士”条（“凡士之治有期日，国中一旬，郊二旬，野三旬，都三月，邦国期。期内之治听，期外不听”）之郑注（“郑司农云：谓在期内者听，期外者不听。若今时徒论决，满三月，不得乞鞫”），进而推定“郑司农所引用

① （清）沈家本撰《历代刑法考》，邓经元、骈宇骞点校，中华书局，1985，第3册，第1534页。

② 陈直：《汉书新证》，天津人民出版社，1959，“自序”，第5页。

③ 陈直：《两汉经济史料论丛》，陕西人民出版社，1958，第249～250页。

④ （清）孙星衍等辑《汉官六种》，周天游点校，第53页。

⑤ （清）孙星衍等辑《汉官六种》，周天游点校，第85页。

⑥ （清）孙星衍等辑《汉官六种》，周天游点校，第53页。

汉法是可补今见《汉旧仪》之缺的材料"。[①] 后来，籾山明做出这样的推测：孙星衍的按语，"是因为考虑到以'皆一岁'为句，而'到三月'与下文连读。但是，此处应该读作'皆一岁到三月'，以作为表示刑期幅度的表达可能更好"。[②] 显然，籾山明赞同将"皆一岁"与"到三月"连读之说。

其三，"男为戍罚作，女为复作"。滨口重国不同意程树德推测该"戍恐为衍字"之说，并批评这是盲目信从"一岁为罚作"之苏林说的结果。[③] 张建国认为，该"戍就是戍，证之以秦汉简多见的罚'戍'的内容，戍根本不称作戍罚作。也不存在一种和男子戍罚作相对应的适用女子的复作。两者都有一岁到三个月的刑期的说法更无从谈起"。[④] 又，宋杰指出："其言女徒一岁刑称'复作'则不够确切，因为居延汉简中多见男徒'复作'的简文。《汉书》注家孟康、颜师古都认为'复作'是不穿戴囚服、刑具的弛刑劳作。"[⑤] 实际上，关于"复作"之男女性别问题，陈直早就根据居延汉简提出："复作之名，男女兼称，并非专属于女徒之称。"[⑥]

该"戍"字为衍字之说，当是较为合理的一种推测。关于"女为复作"的解释，《汉书》卷八《宣帝纪》载邴吉"怜曾孙之亡辜，使女徒复作淮阳赵徵卿、渭城胡组更乳养"，"复作"之注有两说：李奇曰："复作

① 〔日〕滨口重国：《漢代に於ける强制勞働刑その他》，原载《東洋学報》第23卷第2号，1936，收入氏著《秦漢隋唐史の研究》上卷，东京大学出版会，1966，第616~617页。

② 〔日〕籾山明：《秦漢刑罰史研究の現状》，《中国史学》第5卷，第133页。〔日〕籾山明：《中国古代訴訟制度の研究》，第234页。《中国古代诉讼制度研究》，李力译，第204页。

③ 〔日〕滨口重国：《秦漢隋唐史の研究》上卷，第628页。按：经查，滨口重国在此所引程树德意见的原文，不见于《汉律考》（七卷，1919年京师刻本）及今标点本《九朝律考》（中华书局，1963，第46页）之中。不知其引自何处？暂且存疑。笔者就此请教徐世虹教授，其意见是：仔细揣摩其上下文，滨口重国书中第628页所谓"程氏的意见"这段文字，很可能是滨口重国本人根据程氏《汉律考》卷二所引资料进行的推测或转述。若此，则程树德先生是否曾持有这样的看法，是值得重新考虑的。

④ 张建国：《汉代的罚作、复作与弛刑》，《中外法学》2006年第5期，第599、603页。

⑤ 宋杰：《汉代监狱制度研究》，中华书局，2013，第405页。案：宋著在"刑具的弛刑劳作"后标点误作"，"，应为"。"。

⑥ 陈直：《史记新证》，天津古籍出版社，1979，第72页。

者，女徒也。谓轻罪，男子守边一岁，女子软弱不任守，复令作于官，亦一岁，故谓之复作徒也。”孟康曰：“复音服，谓弛刑徒也，有赦令诏书去其钳钛赭衣。更犯事，不从徒加，与民为例，故当复为官作，满其本罪年月日，律名为复作也。”颜师古曰：“孟说是也。”[①] 但不知可否有另一可能：李奇说是没有问题的，其解释是针对初设“复作”而言，即“复作”起初只是针对女性，后来才逐渐扩大也适用于男性。但无论怎样，这句话都比较令人费解。

其四，“鬼薪三岁”，“皆作三岁”。若江贤三认为，从语法上看这两个句子是重复的。[②] 不过，其说是否可以成立，仍有继续推敲的余地。

由此可见，这段文字记载确实在文字上存有某种缺漏或讹误，由此造成诸多的费解与意见的分歧，而且这种复杂性确实会使后来的研究者在运用这条史料时感到棘手或困惑。

在中国，20 世纪上半期的法制史学者，对《汉旧仪》此段文字记载大致有两种处理方式：其一，孙楷《秦会要》、沈家本《历代刑法考·刑法分考十一》、程树德《中国法制史》、陈顾远《中国法制史》，都明确将其作为“秦制”对待。[③] 其二，程树德《汉律考》、杨鸿烈《中国法律发达史》则将其列为“汉制”。[④] 究其原因，前者当是因为其中标明有“秦制”二字，后者则虽没有申明其理由，但可推测其中自然包含了“汉承秦制”的因素。尤其值得注意的是，程树德在这个问题上所倡两种观点之矛盾的处理方式。

在 20 世纪下半期，尤其是睡虎地秦简出土之后，除个别学者仍然既将

---

① （汉）班固撰，（唐）颜师古注《汉书》，中华书局，1962，第 235 页。

② 〔日〕若江贤三：《秦漢時代の“完”刑について——漢書刑法志解读読への一試論》，《愛媛大学法文学部論集文学科編》第 13 号，1980，第 88 页。

③ （清）孙楷撰，徐复订补《秦会要订补》，中华书局，1959，第 343 页；沈家本：《历代刑法考》第 1 册，第 289、294、295、297、303 页；程树德：《中国法制史》，上海华通书局，1931，第 116 页；陈顾远：《中国法制史》，上海：商务印书馆，1935，第 277 页。

④ 程树德：《九朝律考》，第 43 ~ 45 页。杨鸿烈：《中国法律发达史》上册，商务印书馆，1930，上海书店 1990 年影印本，第 107 ~ 108 页。

其作为秦制也作为汉制来对待之外，[①] 法制史学者对于这段文字主要有以下两种处理方式。

第一种处理方式，坚信《汉旧仪》的这一记载，甚至认为其“某些内容还可与秦简的有关内容相印证”，因而坚持将其作为秦徒刑制度的史料来运用。[②]

第二种处理方式，认为应将其作为汉代徒刑资料来使用。[③] 其中，各家的具体表达显得略为复杂些，虽不乏仍然坚守旧说者，但相当一部分学者抓住睡虎地秦简出土的契机，将之与秦简的内容进行比较对照，并且主要是在围绕秦徒刑刑期问题的争论中进行讨论，《汉旧仪》的这一段文字甚至成为徒刑有期说的一个论据。很显然，充分利用新出土的睡虎地秦简讨论《汉旧仪》，在当时已蔚然成风。

其实，由目前所见可知，最早利用出土文字资料来印证《汉旧仪》所载非秦制的中国学者，当首推著名秦汉史学者陈直。

早在 1958 年，陈直就在《关于两汉的徒》一文中写下这样的按语：

> 案《汉旧仪》的大义，定刑之后，所得刑的名称即不更改。《汉书·刑法志》的大义，得刑的名称，随年岁而递改。两说不同。现以

① 张景贤：《汉代法制研究》，黑龙江教育出版社，1997，第 186 ~ 188 页；蒲坚编著《中国古代法制丛钞》第 1 卷，光明日报出版社，2001，第 235、400 页。

② 例如，黄展岳：《云梦秦律简论》，原载《考古学报》1980 年第 1 期，收入氏著《先秦两汉考古论丛》，科学出版社，2008，第 92 页；刘海年：《秦律刑罚考析》，原载中华书局编辑部编《云梦秦简研究》，中华书局，1981，收入氏著《战国秦代法制管窥》，法律出版社，2006，第 109 ~ 110 页；刘海年：《关于中国岁刑的起源——兼谈秦刑徒的刑期和隶臣妾的身份》，收入氏著《战国秦代法制管窥》，第 277 页；张金光：《关于秦刑徒的几个问题》，《中华文史论丛》1985 年第 1 辑，上海古籍出版社，1985，第 28 ~ 29 页；张金光：《秦制研究》，上海古籍出版社，2004，第 528 页；张晋藩、张希坡、曾宪义编著《中国法制史》第 1 卷，中国人民大学出版社，1981，第 137、138 页；徐世虹主编《中国法制通史》第 2 卷《战国秦汉》，法律出版社，1999，第 158 ~ 161 页。

③ 例如，吴荣曾：《胥靡试探——论战国时的刑徒制》，原载《中国史研究》1980 年第 3 期，收入氏著《先秦两汉史研究》，中华书局，1995，第 155 页；肖永清主编《中国法制史简编》上册，山西人民出版社，1982，第 230、231 页；栗劲：《秦律通论》，山东人民出版社，1985，第 282 页；孔庆明：《秦汉法律史》，陕西人民出版社，1992，第 270 ~ 271 页；又，《汉官六种》的点校者周天游先生明确判断“《汉旧仪》以载西汉之制为限”〔（清）孙星衍等辑《汉官六种》，周天游点校，“点校说明”，第 2 页〕；徐世虹主编《中国法制通史》第 2 卷《战国秦汉》，第 509 ~ 511 页。

> 孟津出土罪人晓葬砖，及居延木简证之，刑名始修不改，与《汉旧仪》说合。①

这是比较《汉旧仪》与《汉书·刑法志》所载刑制意义的不同之处。大致在时间上分别出来：《汉书·刑法志》所载在前，而《汉旧仪》所载在《汉书·刑法志》所载之后，且断定《汉旧仪》所载可与刑徒砖铭、居延汉简所见的相印证。即使以今天所掌握的资料看来，这个意见也基本上可以站得住脚。

当然，也有学者曾就此指出："《汉旧仪》说虽然得到居延汉简和罪人晓葬砖的证实，但居延塞筑于武帝太初年间，晓葬砖是东汉时的遗物，武帝以后'刑名始修不改'，不足以反证文帝时也是如此。"② 其所言并非没有道理。但是，无论如何，陈直都是中国学者中最早尝试运用出土文字资料判定《汉旧仪》有关徒刑之记载非属秦制的学者，只是其见解未获得重视而已，并且后来的研究者也很少提及这点。

而在1975年睡虎地秦简出土后，首先谈到这一问题的是吴树平的《云梦秦简所反映的秦代社会阶级状况》一文。其具体推断如下：

> 这里有一个问题应该提出，即刑徒奴隶是否终身为奴。就现有材料来看，秦代的刑徒似乎没有限定刑期……《汉旧仪》和应劭的解释，其源可能出于汉文帝时期的规定。就是说，所反映的并不是秦代的情况。秦律涉及刑徒的律文很多，然而没有一处直接透露出有关刑期的规定。这一现象有利于证实上面的推断。③

---

① 陈直：《两汉经济史料论丛》，第249页。按：关于此处"晓葬砖"，陈氏在该书251页解释说："《陶斋藏石记》后附《藏砖记》有弘农晓葬部分砖文（即笔者上文所称的孟津出土汉罪人晓葬砖）。"该砖起初为罗振玉所藏，其砖铭刚发表时，或称为"汉□晓葬志"（邓秋枚编录《神州国光集》第7集，神州国光社，1909），或称为"宣晓砖"（罗振玉：《恒农砖录》，第1201～1202页）。审视《神州国光集》第7集所刊拓片，"晓"上一字的上部可见"宀"头，下部残缺不清；因未释出"晓"字前的字，故以"□"标出该缺字，时称其为"汉□晓葬志"。

② 徐鸿修：《从古代罪人收奴刑的变迁看"隶臣妾""城旦舂"的身分》，《文史哲》1984年第5期，第27页。

③ 中华书局编辑部编《云梦秦简研究》，第120页。

接着，高恒在讨论秦刑徒刑期问题时，也强调不可以《汉旧仪》这段记载为据来研究秦徒刑刑期，其具体分析如下：

> 论者常以东汉卫宏的《汉旧仪》为据，证明秦时的城旦舂、鬼薪、白粲等刑徒是有服刑期限的。认真研究一下《汉旧仪》中有关刑徒的记载，不难看出，卫宏说的并不全是秦制。现将《汉旧仪》有关记载抄录如下……
>
> 上述引文中可见：1. 秦时，“司寇”下面，还有“候”。汉代的“候”已不是刑徒。因而卫宏也未将“候”列为刑徒。2. 秦时无“髡钳城旦舂”之名。汉文帝前元十三年，将秦时的“黥城旦舂”，改为“髡钳城旦舂”。所以，此刑名也非秦制。3. 据秦律规定，秦时的“赀罚”仅作为对军人犯罪的惩罚手段，并非一般的刑罚。并且也无“复作”之名。据以上分析，卫宏所说的并不全是秦制。因而不可以根据《汉旧仪》认定秦时的城旦舂、鬼薪、白粲等刑徒，有固定的服刑期限。①

从此之后，质疑或否定《汉旧仪》这一记载为秦制的看法，逐渐就成为秦汉法制史学界的主流认识。②

不过，若仔细比较一下各家之言，则可知关于《汉旧仪》该记载究竟具体反映汉代哪个时期的制度，其认识也有一些细微差别。

例如，栗劲、霍存福强调，卫宏《汉旧仪》“漏掉隶臣妾，正说明他所依据的是东汉的现行制度，而不是秦制，甚至不是西汉前期的制度”。③徐鸿修则推定，“《汉旧仪》说很可能是文帝以后徒刑制度整齐化的产物，

---

① 高恒：《秦律中的刑徒及其刑期问题》，原载《法学研究》1983年第6期，收入氏著《秦汉法制论考》，厦门大学出版社，1994，第94～95页。

② 李力：《秦刑徒刑期辨正》，《史学月刊》1985年第3期，第19页；杜钦：《汉文帝除肉刑及秦汉刑徒的刑期问题》，《史耘》第2期，1996年6月，第9～11页；杜钦：《汉代刑罚制度》，台湾师范大学历史学博士学位论文，指导教授：廖伯源，2004年7月，第56～57页。

③ 栗劲、霍存福：《试论秦的徒刑是无期刑——兼论汉初有期徒刑的改革》，《中国政法大学学报》1984年第3期，第71～72页。

不宜据以否定文帝时的制度”。[①] 而王敏典主张，“卫宏所记不仅不是秦制，甚至不是汉文帝刚刚改革以后的制度”。[②] 张建国认为，“《汉旧仪》所列举的司寇以上各劳役刑的刑期，既不是秦的，也不是汉初的，而是比较晚的时期的规定”；其中的“戍罚作、复作的名称，可能只是撰写者对很久以前秦刑罚制度的推论，而其中的期限，也可能只是卫宏在世时期即前汉末后汉初左右的当时的罚作的服役期”。[③] 其所形成的比较共同的认识是，《汉旧仪》所体现的不是文帝时期的制度。具体而言，若据张建国的推测，则其是汉武帝以后又一次刑制改革的产物。[④]

在日本，20 世纪二三十年代，关于《汉旧仪》这段记载的所属时代就有不同的认识和判断，具体而言体现在两个方面。

一方面，在 1924 年，东川德治以为应将《汉旧仪》这一段记载作为汉代法制史料来处理。[⑤] 但是，他并没有做较为详细的论证。至 1936 年，滨口重国开始明确质疑这一记载所述为秦制之说，并就此进行专门讨论和研究。其《汉代的强制劳动刑及其他》一文，以传世文献记载为根据，提出《汉旧仪》所载并非秦制这一论断，认为《汉旧仪》该段记载其“开头所谓秦制，说的就是下面所记的刑罚都是出于秦制的沿袭”。而“征诸文献，隶臣（妾）刑的存在是在武帝时期以前”，因此“出于西汉末东汉初人之手的《汉旧仪》，虽然列举并详细记述髡钳以下的刑名，但是对于本刑却只字不提，由此可见，与鬼薪刑的长期存在相反的是，隶臣刑在其后至迟在西汉末期前就被废除了”。[⑥]

另一方面，也有学者仍坚持《汉旧仪》这段记载为秦制。例如，在 1939 年，仁井田陞主张“该秦制的劳役刑资料应该是相当珍贵的。但是如沈家本那样的，也停留于将之作为汉代的资料。因为汉承秦制，所以其成为汉代的

---

① 徐鸿修：《从古代罪人收奴刑的变迁看“隶臣妾”“城旦舂”的身分》，《文史哲》1984 年第 5 期，第 27 页。

② 王敏典：《秦代徒刑刑期辩》，《深圳大学学报》（人文社会科学版）1992 年第 1 期，第 56 页。

③ 张建国：《汉代的罚作、复作与弛刑》，《中外法学》2006 年第 5 期，第 597、598、603 页。

④ 张建国：《西汉刑制改革新探》，原载《历史研究》1996 年第 6 期，收入氏著《中国法系的形成与发达》，北京大学出版社，1997，第 243 ~ 247 页。

⑤ 〔日〕东川德治：《漢代刑名一斑》，《法学志林》第 26 卷第 8 号，1924 年 8 月，第 59 ~ 60 页。

⑥ 〔日〕滨口重国：《秦漢隋唐史の研究》上卷，第 616、624、625 页。

资料当然是不言自明的，但我觉得不如说作为秦代的资料利用价值更大些”。[①]

半个世纪以后，日本中生代秦汉法制史学者对其前辈学者的这些研究成果进行了客观而公允的评价。例如，冨谷至认为，“就《汉旧仪》及其他文献史料而言，滨口经过考证得出的结论值得重视”。[②] 籾山明所做的评价是，滨口重国最重要的功劳在于，基于史料的涉猎与精心的解读，解释清楚了各种劳役的刑役内容。在其所得出的见识之中，曾推定刑名与刑役内容在西汉以来有逐渐分离的倾向，武帝以前存在的“隶臣妾刑”可能是刑期三年的杂役刑，进而看破《汉旧仪》之记载并非秦制。[③] 由此可见滨口重国此说在日本秦汉史法制学界所产生的影响力之大。

在20世纪70年代末期，堀毅将新出土的睡虎地秦简与《汉旧仪》所载“秦制”进行比较，考证《汉旧仪》所载秦徒刑制度的可信性。其《秦汉刑名考——以云梦出土秦简为主》一文就此论述如下：

> 在秦汉的法制史研究方面，一直缺乏应有的基本史料，因此，研究方法上，只能依据残留下来的汉律佚文进行溯源性的推定。在研究中，只能把《汉旧仪》作为可信的基本资料。可是，如上所述，现在得到的秦律和《汉旧仪》中的秦制，在许多方面存在着差异。这里，如果要问两者的史料价值，就必须承认作为物质证据的秦律的绝对可信性。那么，怎样看待《汉旧仪》中记载的刑罚制度呢？这涉及汉文帝时刑罚制度的改革问题。《汉旧仪》中的各种矛盾都不能脱离开这次法律改革。因而，下面把迄今所能知道的刑名做成表Ⅵ，对史料中的各种矛盾试加探讨。

由此所得出的结论是：《汉旧仪》所谓“秦制云云”，不是秦到汉初的制

① 〔日〕仁井田陞：《中国における刑罰體系の變遷——とくに自由刑の發達》，原载《法學協会雜誌》第57卷第3、4、5号，1939年3、4、5月，收入氏著《（补订）中国法制史研究（刑法）》，东京大学出版会，1980，第74、78页。仁井田陞在此特意注释：“将其作为秦代资料的先辈并不是没有，但拙见以为其价值是很大的。”按：如前所述，沈家本将《汉旧仪》该段文字作为“秦制”看待的。仁井此处对沈家本观点的理解，恐有误差。

② 〔日〕冨谷至：《秦漢刑罰制度の研究》，第26页，《秦汉刑罚制度研究》，柴生芳、朱恒晔译，第5页。

③ 〔日〕籾山明：《中国古代訴訟制度の研究》，第234页，《中国古代诉讼制度研究》，李力译，第205页。

度，只是文帝刑法改革后“汉的新律”确立的制度，是已体系化为五个等级的刑罚制度；而文帝改革之前的则为“汉的旧律”，几乎继承了秦代的刑罚制度，由肉刑和劳役刑两部分组成。[①] 后来，则更为明确地断定“《汉旧仪》中所见之‘秦制云…’乃是西汉末之规定”。[②]

高敏对堀毅此说的评价是，“这样一来，《汉旧仪》所载刑名、刑期、刑罚都非‘秦制’，而是汉制，且是文帝改革后之制，从而使基于此而产生的一系列矛盾迎刃而解，这不能不是堀毅氏的一个重大发现”。[③] 不过，中国的秦汉法制史同行对堀毅的这个研究成果并没有给予足够的重视，高敏的这个评价也很少被引用。这在某种程度上或许反映出一个问题：我们中国学者的研究在前沿性上与日本学者之间存在一定的差距。

尤其值得注意的是，在 1978 年，另一位法制史学者若江贤三推测，从云梦秦简所见秦律来看，不能说《汉旧仪》有关劳役刑的记载是原封不动地记述秦制；《汉旧仪》中卫宏作为秦制记载的，似乎是通过汉代所实施的刑罚来叙述其起源于秦之制度这一事实；或者不排除该部分文字是后人以孟康注、《汉书·刑法志》为基础附加上去的可能性。[④]

20 世纪 80 年代，冨谷至在《两座刑徒墓——秦至东汉的刑役与刑期》一文中，从“为何在《汉旧仪》里没有关于隶臣妾的记载”这一问题入手，其所寻找到的答案是“《汉旧仪》的记载是以隶臣妾消失后的汉劳役刑为基础的”，因“隶臣妾这一刑名是汉武帝元狩五年以后不见于史书的”。[⑤] 因

---

① 〔日〕堀毅：《秦汉法制史论考》，法律出版社，1988，第 180 ~ 183 页。按：该文原载《早稻田大学大学院文学研究科纪要》别册第 4 集，1977。

② 〔日〕堀毅：《汉律辑存》之“解说”，载杨家骆主编《中国法制史料》第 2 辑第 1 册，台北：鼎文书局，1982，第 335 页。

③ 高敏：《评〔日〕堀毅著〈秦汉法制史论考〉》，载氏著《睡虎地秦简初探》，台北：万卷楼图书有限公司，2000，第 294 页。

④ 〔日〕若江贤三：《文帝による肉刑除去の改革——髡刑及び完刑をめぐって》，《東洋学術研究》第 17 卷第 6 号，1978，第 128、131 页。

⑤ 〔日〕冨谷至：《ふたつの刑徒墓——秦～後漢の刑役と刑期》，载川勝義雄、砺波護编《中國貴族制社會の研究》，京都大学人文科学研究所，1987，第 559、569、574 页，中文本《汉代的两座刑徒墓——关于秦至后汉的刑徒与刑期》，徐世虹译，载刘俊文主编《日本中青年学者论中国史》（上古秦汉卷），上海古籍出版社，1995，第 344、355、361 页；〔日〕冨谷至：《秦漢刑罰制度の研究》，第 115、138 ~ 139 页，中文本《秦汉刑罚制度研究》，柴生芳、朱恒晔译，第 70 ~ 71、84 ~ 85 页。

此，可以说在冨谷至看来，《汉旧仪》所载徒刑制度当是以汉武帝中期以后的汉劳役刑为基础的。不过，后来，他又强调，“文帝十三年的肉刑废止使刑罚与劳役刑一体化，并形成了从髡钳城旦、完城旦、鬼薪、隶臣妾到成罚作这五个层次自上而下依次排列的新序列，这就是《汉旧仪》中记载的从髡钳城旦舂到成罚作的劳役刑。《汉旧仪》虽然称为秦制，但实际上是对文帝十三年以后汉代劳役刑的解释”。①

对于日本学界所做的这些研究及其认识，张建国曾作过如下的总结性评判：

> 日本学术界已经指出，卫宏所说的刑制并非秦制，这些实际是卫宏所生活的时期即前汉末后汉初时期的汉制。我想，如果从刑期上看，以及从卫宏没有提到秦和西汉前期存在的隶臣妾的刑名这一点来看，这一见解颇有道理。②

到此为止，我们基本上可以对《汉旧仪》所见的有关“秦”徒刑制度的那段记载下这样的一个判断：不是秦制，很可能是来自文帝以后武帝时期不见于史书记载的某次刑制改革所完成的新律的摘抄或者整理。甚至也可以说，有关《汉旧仪》“秦制”这段刑罚记载文本的研究与讨论，至此暂时画上了句号。

三　《汉书·刑法志》所见文帝刑制改革诏书片断文本解读与研究

《汉书·刑法志》中保留的这段文帝十三年刑制改革诏书的文字片断（即丞相张苍、御史大夫冯敬受命所草的文书），其史料价值之高，确实是毋庸置疑的，但自古以来就让人感到颇难读懂。正如七野敏光所说的，这

① 〔日〕冨谷至：《秦漢刑罰制度の研究》，第151页，中文本《秦汉刑罚制度研究》，柴生芳、朱恒晔译，第94页。按：比对原论文可知，这段文字当为作者在1998年出版的书中新增加的。

② 张建国：《中国法系的形成与发达》，第229～230页。

是《汉书·刑法志》中最难读懂的地方之一，该文中有关劳役刑刑期的理解，是今后刑罚史研究的重要指南。①

20世纪初期，沈家本已就该《汉书·刑法志》片断文字提出过疑义，其《历代刑法考·刑法分考十一》说“前段之文似是降等之法，今不能详矣”。他虽曾尝试以各家之解释贯通文字，但未果，因此只好“今姑阙疑”。而在《汉律摭遗》卷九中，沈氏更是感叹“然则此文只可就文论文，难以义例绳之矣”。② 由此可见，沈家本已经感觉到问题的存在，但并没有找到问题之所在，因而将该问题的解决留给后来的学者。实际上，在今天我们已经知道，后来的学者曾相继指出这段记载在文字存在讹误或脱落之处。

从总体上看，在整个20世纪，日本的秦汉法制史三代学者分别在20世纪30年代、80年代与90年代，就该《汉书·刑法志》片断文字的解读进行了不懈的探索和努力，提出若干假说。比较而言，中国的法制史学者虽然只是在20世纪80年代后才开始有个别学者关注这个问题，但是也基本上是沿着日本学者研究的路径，在这个问题的解决道路上向前迈进一步。

1936年，滨口重国《汉代的强制劳动刑及其他》一文开启了从文献学上对这段文字进行解读的大门，在清朝学者王先谦《汉书补注》的读法之外，首次将《汉书·刑法志》这段记载分为（A）（B）两节进行细致的解读，提出自己的读法和理解：

（A）诸当完（完为髡之讹）者。完为城旦舂。当黥者。髡钳为城旦舂。当劓者。笞三百。当斩左止者。笞五百。当斩右止，及杀人先自告，及吏坐受赇枉法，守县官财物而即盗之，已论命复有笞罪者。皆弃市。

（B）罪人狱已决。完为城旦舂。满三岁。为鬼薪白粲。鬼薪白粲一岁。为隶臣妾。隶臣妾一岁。免为庶人。隶臣妾满二岁。为司寇。

① 〔日〕七野敏光：《九朝律考および漢唐間正史刑法志》，载滋贺秀三编《中国法制史——基本資料の研究》，东京大学出版会，1993，第164～165页。

② （清）沈家本撰《历代刑法考》，邓经元、骈宇骞点校，第1册，第290页；第3册，第1542页。

司寇一岁。及作如司寇二岁（一岁之讹）。皆免为庶人。

在滨口重国看来，A段是废除肉刑的命令，其文意是说，刖右趾改为弃市即死刑，刖左趾改为笞五百，劓改为笞三百，黥改为髡钳城旦舂，髡改为完城旦舂。并特别说明其中有两点值得注意：第一，其首句“诸当完者，完为城旦舂”，颜师古注：“臣瓒曰：文帝除肉刑，皆有以易之，故以完易髡，以笞代劓，以釱左右止代刑（刖之讹）。[①] 今既曰完矣，不復[②]云以完代完也。此当言[③]髡者完也。”臣瓒以为“诸当完者”是“诸当髡者”之讹，此说恐不误。但认为“以釱左右止、代刑（刖之讹）”这点，即如王先谦《汉书补注》也加以驳斥：“以釱左右止，代刖，寻志文，定律实不然。”因为在此次的修改中，刖右趾变更为弃市，刖左趾变更为笞五百，所以这正是对臣瓒的误会吧。无论如何“完”为“髡”之讹是很清楚的，所谓“髡”确实是“髡钳城旦舂”的省称。“诸当髡者。完为城旦舂”，其意是指在旧刑法中已处罚为髡钳城旦舂的罪，今后可以改处罚为完城旦舂。第二，“当黥者。髡钳为城旦舂”之“黥”，是“黥城旦舂”的省略，其文意与前句相似：按照旧刑法处为黥城旦舂罪的，今后可变更为髡钳城旦舂。

B段则是伴随减刑的恩典，其文意虽有点难以理解，但可以肯定沈家本、程树德等的解读都是误解，王先谦《汉书补注》的读法是无可非议的，[④] 但也不能排除还有这样的读法：完城旦舂已服役满三岁者，剩余的刑期中最初的一年间成为鬼薪白粲，而其次的一年间成为隶臣妾，就这样被免为庶人；隶臣妾已服役满二者，将残余的刑期改为司寇、作如司寇，

---

① 滨口重国注：“官本汉书注：‘宋祁曰：代刑，姚本，改作代刖。’姚本之是，是毋庸赘言的。”

② 滨口重国注：“得之讹”，“沈家本《刑法分考》卷一一‘城旦’条：‘復，疑是得之讹’。可从之。”

③ 滨口重国注：“当言为言当之讹”，“王先谦《汉书补注》：‘先谦案：注：此当言髡者完也，言字应在当字上。’可从。”

④ 滨口重国认为，王先谦的读法，即“已经判决且目前正在服役的刑徒之中，现刑为完城旦舂且服役满三年者，将剩余的刑期改为鬼薪白粲；现刑为鬼薪白粲且服役满二年者，将剩余之刑改为隶臣妾，并将服隶臣妾刑一年的免为庶人；现刑为隶臣妾且服役满二年者，将剩余之刑改为司寇刑；现刑为司寇、作如司寇且服役满一年者，可直接免为庶人”。亦可参见（清）王先谦《汉书补注》（上册），中华书局1983年影印本，第500页上。

且因服司寇、作如司寇一年而被免为庶人。[①]

20 世纪 50 年代以后，欧洲和日本学者先后对滨口重国这篇论文做出积极而中肯的评价。例如，荷兰学者何四维认为，滨口重国发表的这一系列论文，其“重大的价值在于，已经解决了文献资料中所见大量的常常让人感到含糊与矛盾之处”。[②]

在日本，冨谷至指出，作为日本学者关于汉代劳役刑的研究成果，当以滨口重国的代表作列为第一，其 20 世纪 30 年代的系列论文均是有关汉代劳役刑的精细考证之作。不过，关于劳役刑名实的关系问题，冨谷至提出不同看法：秦统一天下后不久，劳役刑就首先在内容上发生了变化，这始自秦始皇大兴土木，营造骊山陵和阿房宫。但这只是临时性的措施，至汉代才变为经常性的。尽管如此，刑罚的名实仍未完全分离，至少在原则上是统一的。理由是，刑期相同的劳役刑鬼薪和隶臣妾同时行用于世。不久以后，刑罚开始呈名实分离的趋势，刑名成为单纯表示刑期的数字符号。这一切均发生在“隶臣妾”之名消失的汉武帝时期。[③] 籾山明认为，根据滨口的理解，文帝改制之（A）部分是面向未来的改革——尽管对于已受肉刑者不能代之以其他刑罚，但（B）的对象却被限定为现正在服刑中的刑徒。可以说作为切合于《刑法志》原文的读法，滨口的解释恐怕是最为自然的。只要没有出现新的史料，就很难对该解释提出异议。滨口以后的研究，较之视为附带恩宥的（B）部分，更注重规定废除肉刑的（A）部分，这也是理所当然的。[④] 这样评价的比重，却因睡虎地秦简的出土而发生较大的变化。[⑤]

---

① 以上四段文字，详见〔日〕滨口重国《秦漢隋唐史の研究》上卷，第 639～642 页。

② Hulsewé, A. F. P. *Remnantsof HanLaw*. Vol. Ⅰ. Leiden: E. J. Brill, 1955. p. 128. 按：该书中文名，或译作《汉法律残简》，或译作《汉律遗篇》，或译作《汉律拾遗》。其日文名则译作《漢律残簡》。

③ 〔日〕冨谷至：《ふたつの刑徒墓——秦～後漢の刑役と刑期》，载川勝義雄、砺波護编《中國貴族制社會の研究》，第 543～544、574 页；〔日〕冨谷至：《秦漢刑罰制度の研究》，第 93、139 页，中文本《秦汉刑罚制度研究》，柴生芳、朱恒晔译，第 53、85 页。

④ 籾山明认为，作为代表性的论考，可以举出西田太一郎先生《肉刑論から見た刑罰思想》一文。该文概观了文帝废止肉刑及其复活。详见〔日〕西田太一郎《中国刑法史研究》，岩波书店，1974，第 227～242 页。

⑤ 〔日〕籾山明：《中国古代訴訟制度の研究》，第 235 页，中文本《中国古代诉讼制度研究》，李力译，第 205～206 页。

这些不同的认识也许反映出相关史料的匮乏和人们的认识在出发点上的差异。究竟哪种意见更有说服力，仍需根据新资料做进一步的讨论。

但是，20 世纪 30 年代至 80 年代，不见有中国学者对滨口重国该文的解读作出任何学术反应。直至 20 世纪 80 年代后，才有学者论及这一问题。例如，黄展岳提出，“这段文字恐有错脱误衍，前人解释也不统一”。[①] 张金光则认为，“唯《志》中不见鬼薪白粲之刑期，当为脱漏”。[②] 除此之外，国内先后对这个文本进行解读并取得进展的，有法制史学者刘笃才和张建国。

在这里尤其要提到的是刘笃才于 1987 年发表的《读〈汉书·刑法志〉札记两则》一文。其中，亦论及《汉书·刑法志》这段记载引文有脱漏，并指出其中不见鬼薪白粲的刑期，推测而其原拟法令中一定有鬼薪白粲的刑期规定，只是为《汉书》作者脱漏了。更为重要的是，他首先注意到颜师古注，进而辨明“对上引这段文字真正读懂了大概只有颜师古。他虽未明言，但实际上是判定了原文有脱漏，才以注的方式补上了这句话。但也正因为他未明言此注是补原文之脱漏，遂致后人误解”。[③] 刘氏此说的提出，早于日本学者滋贺秀三和中国学者张建国。但遗憾的是，刘氏该文并没有就颜师古注补原文之脱漏做进一步探讨，后来日本和中国关于这一问题的所有研究者，如滋贺秀三、张建国等也都没有看到刘笃才这篇大作。中日两国学者因此而失去一次就这一问题进行学术交锋和讨论的绝佳机会。

在日本学界，20 世纪 70 年代末期以后继续以滨口重国论文的研读为基础，对《汉书·刑法志》这段记载进行深入的文本解读和讨论，从而形成秦汉法制史研究中的一个热点。其主要的研究者有若江贤三、冨谷至、滋贺秀三、籾山明、石冈浩、陶安。

1978 年，若江贤三在《文帝废除肉刑之改革——围绕髡刑以及完刑》一文中，讨论其 A 段首句“诸当完者。完为城旦舂”，批评晋代学者臣瓒

① 黄展岳：《云梦秦律简论》，原载《考古学报》1981 年第 1 期，收入氏著《先秦两汉考古论丛》，科学出版社，2008，第 101 页。

② 张金光：《秦制研究》，第 540 页。

③ 刘笃才：《读〈汉书·刑法志〉札记两则》，《辽宁大学学报》（哲学社会科学版）1987 年第 5 期，第 26 页。

所主张的第一个“完为髡之讹”的这个通说，认为“髡钳城旦舂”是为废除肉刑而新设的刑名。[①] 1980 年，又发表《关于秦汉时代的“完”——对〈汉书·刑法志〉的尝试性解读》，尝试以出土秦律所见刑名来解读 B 段，以期理清其中所见刑期。[②] 但是，因为是就秦汉“完”刑进行扩大性理解，其对个别简文的释读和通行的理解有不小区别，其相关的论述和推理是否成立，学者可能会有不同的认识，所以这个解读方法在总体上是有问题的。

1983 年，冨谷至在《秦汉的劳役刑》中指出，将《汉书·刑法志》首句“诸当完者，完为城旦舂”之第一个“完”字视为“髡”字之误的看法，自滨口重国之后在日本成为铁案。但是，因为髡钳城旦舂刑在汉文帝刑制改革之前是不存在的，所以这种替读法是不可能成立的，仍按照其字面来理解才是正确的。[③] 滋贺秀三对此说给予高度评价：“根据猜测把这个‘完’视同‘髡’的读法，自被唐颜师古注释以‘臣瓒曰’的形式引用以来，成了通说。但正如冨谷论文所清晰地说明的那样，‘完’应按本字原样读，上述转读法是不正确的。”[④] 冨谷至的这个意见是极为正确的。可以说，关于其首句“完”字读法的讨论至此可以停止了。

1990 年，滋贺秀三发表《关于西汉文帝的刑制改革——〈汉书·刑法志〉之脱文疑い》一文。这是日本学者解读《汉书·刑法志》文本片断记载的一篇代表性论文，其主要贡献是尝试从文献学上复原这一片断记载，提出了著名的“脱文”之说。其修正方案是通过在《刑法志》原文中补充最低限度字句的方案，来尝试解决各种疑问，具体如下（【】内是其所推定的脱文）。

（一）罪人狱已决，1. 完为城旦舂满三岁，为鬼薪白粲。鬼薪白粲一岁，【免为庶人。2. 鬼薪白粲满二岁】，为隶臣妾。隶臣妾一岁，免为庶

① 〔日〕若江賢三：《文帝による肉刑除去の改革——髡刑及び完刑をめぐって》，《東洋学術研究》第 17 卷第 6 号，1978，第 116～120 页。

② 〔日〕若江賢三：《秦漢時代の“完”刑について——漢書刑法志解読への一試論》，《愛媛大学法文学部論集文学科編》第 13 号，1980。

③ 〔日〕冨谷至：《秦漢の労役刑》，《東方学報》（京都）第 55 冊，第 108、129 页。

④ 《西汉文帝的刑制改革和曹魏新律十八篇篇目考》，姚荣涛译，载刘俊文主编《日本学者研究中国史论著选译》第 8 卷《法律制度》，中华书局，1993，第 95 页注（12）。〔日〕滋賀秀三：《中国法制史論集——法典と刑罰》，创文社，2003，第 565 页注（9）。

人。3. 隶臣妾满二岁，为司寇。司寇一岁，4. 及【司寇】作如司寇二岁，皆免为庶人。（二）其亡逃及有罪耐以上，不用此令。（三）前令之刑城旦舂，岁而非禁锢者，如完为城旦舂，岁数以免。

滋贺在此将其分为三节〔其中的第二节，即“（二）其亡逃及有罪耐以上，不用此令”，因与此处讨论关系不大，故略。以下只到（一）、（三）〕：

（一）规定完城旦以下的刑期，根据所补脱文，可读取到如下的具体刑期：

1. 完城旦舂，服本刑三年后，转服鬼薪白粲刑一年，然后释放。合计刑期为四年。

2. 鬼薪白粲，服本刑二年后，转服隶臣妾刑一年，然后释放。合计刑期为三年。

3. 隶臣妾，服本刑二年后，转服司寇（或作如司寇）刑一年，然后释放。合计刑期为三年。

4. 司寇，作如司寇，服本刑二年后，释放。刑期二年。

（三）则规定髡钳城旦舂的刑期，其“岁而非禁锢者”的“岁”，无疑是指“一岁”。在这种场合省略“一”字，是古汉语中常见的用法。由此可以得到的刑期是：

髡钳城旦舂，凡服刑已满一年者，再服四年刑（即相当于完城旦舂的刑期），然后释放。合计刑期为五年。

如将以上复原文与《汉旧仪》有关记载作比较，则可知二者司寇以上的刑期完全一致，这方面原有的疑问由此而冰释。“但是，以上所拟脱文，其本身是一种单纯的推测，未经提出有力的证据加以证明——这也许是不可能的，所以只能作为一种假说”。[①]

① 〔日〕滋賀秀三：《前漢文帝の刑制改革をめぐって——漢書刑法志の脱文疑い》，《東方學》第79辑，1990。《西汉文帝的刑制改革和曹魏新律十八篇篇目考》，姚荣涛译，载刘俊文主编《日本学者研究中国史论著选译》第8卷《法律制度》，第78～82页；〔日〕滋賀秀三：《中国法制史論集——法典と刑罰》，第559～566页。

滋贺提出的这一假说在日本引起争论。其中，既有赞同肯定者，[①] 如籾山明所说的，该文“在《刑法志》Ⅱ部分的原文中有所错误这一可能性上，打开了思路，可以说仍是具有很大功绩的。滋贺提起的这一问题，后来就确实为张建国所继承发展”。[②] 同时，也有质疑批判者，[③] 如冨谷至所强调的，“正如论者自己所说，由于没有进行可行性论证，假设本身也就不会有任何实质性的意义”。[④]

在中国，张建国很快就注意到滋贺的这一假说，但同时也产生了新的疑问，并因此而进行更为深入的探索。他在 1996 年发表的《西汉刑制改革新探》中，是这样描述其读到滋贺论文后的感受及其研究这一问题的历程：

> 至于滋贺先生的新说，在指出《汉书·刑法志》文字有错误的同时，提出了刑法志有脱文的假说，而假说的核心部分，是在刑法志中的两处补进推定的脱文总计十三个字。但最后得出的各种刑罚的刑期，和沈家本说仍是相同的，而且基本是以《汉旧仪》作为参照系来寻找和修正《汉书·刑法志》的错误。那么，《汉书·刑法志》的错误之处是脱漏文字吗？大约东汉初才写成的《汉旧仪》中所述的刑制，是否就是西汉文帝改革中所确立的刑制？带着这样的疑问，我开始查阅和研究相关文献资料……特别是滋贺先生提出《汉书·刑法志》有错误之处的提法，对我很有启发，使我能够打开思路提出以下的看法。因此，前辈的探索功不可没。只是我研究的结果，是找出了与滋贺先生所说完全不同的《汉书·刑法志》的错误之处和提出处理方案。

---

① 〔日〕奥村郁三：《（書評）滋賀秀三〈前漢文帝の刑制改革をめぐって——漢書刑法志の脱文疑い〉》，《法制史研究》第 41 号，1992，第 308～310 页。

② 〔日〕籾山明：《中国古代訴訟制度の研究》，第 255 页，中文本《中国古代诉讼制度研究》，李力译，第 224 页。

③ 〔日〕若江賢三：《秦律における労役刑の刑期再論（下）》，《爱媛大学法文学部論集文学科編》第 27 号，1994，第 81～86 页。

④ 〔日〕冨谷至：《秦漢刑罰制度の研究》，第 157 页，中文本《秦汉刑罚制度研究》，柴生芳、朱恒晔译，第 99 页。

张建国在此提出新看法，即所谓“窜入”之说：主张大概在西晋以后，传世《汉书》误将《刑法志》正文当作颜师古（或他人）的注文。其具体复原方案如下（暂且用Ⅰ、Ⅱ标示这两段文字）：

Ⅰ诸当完者，完为城旦舂；当黥者，髡钳为城旦舂；当劓者【籍笞】，【籍】笞三百；当斩左止者，【籍】笞五百；当斩右止，及杀人先自告，及吏坐受赇枉法，守县官财物而即盗之，已论命复有【籍】笞罪者，皆弃市。

Ⅱ罪人狱已决，完为城旦舂满三岁，为鬼薪白粲；鬼薪白粲一岁，为隶臣妾；隶臣妾一岁，免为庶人。师古曰：男子为隶臣，女子为隶妾。<u>鬼薪白粲满三岁，为隶臣；隶臣一岁，免为庶人</u>。【师古曰】：“隶妾亦然也。”隶臣妾满二岁，为司寇。司寇一岁，及作如司寇二岁，皆免为庶人。如淳曰：罪降为司寇，故一岁。正司寇，故二岁也。

Ⅰ是按照师古注的后半段复原流俗本《刑法志》正文，【】中即插入的文字。“籍”字，即“加”，恰好说明这里的“笞”不是一般作为独立刑罚的笞，而是附着于髡钳城旦舂之上的附加刑。过去“把这里的‘笞’误认为是汉代的笞刑，这很不准确，不合张苍所拟令文的原意。师古不明其意，斥责流俗本是妄加，其实这正是流俗本不同于师古手头的所谓‘旧本’的一个优点”。

Ⅱ的增字也用【】括起来，注文比正文小一号字，下画线部分不是师古的注文而是《刑法志》的正文。这样，原来被认为令文中没有出现的鬼薪白粲的刑期便显露出来了。如此，文帝改革时从髡钳城旦舂、完城旦到司寇的刑期结构就是：

（1）完城旦舂，服本刑三年后，转服鬼薪白粲刑一年，再服隶臣妾刑一年，然后释放。合计刑期为五年。

（2）鬼薪白粲，服本刑三年后，转服隶臣妾刑一年，然后释放。合计刑期为四年。

（3）隶臣妾，服本刑二年后，转服司寇刑（男女同名）一年，然后释放。合计刑期为三年。

(4) 作如司寇（男女同名，实际使用时简称司寇），服本刑二年后，释放。

(5)（新法规定的）髡钳城旦舂的刑期是从判决之日始服劳役满一年之后，再按完城旦舂的岁数（五年）服满刑期，其刑期总计为六年。

但是，除司寇之外，这与《汉旧仪》的刑期并不一致。这是因为《汉旧仪》的记载是基于汉武帝时代崇尚“数五”的思潮，并因此实行了一次修改刑期的刑制改革。①

张建国这篇论文在日本学界引起了不小的反响。以脱文之假说而引发出张建国论文的滋贺秀三，在看到张建国的论文后专门为其文撰写并发表书评，表示积极支持其“窜入”之说，强调放弃自己原来所主张的“脱文”之说：“脱文假说已起到了抛砖引玉即引子的作用，故可撤回，可以认为原文问题因此已得以解决。”② 籾山明则高度评价说：“张建国的这篇论文，畅快地解决了多年来围绕《刑法志》记载的疑问，具有里程碑性质的意义。”③ 然而，冨谷至似乎对此“窜入”假说持保留态度：“与滋贺相比，张不是用脱文脱字的假设而是用《刑法志》本身的记载来解决问题，应该说更胜一筹”，“尽管张氏的论考很出色，也极具魅力，但由于其观点完全基于假设，无法驳论”。④

后来，有关“窜入”之说的论证在日本又有新进展。即籾山明、石冈浩分别尝试从文献学上为该“窜入”之说提供了强有力的旁证。

---

① 张建国：《中国法系的形成与发达》，第232、233、234、238、243～247页。按：(5) 为笔者据第243页整理列出，原文无此点。张建国：《前汉文帝刑法改革及其展开的再探讨》（日文本《前漢文帝刑法改革とその展開の再検討》，冨谷至译，《古代文化》第48卷第10号），氏著《帝制时代的中国法》，法律出版社，1999，第191～206页。

② 〔日〕滋賀秀三：《論文批评：张建国著〈前漢文帝刑法改革とその展開の再検討〉》（原载《法制史研究》第47号，1998年），载氏著《中国法制史論集——法典と刑罰》，第570页。

③ 〔日〕籾山明：《中国古代訴訟制度の研究》，第257～258页，中文本《中国古代诉讼制度研究》，李力译，第226页。

④ 〔日〕冨谷至：《秦漢刑罰制度の研究》，第398页，中文本《中国古代诉讼制度研究》，柴芳生、朱恒晔译，第270页。

籾山明发表《〈汉书〉刑法志的错误与唐代文献》一文,[①] 赞成张建国提出的假说，并希望对能够旁证窜入假说的史料引起注意。为此，他在文中举出日本宫内厅书陵部所藏北宋本《通典》卷一六三《刑法典》有关文帝改制的记载，以及近卫家熙考订《大唐六典》卷六的按语，为张建国关于《汉书·刑法志》正文窜入注中之假说提供旁证史料。其中，有关文帝改制的记载如下：

> 罪人狱已决，完为城旦舂满三岁，为鬼薪白粲。鬼薪白粲一岁，为隶臣妾，一岁免为庶人。男子为隶臣，女子为隶妾。鬼薪白粲满三岁，为隶臣妾。隶臣妾满二岁，为司寇。司寇一岁，及作如司寇二岁，皆免为庶人。罪降为司寇，故一岁。正司寇，故二岁。

若与《刑法志》的文字对照，则很清楚：混入师古注的画线部分，在此处是作为正文而且没有必要区分隶臣与隶妾来记载的。若从这两处夹注是颜师古与如淳之注推测，则师古注《汉书》为底本恐怕是明显的。颜师古注在贞观十五年（641）刚一完成，就作为《汉书》注的最高权威广为流传。《通典》成书于此后的约150年即贞元十七年（801）。若认为从《通典》读到的各种刑期，是最早所见“作为过渡刑的隶臣妾一年为庶人”的规定，而这一规定也适用于“鬼薪白粲满三岁，为隶臣”之处，则与前述的张建国之说一致。当然，也不能完全否定杜佑或者《通典》的翻刻者都有修订原文的可能性。但是，对此考订者近卫家熙的按语说：“自鬼薪至臣妾十一字非《汉书》正文，盖取师古注文加之。”从《唐六典》到《通典》都是同文，或许暗示着这样一种可能性：两者所据的《汉书·刑法志》的原文与现行本有别，更接近于张文所推定的形式。顺便说一下，在广为流传的浙江书局翻刻的《通典》（底本为乾隆十二年校刻武英殿本）中，画线部分均被收入夹注。应该说是依据《汉书》的错误（正确的称法应该是错误本《汉书》?）而至误的修正结果。若通过《通典》的版本追踪

① 〔日〕籾山明:《〈漢書〉刑法志の錯誤と唐代文獻》,《法史学研究会会報》第9号,2004。后收入氏著《中国古代訴訟制度の研究》作为其第五章。

探寻该“修正”是何时进行的，则也许可以就《刑法志》原文产生错误的年代进行某种程度的推测。①

不久，石冈浩又以籾山明所提供的这两种文献为根据，通过校勘《汉书》版本，尝试复原增加文字之前景祐本《汉书·刑法志》第14页，以求完整再现文帝诏书的原貌。②

值得注意的是，陶安在其《秦汉刑罚体系研究》一书中，针对张建国的“窜入”假说等复原《刑法志》记载的做法提出批评。其中，尤其以石冈浩的复原方案为中心，重新制作了另一个复原方案，以此方式来推敲石冈浩复原的结果，指出其复原存在的问题，据此而质疑这种复原方案等假说在文献学上的可靠性。而出自唐代人之手的《通典》与《唐六典》，是以制度上的沿革为着眼点的，他们根据当时的理解对史料进行酌情处理也是可以想象的。因此，其引文的史料价值也无确证来予以证实。据此则可旁证张氏“窜入”之说仍不出假说的范围。③

到目前为止，虽然可以说籾山明的相关论证进一步夯实了张建国的“窜入”之说，但是正如陶安所说的，这些看法仍然都是推测之词，目前还是不能在文献学上举出确凿的、令人信服的证据来证明其假说。如果站在这个角度来看的话，那么冨谷至所持的审慎表态也并非一点道理都没有。

然而，非常有趣的是，陈仲夫在点校《唐六典》时，已经在“尚书刑部”卷六的“校勘记”中提到《刑法志》这段文字有“窜入”之说。在此，不妨略费笔墨将其相关的校勘抄录如下：

〔一〇〕诸当完者完为城旦舂。近卫校曰：“据《汉志》，‘者’、‘为’间脱‘完’字。”案：近卫所据者为《汉书·刑法志》所录张苍、冯敬奏言：“臣谨议请定律曰：‘诸当完者，完为城旦舂。’”考颜

① 〔日〕籾山明：《中国古代訴訟制度の研究》，第257～259页，中文本《中国古代诉讼制度研究》，李力译，第226～228页。

② 〔日〕石岡浩：《北宋景祐刊〈漢書〉刑法志第十四葉の複元——前漢文帝刑法改革詔の文字の増減をめぐって》，《東方学》第111辑，2006，中文本《北宋景祐刊〈汉书·刑法志〉第十四页的复原——围绕西汉文帝刑法改革诏文字的增减》，徐世虹译，载徐世虹主编《中国古代法律文献研究》第4辑，法律出版社，2010，第080～098页。

③ 〔德〕陶安あんど：《秦漢刑罰體系の研究》，创文社，2009，第289～313页。

师古注《汉书》，于其下引臣瓒曰："文帝除肉刑，皆有以易之。故以完易髡，以笞代劓，以釱左、右止代刖。今既曰完矣，不复云以完代完也。此当言髡者完也。"是《六典》原注"为"上无"完"字，固有理据，而非脱落也。后来载籍，如《通典·刑一·刑制上》虽存"完"字，然其注文则略同臣瓒之语。同书《刑六·肉刑议》更迳云："丞相张苍、御史大夫冯敬奏议定律令：'诸髡者完为城旦舂，当黥者髡钳为城旦舂，当劓者笞三百，当斩左、右趾者笞五百。'"又，《册府元龟》卷六〇九《刑法部定律令》一云："丞相张苍、御史大夫冯敬议请定律曰：'诸当完，为城旦舂。'"由此可见，"完"字不必存。

〔一一〕髡钳为城旦舂。"髡"字原本残缺，嘉靖本亦然，近卫校曰："当填以'髡'。"广雅本不缺字，文作"髡"，与《汉书·刑法志》合，今据以补。

〔一二〕笞三百籍笞。"籍笞"二字《汉书·刑法志》无之。下"笞五百籍笞"同此。

〔一三〕已论而复有笞罪者。《汉书·刑法志》"而"作"命"。

〔一四〕完为城旦舂。"完"字原本讹作"髡"，嘉靖、广雅二本亦然，据《汉书·刑法志》改。

〔一五〕鬼薪白粲满三岁为隶臣妾。以上十一字不见于《汉书·刑法志》正文，盖取自颜师古《注》"男子为隶臣，女子为隶妾。鬼薪白粲满三岁为隶臣，隶臣一岁免为庶人。隶妾亦然也"之中。

〔一六〕笞五百曰三百。"三"字原本讹作"二"，嘉靖本亦然，近卫校曰："'二'当作'三'。"广雅本作"三"，与《汉书·刑法志》合，今据以改。①

特别是，由其第15条校勘记可知，早在张建国之前，至少在1988年，陈仲夫就提出过所谓"窜入"之说，张建国论证的"籍笞"问题也在其第12条校勘记中提及。非常遗憾的是，此前所论的中日两国学者都没有看到

① （唐）李林甫等：《唐六典》，陈仲夫点校，中华书局，1992，第180~181、197~198页。按：据该书前由点校者陈仲夫所写"《唐六典》简介"，可知其"校勘"撰写于1988年。此条资料承徐世虹教授提示，谨此致谢！

陈仲夫在《唐六典》中所做的这个“校勘”，否则相关的解读和研究或许可以少走些弯路。另一方面，由其第10条校勘可知，陈仲夫在点校时也没有看到日本学者冨谷至1983年发表的那篇论文。不同研究领域和不同国家学者之间学术交流之重要，学海之无涯，由此或可见一斑。

在此做以上这样的学术史梳理，其目的有二：一是想搞清楚这个问题研究的来龙去脉和学术前沿之所在；二是要考察学者在此前的研究历程及其取得的成果和学界的批评反省。由此，才可以更好地为今后解读这段非常重要的文献记载奠定基础。

关于《汉书·刑法志》的那段记载，虽然“窜入”之说已为今天的大多数日本学者所接受，但也并不是说这就是最后的结论。这一假说在文献学上仍存有可以继续申论的空间。但是，与日本学界的积极反响不同的是，张建国的这些研究在中国法制史学界几乎没有引起什么注意，更谈不到有学术上的回应。国内法制史学界的这种冷漠，与目前其表面上呈现的学术热闹、风光和繁荣似乎有点格格不入。这也许恰恰反映出目前法制史的研究正在趋向于“法理”化，不要说对常见史料不够重视，或许对于新发现史料也不见得有什么太多的学术兴趣与研究能力。①

无论如何，经过中国、日本学者的努力探索，在过去的一个世纪里尤其是在20世纪八九十年代至21世纪初期，关于这个问题的研究有了一定进展。但是，如何解读这段文字，还有不少的问题。例如，关于“有年而免”的解读，关于“前令之刑城旦舂岁而非禁锢者如完为城旦舂岁数以免”的理解，甚至对于这段文字内容性质的判断，都存在一定的讨论余地。这些问题将是秦汉法制史下一步研究要考虑解决的重点问题。

四　结语

以上，详细梳理考察了自清末以降近百年来中日两国学者有关《汉旧仪》、《汉书·刑法志》所载刑制文本两桩公案研究的学术史。

---

① 最近也有学者述及目前国内法制史学界的现状，不无道理。详见王沛主编《出土文献与法律史研究》第1辑，上海人民出版社，2012，“丛书总序”第2页，何勤华“序”第2页。

归纳起来，关于这两桩秦汉法制史研究公案的判定，可以得出如下这样两个基本认识：

（1）《汉旧仪》所谓“秦”刑制的记载，并不是属于秦制的，而是来自文帝以后武帝时期不见于史书记载的某次刑制改革所完成新律的摘抄或整理。窃以为，目前这个看法基本上可以视为一个定说。

（2）针对《汉书·刑法志》有关刑制这段文字所提出的“窜入”之说，目前仍不失为一种解释。但是，正如一些日本学者所说，这毕竟只是一种假说，最终是否可以成为不刊之论，仍需要有新资料来进一步证实。后者这种审慎的意见也是值得倾听的。

近百年来，多位中日两国学者就此两桩公案所进行的不懈努力的研究探讨，都不乏相当积极的学术意义，贯穿于其研究成果之中的基本问题，就是如何处理史料、怎样解读文本，不同学术背景的学者对此往往有自己擅长的或者独到的研究方法。这是考察其学术史时应该注意的一个关键点。在此意义上，无论各家的结论如何，可以说其研究成果都是极其富有启发性的。

在以往的研究中，我们常常可能产生的一个困惑就是，“新的史料总有出尽的一天，难道新史料出尽了”,[①] 秦汉法制史研究的工作就不能继续进行了吗？很显然，如何处理这些新出土的史料与常见基本史料的关系，也成为研究者不得不思考的一个问题。对此，我们要有一个清醒的认识。

关于这一问题，前辈学者有不少自己的体会和中肯的告诫，值得我们参考和借鉴。

例如，20 世纪 50 年代以后，蒙文通曾告诫其弟子，“读书贵能钻进去，并不在于读罕见的书，要能在常见书中读出别人读不出来的问题”。[②]

20 世纪 70 年代，严耕望先后在香港大学和中文大学座谈过自己的治史经验，其中在讲“看人人所能看得到的书，说人人所未说过的话”这个题目时，曾语重心长地说道：

---

① 在此借用严耕望先生在《治史经验谈》中所说过的话。载氏著《治史三书》，辽宁教育出版社，1998，第 25 页。

② 蒙文通：《蒙文通学记（增补本）》，三联书店，2006，第 2 页。

> 新的稀有难得的史料当然极可贵，但基本功夫仍在精研普通史料。新发现的史料极其难得，如果有得用，当然要尽量利用，因为新的史料大家还未使用过，你能接近它，最是幸运，运用新的史料可以容易得到新的结论，新的成果，自是事半功倍……一般研究学问的人过分强调新史料的重要性，忽视了旧的史料，尤其忽视普通的旧史料，他们以为旧史料，旧的普通史料没有什么价值了。其实不然，我的想法，新史料固然要尽量利用，但基本功夫仍然要放在研究旧的普通史料上。研究历史要凭史料作判断的依据，能有机会运用新的史料，自然能得出新的结论，创造新的成绩，这是人人所能做得到的，不是本事，不算高明。真正高明的研究者，是要能从人人能看得到、人人已阅读过的旧的普通史料中研究出新的成果，这就不是人人所能做得到了。①

20世纪90年代，在吴玉贵《资治通鉴疑年录》一书出版（中国社会科学出版社，1994）之前，李学勤也借此机会谈到“精读常见书”的话题，其中有两段话值得我们深思：

> 我是主张读常见书的。常见书还没有读，却一味去猎奇求异，绝非善读书者。每个人生也有生涯，尤其处于现代社会，时间有限，读书应当分别精读、泛读，对“通鉴”这样的著作应该精读。精读能够培养良好的作风。
>
> 最近，曹道衡等先生在《古籍整理出版情况简报》上撰文，谈到古籍整理出版“许多最基本的资料建设都还没有完成”，提到的原因之一是“学术研究传统遭到冲击，逐渐形成不重文本，崇尚浮泛空疏之论及贴标签的不良学风”。空疏学风的出现，正是由于对最基本的书籍都不肯下工夫精读。②

---

① 严耕望：《治史三书》，第23页。

② 李学勤：《失落的文明》，上海文艺出版社，1997，第6、7页。

最后，想重新读一读池田温1997年在一篇论文中谈到中国日本法制史学界的动态时曾经说过的一段话：

> 冈野诚氏最近在介绍中国法史学界的动向一文中谈到，“中国大陆、台湾两地的法史学界，均有极强的法律学色彩，和历史学的联系非常弱”。[①] 而我认为中国大陆的实际情况是，法史研究者大多为史学者而缺乏法学者，这是一个很大的弱点。这也是与冈野氏看法不同之所在。不过冈野氏主张应当重视历史研究者与法律研究者的协作，对此我完全有同感。从日本的现状看，两者尚未达到如冈野氏所说的那种和谐。笔者的实感是，为了推进合作，还需要诸多自觉地努力。[②]

对于今天的中日两国法制史学界来讲，此言仍然不为过时，尤其值得年轻一代中国法制史学者深刻反省。

不仅限于研究秦汉法制史，即使是研究整个中国法制史，也并不存在所谓法学或历史学等学科壁垒或者学科界限。不同学者的研究成果，只是问题的不同，如何处理史料，其研究方法与学术规则当是共同遵守的，而且首先应以常见史料为基础来进行各自的研究。不同学科的学者加强学术交流，将有利于各自学术研究的推进。让我们从甘坐冷板凳、精读常见史料、常见书开始自己的研究吧！

2016年4月15日定稿

① 〔日〕岡野诚：《关于中国法制史研究的几个问题——中国内地、台湾法史学界管见》，《明治大学社会科学研究所纪要》第35卷第2号，1997，第320页。

② 〔日〕池田温：《律令法》，徐世虹译，载籾山明主编《中国法制史考证》丙编第1卷，中国社会科学出版社，2003，第129～130页。

《中国古代法律文献研究》第十辑
2016年，第199~209页

唐黄君墓志所见天授二年修定律令事发微

王庆卫*

摘　要：黄君墓志提供了则天后天授二年修订律令一事的相关材料，于进一步理解武周政权的法典情况不无助益。在分析黄君家族及其个人履历的基础上，可以对当时详审使一职的职责和年代有较为具体的推断，同时据此来透视修订律令背后所隐藏的政治运作及其内涵。

关键词：黄君墓志　详审使　天授二年　修定律令

在唐代律令修定过程中，关于武周时期的记载十分匮乏，随着石刻史料的大量发现，给我们提供了则天后在天授二年（691）修定律令一事的相关记载，为进一步深入理解武周政权建立之时的政治情况提供了重要的参考。新见的黄君墓志言其曾为律令详审使，这一史实填补了武周时期律令修定的空白，然对于此点关注者寡，唯黄正建先生有所提及，[①] 故本文以黄君墓志为线索，通过对黄君墓志的详细解读，以恢复天授二年修定律令一事的细节情况，以为相关研究之补充。

---

* 西安碑林博物馆副研究馆员。

① 黄正建：《唐高宗至睿宗时的律令修定——律令格式编年考证之三》，《隋唐辽宋金元史论丛》第5辑，上海古籍出版社，2015，第20页。

一

《黄君墓志》出土信息不详，只云其葬于洛阳，由于墓志前面部分残损严重，故其名字不详，暂定名为黄君以代之。为了讨论方便，本文摘录相关内容如下：

> 公即司刑丞之之长子□□□□□□□□□□□德天生温恭，率性高亮。□之所适，无外于准绳；□之所谈，必循于名论。□□□□□文□□□□□□□典。秦章汉约，好□无遗；汲冢孔□，□文咸睹。吴季高之法理，弈世相传；□□□□□□□□□□□□□弱冠国子明经擢第，解褐拜兰台校书郎。桂林献策，鹏举仲舒之第；兰台校□，□□□□之□。□□□□□鄠县主簿、右豹韬卫胄曹参军。司剧左畿，允称佳吏；典兵中禁，雅谓能官。□□□□□□□□□□□勋加一阶。又应八科举及第，迁司直，寻加朝散大夫，拜司刑丞。清白为立德之□，□□□□□□□本，□称二美，公□兼之，故得宠优进等，荣高徙秩。寻而敬业构祸，恃险维杨。淮海之地□□□□□□皇帝□丞邑之□，□□□之副，乃命公为湖州司马。寻丁太夫人忧，罢职，茹荼在疚，伏□□□□□□□之□□□□闻而酸涕。服阕，除常州司马。不踰年，有制以公早历刑官，深闲宪典，除□□□□□□□□官郎中，寻迁司刑少卿。周礼六卿，廷尉评海内之狱；文昌八座，秋官议天下之刑。非夫□□□□之□挺择之□，夺之色。执必正之理，固不挠之词。岂能独掌刑辟，历升台寺。天授二年□□□□之□□□随时。或废在宽弛，或失之淫滥。乃命公为详审使，兼命刊定隋唐已来律文。公远摭□□□□□□□□□□之轻重，□□□之废兴。括囊数百年，笔削千余道。张汤之定法令，务除苛虐；郭躬□□□□，□□□□。损益咸中，朝廷讦能。惟彼平昌，河朔之奥。符章所寄，贤俊是属。迺授德州刺史。①

① 吴钢主编《全唐文补遗》第7辑，三秦出版社，2000，第339～340页。

黄君于长安四年（704）卒，享年七十一岁，则其生年当在贞观八年（634）。黄君不名为何地人也，曾祖与祖名讳有残，“父元彻，唐明经□制举对策，□□□□□□丞□德□□□言应物。抗朱云之□，曾不□词；挥盛□之□，必□流涕”。志云黄君为司刑丞之长子，知元彻官职当为司刑丞。《唐会要》卷六六《大理寺》：“龙朔二年，改为详刑寺，卿为正卿。咸亨元年，复为大理寺。光宅元年，改为司刑寺。神龙元年，复为大理寺。”[①] 在史传中有时也把司刑丞写作司刑寺丞，即大理丞。唐代大理寺置丞六人，从六品衔，“丞掌分判寺事。凡有犯，皆据其本状以正刑名。徒已上，各呼囚与其家属，告以罪名，问其状款；不伏，则听其自理”。[②] 黄元彻先后明经与制科及第，具体时间不详，俟考。唐代前期司法参军的担当者，是否具有专业法律知识，不是其任职的先决条件，[③] 反观大理丞的执掌及其处理相关事务的要求，疑黄元彻本身应该具有相当的法律专门知识，故其方有大理丞之任。当然，黄元彻的这种法律知识到底是家学来源还是后来自己所学习的知识，从目前数据来看是难以确认的。

黄君先明经擢第，后又应八科举及第，一般以为唐代八科举得名于“其年以八目设科”，凡应此举可考者凡 19 人，根据这些人的情况可知八科举很可能是唐高宗朝设立的制举，以高宗中后期较为常见。[④] 黄君应八科举后不久即发生了徐敬业之乱，光宅元年（684）徐敬业起兵为乱，则黄君应八科举约在高宗后期。敬业之乱后，黄君从司刑丞职被任命为湖州司马，中间又经历了丁忧、改任常州事，直至则天后初年迁为司刑少卿以“刊定隋唐已来律文”。

《资治通鉴》卷二〇四则天后天授元年七月条：“司刑丞荥阳李日知亦尚平恕。少卿胡元礼欲杀一囚，日知以为不可，往复数四，元礼怒曰：‘元礼不离刑曹，此囚终无生理！’日知曰：‘日知不离刑曹，此囚终无死

① （宋）王溥：《唐会要》，上海古籍出版社，2006，第 1356 页。

② （唐）李林甫：《唐六典》卷一八《大理寺》，中华书局，2008，第 503 页。

③ 黄正建：《唐代司法参军的知识背景初探》，《唐研究：罗杰伟先生纪念专号》第 20 辑，北京大学出版社，2014，第 164 页。

④ 徐晓峰：《唐代“八科举”考论》，《安徽师范大学学报》（人文社会科学版）2010 年第 6 期。

法！’竟以两状列上，日知果直。”[①] 从墓志来看黄君在天授二年时以司刑少卿为详审使，“兼命刊定隋唐已来律文”。天授元年（690）七月时胡元礼在任司刑少卿，黄君任司刑少卿与胡元礼约同时或相近，疑其乃接替周兴之任。刊定律文事毕，黄君出刺德州，至延载元年（694）时省计回京改任他职。黄君刺德州在长寿时，史传未载，可据补：“延载元年，属岁计来朝，时终告罢，引辞北□□□□岂□上以公夙□清勤，特令留住。他日乃降制曰：局量沉谨，器能优赡，类膺荣寄，历践□□。往在棘林，备闲故事，□膺竹使，允□清勤。贰彼详刑，伫兹钦恤。可司刑少卿，载秉国刑，允谐宸□。□□通显，朝野荣之。是岁也，林胡猖狂，悖德叛义。侵幽蓟之地，犯河朔之禾。御寇夷难，佥在良牧。遂权□□沧州刺史。贼平征还，又拜沣州、徐州、泽州刺史，又转饶州刺史。”[②] 《资治通鉴》卷二〇五则天后延载元年五月条：“五月，魏王承嗣等二万六千余人上尊号曰‘越古金轮圣神皇帝’。甲午，御则天门楼受尊号，赦天下，改元。”[③] 据墓志行文来看黄君来朝疑在五月改元之后，其为司刑少卿约在延载元年内，此时黄君第二次出任司刑少卿，当与之前曾以少卿职刊定律文不无关联。

林胡，在唐代多指的是奚、契丹，室韦乃契丹之别种，志文所言之林胡，指的即是契丹李尽忠与孙万荣也。《资治通鉴》卷二〇五则天后万岁通天元年（696）五月条：“夏，五月，壬子，营州契丹松漠都督李尽忠、归诚州刺史孙万荣举兵反，攻陷营州，杀都督赵文翙。尽忠，万荣之妹夫也，皆居于营州城侧。文翙刚愎，契丹饥不加赈给，视酋长如奴仆，故二人怨而反。乙丑，遣左鹰扬卫将军曹仁师、右金吾卫大将军张玄遇、左威卫大将军李多祚、司农少卿麻仁节等二十八将讨之。秋七月辛亥，以春官尚书梁王武三思为榆关道安抚大使，姚璹副之，以备契丹。改李尽忠为李尽灭，孙万荣为孙万斩。尽忠寻自称无上可汗，据营州，以万荣为前锋，略地，所向皆下，旬日，兵至数万，进围檀州，清边前军副总管张九节击却之。”[④] 万岁通天元年五月，李尽忠与孙万荣反，李尽忠等叛后，则天后

① （宋）司马光：《资治通鉴》，中华书局，2007，第6465～6466页。

② 吴钢主编《全唐文补遗》第7辑，第340页。

③ 《资治通鉴》，第6494页。

④ 《资治通鉴》，第6505～6506页。

派曹仁师等人领兵平乱，疑黄君权刺沧州约在此时。至神功元年（697）六月孙万荣被其奴杀，乱平，黄君亦离开沧州，之后又历沣州、徐州、泽州、饶州、洪州等州刺史，至长安四年（704）终于洪州官舍。

二

在唐代技术官员中，关于学术、经济、医学类官员与武官的研究取得了重要成果，而针对司法类官员的探讨主要集中在刑部尚书与司法参军方面，[①] 对于其他的职官还少有关注。而黄君曾多次历职司法类职务，有司刑丞、司刑少卿等职，这为我们进一步深入理解此类官员的出身、迁转途径、法学知识来源提供了重要线索。

黄君任司刑丞时，“清白为立德之□，□□□□□□本，□称二美，公□兼之”；为司刑少卿时，“执必正之理，固不挠之词。岂能独掌刑辟，历升台寺”。唐代官员考课分为品德和才能两个方面，即“四善”和“二十七最”，“凡考课之法有四善：一曰德义有闻，二曰清慎明著，三曰公平可称，四曰恪勤匪懈。善状之外，有二十七最：……九曰推鞫得情，处断平允，为法官之最”，[②] 此乃作为法官个人能力要求的基本准则。在史传与石刻材料中，通过对担任司法官员的行文描述，可知这些官员多有相当的法律知识和不凡的实际表现。虽有夸张之词，但在一定程度上反映出司法类官员的品性状况。

黄君与其父元彻均明经出身，从入仕途径和父祖情况无法判别其家族是否属于法学世家，不像担任刑部尚书者因文献记载较多，可以大致推断出仕刑部尚书者多出身刑法世家，受到法学知识的长期浸润，可以说浓厚的家学背景和丰富的实际经验是担任刑部尚书人选的必备条件，[③] 这与担任较为底层的司法参军的情况迥异。不过，根据黄君父子先后担任司刑丞

① 陈灵海：《唐代刑部》，博士学位论文，华东政法学院，2004；王建峰：《唐代刑部尚书研究》，博士学位论文，山东大学，2007；王建峰：《唐代刑部尚书的法学素养》，《文史哲》2015年第5期；黄正建：《唐代司法参军的知识背景初探》，《唐研究：罗杰伟先生纪念专号》第20辑，第145~168页。

② （唐）李林甫：《唐六典》卷二《尚书吏部》，陈仲夫点校，第42页。

③ 王建峰：《唐代刑部尚书的法学素养》，《文史哲》2015年第5期。

来看，他们都应该具有相当的法学知识。墓志言黄君有三子，其中少子昉为前承议郎、行相州司法参军事，故此来看黄君家族至迟从元彻开始，法学修养已经成为其家族知识中的重要组成部分："不踰年，有制以公早历刑官，深闲宪典，除□□□□□□□官郎中，寻迁司刑少卿。周礼六卿，廷尉评海内之狱；文昌八座，秋官议天下之刑。非夫□□□□之□挺择之□，夺之色。执必正之理，固不挠之词。岂能独掌刑辟，历升台寺。"墓志所言黄君所历刑官指的乃是其担任司刑丞之事，志文虽有残缺，不过根据前后文推断"□官郎中"指的疑是秋官郎中。秋官郎中，即刑部郎中，从五品上，黄君因"深闲宪典"而被任命此职，从此来看黄君虽然为明经出身，但其法学知识十分精深，这与其父元彻的教导与影响息息相关。

光宅元年（687），改大理寺为司刑寺，司刑少卿从四品，乃是司刑卿之贰职。黄君任司刑少卿在则天后初期，天授元年（690）九月"壬午，御则天楼，赦天下，以唐为周，改元"，[①] 至二年即被则天后任命为详审使，"兼命刊定隋唐已来律文"。关于黄君刊定律文事，墓志载："天授二年□□□□之□□□随时。或废在宽弛，或失之淫滥。乃命公为详审使，兼命刊定隋唐已来律文。"在武周建立的过程中，则天后为了打击反对人士，大肆任用酷吏，或勾连牵扯，或告密盛行，造成人人自危的局面，这样一来律法制度往往成为虚设之物，造成了实际事务中的"或废在宽弛，或失之淫滥"的局面。针对这种状况，则天后以相关官员兼任详审使以处理相关事务。

《新唐书》卷二〇四《严善思传》："武后时擢监察御史，兼右拾遗内供奉，数言天下事。方酷吏构大狱，以善思为详审使，平活八百余人，原千余姓。长寿中，按囚司刑寺，罢疑不实者百人。"[②] 详审使，不属于常设官职，应为临时职务，属于使职的一种。唐代使职差遣制萌芽于高宗初年以前，形成于高宗末年至玄宗时，定型于肃宗之后。[③] 使职虽然是在特殊时期为了某种需要而设置的临时性职务，但它在一定程度上发挥着重要的

① 《资治通鉴》卷二〇四则天后天授元年九月条，第 6467 页。

② （宋）欧阳修：《新唐书》，中华书局，2006，第 5807 页。

③ 陈仲安：《唐代的使职差遣制》，《武汉大学学报》（人文社会版）1963 年第 1 期。

作用，使职不仅与掌权者关系密切，有时还拥有比职事官更大的权利。[①]《资治通鉴》卷二〇四则天后天授二年正月条：“御史中丞知大夫事李嗣真以酷吏纵横，上疏，以为：‘今告事纷纭，虚多实少，恐有凶慝阴谋离间陛下君臣。古者狱成，公卿参听，王必三宥，然后行刑。比日狱官单车奉使，推鞫既定，法家依断，不令重推；或临时专决，不复闻奏。如此，则权由臣下，非审慎之法，倘有冤滥，何由可知！况以九品之官专命推覆，操杀生之柄，窃人主之威，按覆既不在秋官，省审复不由门下，国之利器，轻以假人，恐为社稷之祸。’太后不听。”[②] 则天后初年为了政治统治的需要，“时法官竞为深酷”，但还有一些官员独存平恕，如当时的司刑丞徐有功、杜景俭、李日知等人，不过基本的情况还是以酷吏占据绝大多数，故则天后针对当时酷吏兴起的大狱时为了社会政治的平稳安定，以严善思为详审使以审查其案件。疑严善思以监察御史职为详审使，监察御史品级并不高，与黄君以司刑少卿职为详审使不可同日而语，据此可见为详审使一职并没有严格的品级规定。严善思为详审使在则天后长寿年前，黄君为详审使在天授二年，二人任详审使时间相距不太远，从目前数据来看此使职的使用时间集中在则天后时期长寿年之前，主要职责乃是负责对相关大狱案件的审查复核，以平理刑律之事。

从黄君墓志来看，他天授二年为详审使之后，主要的事务是“刊定隋唐已来律文”。从高宗到玄宗期间，对律、令、格、式作全盘整理而有成绩表现的，主要有三次：一是永徽二年（651），二是开元七年（719），三是开元二十五年。在则天后时期的立法活动主要有两次：一是在垂拱元年（685）三月，诏内史裴居道等重加删定律令格式，《唐会要》卷三九《定格令》：“垂拱元年三月二十六日，删改格式，加计帐及勾帐式，通旧式成二十卷。又以武德以来垂拱已前诏敕便于时者，编为新格二卷，内史裴居道、夏官尚书岑长倩、凤阁侍郎韦方贯与删定官袁智弘等十余人同修，则天自制序。其二卷之外，别编六卷，堪为当司行用，为《垂拱留司格》。时韦方质详练法理，又委其事于咸阳县尉王守慎，有法理之才，故垂拱

① 赖瑞和：《为何唐代使职皆无官品——论唐代使职与职事官的差别》，《唐史论丛》第14辑，三秦出版社，2012，第325～337页。

② 《资治通鉴》，第6471页。

格、式，议者称为详密。其律惟改二十四条，又有不便者，大抵仍旧。”[①]此次活动与仪凤时的立法活动基本一致，重点在于删改格式，结果为式增而格减，律令改动甚少。二是在载初元年（690）正月，时则天后命有司重加删定律令格式。载初元年则天后改唐为周，正式称帝，随之进行了一系列的“改作”之事，此次“仍令所司刊正礼乐，删定律令格式不便于时者”,[②] 即是伴随“改作”相应进行的，主要是删改关于唐的标志性文字，代之以属于周的标志性文字。天授二年黄君为详审使，主要“刊定隋唐已来律文。公远摭□□□□□□□□□□之轻重，□□□之废兴。括囊数百年，笔削千余道。张汤之定法令，务除苛虐；郭躬□□□□，□□□□。损益咸中，朝廷讦能”。从时间上来看，天授二年黄君刊定律文疑为载初元年立法活动的延续，天授元年武周朝廷主要删改了关于李唐的标志性文字，至二年黄君所做的工作主要是刊定律令格式中的律文。墓志用汉代的张汤和郭躬的事迹来比拟黄君，张汤与赵禹曾编定过《越宫律》、《朝律》等；郭躬奏请修改律令四十一条，皆改重刑为轻刑，为朝廷采纳颁布施行，据此可见黄君刊定律文只是对相关条文进行了部分增损活动，并没有进行全面的整理工作。

唐代法典最重要的立法形式就是对法典的修纂，其方法有四：一是创编或重新编著新的法典；二是增删或改动原有法典的内容；三是刊定，即刊削或修正原有法典的文字，但不变更其内容；四是审查选编原有的法律文件，而不进行加工。这种立法方式例由皇帝派遣相关官员组成立法机构，其人选与规模视修纂内容和方法的不同而有所不同，可分为高级临时立法机构和低级临时立法机构两种。高级临时立法机构的负责人通常为三公或宰相等重臣，规模比较大，少的有数人，多至数十人；低级临时立法机构的负责人多为主管司法行政的刑部的长官或次官，参加者一般限于“三法司”刑部、大理寺、御史台的官员，且规模较小，多的不过数人，少的仅有一二人。[③] 从墓志所载黄君刊定律文一事来看，天授二年的修定立法事属于修纂法典中

① 《唐会要》，第 820 ~ 821 页。

② （宋）李昉等：《文苑英华》卷四六三则天后载初元年《改正朔制》，中华书局，2011，第 2360 页。

③ 刘俊文：《唐代法制研究》，文津出版社，1999，第 1 ~ 3 页。

的刊定之法，只是对部分法律条文进行修定，而此次参加人员目前只知有黄君一人，这无疑当属于低级临时立法机构的规模。在史传中，低级机构的修定律令常有记载，如《唐会要》卷三九《定格令》：“至元和二年七月，诏刑部侍郎许孟容、大理少卿柳登、吏部郎中房式、兵部郎中熊执易、度支郎中崔光、礼部员外郎韦贯之等删定《开元格后敕》。”① 另如唐宣宗大中五年（851）四月，“刑部侍郎刘瑑等奉敕修《大中刑法总要格后敕》六十卷”。② 这两次修定律令事务中，主持者均为刑部次官，在史传中未见大理寺次官主持修定律令事。然墓志记载黄君以司刑少卿领详审使职，兼刊定隋唐以来律文，据此可知低级立法机构的负责人除了多为刑部次官之外，大理寺次官亦有为主持者的情况，而未见御史台官员负责修定律令的事例。

三

唐代已经完成了政治的法制化，形成了以律令格式为分类的法典体系，对东亚诸国产生了极大的影响。《新唐书》卷五六《刑法志》云：“唐之刑书有四，曰：律、令、格、式。令者，尊卑贵贱之等数，国家之制度也；格者，百官有司之所常行之事也；式者，其所常守之法也。凡邦国之政，必从事于此三者。其有所违及人之为恶而入于罪戾者，一断以律。”③ 唐代政治可称之为律令政治，君权的法制化是法典着重代表的方面，唐律对皇权的保护，不止保护皇帝本人，同时还包括皇室、象征皇权之物等。④ 唐律赋予皇帝有“权断制敕”之权，故此在一定程度上一个朝代的法典代表了王权合理性与合法性的一个侧面，而在政权初建时期的法典修定则更具有重大的象征意义。

关于则天后以周代唐的政治宣传，广泛从中国传统政治秩序及佛教典籍等不同的文化背景下汲取大量的元素，以描绘武周政权的正当性。虽然武周的建立乃主要居功于则天后的统治实力，但这并不是政治宣传的主流，对于

① 《唐会要》，第 822 页。

② （后晋）刘昫等：《旧唐书》卷五〇《刑法志》，中华书局，2007，第 2156 页。

③ 《新唐书》，第 1407 页。

④ 高明士：《论唐律中的皇权》，《中国古代社会研究：庆祝韩国磐先生八十华诞纪念论文集》，厦门大学出版社，1998，第 27 ~ 37 页。

任何一个政权来讲，其建立统治秩序的合法性或正当性不仅是政治的范畴，更属于思想文化等上层建筑中的重要组成部分。中国王权的一个重要层面，是将其统治合法性的基础，建立在革故鼎新、领导百姓奔向理想时代的目标之上，如此一来中国古代的君主不但要成为世俗政权的领导者，更要成为道德与精神的领袖，本质上来说是一种神（圣）王。① 则天后以女主身份称帝，对于各类政治宣传及实际统治秩序都有着更为独特的需求，而律法作为国家行政中最主要的基本原则之一，是以礼（理）作为立法的根本原理，用来规范统治阶层，武周政权的建立对于法典的方方面面都会产生重要的影响。

载初元年（690）九月，则天后改元天授，以周代唐，在此前后产生了一系列的改制活动，以彰显武周政权的特质。《资治通鉴》卷二〇四则天后天授元年正月条："凤阁侍郎河东宗秦客，改造'天''地'等十二字以献，丁亥，行之。太后自名'曌'，改诏曰制。"② 则天后改正朔后，即命有关人员"删定律令格式不便于时者"，敦煌所出 P3608、P3252《职制、户婚、厩库律》残卷多次出现武周新字，此文书当书于载初元年至神龙元年（705）之间，或许就是载初元年集中立法删定之律的残留。③ 史传中没有记载载初元年删定律令的结果，从文意来看此年主要删改的是于时不便的文字，即府号、官称、避讳等，并不涉及律文的内容。而黄君于天授二年负责刊定律文，或许是因载初元年简单地删改律文中不便于时的文字，而不为则天后满意，故至二年方再有黄君主持刊定隋唐以来律文之事，可以说天授二年刊定律文乃是载初元年改律的继续与完成。

大理寺与刑部的职能互有交织，李唐王朝在低级立法活动中多以刑部次官充当负责者，而黄君以大理寺次官主持天授二年的律令修定，这在惯例上不符合常情，或许背后有着则天后对于立法机构改革的意愿在内。《唐六典》卷一八《大理寺》："大理卿之职，掌邦国折狱详刑之事。以五听察其情：一曰气听，二曰色听，三曰视听，四曰声听，五曰词听。以三虑尽其理：一曰明慎以谳疑狱，二曰哀矜以雪冤狱，三曰公平以鞫庶狱。少卿为之贰。凡诸司百官所送犯徒刑已上，九品已上犯除、免、官当，庶

① 孙英刚：《神文时代：谶纬、术数与中古政治研究》，上海古籍出版社，2014，第 31 页。
② 《资治通鉴》，第 6462～6463 页。
③ 刘俊文：《敦煌吐鲁番唐代法制文书考释》，中华书局，1989，第 54～55 页。

人犯流、死已上者，详而质之，以上刑部，仍于中书门下详覆。若禁囚有推决未尽、留系未结者，五日一虑。若淹延久系，不被推诘；或其状可知，而推证未尽；或讼一人数事及被讼人有数事，重事实而轻事未决者，咸虑而决之。凡中外官吏有犯，经断奏讫而犹称冤者，则审详其状。凡吏曹补署法官，则与刑部尚书、侍郎议其人可否，然后注拟。"[①] 从大理寺的职能来看，其主、次官主持律令法典的立法活动并无不可之处，故此黄君此次主持律文刊定的历史背景下是否有着则天后改革法典修定的思想，这都是值得引起我们进一步深思的地方。

法律的作用，其实在于维系"名教",[②] 每次法典的修定不仅仅是出于现实的需要，同时也与国家的政权性紧密联系在一起，志文言黄君刊定隋唐以来律文，强调了律的重要性。《唐六典》卷六《刑部》："凡律以正刑定罪，令以设范立制，格以禁违正邪，式以轨物程事。"[③] 唐代法典中，律典与中国的皇权传统紧密交织在一起，故在法典四个部分中占据主导位置，墓志行文也说明了这一点，志文中的"律文"一词，其所指称还有待于进一步推定。

结　语

《唐律疏议》卷一《名例》："德礼为政教之本，刑罚为政教之用，犹昏晓阳秋相须而成者也。"[④] 通过前文的论述，我们知道在载初元年立法之后，至天授二年则天后又以司刑少卿黄君领详审使职，兼刊定隋唐以来之律文，两者间疑为继续与完成的关联。天授二年的刊定律文，不仅仅是对隋唐以来律文的整理，同时更是武周政权宣示正统性地位的展示，具有独特的政治蕴含。天授二年修定律令事的材料，目前仅黄君墓志一见，关于此事进一步的历史细节，还有待更多新资料的证明与完善，而史传中对于此年修定律令事没有丝毫信息记载，其背后到底隐藏着何等不为人知的史实，还有待于我们的寻找和探求。

---

① 《唐六典》，第 502 页。

② 高明士：《律令法与天下法》，上海古籍出版社，2013，第 321 页。

③ 《唐六典》，第 185 页。

④ 刘俊文：《唐律疏议笺解》，中华书局，1996，第 1 页。

《中国古代法律文献研究》第十辑
2016 年，第 210 ~229 页

《天圣令·医疾令》译注稿*

中国社会科学院历史研究所《天圣令》读书班**

摘　要：虽然"医疾"作为令篇之名始见于唐，但晋《泰始令》已见"医药疾病"之名，列为第 16 篇；在《唐六典》所见《开元令》篇目中，"医疾"列于第 23 篇；《天圣令》残卷所存《医疾令》被标为第 26 卷，存有宋令 13 条、唐令 22 条。本稿以《天圣令·医疾令》为译注对象，注释字词、阐释制度、明晰流变、翻译文句，是继《〈天圣令·赋役令〉译注稿》、《〈天圣令·仓库令〉译注稿》、《〈天圣令·厩牧令〉译注稿》、《〈天圣令·关市令〉译注稿》、《〈天圣令·捕亡令〉译注稿》之后，中国社会科学院历史研究所《天圣令》读书班所推出的第六种集体研读成果。

关键词：天圣令　医疾令　译注

---

* 本稿为 2015 年度全国高等院校古籍整理研究工作委员会直接资助项目"天一阁藏明钞本《天圣令》补校与译注"（批准编号为：1511）的阶段性成果。本稿所引《天圣令》令文"唐 ×"、"宋 ×"，以《天一阁藏明钞本天圣令校证附唐令复原研究》（中华书局，2006）之清本为准。至于相关体例，敬请参见中国社会科学院历史研究所《天圣令》读书班：《〈天圣令·赋役令〉译注稿》，徐世虹主编《中国古代法律文献研究》第 6 辑，社会科学文献出版社，2012。又，在金珍（韩国成均馆大学）和冯立君（中央民族大学）的协助下，读书班在讨论时参考了金铎敏、河元洙主编《天圣令译注》（慧眼出版社，2013）的部分韩文译文。

** 执笔分工如下：宋 1 ~13，顾成瑞（中国人民大学）；唐 1 ~7，赵洋（首都师范大学）；唐 8 ~16，郭婧博（北京师范大学）；唐 17 ~22，管俊玮（清华大学）。全稿经读书班全体成员讨论，吴丽娱、黄正建两位老师审读，由赵晶（中国政法大学）统稿而成。

宋1 诸医，大小方脉［一］、针科、灸科、眼科、风科［二］、疮肿［三］、咽喉科、口齿科、产科、书禁科［四］、金镞科、伤折科，选补医学［五］，先取家传其业，次取庶人攻习其术者为之。

【注释】

［一］大小方脉：宋代医学分科中的两科，分别针对成年人和幼儿，大体相当于现代的内科与小儿科。[①]

［二］风科：宋代始有的医学分科，专门诊治各种风病，实际上是大方脉（内科）的一个分支。宋、元时强调风邪在致病诸因素中的重要性，因而独立设科。[②]

［三］疮肿：钞本原作“疮瘇”，今改。程锦指出唐代文献中用的都是“疮肿”，故而清本中复原为“疮肿”，只是“不排除《天圣令》已作‘疮瘇’的可能，因此在校勘本中不改”。[③] 陈登武认为校录本中“疮瘇”之“瘇”字宜为“肿”，且据《令义解》卷八《医疾令》注解载“创与疮字相通也”，所以“唐3之‘疮瘇’，宜曰‘疮肿’（或创肿）”。[④] 今检《天圣令·医疾令》宋令以及唐令各有“疮瘇”用例（宋1、唐1、唐3），“疮肿”只在唐令里出现（唐9、唐20、唐21），故而判定唐代就是用“疮肿”（或创肿），只是到了宋代“肿”字改为“瘇”。个中原因可能如程锦指出的：“用‘瘇’字不复限于‘足肿’之一种意义。”或者在《天圣令》的传抄中，宋令以及头几条唐令中抄写的是宋明以后的“疮瘇”，而在后面的唐令中依然沿用唐代的“疮肿”，抄写没有错误。

［四］书禁科：宋代医学分科中的一科，它是通过陈述祝辞、诅咒威慑辞对神灵进行祷告，对疾病进行恐吓而使患者得到心理支持的治疗方法。书禁科有较长的发展历史，源自巫术疗法，在唐代称为咒禁科，有道

---

① 参见李经纬等主编《中医大辞典》，人民卫生出版社，1995，第87、143页。

② 参见李经纬等主编《中医大辞典》，第347页。

③ 程锦：《唐医疾令复原研究》，《天圣令校证》，第577页。

④ 陈登武：《评〈天一阁藏明钞本天圣令校证附唐令复原研究·医疾令〉》，刘后滨、荣新江主编《唐研究》第14卷，北京大学出版社，2008，第539～540页。丸山裕美子赞同陈登武意见，见氏著《唐日医疾令的复原与对比——对天圣令出现之再思考》，台湾师范大学历史系等主编《新史料·新观点·新视角：天圣令论集》（上），元照出版有限公司，2011，第286页。

教和佛教不同的施法背景。自唐代后这一疗法的适用范围逐渐缩小，影响式微。[①]

［五］医学：原意为与医疗有关的学科或学业，此处当指医学生。按唐代有太医署学生，宋令对应以当时的翰林“医学”（隶属翰林医官院），后者兼有学生和医务人员双重身份。[②] 北宋专门培养各个医科学生的太医局设立于庆历四年（1044）。[③]

【翻译】

医科，［有］大小方脉、针科、灸科、眼科、风科、疮肿科、咽喉科、口齿科、产科、书禁科、金镞科、伤折科。选拔补充医学生，先选取家中［世代］传习医业［者］，其次选取专门研习过医术的平民补充。

宋2 诸京府［一］医博士、助教，选医人内法术优长者为之。外州亦准此。

【注释】

［一］京府：北宋天圣年间指东京开封府、西京洛阳府、南京应天府。后者为景德三年（1006）由宋州升府，大中祥符七年（1014）定为南京。[④]《天圣令·营缮令》宋11“立春前，三京府及诸州县门外，并造土牛耕人，其形色依司天监每岁奏定颁下。县在州郭者，不得别造”，[⑤] 可以印证。

【翻译】

各京府的医博士、助教，选取从事医疗者中医术高明的担任。京外各州也依此处理。

宋3 诸医及针学，各分经受业。医学习《甲乙》、《脉经》、《本草》，

---

① 参见于赓哲《唐代医疗活动中咒禁术的退缩与保留》，《华中师范大学学报》（人文社会科学版）2008年第2期，第62～65页。

② 参见陈昊《被遮蔽的“再造”——晚唐至北宋初医学群体的嬗变和医官身份的重构》，《中华文史论丛》2013年第4期，第151～152页。

③ 参见汪圣铎《宋朝医官与防范瘟疫》，载氏著《宋代社会生活研究》，人民出版社，2007，第268页。

④（元）脱脱等撰《宋史》卷八五《地理志一》“京东路”条，中华书局，1977，第2110页。

⑤《天圣令校证》，第421页。

兼习《张仲景》、《小品》、《集验》等方。针学习《素问》、《黄帝针经》、《明堂》、《脉诀》，兼习《流注》、《偃侧》等图、《赤乌神针》等经。

【源流】

《唐六典》卷一四《太常寺》“太医署”条：“医博士掌以医术教授诸生习《本草》、《甲乙》、《脉经》，分而为业……”；“针生习《素问》、《黄帝针经》、《明堂》、《脉诀》，兼习《流注》、《偃侧》等图，《赤乌神针》等经”。①

【翻译】

医、针科学生，分别按专业学习经典。医学生学习《甲乙》、《脉经》、《本草》[经]，兼习《张仲景》、《小品》、《集验》等医方。针学生学习《素问》、《黄帝针经》、《明堂》、《脉诀》[经]，兼习《流注》、《偃侧》等医图，《赤乌神针》等医经。

宋 4　诸医、针学，先读《本草》、《脉诀》、《明堂》。读《本草》者，即令识药形、知药性；读《明堂》者，即令验图识其孔穴；读《脉诀》者，即令递相诊候，使知四时浮、沉、涩、滑之状。次读《素问》、《黄帝针经》、《甲乙》、《脉经》，皆使精熟。其兼习之业，各令明达。

【源流】

《唐六典》卷一四《太常寺》“太医署”条：“诸医、针生，读《本草》者，即令识药形，知药性；读《明堂》者，即令验图识其孔穴；读《脉诀》者，即令递相诊候，使知四时浮、沉、涩、滑之状；读《素问》、《黄帝针经》、《甲乙》、《脉经》，皆使精熟。”②

【翻译】

医、针科学生，首先研读《本草》、《脉诀》、《明堂》。研读《本草》，就要求[他们]认识药形、知晓药性；研读《明堂》，就要求[他们]查验[人体经络]图，识别穴位；研读《脉诀》，就要求[他们]轮流地相互诊断，让[他们]知晓四季浮、沉、涩、滑的脉象。然后研读《素问》、

① (唐)李林甫等撰《唐六典》，陈仲夫点校，中华书局，1992，第410、411页。

② 《唐六典》，第409页。

《黄帝针经》、《甲乙》、《脉经》，都让［他们］做到精通熟练。兼习的专业，也各自要求［他们］通晓明白。

宋 5 诸医、针学，各从所习，钞古方诵之。其上手医，有疗疾之处，令其随从，习合和、针灸之法。

【翻译】

医、针科学生，各自按照学习的内容，钞写古方背诵。医术高超的医人，［遇到］有治疗疾病的场合，让他们跟从，学习调配［药物］、针灸的技法。

宋 6 诸有私自学习、解医疗者，若医官阙人，召赴医官院［一］，令尚药奉御简试所业，答义三十道，本院（副?）[①] 使、副等糊名覆校，艺业灼然者录奏，听旨补充。

【注释】

［一］医官院：翰林医官院，北宋皇家医疗机构，与唐后期、五代翰林医官系统有所渊源。[②]

【翻译】

有私下学习［医术］、懂得医疗的人，如果医官缺人，［就由朝廷］征召［他们］前往［翰林］医官院，让尚药奉御检验考查［他们］学习掌握的医疗业务，回答经方条义三十道，由本院使、副使等［将答卷］糊名［进行］复核，［对于］业务才能突出的人，录下姓名，奏报［皇帝］，听从皇帝旨意，补充［为医官］。

宋 7 诸医学、针学，专令习业，不得杂使。

【翻译】

医、针科学生，只让［他们］学习课业，不能差遣做其他杂务。

---

① 钞本作“本院副使”，校录者据宋制翰林医官院有医官使、医官副使的设置疑此“副”字为衍文。参见《天圣令校证》，第 316 页。

② 参见陈昊《被遮蔽的“再造”——晚唐至北宋初医学群体的嬗变和医官身份的重构》，《华中师范大学学报》（人文社会科学版），第 146 ~ 151 页。

宋 8　诸在京文武职事官病患者，并本司奏闻，以内侍领翰林院官就加诊视。其在外者，于随近官司申牒，遣医为疗。内外官出使亦准此。

【翻译】

在京的文武职事官患病的，都由所在官司奏报［皇帝］，由内侍带领翰林医官院医官即时前往看望诊疗。在外官员［患病的］，向就近官府呈交牒文，［由官府］派遣医务人员进行诊疗。内外官出使［时］也依此［处理］。

宋 9　诸鸩毒、冶葛，私家皆不得有。

【翻译】

鸩毒、冶葛［等毒药］，私人家里都不得藏有。

宋 10　诸合药供御，本院使、副、直院、尚药奉御、医官、医学等豫与御药院相知，同具缄封，然后进御。其中宫及东宫准此。

【源流】

《唐律疏议》卷九《职制律》“合和御药有误”条：“依令，合和御药，在内诸省，省别长官一人，并当上大将军、将军、卫别一人，与尚药奉御等监视，药成，医以上先尝。”①

《唐六典》卷一一《殿中省》“尚药奉御”条：“凡合和御药，与殿中监视其分、剂，药成，先尝而进焉。（合药供御，门下、中书司别长官一人，并当上大将军卫别一人，与殿中监、尚药奉御等监视；药成，医佐以上先尝，然后封印；写本方，方后具注年、月、日，监药者遍署名，俱奏。饵药之日，尚药奉御先尝，次殿中监尝，次皇太子尝，然后进御。）”②

【翻译】

调配药物供给皇帝，［翰林医官］院使、副使、直院、尚药奉御、医官、医学等预先知会御药院，共同［将配好的药］署名［盖印］封口，然

---

① （唐）长孙无忌等撰《唐律疏议》，刘俊文点校，中华书局，1983，第 191 页。

② 《唐六典》，第 325 页。

后进呈皇帝。中宫及东宫［配药］［也］依此［处理］。

宋 11 翰林医官院每岁量合诸药。至夏，遣内侍于诸门给散。

【源流】

《唐六典》卷一四《太常寺》“太医署”：“每岁常合伤寒、时气、疟、痢、伤中、金疮之药，以备人之疾病者。”①

【翻译】

翰林医官院每年斟酌［气候疾病等情况］配制各种药物。到夏季，［皇帝］派遣内侍在各门散发。

宋 12 诸宿卫兵士当上，及在京诸军班［一］有疾病者，分遣医官巡疗，行军处亦准此。

【注释】

［一］在京诸军班：北宋前期对驻防京师禁军的习称。宋代禁军分驻京师和各路。除捧日和天武两军外，其他各军更戍于京师和各路。②

【翻译】

宿卫兵士当值，以及驻防京师的禁军有［身患］疾病的，［由朝廷］分别派遣医官巡视诊疗，［在外］行军的场合也依此［处理］。

宋 13 诸州医生，有业术优长、效验无失、情愿入仕者，本州具述以闻。即私医有明达经方、闲解药性、疗病有验、灼然为乡闾所推许者，州司精加试练，亦录名奏闻。

【源流】

《唐会要》卷八二《医术》载“贞元十二年三月十五日敕文”：“诸州应阙医博士，宜令长史各自访求选试，取艺业优长堪效用者，具以名闻。”③

---

① 《唐六典》，第 409 页。

② 参见王曾瑜《宋朝军制初探》（增订本），中华书局，2011，第 43～70 页。

③ （宋）王溥：《唐会要》，上海古籍出版社，2006，第 1806 页。

【翻译】

各州［在官］医学生［之中］，有医术高明、诊疗有效［且］无失误、愿意入仕的，［由其］所在州详细记述［其个人情况并］上呈。如果私医有通晓经方、熟解药性、治病有效、特别是被乡里所推崇认可的，［经所在］州［的］官司［对其］加以严格的考试和检验，也录下姓名，奏报［朝廷］。

右并因旧文，以新制参定。

【翻译】

以上令文均是依据旧文，参考新制度而修定。

唐1 诸医生既读诸经，乃分业教习。率二十人，以十一人学体疗［一］，三人学疮肿，三人学少小［二］，二人学耳目口齿，一人学角法［三］，各专其业。

【注释】

［一］体疗：类似现在内科的疾病。据《令义解》卷八《医疾令》“医生教习”条注释载：“谓，创肿耳目等，各别有生，即除此外，身体诸病，皆悉主治，故惣云‘体疗’也。”①

［二］少小：类似现在儿科的疾病。据《令义解》卷八《医疾令》“医生教习”条注释载：“谓，六岁以上为小，十八岁以上为少也。言疗治少小固多异成人，故云少小。”②

［三］角法：类似现在的火罐疗法，以拔毒吸脓的办法来治疗牡痣等病，一般使用动物的角来治疗。马王堆汉墓帛书《五十二品病方》中已记载这种疗法，到了唐代，还出现了竹罐法和水煮罐等方法。③

【翻译】

医学生已经研读［完］医经，就区分专业，［分别被］教授学习。一般［每］二十人［中］，十一人学习体疗，三人学习［治疗］疮肿，三人

① 〔日〕黑板勝美編輯《令義解》，吉川弘文館，2000，第280页。

② 《令義解》，第280页。

③ 参见杨金生《拔罐疗法的历史沿革》，《中华医史杂志》1999年第2期，第82~84页。

学习［治疗］少小，二人学习［治疗］耳目口齿［的疾病］，一人学习角法，各自专习自己的科业。

唐 2 诸医、针生，博士一月一试，太医令、丞一季一试，太常卿、丞年终总试。（其考试法式［一］，一准国子监学生例。）若业术灼然，过于见任官者，即听补替。其在学九年业无成者，退从本色。

【注释】

［一］考试法式：考试制度。国子监作为唐代最高官方学府，医、针生的教学、考试也需参照国子监的制度规定。唐代国子监学生的考试有四种，分别为旬试、月试、岁终试和业成试，其中月试为唐中后期所加，业成试与《医疾令》唐 3 和唐 7 有关，此处暂且不论。据《新唐书》卷四四《选举上》载："旬给假一日。前假，博士考试，读者千言试一帖，帖三言；讲者二千言问大义一条，总三条。通二为第，不及者有罚。岁终，通一年之业，口问大义十条，通八为上，六为中，五为下。并三下与在学九岁、律生六岁不堪贡者罢归。"[①] 医针生的考试形式应与此类似。

【翻译】

［对于］医、针科学生，医博士每月［组织］一次考试，太医令、丞每个季度［组织］一次考试，太常卿、丞年终［组织］总的考试。（考试制度，一概遵照国子监学生的［相关］规定。）如果［学生的］医术十分优秀，超过了现任医官的，就允许［他］补充替换［现任医官］。在［太医署］学习九年，医术［依然］没有成就的，退回到原本的身份。

唐 3 诸学体疗者限七年成，学少小及疮肿者各五年成，学耳目口齿者四年成，学角法者三年成，针生七年成。业成之日，令尚药官司取业术优长者，就太常对，丞以上皆精加校练，具述行业［一］，申送尚书省。

【注释】

［一］行业：品行学业。据《令义解》卷八《医疾令》"医针生成业"

① （宋）欧阳修等：《新唐书》，中华书局，1975，第 1161 页。

条注释载："谓，方正清修为行，事学疗治为业。"[①]

【翻译】

学习体疗的医学生限定七年学成，学习少小和疮肿的医学生分别［限定］五年学成，学习耳目口齿的医学生［限定］四年学成，学习角法的医学生［限定］三年内学成，针学生［限定］七年学成。［医针学生］学业完成的时候，让主管医药的官司选取医术高明的人，前往太常寺［进行］考试，太常寺丞以上［官员］都要［对他们］严格地加以考核与检验，详细记述［他们的］品行学业，报送尚书省。

唐4　诸医、针生初入学者，皆行束脩之礼［一］于其师。医、针生各绢一疋，案摩、咒禁及诸州医生率二人共绢一疋。皆有酒脯。其分束脩，准国子监学生例。

【注释】

［一］束脩之礼：专有名词，指古代入学敬师的礼物。《唐六典》卷二一《国子监》"国子博士"条载："其生初入，置束帛一篚、酒一壶、脩一案，号为束脩之礼。"[②] 关于国子监分配束脩的方法，《唐会要》卷三五《学校》载："神龙二年（706）九月，敕学生在学，各以长幼为序。初入学，皆行束脩之礼，礼于师。国子、太学各绢三疋，四门学绢二疋，俊士及律书、算学、州县各绢一疋，皆有酒酺。其束脩三分入博士，二分助教。"[③]

【翻译】

医、针学生初次入学，都要向他们的老师呈上束脩之礼。［中央的］医、针学生分别［敬奉］绢一匹，按摩生、咒禁生及各州的医学生一般两人共同［敬奉］绢一匹。［另外］都要有酒和干肉。分配束脩［的方法］，遵照国子监学生的［相关］规定。

唐5　诸教习《素问》、《黄帝针经》、《甲乙》，博士皆案文讲说，如

① 《令義解》，第281页。
② 《唐六典》，第559页。
③ 《唐会要》，第740页。

讲五经之法。私有精达此三部者，皆送尚书省，于流内比校。

【翻译】

教授《素问》、《黄帝针经》和《甲乙》，博士都按照［医经］文本讲解论说，如同讲解五经的方法。民间有精通这三部［医经］的人，都送往尚书省，在同行中进行比试较量。

唐 6 诸医、针师，医监、医正量其所能，有病之处，遣为救疗。每岁太常试，验其识解优劣、差病多少以定考等。

【翻译】

医师、针师，［由］医监和医正评估他们所具备的能力，［对于］出现病患的地方，派遣［他们前往］救治诊疗。每年太常寺考核［医、针师］，检验他们见解的高下、治愈疾病的多少，以此评定考课等级。

唐 7 诸医、针生以业成申送尚书省者，所司覆试策，各十三条。医生试《甲乙》四条，《本草》、《脉经》各三条。针生试《素问》四条，《黄帝针经》、《明堂》、《脉诀》各二条。其兼习之业，医、针各三条。问答法式及考等高下，并准试国子监学生例。得第者，医生从九品上叙，针生降一等。不第者，退还本学。经虽不第，而明于诸方，量堪疗疾者，仍听于医师、针师内比校，优者为师，次者为工。即不第人少，补阙不足，量于见任及以理解医针生［一］内，简堪疗疾者兼补。

【注释】

［一］以理解医针生：因正常原因退学的医针生，同“以理去官”。据《唐律疏议》卷二《名例》“诸以理去官”条载：“诸以理去官，与见任同。（解虽非理，告身应留者，亦同。）疏议：‘谓不因犯罪而解者，若致仕、得替、省员、废州县之类，应入议、请、减、赎及荫亲属者，并与见任同。’”①

【翻译】

医、针学生因为医业有成［而］上报尚书省的，所管官司进行覆试策

① 《唐律疏议》，第 40 页。

问，［题目］各有十三条。医学生测试《甲乙》四条，《本草》、《脉经》各三条。针学生测试《素问》四条，《黄帝针经》、《明堂》、《脉诀》各两条。兼习的其他医业，医、针科学生分别［测试］三条。［考试］问答的制度以及考核等级的高下，都遵照考试国子监学生的［相关］规定。考试及第者，医学生从从九品上叙官，针学生降低一等［叙官］。考试不及第［且学业年限未届满］者，退回原本的医科［继续学习］。医经［考试］虽然没有及第，但是通晓各种医方，度量［其水平，］能够诊疗疾病的，仍然允许［他们］在医师、针师内进行比试较量，优秀的［选补］为医、针师，次一等的［选补］为医、针工。如果［明于医方的］不及第者少，［能够］补缺［的人仍然］不足，酌情从现任以及因正常原因退学的医、针学生中，挑选能够治疗疾病的人一起［参加］选补。

唐8　诸按摩生学按摩，诵伤折经方及刺缚之法，限三年成。咒禁生学咒禁［一］、解忤［二］、持禁［三］之法，限二年成。其业成之日，并申补本色师、工。

【注释】

［一］咒禁：与宗教、巫术相关的一种疗法。《唐六典》卷一四“咒禁博士”条注文“有道禁，出于山居方术之士；有禁咒，出于释氏。”① 读书班有两种意见：一种意见认为“咒禁”为一个大类属，下分“道禁”、“禁咒”；另一种意见认为并不存在“道禁”与“禁咒”的严格区别。

［二］解忤：用咒禁法驱散妖邪的一种方法。《令义解》卷八《医疾令》“按摩咒禁生学习”条注文“解忤者，以咒禁法解众邪惊忤，故曰解忤也。”②

［三］持禁：《千金翼方》认为持禁是指遵守一些戒律，如《千金翼方》卷二九《禁经上·持禁斋戒法第一》载：“神仙经曰：凡欲学禁，先持知五戒、十善、八忌、四归。皆能修治此者，万神扶助，禁法乃行。”③

---

① 《唐六典》，第411页。

② 《令義解》，第284页。

③ （唐）孙思邈撰《千金翼方》，彭建中、魏嵩有点校，辽宁科学技术出版社，1997，第285页。

而《令义解》卷八《医疾令》“按摩咒禁生学习”条注文载：“谓持禁者，持杖刀读咒文，作法禁气，为猛兽虎狼毒虫精魅贼盗五兵，不被侵害，又以咒禁固身体，不伤汤火刀刃，故曰持禁也。”[①] 据此，“持禁”是指持法器、读咒文，使身体不被虫、兽等侵害。

【翻译】

按摩生学习按摩，背诵损伤、骨折的经方以及［学习］刺放瘀血、固定伤处的方法，限定三年学成。咒禁生学习咒禁、解忤、持禁的方法，限定两年学成。学业完成的时候，一并申请补充为各自类别的师、工。

唐9 诸女医，取官户婢［一］年二十以上三十以下，无夫及无男女、性识慧了者五十人，别所安置，内给事四人，并监门守当。医博士教以安胎产难及疮肿、伤折、针灸之法，皆按文口授。每季女医之内业成者试之，年终医监、正试。限五年成。

【注释】

［一］官户婢：李贞德认为是指官奴婢，如她在《唐代性别与医疗》一文中认为“女医一如乳母，选取自官奴婢，惟年纪较轻”,[②] 而程锦认为指官户和官奴婢中的女性,[③] 此处暂从后者。

【翻译】

女医，选取官户和官奴婢［中］年龄［为］二十岁以上、三十岁以下，没有丈夫和儿女，秉性见识聪慧明白的［女性］五十名，［于］另外的地方安排居住，［设置］内给事四人，共同监管守卫门户。医博士教授安胎、［应对］难产以及［治疗］疮肿、伤折、针灸的方法，都按照［经方］文本［进行］口头传授。每个季度［由］女医之中学业有成者［组织］考试，年终时［再由］医监、医正［组织］考试。限定五年学成。

唐10 诸文武职事五品以上官致仕有疾患，在京城者，官给医药；在

① 《令義解》，第284页。

② 李贞德：《唐代性别与医疗》，邓小南主编《唐宋女性与社会》，上海辞书出版社，2003，第430页。

③ 程锦：《唐代女医选取之制考释》，《中国社会科学院院报》2006年11月9日，第3版。

外者，亦准此量给。以官物市供。

【翻译】

文武职事官五品以上退休［之后］有疾病，在京城的，官府提供医疗和药品；在京外的，也遵照这一标准酌情供给。［药品］用官家财物买来供应。

唐 11 诸药品族，太常年别支料，依《本草》所出，申尚书省散下，令随时收采。若所出虽非《本草》旧时收采地，而习用为良者，亦令采之。每一百斤给传驴一头，不满一百斤附朝集使送太常，仍申帐尚书省。须买者豫买。

【翻译】

药材的品种，太常寺每年［编制］预算，依照《本草》所载［药材产地］，申报尚书省分派［任务］，让［产地的负责官司］按时节收纳采集。如果出产之处不是《本草》［所载］以前的收采地，但长期使用［可知药性］良好的，也让［产地的负责官司］收纳采集。每一百斤［药材］，配给传驴一头，不满一百斤的，附交朝集使送往太常寺，仍然申报尚书省入账。需要购买的药材，［应］预先购买。

唐 12 京都各置药园一所，择良田三顷，置师，取庶人年十六以上二十以下充生，教读《本草》，辨识诸药并采种之法。随近山泽有药草之处，采掘种之。土无其物而种得生者，令所有之州送子种莳，犁、牛、人力，司农寺给。其乡土所宜、种即勘用者，太常斟量责课入度之用。其药园生，业成之日补药园师。

【翻译】

京城、东都分别设置一所药园，选择良田三顷，设置药园师，选取十六岁以上、二十岁以下的平民充当药园生，［由药园师］教授［药园生］研读《本草》，辨识各种药材，以及［学习］采药、种药的方法。附近山地和川泽有药草的地方，采掘这些药草移种［到药园］。当地没有［出产］的药材但种植［之后］能够成活的，让出产［这种药材］的州送来种子种植，犁、牛、人力，［由］司农寺提供。水土适宜，种植［之后］就能够使用的药材，太常寺斟酌定量，［向药园］征课纳入，以供日常用度。药园生，在学业完成的时候补选为药园师。

唐 13　诸州输药之处，准校课数量［1］，置采药师。令以时采取。其所须人功，申尚书省，取当州随近丁支配。

【校勘】

［1］“数”、“量”在史料中罕有连用，据文意，应断为“准校课数，量置采药师”。

【新录文】

诸州输药之处，准校课数，量置采药师。令以时采取。其所须人功，申尚书省，取当州随近丁支配。

【翻译】

各州输送药材的地方，根据征收的数量，酌情设置采药师。让［他们］按照时节采集［药材］。［采集药材］所需要的人力，［由出产地的州］申报尚书省，取用本州就近的役丁［以供］分派。

唐 14　诸在内诸门及患坊，应进汤药，但兼有毒药［一］者，并对门司合进。① 不得进生药［二］。

【注释】

［一］毒药：此处仅指可以疗病，但也可以用来杀人的药物，如冶葛、乌头、附子等。据《唐律疏议》卷一八《贼盗律》“诸以毒药药人及卖者条”条疏议载：“凡以毒药药人，谓以鸩毒、冶葛、乌头、附子之类堪以杀人者……虽毒药，可以疗病……”。②

［二］生药：未经炮制、煎煮过的天生药材，相对于前文汤药而言。

【翻译】

宫城各门以及患坊，应该进呈汤药，凡是含有毒药的，一并与门司核对，共同进呈。不得进呈生药。

---

① 读书班另一种意见认为：“不得进生药”是指汤药中“兼有毒药者”，断句应将“不得进生药”前改为逗号。

② 《唐律疏议》，第 339 页。

唐 15 诸行军及作役之处，五百人以上，太常给医师一人。五千人以上给二人。自此以上，率五千人加一人。其陇右监牧、西使、南使，各给二人。余使各一人。仍简择充，（监牧医师，粮料、劳考准兽医官例。）并量给药。每给医师二人，以伤折医兼之，并给传乘。

【翻译】

有军事行动和役使民众［建造工程］的地方，五百人以上，太常寺配给医师一人。五千人以上配给二人。自五千人以上，一般［每］五千人加配［医师］一人。陇右监牧、西使、南使，分别配给二人。其他［监牧］使分别配给一人。仍要拣选［后］充任，（监牧医师，［他们的］俸禄给养、劳绩考课遵照兽医官的标准。）并且酌情配给药物。每配给医师二人，［内中应］兼有［治疗］损伤、骨折的医师，并配给传马和车乘。

唐 16 诸医针师等巡患之处，所疗损与不损，患处官司录医人姓名案记，仍录牒太常寺，据为黜陟。诸州医师亦准此。

【翻译】

医、针师等巡诊有病患的地方，治疗的疾病减轻还是不减轻，病患所在官司记录医人的姓名［和治疗情况］，抄录后以牒送太常寺，据［此］做出降黜、升迁［的依据］。各州医师也依此［处理］。

唐 17 诸州医博士、助教，于所管户内及停家职资内［一］，取医术优长者为之。（军内者仍令出军。）若管内无人，次比近州有处兼取。皆州司试练，知其必堪，然后铨补，补讫申省。其学生取人，依太医署。若州在边远及管夷獠之处，无人堪习业者，不在置限。

【注释】

［一］停家职资：卸任归家的前任“文武官”，他们享有“不课”之权。[①] 如《唐律疏议》卷二八“捕罪人逗留不行”条疏议载：“‘即非将

① 朱雷：《唐“职资”考》，氏著《朱雷敦煌吐鲁番文书论丛》，上海古籍出版社，2012，第 229 页。

吏'，谓非见任文武官，即停家职资及勋官之类。"[①]

【翻译】

各州的医博士、助教，在［该州］所管辖的户内和停家职资的人中，选取医术高明的人［来］充当。（［如果这些人］在军中，就让他们离开军队。）如果管辖［的范围］内没有［这样的］人，依次到邻近州存在［符合条件的人］的地方选取。［这些被选取的人］都［由］该州官司［加以］考核，确保他们一定能够［胜任］，然后授职补用，补用结束［后］申报尚书省。［关于］学生［的］取用人选，遵照太医署［的规定］。如果州在边远［的地方］以及管理夷獠[②]的地方，没有人能够学习医业的，不再设置［医博士、助教］的范围内。

唐 18 诸州博士教授医方，及生徒课业年限，并准太医署教习法。其余杂疗［一］，行用有效者，亦兼习之。

【注释】

［一］杂疗：即指杂治。《令义解》卷八《医疾令》"国医师"条载："凡国医师，教授医方及生徒课业年限，并准典药寮教习法。其余杂治，行用有效者，亦兼习之。"[③] 据此，杂疗与杂治相同，唐人因避讳而改"治"为"疗"。而北宋苏颂在《校定备急千金要方序》中说过"唐令分医学为五科，则有杂疗、疡疮、少小、耳目口齿、角注之品。自是学者各务专门，用汤液者或昧于针方，习产乳者或乖于杂疗，自非明智，鲜或周知"。[④] 对比《天圣令·医疾令》唐 1 条可知，苏颂这里所言的"杂疗"指的是"体疗"。

【翻译】

各州医博士教授的医方，以及学生的课程年限，都遵照太医署［有

① 刘俊文：《唐律疏议笺解》，中华书局，1996，第 1952 页。

② 有关"夷獠"的详细注释，参见中国社会科学院历史研究所《天圣令》读书班《〈天圣令·赋役令〉译注稿》，徐世虹主编《中国古代法律文献研究》第 6 辑，社会科学文献出版社，2013，第 339 页。

③ 《令義解》，第 284 页。

④ 曾枣庄、刘琳主编《全宋文》卷一三三六，上海辞书出版社、安徽教育出版社，2006，第 61 册 338 页。

关］教学的制度。其他各种治疗方法，使用［后证明］有效的，也［可以］同时学习。

唐 19 诸州医生，每季博士等自试，年终长官及本司对试。并明立试簿，考定优劣。试有不精者，随状科罚。若不率师教，数有愆犯，及课业不充，终无长进者，随事解黜，即立替人。其遭丧及余事故合解者，亦即立替。学生习业早成，堪疗疾者，即于管内分番巡行，有疾患之处，随即救疗。效与无效，皆录为簿。年终考校，频经无效者，斟量决罚。

【翻译】

各州医学生，每个季度［由］医博士等自行［组织］考试，年终［由］长官和所属官司［共同组织］考试。都应公开设置考试簿册，评定［学生的］优劣。考试［成绩］不良好的，根据情况［对他们］予以处罚。如果不遵循老师的教导，屡屡犯错违规，以及学业不符合要求，始终没有进步的，根据情况［把他们］开除或降黜，随即确定替代人选。因为遭遇丧事以及其他变故而符合退学［条件］的，也要即刻确定替换［人选］。学生的课业提前完成，能够治疗疾病的，即刻［安排他们］于管辖［区域］内轮番巡诊行医，［遇到］有疾病［发生］的地方，立即救治诊疗。［无论治疗］有效还是无效，都登记造册。年终［对他们进行］考核，［若治疗］屡屡没有效果的，根据情况进行处罚。

唐 20 诸州于当土所出，有药草堪疗疾者，量差杂职、防人，随时收采，豫合伤寒［一］、时气［二］、疟痢、疮肿等药。部内有疾患者，随须给之。

【注释】

［一］伤寒：外感疾病的总称，有广义和狭义之分。广义伤寒是指外邪引起的一切外感疾病；狭义伤寒隶属于广义伤寒，是指外受风寒，感而即发的病症。①

① 《中国医学百科全书·中医学》“伤寒”条，上海科学技术出版社，1997，第 1618 页。

［二］时气：时气病，由于感受非时之气所导致的疾病。①

【翻译】

各州当地出产的东西，［其中］有药草能够治疗疾病的，酌情派遣杂职、② 防人，根据时节收纳采集，提前配制［治疗］伤寒、时气、疟痢、疮肿等的药物。［如果］管辖［的区域］内有罹患［此类］疾病的人，根据需要配给他们。

唐 21 诸镇戍［1］、防人以上有疾患者，州量遣医师救疗。若医师不足，军人百姓内有解医术者，随便遣疗。每年申省，下太常寺，量给伤寒、时气、疟痢、疮肿等药，贮库安置。若当镇土地所出者，并自采充。

【校勘】

［1］从全文语义来看，"诸镇戍"可作为统领整条令文的限定语，因此改其后的顿号为逗号。

【新录文】

诸镇戍，防人以上有疾患者，州量遣医师救疗。若医师不足，军人百姓内有解医术者，随便遣疗。每年申省，下太常寺，量给伤寒、时气、疟痢、疮肿等药，贮库安置。若当镇土地所出者，并自采充。

【翻译】

［在各个］镇戍中，防人以上出现疾病的，州酌情派遣医师救治诊疗。如果医师不足，［而］军人、平民中有通晓医术的人，根据方便［原则］派遣［他们前往］治疗。［各州］每年申报尚书省，［尚书省批准后将公文］下达太常寺，［太常寺］酌情配给［各个镇戍用于治疗］伤寒、时气、疟痢、疮肿等的药物，储存在［镇戍的］仓库中安放。如果是该镇戍本地出产的药材，都［由当地］自行采集充用。

唐 22 诸医师巡患之处，皆于所在公廨给食。

① 胡冬斐、朱凌凌：《试论时气病与伤寒、温病、疫病的关系》，《上海中医药大学学报》2009 年第 3 期，第 10～11 页。

② 关于"杂任"的具体含义，可参见赵璐璐《唐代"杂任"考——〈天圣令·杂令〉"杂任"条解读》，载刘后滨、荣新江主编《唐研究》第 14 卷，第 495～508 页。

【翻译】

医师巡诊病患的地方，都由当地官署［为医师］提供食物。

右令不行。

【翻译】

以上令文不再施行。

《中国古代法律文献研究》第十辑
2016年，第230~252页

《天圣令·假宁令》译注稿*

中国社会科学院历史研究所《天圣令》读书班**

摘　要：“假宁”作为令篇之名始见于隋《开皇令》，列为第27卷（第24篇）；然未见于《唐六典》所载《开元令》篇目；《天圣令》残卷所存《假宁令》被附于《医疾令》之后，存有宋令23条、唐令6条。本稿以《天圣令·假宁令》为译注对象，注释字词、阐释制度、明晰流变、翻译文句，是继《〈天圣令·赋役令〉译注稿》、《〈天圣令·仓库令〉译注稿》、《〈天圣令·厩牧令〉译注稿》、《〈天圣令·关市令〉译注稿》、《〈天圣令·捕亡令〉译注稿》、《〈天圣令·医疾令〉译注稿》之后，中国社

* 本稿为2015年度全国高等院校古籍整理研究工作委员会直接资助项目“天一阁藏明钞本《天圣令》补校与译注”（批准编号为：1511）的阶段性成果。本稿所引《天圣令》令文“唐×”、“宋×”，以《天一阁藏明钞本天圣令校证附唐令复原研究》（中华书局，2006）之清本为准。至于相关体例，敬请参见中国社会科学院历史研究所《天圣令》读书班：《〈天圣令·赋役令〉译注稿》，徐世虹主编《中国古代法律文献研究》第6辑，社会科学文献出版社，2012。又，在金珍（韩国成均馆大学）和冯立君（中央民族大学）的协助下，读书班在讨论时参考了金铎敏、河元洙主编《天圣令译注》（慧眼出版社，2013）的部分韩文译文。

** 初稿分工如下：宋1~5，姚梦泽（北京师范大学）；宋6~17，吕学良（中央民族大学）；宋18~23，乔惠全（中国政法大学）；唐1~6，蓝贤明（中国社会科学院）。此后执笔人变更为：宋1~17，吕学良；宋18~23、唐1~6，李凤艳（中国社会科学院）。全稿经读书班全体成员讨论，吴丽娱、黄正建、牛来颖三位老师审读，由赵晶（中国政法大学）统稿而成。

会科学院历史研究所《天圣令》读书班所推出的第七种集体研读成果。

关键词： 天圣令　假宁令　译注

宋 1　元日、冬至、寒食［一］，各给假七日。（前后各三日。）

【源流】

《唐六典》卷二《尚书吏部》“吏部郎中员外郎”条：“内外官吏则有假宁之节。（谓元正、冬至各给假七日，寒食通清明四日。）”①

【注释】

［一］寒食：冬至后第一百零五日，又称百五节、禁烟节等。钟敬文主编的《中国民俗史》认为：“寒食是汉朝新出现的民间节日，汉魏之际流传于太原上党诸郡，六朝之后演变为全国性的节日，唐宋时期成为朝野共享的重要节日。”②

【翻译】

元日、冬至、寒食，分别给假七日。（［节］前、［节］后各三日。）

宋 2　天庆［一］、先天［二］、降圣［三］、乾元［四］、长宁［五］、上元［六］、夏至、中元［七］、下元［八］、腊［九］等节，各给假三日。（前后各一日。长宁节惟京师给假。）

【源流】

《唐六典》卷二《尚书吏部》“吏部郎中员外郎”条：“内外官吏则有假宁之节。（谓……夏至及腊各三日。）”③

【注释】

［一］天庆：农历正月三日。大中祥符元年（1008），宋真宗下诏，以正月三日天书下降日为天庆节。《宋史》卷一一二《礼志一五·嘉礼三·

① （唐）李林甫等撰《唐六典》卷二《尚书礼部》“吏部郎中员外郎”条，陈仲夫点校，中华书局，1992，第 35 页。

② 钟敬文主编《中国民俗史》（汉魏卷），人民出版社，2008，第 234 页。

③ 《唐六典》，第 35 页。

圣节条》载："大中祥符元年，诏以正月三日天书降日为天庆节。"①

［二］先天：农历七月一日。大中祥符五年（1012），宋真宗下诏，以七月一日圣祖赵玄朗降日为先天节。《续资治通鉴长编》卷七九"大中祥符五年②闰十月"条载："诏：圣祖名，上曰玄、下曰朗，不得斥犯。以七月一日为先天节，十月二十四日为降圣节，并休假五日。"③

［三］降圣：农历十月二十四日，圣祖赵玄朗降临延恩殿日。详见注释［二］。

［四］乾元：宋仁宗诞节，农历四月十四日。《宋大诏令集》卷一《宰臣丁谓等请立乾元节名表》载"请以四月十四日为乾元节"，御批为"所请宜允"。④

［五］长宁：宋仁宗母章献皇太后诞节，农历正月八日。《续资治通鉴长编》卷九九"乾兴元年（1022）十一月"条载："乙亥，以皇太后生日为长宁节。"⑤

［六］上元：农历正月十五日。三元日为道教节日，"上元天官，中元地官，下元水官，各主录人之善恶"，⑥ 因此上元节作为三元日之一，虽与元宵节同天，但"带有浓厚的道教色彩。迎紫姑神、听香、用扫帚占卜，便是上元节的重要活动。"⑦

［七］中元：农历七月十五日。此日在道教称中元节，在佛教称盂兰盆节，在民间则称鬼节。

［八］下元：农历十月十五日。

［九］腊：腊日。《宋史》卷一《太祖本纪一》载："（建隆元年三月）

① （元）脱脱等撰《宋史》卷一一二《礼志一五·嘉礼三·圣节条》，中华书局，1977，第2680页。

② 针对设立先天节和降圣节的时间有《续资治通鉴长编》记载的大中祥符五年和《宋史》记载的大中祥符元年两种说法，而《宋会要辑稿》亦记为大中祥符五年，所以此处采用五年之说。参见（清）徐松辑《宋会要辑稿·礼》卷五七之三〇，中华书局，1957，第1607页。

③ （宋）李焘撰《续资治通鉴长编》卷七九"大中祥符五年闰十月"条，中华书局，2004，第1801页。

④ 《宋大诏令集》卷一《帝纪一·诞节》，中华书局，1962，第3、4页。

⑤ 《续资治通鉴长编》，第2302页。

⑥ 《宋史》卷四六一《方技传上·苗训传附子守信传》，第13499页。

⑦ 徐吉军等：《中国风俗通史》（宋代卷），上海文艺出版社，2001，第677页。

定国运以火德王，色尚赤，腊用戌。”[①]《宋史》卷八一《律历志》：“建炎三年（1129）定十一月三十日甲戌为腊，阴阳书曰，腊者，接也，以故接新，在十二月近大寒前后戌日定之，若近大寒戌日在正月十一日，若即用远大寒戌日定之，庶不出十二月。”[②] 据此，南宋的腊日为距大寒最近的一个戌日（但不能在正月），北宋或亦如此。

【翻译】

天庆、先天、降圣、乾元、长宁、上元、夏至、中元、下元、腊日等节日，分别给假三日。（［节］前、［节］后各一日。长宁节只有京师［的官员］才给假期。）

宋3 天祺［一］、天贶［二］、人日［三］、中和节［四］、春秋社［五］、三月上巳［六］、重五［七］、三伏［八］、七夕、九月朔授衣［九］、重阳、立春、春分、立秋、秋分、立夏、立冬、诸大忌日及每旬，并给休假一日。（若公务急速，不在此限。）

【源流】

《唐六典》卷二《尚书吏部》“吏部郎中员外郎”条：“内外官吏则有假宁之节。（……正月七日·十五日、晦日、春·秋二社、二月八日、三月三日、四月八日、五月五日、三伏日、七月七日·十五日、九月九日、十月一日、立春、春分、立秋、秋分、立夏、立冬、每旬，并给休假一日。五月给田假，九月给授衣假，为两番，各十五日。）”[③]

【注释】

［一］天祺：农历四月一日。《宋史》卷一一二《礼志一五·嘉礼三·圣节条》载：“天禧初，诏以大中祥符元年（1008）四月一日天书再降内中功德阁为天祯节，一如天贶节。寻以仁宗嫌名，改为天祺节。”[④]

［二］天贶：农历六月六日。《宋史》卷八《真宗本纪三》载：大中

① 《宋史》，第6页。

② 《宋史》，第1921页。

③ 《唐六典》，第35页。

④ 《宋史》，第2680、2681页。

祥符四年（1011）正月，“丙申，诏以六月六日天书再降日为天贶节”。[①]

［三］人日：农历正月七日。《北史》卷五六《魏收传》载：“魏帝宴百僚，问何故名‘人日’，皆莫能知。收对曰：‘晋议郎董勋《答问礼俗》云：正月一日为鸡，二日为狗，三日为猪，四日为羊，五日为牛，六日为马，七日为人。’”[②]

［四］中和节：农历二月一日。唐德宗贞元五年（789）时新置的节日。《旧唐书》卷一三《德宗本纪下》载：贞元五年正月，“乙卯，诏：‘……自今宜以二月一日为中和节，以代正月晦日……’”[③]

［五］春秋二社：指春社和秋社。《岁时广记》卷一四载：“《礼记·月令》曰：‘择元日命民社。’注云：为祀社稷春事兴，故祭之以祈农祥。元日谓近春分先后戊日，元吉也。《统天万年历》曰：‘立春后五戊为春社，立秋后五戊为秋社。如戊日立春、立秋，则不算也。’一云春分日时在午时以前用六戊，在午时以后用五戊。国朝乃以五戊为定法。”[④] 据此，宋代春秋二社的日期是在立春、立秋后的第五个戊日。

［六］三月上巳：农历三月三日。又称重三、三月三等。上巳节源于先秦，人们每年三月上巳日去水边举行“祓禊”的除灾祈福仪式。自曹魏以后，固定为三月三日。[⑤]

［七］重五：端午节，农历五月五日。

［八］三伏：夏至后第三庚日为初伏，第四庚日为中伏，立秋后第一庚日为末伏。其中，十日为一庚。

［九］九月朔授衣：农历九月一日授衣假。授衣假之所以在九月，是因为与时令有关。《诗经·豳风》载“七月流火，九月授衣；一之日觱发，二之日栗烈。无褐无衣，何以卒岁”，[⑥] 毛注称“九月霜始降，妇功成，可以授冬衣矣”，马瑞辰将此解释为“凡言授者，皆授使为之也。此诗‘授衣’，亦授冬衣使为之。盖九月妇功成，丝麻之事已毕，始可为衣。非谓

① 《宋史》，第147页。

② （唐）李延寿撰《北史》卷五六《魏收传》，中华书局，1974，第2028页。

③ （后晋）刘昫等撰《旧唐书》卷一三《德宗本纪》，中华书局，1975，第367页。

④ （宋）陈元靓撰《岁时广记》卷一四，商务印书馆，1939，第141页。

⑤ 钟敬文主编《中国民俗史》（隋唐卷），人民出版社，2008，第216页。

⑥ 李学勤主编《毛诗正义》卷八《豳风·七月》，北京大学出版社，1999，第491页。

九月冬衣已成，遂以授人也”。[1] 从农历十月起就要开始穿棉衣御寒，所以要在十月到来之前的九月制备冬衣。唐代已有授衣假，分为两番，各十五天。

［十］大忌：宋初以太祖父母的忌日为大忌，如《宋史》卷一二三《礼志二六·凶礼二·忌日》载：“惟宣祖、昭宪皇后为大忌。”[2] 太宗时，太祖与孝明皇后的忌日亦被定为大忌，如太平兴国二年（977），“太常礼院言：‘十月二十日太祖忌请为大忌，孝明皇后已祔庙，其十二月七日忌亦请升为大忌’从之”。[3] 宋代皇后祔庙后，忌日才可能被定为大忌，如“真宗至道三年（997）十一月三日，太常礼院言：‘懿德皇后已祔庙，其十二月十九日忌亦请为大忌。’从之”。[4] 并非所有皇后的忌日都是大忌，如“（皇祐）六年（1054）正月二十二日，诏太常礼院，孝惠、孝章、淑德、章怀皇后、章惠皇太后、温成皇后皆立小忌。”[5] 帝后的大忌会因祧迁等而被取消，如“神宗即位，太常礼院言：‘僖祖及文懿皇后神主既祧，准礼不讳，忌日亦请依唐睿宗祧迁故事废之。’……翼祖、简穆皇后神主奉藏夹室，依礼不忌”，[6] 但之后也可能再恢复，如徽宗崇宁四年（1105）正月二十六日，“礼部言：‘已降诏旨，奉僖祖睿和皇帝神主为太庙始祖，及翼祖神主复还本室。所有二帝忌辰，及文懿皇后、简穆皇后忌，并依大忌施行。’诏恭依。”[7]

【翻译】

天祺、天贶、人日、中和、春秋二社、上巳、端午、三伏日、七夕、九月朔日授衣、重阳、立春、春分、立秋、秋分、立夏、立冬、大忌日以及每旬，分别给休假一日。（如果公务紧急，不在这个［规定的］限制内。）

---

① （清）马瑞辰撰《毛诗传笺通释》卷一六《豳风·七月》，中华书局，1989，第451页。

② 《宋史》，第2888页。

③ 《宋会要辑稿·礼》卷四二之一，第1408页。

④ 《宋会要辑稿·礼》卷四二之二，第1408页。

⑤ 《宋会要辑稿·礼》卷四二之九，第1412页。

⑥ 《宋史》卷一二三《礼志二六·凶礼二·忌日》，第2890~2891页。

⑦ 《宋会要辑稿·礼》卷一五之五七，第679页。

宋4 诸婚，给假九日，除程。朞亲婚嫁五日，大功三日，小功［一］以下一日，并不给程。朞以下无主［二］者，百里内除程。（礼，婚、葬给假者，并于事前给之，它皆准此。）

【源流】

《大唐开元礼》卷三《序例下·杂制》："婚给九日，除程。周亲婚给假五日，大功三日，小功一日，周以下百里内除程。"[①]

【注释】

［一］小功：五服之一，服期为五月，分小功殇服和小功成人服两种。小功殇服饰为"布衰裳、澡麻带绖五月者，无受服"。[②] 小功殇服的对象包括：为子、女子子之下殇，为叔父之下殇，为姑姊妹之下殇，为嫡孙之下殇，为兄弟之下殇，为兄弟之子女子子之下殇，为从父兄弟姊妹之长殇，为庶孙丈夫妇人之长殇，为人后者为其兄弟之长殇、为其姑姊妹之长殇，为侄丈夫妇人之长殇，为夫之兄弟之子女子子之下殇、叔父之长殇。[③] 小功成人服饰为"布衰裳、牡麻绖、即葛五月者"。[④] 小功成人服的对象包括：为从祖祖父母，为从祖父母，为从姑姊妹在室者，为从祖兄弟，为从祖祖姑在室者，为外祖父母，为舅及从母丈夫妇人，为从父姊妹适人者，为孙女适人者，为人后者为其姑姊妹适人者，为夫之姑姊妹在室及适人者，为娣姒妇，为同母异父兄弟姊妹，为嫡母之父母兄弟从母，为庶母慈己者，为嫡孙之妇，母出为继母之父母兄弟从母，为嫂叔。[⑤]

［二］无主：无祭主，也就是死后没有为之主祭的人。主要指女人无夫、无子孙者，也叫作"无主后"。《仪礼注疏》卷三一《丧服》："姑、姊妹、女子子适人无主者，姑、姊妹报。《传》曰：无主者谓其无祭主者也。何以期也？为其无祭主故也。"郑玄注："无主后者，人之所哀怜不忍降之。"[⑥]《大唐开元礼》卷一三二《凶礼·齐衰不杖期》载："为姑姊妹

① （唐）萧嵩等撰《大唐开元礼》卷三《序例下·杂制》，民族出版社，2000，第34～35页。
② 李学勤主编《仪礼注疏》卷三二《丧服》，北京大学出版社，1999，第614页。
③ 《大唐开元礼》卷一三二《凶礼·小功五月》，第624页。
④ 《仪礼注疏》卷三三《丧服》，第619页。
⑤ 《大唐开元礼》卷一三二《凶礼·小功五月》，第625页。
⑥ 《仪礼注疏》，第584～585页。

女子子在室及适人无主者姑姊妹报。”注曰：“无主，无祭主，谓无夫与子。人之所哀怜，不忍降之。”[①]

【翻译】

［官员本人］结婚，给假九日，路上［所需时间］不计在内。［如果是］期[②]亲婚嫁，［给假］五日，［服制为］大功[③]［的亲属］婚嫁［给］三日，［服制为］小功以下［的亲属］婚嫁［给］一日，都不给路上［所需的时间］。［服制为］期以下无主后的亲属［婚嫁］，［如果是在］一百里以内，路上［所需时间］不计在内。（［按照］礼［的规定］，婚姻、丧葬给假的，都在事前给，其他［情况的给假也］都依此处理。）

宋5　诸本服朞亲以上，疾病危笃、远行久别及诸急难，并量给假。

【翻译】

本服[④]［为］期亲以上，［如果］病危或病重、［要］远行［而］长久分别以及［遇到］各种紧急灾难的，都斟酌［情况］给假。

宋6　诸丧，斩衰［一］三年、齐衰［二］三年者，并解官。齐衰杖朞及为人后者［三］为其父母，若庶子为后为其母，亦解官，申其心丧。母出及嫁、［1］为父后者虽不服，亦申心丧。（皆为生己者。）其嫡、继、慈、养［四］，若改嫁或归宗［五］经三年以上断绝，及父为长子、夫为妻，并不解官，假同齐衰朞。

【源流】

《大唐开元礼》卷三《序例下·杂制》：“诸丧，斩衰三年、齐衰三年者，并解官。齐衰杖周及为人后者为其父母，若庶子为后为其母，亦解官，申其心丧。父卒母嫁及出妻之子为父后者虽不服，亦申心丧。（皆为

① 《大唐开元礼》，第622页。

② 有关“朞”与“期”的注释，参见中国社会科学院历史研究所《天圣令》读书班《〈天圣令·赋役令〉译注稿》，徐世虹主编《中国古代法律文献研究》第6辑，第342页。

③ 有关“大功”的注释，参见《〈天圣令·赋役令〉译注稿》，徐世虹主编《中国古代法律文献研究》第6辑，第341页。

④ 有关“本服”的注释，参见《〈天圣令·赋役令〉译注稿》，徐世虹主编《中国古代法律文献研究》第6辑，第341页。

生己者。）其嫡、继、慈、养，若改嫁或归宗经三年以上断绝者，及父为长子、夫为妻，并不解官，假同齐衰周。”①

【校勘】

［1］此处指遇母出和母嫁两种情况时为人后者所持的丧葬礼仪，因此标点应为逗号而非顿号。②

【新录文】

诸丧，斩衰三年、齐衰三年者，并解官。齐衰杖朞及为人后者为其父母，若庶子为后为其母，亦解官，申其心丧。母出及嫁，为父后者虽不服，亦申心丧。（皆为生己者。）其嫡、继、慈、养，若改嫁或归宗经三年以上断绝，及父为长子、夫为妻，并不解官，假同齐衰朞。

【注释】

［一］斩衰：五服中最重的丧服，服期三年。《仪礼·丧服》中为“斩衰裳”，斩衰为简称。斩，指衣服不缉边。衰，丧服的上衣；裳，丧服的下衣。男子的丧服为上衰下裳，女子则两者连为一体，用最粗的麻布做成。“斩衰裳，苴绖、杖、绞带，冠绳缨，菅屦者”。③ 主要用于：子为父，女子子在室为父，女子子嫁反在父之室为父，嫡孙为祖父，父为长子，为人后者为所后父，妻为夫，妾为君，国官为国君。④

［二］齐衰：五服丧服之一，是次于斩衰的丧服。齐，指衣服缉边，上衰朝外折缝，下衰朝内折缝，也以粗麻布制成，“疏衰裳齐、牡麻绖、冠布缨、削杖、布带、疏屦”。⑤ 根据血缘远近尊卑亲疏，齐衰服期分为三年、一年（杖期、不杖期）、五月和三月。

齐衰三年服包括：子为母，为祖后者祖卒为祖母，母为长子，继母为长子，妾为君之长子。⑥

① 《大唐开元礼》，第 34 页。

② 《宋史》与《续资治通鉴长编》的整理者已有正确的标点。参见《宋史》卷一二五《凶礼四》，第 2926～2927 页；《续资治通鉴长编》卷一一七“仁宗景祐二年八月”条，第 2750 页。

③ 《仪礼注疏》卷二八《丧服》，第 540 页。

④ 《大唐开元礼》卷一三二《凶礼·斩衰三年》，第 620 页。

⑤ 《仪礼注疏》卷三〇《丧服》，第 563 页。

⑥ 《大唐开元礼》卷一三二《凶礼·齐衰三年》，第 621 页。

齐衰一年服分为用杖和不用杖两种。用丧杖，称“杖期”，不用则称“不杖期”。杖是丧服等级的重要标志，杖用于斩衰、齐衰三年和齐衰杖期之服。秦汉以后，杖成为主丧者之特权，丧无二主，则无二杖。① 齐衰杖期服适用于：父卒母嫁及出妻子为母；为祖后者祖在为祖母；父卒，继母嫁，夫为妻。② 不用杖者则适用于：为祖父母，为伯叔父，为众子，为兄弟，为兄弟之子，为嫡孙，为姑姊妹女子子在室及适人无主者，为人后者为其父母，女子子适人者为其父母、为兄弟之为父后者，为伯叔母，为继父同居者，妾为其父母、为其子、为嫡妻、为君之庶子，妇为舅姑，为夫之兄弟之子，舅姑为嫡妇。③

齐衰五月：为曾祖父母。④

齐衰三月：为高祖父母，为继父不同居者。⑤

［三］为人后者：过继给他人为后。古代宗族中如果出现一支无后的情况，可以从小宗中过继，过继之后，即是宗子，且须是本生之父的“支子”。在服丧时须为过继者服斩衰，为生父生母则降一等。

［四］嫡、继、慈、养：嫡母、继母、慈母、养母的略称。嫡母，是妾子对父之嫡妻的称呼，也称君母；继母，生母早卒或者被父所出之后，父亲续娶的正妻；慈母，妾之无子者，妾子之无母者，父命此妾抚养此子，则此子称此妾为慈母；养母，“谓养育同宗之子及异姓三岁以下遗弃之子者也”。⑥

［五］归宗：指出嫁女长期回归本家宗族。《丧服传》：“妇人虽在外，必有归宗。”郑玄注：“归宗者，父虽卒，犹自归宗，其为父后持重者，不自绝于其族类也。”⑦

① 丁凌华：《中国丧服制度史》，上海人民出版社，2000，第 60 页。

② 《大唐开元礼》卷一三二《凶礼·齐衰杖周》，第 622 页。

③ 《大唐开元礼》卷一三二《凶礼·齐衰杖周》，第 622 页。

④ 此服制是贞观十四年改制所增。参见欧阳修等撰《新唐书》卷二〇《礼乐志一〇》，中华书局，1975，第 446 页；也见于《大唐开元礼》卷一三二《凶礼·齐衰五月》，第 623 页。

⑤ 《大唐开元礼》卷一三二《凶礼·齐衰三月》，第 623 页。

⑥ （宋）车垓：《内外服制通释》卷三《五服图说》，《从书集成续编》第 9 册，上海书店出版社，1994，第 27 页。

⑦ 《仪礼注疏》卷三〇《丧服》，第 581 页。

【翻译】

服丧，［对于服制属］斩衰三年、齐衰三年的，［服丧者］都要解除官职。［服制为］齐衰杖期，以及［过继］为他人后者为其［亲生］父母［服丧］，或者庶子作为继承人为其生母［服丧］，也要解除官职，表明［履行］心丧。[①] 母亲被休和改嫁，作为父亲继承人的［承重者］虽然不成服，也要服心丧。（都指生育自己的母亲。）嫡母、继母、慈母、养母［去世］，如果［已］改嫁或者归宗经过三年以上断绝关系的，以及父亲为长子、丈夫为妻子［服丧］，都不须解除官职，假期与齐衰期服等同。

宋7　诸齐衰朞，给假三十日，闻哀［一］二十日，葬五日，除服［二］三日

【源流】

《大唐开元礼》卷三《序例下·杂制》："诸齐衰周，给假三十日，葬五日，除服三日。"[②]

【注释】

［一］闻哀：即"闻丧举哀"，在居所守丧而非亲往死者处举行丧仪或吊唁，针对亲属死亡却不在身边者而言，与亲身参加丧礼相对。此处"闻哀二十日"是与丧假"三十日"相对的闻哀假，下文皆同。

［二］除服：丧期已满，依礼除去丧服。它是丧服礼俗由丧服变为吉服的仪式和过程，包括服丧期满除去丧服和服丧期间将重服改为轻服两种。除服按照五服制度的规定，各人服期不同，时间也不一，斩衰除服最晚，父母死后十三个月而祭，叫作小祥；二十五个月而祭，叫作大祥。大祥表示服期已满，此后经过禫祭，才能脱去丧服换平裳，不再守孝。

【翻译】

［服制为］齐衰一年［的亲属亡故］，给［丧］假三十日，［如果是］闻丧举哀［，则给］二十日，葬［给］五日，除服［给］三日。

---

① 有关"心丧"的注释，参见《〈天圣令·赋役令〉译注稿》，徐世虹主编《中国古代法律文献研究》第6辑，第363页。

② 《大唐开元礼》，第34页。

宋8 诸齐衰三月、五月，大功九月、七月，并给假二十日，闻哀十四日，葬三日，除服二日。

【源流】

《大唐开元礼》卷三《序例下·杂制》："诸齐衰三月、五月，大功九月，并给假二十日，葬三日，除服二日。"①

【翻译】

［服制为］齐衰三月、五月，大功九月、七月［的亲属亡故］，都给［丧］假二十日，［如果是］闻丧举哀［，则给］十四日，葬［给］三日，除服［给］两日。

宋9 诸小功五月，给假十五日，闻哀十日，葬二日，除服一日。

【源流】

《大唐开元礼》卷三《序例下·杂制》："诸小功五月，给假十五日，葬二日，除服一日。"②

【翻译】

［服制为］小功五月［的亲属亡故］，给［丧］假十五日，［如果是］闻丧举哀［，则给］十日，葬［给］二日，除服［给］一日。

宋10 诸缌麻三月，给假七日，（即本服缌麻出降［一］服绝者，给假三日。）闻哀五日，葬及除服各一日。

【源流】

《大唐开元礼》卷三《序例下·杂制》："诸缌麻三月，给假七日。（即本服缌麻出降服绝者，给假三日。）葬及除服各一日。"③

【注释】

［一］出降：女性出嫁后服降，此处指本服为缌麻，因出嫁而降至无服。《唐律疏议》卷一〇《职制律》"闻父母若夫之丧"条载："出降者，

① 《大唐开元礼》，第34页。
② 《大唐开元礼》，第34页。
③ 《大唐开元礼》，第34页。

谓姑、姊妹本服期，出嫁九月……余亲出降，准此。”[①]

【翻译】

［服制为］缌麻[②]三月［的亲属亡故］，给［丧］假七日，（如本服［为］缌麻［因］出嫁降为无服的，给［丧］假三日。）［如果是］闻丧举哀［，则给］五日，葬和除服各［给］一日。

宋 11 诸无服之殇［一］，（生三月至七岁。）本服朞以上给假五日，大功三日，小功二日，缌麻一日。

【源流】

《大唐开元礼》卷三《序例下·杂制》：“诸无服之殇，（生三月至七岁。）本服周以上给假五日，大功三日，小功二日，缌麻一日。”[③]

【注释】

［一］无服之殇：出生三个月至八岁而死，亲属无须制服。《仪礼注疏》卷三一《丧服》载：“不满八岁以下为无服之殇。无服之殇以日易月，以日易月之殇，殇而无服。故子生三月则父名之，死则哭之，未名则不哭也。”注曰：“以日易月，谓生一月者哭之一日也，殇而无服者，哭之而已。”[④]

【翻译】

无服之殇，（出生［后］三个月到七岁。）本服期以上［的亲属］给［丧］假五日，大功［给］三日，小功［给］二日，缌麻［给］一日。

宋 12 诸无服之丧［一］，若服内之亲祥、除及丧柩远［1］，若已应袒免［二］或亲表［三］丧葬，诸如此例，皆给一日。

【校勘】

［1］远：文献中未见丧柩“远”连用的情况，但丧柩“还”却较为常见，这也符合客死异乡者丧柩返回出生地的惯例和习俗。赵大莹亦认为

---

① 长孙无忌等撰《唐律疏议》，刘俊文点校，中华书局，1983，第 205 页。

② 有关“缌麻”的注释，参见《〈天圣令·赋役令〉译注稿》，徐世虹主编《中国古代法律文献研究》第 6 辑，第 341 页。

③ 《大唐开元礼》，第 34 页。

④ 《仪礼注疏》，第 599 页。

此处"'远'疑当作'还'"。[①] 故此处校"远"为"还"。

【新录文】

诸无服之丧，若服内之亲祥、除及丧柩还，若已应袒免或亲表丧葬，诸如此例，皆给一日。

【注释】

［一］无服之丧：无服是因血缘关系和姻亲关系较远，在规定的服制之内不需要服丧，谓有悲恻之心而无服丧之举。此外也指五服内亲因丧服减降而无服的情况。

［二］袒免：读 dàn wèn，袒衣免冠。袒，解左臂外衣袖；免，去冠用布缠头。袒免在五服之外有两种情形：一为远亲，即为同高祖之父者之服。《礼记正义》卷三四《大传》："四世而缌，服之穷也。五世袒免，杀同姓也。六世亲属竭矣。"[②] 即同姓五世之亲，始服袒免，过此则无服。二为朋友在他邦者。《仪礼注疏》卷三四《丧服》："朋友在他国，袒免，归则已。谓服无亲者，当为之主，每至袒时则袒，袒则去冠，代之以免……释曰：谓同门曰朋，同志曰友。或其游学，皆在他国而死者，每至可袒之节，则为之袒而免，与宗族五世袒免同。"[③] 朋友袒免者，是在上述特殊情况下以"朋友麻"即吊唁之服加一等，而服代表亲属的"袒免"服，一直到死者遗体送还故乡，由其亲属主理时为止。

［三］亲表：亲属中表。姑母的子女叫外表，舅父姨母的子女叫内表，互称中表，即表亲。《颜氏家训集解》："吾亲表所行，若父属者，为某姓姑；母属者，为某姓姨。"[④]

【翻译】

［为］无服［亲属］服丧，或者［为了］服内亲戚的祥祭、除服以及丧柩还［乡］，或者［为了］已经符合袒免［的亲友］或表亲丧葬，诸如这样的情况，都给［假］一日。

---

① 《天圣令校证》，第 323 页。

② 李学勤主编《礼记正义》，北京大学出版社，1999，第 1004～1005 页。

③ 《仪礼注疏》，第 638 页。

④ （北齐）颜之推撰，王利器集解《颜氏家训集解》，上海古籍出版社，1980，第 95 页。

宋 13 诸师经受业［一］者丧，给假三日。

【源流】

《大唐开元礼》卷三《序例下·杂制》："诸师经受业者丧，给假三日。"①

【注释】

［一］受业：从师学习，由他传授学业。经受业者，指曾接受指导、已完成课业的学生。《令集解》卷四〇《假宁令》"师经受业条"注曰："经受业，谓先已成业"。②

【翻译】

老师［去世］，对曾经受业的学生，给［丧］假三日。

宋 14 诸改葬［一］，齐衰杖朞以上，给假二十日，除程。朞三日，大功二日，小功、缌麻各一日。

【注释】

［一］改葬：将尸柩从原来的葬处迁移至另一墓地重新安葬。《令集解》卷四〇《假宁令》"改葬条"注曰："改移旧尸。《古记》曰'改葬'，谓殡埋旧尸柩改移之类"。③

【翻译】

改葬，［服制是］齐衰杖期以上［的亲属］，给假二十日，［不包括］路上［所需的时间］。［服制是］期［亲的亲属给］三日，大功［给］两日，小功、缌麻各［给］一日。

宋 15 诸闻丧举哀，其假三分减一，有賸日者入假限。

【源流】

《大唐开元礼》卷三《序例下·杂制》："诸闻丧举哀，其假三分减一，有賸日者入假限。"④

---

① 《大唐开元礼》，第 34 页。

② ［日］黑板勝美編輯《令集解》，吉川弘文館，1981，第 949 頁。

③ 《令集解》，第 949 頁。

④ 《大唐开元礼》，第 34 页。

【翻译】

闻丧举哀，假期减去三分之一，［除不尽而］有剩余日子的计入假期。

宋 16 诸给丧葬等假，朞以上并给程，大功以下，在百里内者亦给程。

【源流】

《唐六典》卷二《尚书吏部》“吏部郎中员外郎”条：“内外官吏则有假宁之节。（……齐衰周，给假三十日；葬，三日；除服，二日。小功五月，给假十五日；葬，二日；除服，一日。缌麻三月，给假七日；葬及除服皆一日。周已上亲皆给程。）”①

【翻译】

给予丧葬等假期，［服制是］期以上［亲属］都给路程［所需时间］，大功以下［的亲属］，在百里以内的也给程假。

宋 17 诸给丧假，以丧日为始，举哀者以闻丧日为始。

【翻译】

给予丧假，以［丧者］去世之日作为开始，［如果是闻丧］举哀以听到丧事之日作为开始。

宋 18 诸遭丧被起者，服内忌给假三日，大、小祥［一］各七日，禫［二］五日，每月朔、望各一日。祥、禫假给程。若在节假内，朝集、宿直皆听不预。

【源流】

《大唐开元礼》卷三《序例下·杂制》：“凡遭丧被起者，以服内忌日给假三日，大小祥各七日，禫五日，每月朔望各一日。祥、禫给程。”②

【注释】

［一］大、小祥：均为丧祭名。小祥是父母死后一周年的祭名，祭后

① 《唐六典》，第 35 页。

② 《大唐开元礼》，第 35 页；亦见于（唐）杜佑撰《通典》卷一〇八《礼六八·开元礼纂类三》，王文锦等点校，中华书局，1988，第 2812 页。

可稍改善生活及解除丧服的一部分；大祥则是父母死后两周年的祭礼，祭后生活进一步改善，再次解除一部分丧服。《礼记正义》卷五七《间传第三十七》："期而小祥，食菜果；又期而大祥，有醯酱；中月而禫，禫而饮醴酒……期而小祥，居垩室，寝有席。又期而大祥，居复寝。中月而禫，禫而床……期而小祥，练冠縓缘，要绖不除。男子除乎首，妇人除乎带……又期而大祥，素缟麻衣。中月而禫，禫而纤，无所不佩。"①

［二］禫：丧祭名。丧家完全除去丧服的祭礼。禫祭后，丧家生活归于平常。三年之丧二十七月而禫，与大祥之祭中隔一月。三年之丧至此而毕。《礼记》卷八《檀弓上》："祥而缟。是月禫。徙月乐。"郑玄注："缟冠素纰也。言禫明月，可以用乐。"②"徙月"或者"禫明月"就是举行过禫礼的下一月。王肃以二十五月禫祭，后世多用郑玄二十七月禫祭之说。

【翻译】

遭遇丧事［却］被起用的人，服丧期内［如果遇到］忌日给假三日，大、小祥分别［给假］七日，禫［给假］五日，每月初一、十五分别［给假］一日。祥、禫假都给予路上［所需的时间］。如果在节假之内，朝会、夜间当值都允许不参加。

宋 19 诸私忌日［一］给假一日，忌前之夕听还。

【源流】

《大唐开元礼》卷三《序例下·杂制》："凡私忌日，给假一日，忌前之夕听还。"③

【注释】

［一］私忌日：同"私忌"，即父母及祖父母、曾祖父母去世后的每个周年祭日。《资治通鉴》卷二三五"德宗贞元十二年九月"载胡三省注"私忌"："父母及祖父母、曾祖父母死日为私忌。"④ 但唐代私忌给假多用

① 《礼记正义》，第 1549 ~ 1550 页。

② 《礼记正义》，第 252 页。

③ 《大唐开元礼》，第 35 页；亦见于《唐六典》卷二《尚书吏部》"吏部郎中员外郎"条，第 35 页。

④ （宋）司马光：《资治通鉴》，中华书局，1956，第 7575 页。

于父母去世的情况，如《朝野佥载》卷四载："龙襄不知忌日，谓府史曰：'何名私忌？'对曰：'父母忌日请假，独坐房中不出。'"① 至北宋元丰时，私忌对象扩至官员出生时还在世的祖父母。如《文昌杂录》卷五载："元丰令，诸私忌给假一日，逮事祖父母者准此"；②《石林燕语》卷二记载了该令文的适用条件："旧法：祖父母私忌不为假。元丰编敕修《假宁令》，于父母私忌假下，添入逮事祖父母者准此，意谓生时祖父母尚存尔。然不当言逮事，盖误用礼之文也。原为此法者，谓生而祖父母死，则为不假，存则为假，所以别于父母也。"③ 至南宋，适用对象进一步扩展到曾祖父母、高祖父母，如《庆元条法事类》卷一一《职制门八·给假》载："私忌：祖父母、（逮事曾高同。）父母，一日。"④

【翻译】

私忌日给假一日，忌日之前的晚上允许［官员］回家。

宋 20 诸官人远任及公使在外，祖父母、父母丧应解官。无人告者，听家人经所在陈牒告追。若奉敕出使及任居边要者，申所属奏闻。

【翻译】

官员在远地任职以及因公出使在外，［遭逢］祖父母、父母亡故应该解除官职。［如果］无人告知［该官员］的，允许家人通过［家人］所在地［的官司］申送牒文［予以］告知召回。［官员］如果奉敕出使以及在边境要地任职的，［则要］申报所属官司［，由所属官司］奏报［皇帝］。

宋 21 诸两应给假者，从多给。

【翻译】

［遇到］两种都应该给假［的情况］，按照［假期］较多［的那种］给。

---

① （唐）张鷟撰《朝野佥载》，赵守俨点校，中华书局，1979，第 96 页。

② （宋）庞元英：《文昌杂录》，中华书局，1958，第 62 页。

③ （宋）叶梦得撰，宇文绍奕考异《石林燕语》，侯忠义点校，中华书局，1984，第 18～19 页。

④ （宋）谢深甫撰《庆元条法事类》，戴建国点校，杨一凡、田涛主编《中国珍稀法律典籍续编》第 1 册，黑龙江人民出版社，2002，第 214 页。

宋22 诸外官及使人闻丧者，听于所在馆舍［一］安置，不得于州县公廨内举哀。

【注释】

［一］馆舍：一般设置在主要交通干线上，负责接待过往旅客，并备有车马供客人使用。唐宋时期的馆舍与邮驿逐渐结合，分为两类：一是政府用来接待使臣宾客的馆驿；二是私人在交通要冲经营的客舍。[①] 本条令文指官方馆驿。

【翻译】

外官[②]及使人听闻丧事的，允许［他们］在所在地的馆舍［内］安排［举哀事宜］，不得在州县官署内举哀。

宋23 诸在外文武官请假出境者，皆申所在奏闻。

【源流】

《唐六典》卷二《尚书吏部》“吏部郎中员外郎”条：“五品已上请假出境，皆吏部奏闻。”[③]

【翻译】

在京外的文武官员请假离开辖境的，都申报所在官司［，由所在官司］奏报［皇帝］。

右并因旧文，以新制参定。

【翻译】

以上令文均是依据旧文，参考新制度而修定。

唐1 诸内外官，五月给田假［一］，九月给授衣假，分为两番，各十

① 赵云旗：《中国古代交通》，中国国际广播出版社，2011，第130、136～138页。

② 有关“外官”的注释，参见中国社会科学院历史研究所《天圣令》读书班《〈天圣令·仓库令〉译注稿》，徐世虹主编《中国古代法律文献研究》第7辑，社会科学文献出版社，2013，第256页。

③ 《唐六典》，第35页。

五日。其田假，若风土异宜、种收不等，并随便给之。

【注释】

［一］田假：农忙假，每年五月农忙之时，给官员放假处理农事。《四民月令·五月》载：

时雨降，可种胡麻。先后日至各五日，可种禾及牡麻；先后二日，可种黍。

是月也，可别稻及蓝，尽至后二十日止，可菑麦田，刈茭刍。麦既入，多作糒，以供出入之粮。[1]

以上记载了五月需要种植的作物，可见该月是农事繁忙之时。

【翻译】

［京城］内外官员，五月给田假，九月给授衣假，分成两番［轮值］，［每番］分别为十五日。［给］田假［的］，如果气候土地所宜各不相同、种植收获［的时间］不同，都根据情况灵活给假。

唐2 诸百官九品以上私家祔庙［一］，除程，给假五日。四时祭［二］者，各给假四日。（并谓主祭者。）去任所三百里内，亦给程。（若在京都，除祭日，仍各依朝参假［三］例。）

【注释】

［一］祔庙：祔，祭名，在虞祭、卒哭祭之后，立主祔祭于祖庙，并排列昭穆之位。祭毕主反寝。[2] 祔庙，就是将父母之灵位或前代祖先牌位祔祭于家庙。

［二］四时祭：古代皇家宗庙或官员私庙于春夏秋冬四季的祭祀。唐代延续了前代宗庙四时祭祀的做法，《旧唐书》卷二五《礼仪志》载："唐礼：四时各以孟月享太庙，每室用太牢，季冬蜡祭之后，以辰日腊享于太庙，用牲如时祭。"[3] 这是皇家层面的太庙四时祭，实为一岁五享。至于私家祭祀的四时祭，则因为"天子以四孟、腊享太庙，诸臣避之，祭仲而不

---

① （汉）崔寔撰，石声汉校注，《四民月令校注》，中华书局，1965，第41、43页。

② 钱玄、钱兴奇编著《三礼辞典》，凤凰出版社，2014，第578～579页。

③ 《旧唐书》，第941页。

腊”,[1] 定在每年的仲月且腊日不祭，一岁四享。

［三］朝参假：遍索史料，不能明确朝参假属于何种类型之假期，亦未详其请假流程。读书班意见并未统一，有同学据《太平御览》卷六三四《治道部一五》“急假”条载“诸百官九品私家祔庙、除程给假五日；四时祭祀各给假四日。（并课主祭者。）去任所三百里内亦给程。（若在京都，除祭日，仍各依朝参。）”,[2] 认为令文中的“假”字或为衍文，注文作“若祔庙和四时祭在京都，主祭者除祭日外，其余假期应朝参”解。因未查到与该解释相印证之材料，暂不取。

【翻译】

百官九品以上［举行］私家祔庙［仪式］，不包括路上［所需的时间］，给假五日。［进行］四时祭的，分别给假四日。（都是指主祭者。）［庙所］距离任职的地方［在］三百里以内，也给路上［所需的时间］。（如果是在京都，除了祭日，仍然分别遵照朝参假的规定。）

唐 3　诸文武官，若流外以上长上者，父母在三百里外，三年一给定省假［一］三十日；其拜墓，五年一给假十五日，并除程。若已经还家者，计还后年给。其五品以上，所司勘当于事无阙者，奏闻。（不得辄自奏请。）

【注释】

［一］定省假：省亲假。《礼记正义》卷一《曲礼上》载：“凡为人子之礼，冬温而夏凊，昏定而晨省。”郑玄注云：“安定其床衽也，省问其安否何如。”[3] 后称子女早晚向尊亲问安为“定省”。

【翻译】

文武官员，以及流外官以上长期上番的，［如果］父母在三百里之外，每三年给省亲假三十日；［官员］拜祭［父母］坟墓，每五年给假十五日，都不包括路上［所需的时间］。如果［官员］已经回过家的，从回家后的下一年［开始］计算给假。五品以上［官员］，所在官司核查确认［他的

---

① 《新唐书》卷一三《礼乐志》，第 346 页。

② （宋）李昉等撰《太平御览》，中华书局，1960，第 2844 页。

③ 《礼记正义》，第 24 页。

离职］对于［公］事没有影响的，奏报［皇帝］。（［官员本人］不能擅自奏请。）

唐4 诸冠，给假三日；五服内亲冠，给假一日，并不给程。

【翻译】

［官员行］冠礼，给假三日；五服以内的亲属［行］冠礼，给假一日，都不给路上［所需的时间］。

唐5 诸京官请假，职事三品以上给三日，五品以上给十日。以外及欲出关者，若宿卫官［一］当上五品以上请假，并本司奏闻。（若在职掌须缘兵部处分，及武官出外州者，并兵部奏。）私忌则不奏。其非应奏及六品以下，皆本司判给；应须奏者，亦本司奏闻。其千牛［二］、备身左右，给讫，仍申所司。若出百里外者，申兵部勘量，可给者亦奏闻。（东宫千牛亦准此录启［三］。）

【注释】

［一］宿卫官：唐代负责宿卫宫城、皇城、太庙等地的卫官，如十六卫大将军、将军、中郎将等。

［二］千牛：千牛备身，《天圣令》钞本中“千牛备身左右”连用时，省略一“备身”似乎是通例，如《天圣令·田令》唐34“亲王府典军五顷五十亩，副典军四顷，千牛备身左右、太子千牛备身各三顷”。[①]

［三］启：臣下上于皇太子的一种公文形式。《唐六典》卷一《三师三公尚书都省》“尚书都省”条载：“凡下之所以达上，其制亦有六，曰：表、状、笺、启、牒、辞。（表上于天子，其近臣亦为状。笺、启于皇太子，然于其长亦为之，非公文所施。九品已上公文皆曰牒。庶人言曰辞。）”[②]

【翻译】

京官请假，职事官三品以上给三日，五品以上给十日。［三日、十日］

① 《天圣令校证》，第388页。

② 《唐六典》，第11页。

以外及想要出关的，以及当值的五品以上宿卫官请假，都［由］本司奏报［皇帝］。（如果［官员］实际承担的事务需由兵部进行处理，以及武官离开［京城去］外州的，都［由］兵部上奏。）［如果是］私忌则不奏报。不应该上奏及六品以下［的官员］，都［由］所属官司判定给假；应当上奏的，也由所属官司奏报［皇帝］。千牛备身、备身左右，给［完］假［后］，仍然申报所属官司。如果［千牛备身、备身左右］要去百里以外的地方，申报兵部审核衡量，可以给假的也［要］奏报［皇帝］。（东宫千牛也依此录写公文启奏［太子］。）

唐6　诸外官授讫，给假装束。其去授官处千里内者四十日，二千里内五十日，三千里内六十日，四千里内七十日，过四千里外八十日，并除程。其假内欲赴任者，听之。若有事须早遣者，不用此令。旧人代至亦准此。（若旧人见有田苗应待收获者，待收获讫遣还。）若京官先在外者，其装束假减外官之半。

【翻译】

［京］外官员授官完毕［后］，给假整理行装。距离授官的地方一千里之内的［给］四十日，［一千里以上］二千里之内［的给］五十日，［二千里以上］三千里之内［的给］六十日，［三千里以上］四千里之内［的给］七十日，超过四千里以外［的给］八十日，都不包括路上［所需要的时间］。［装束］假内想要赴任的，［可以］允许［他们］这么做。如果有事需要早日差遣的，不适用这条令文。旧任官员在继任者到后也依此［处理］。（如果旧任官员现有田内庄稼等待收割的，等到收割完毕［以后再］发遣启程。）如果京官先在外地的，他的装束假减去［京］外官员的一半。

右令不行。

【翻译】

以上令文不再施行。

《中国古代法律文献研究》第十辑
2016年，第253~279页

南宋《给复学田公牒》和《给复学田省札》碑文整理*

中国政法大学石刻法律文献研读班

摘　要：南宋绍定初年立于平江府学的《给复学田公牒一》、《给复学田公牒二》、《给复学田省札》是一组珍贵的公文运作和诉讼流程并行的碑刻文献。三通碑石载平江知府给付府学公牒五份、提举常平司给付平江府府学公牒一份、尚书省给付府学省札两份，及府学教授的跋记一篇。八份公文样式完整，内容衔接，穿插记载了学田被冒占一事之首告、状申、受理、取证、裁断、翻诉、再审、检法、再判、执行、越诉、转审、断罪等环节，可再现学田案的诉讼始末和审判流程。由于三碑原石状况不详，拓本难得一见，碑文内容未见系统整理研究，致使其重要史料价值未得到应有的体现。

本文按原碑格式，逐碑、逐段、逐行对碑文进行移录、标点，对其中所涉职官、专词进行必要的注释，以期为后续研究提供一个可据的文献整理底本。本文是对三通碑石文字的“整理

* 本文为北京市社会科学基金重大项目“古代石刻法律文献分类集释与研究”（编号15ZDA06）的阶段性整理研究成果。参与碑文整理者有李雪梅、赵晶、聂雯、李萌、王浩、袁航、王梦光、曹楠、王文萧、李雪莹等。全文由李雪梅、安洋统稿。本文据以整理研究的碑刻拓本现藏于北京大学图书馆和台北中研院历史语言研究傅斯年图书馆，特此致谢。

篇”。对碑文的内容分析和考证研究，可参见“考释篇”。

关键词： 碑文　公牒　省札　学田

一　《给复学田公牒一》（图1）录文

图1　台北中研院历史语言研究傅斯年图书馆藏《给复学田公牒一》拓本

（一）绍定元年五月平江府牒文

军府[①]牒　　府学

1. 据吴县主簿[②]□〔周〕修职[③]申：准　使府[④]送下陈焕冒占府学荡田[⑤]公案壹

2. 宗，委指定回申。本职拖详[⑥]府案，□〔元〕年正月内府学公状申："本学砧基、[⑦]

---

① 军府，即平江府。"太平兴国三年，改平江军节度。本苏州，政和三年，升为府。"见《宋史》卷八八《地理志四》，中华书局，1977，第 2174 页。宋代州（府）有大都督、节度、防御等不同类别。节度州既有州府名，又有军额，故以"军府"指代平江府。

② "开宝三年（970），诏诸县千户以上置令、主簿、尉；四百户以上置令、尉，令知主簿事；四百户以下置主簿、尉，以主簿兼知县事……中兴后，置簿掌出纳官物、销注簿书，凡县不置丞，则簿兼丞之事。"详见《宋史》卷一六七《职官志七》，第 3978 页。

③ 修职，即修职郎，选人阶官之第六阶。原为试衔县令、知录事。详见《宋史》卷一五八《选举志四》，第 3694 页。崇宁初，以登仕郎换知录事参军、知县令，政和间，改登仕郎为修职郎。见（宋）马端临著《文献通考》卷六四《职官考十八》，中华书局，2011，第 1931 页。南宋时，修职郎为从八品，而诸州上中下县主簿则为从九品。详见《宋史》卷一六八《职官志八》，第 4017 页。此处周主簿的阶官高于实际任官。

④ 使府，亦数见于《名公书判清明集》，如卷四《户婚门》之《争业上·使州送宜黄县张椿与赵永互争田产》、《争业上·曾沂诉陈增取典田未尽价钱》等，参见中国社会科学院历史研究所宋辽金元史研究室点校《名公书判清明集》，中华书局，1987，第 101、104 页。梅原郁认为，在《清明集》中，使府一般用来指称知府。"使"是表示朝廷使命之意的敬语，故而也存在使州、使台等用例。特别是南宋重要的州府由安抚使兼任知州、知府，故有使府、使州之类的称法。参见〔日〕梅原郁《名公書判清明集訳注》，同朋舍，1986，第 54 页。

⑤ 荡田，即积水茭荡田。这类田虽已非湖泽河汊，但尚未成为可耕田。参见虞云国《略论宋代太湖流域的农业经济》，《中国农史》2002 年第 1 期，第 66 页。荡田田赋较一般农田为轻，旧时在税法上仍称作"荡地"。参见魏如主编《中国税务大辞典》，中国经济出版社，1991，第 327 页。

⑥ 拖详，指详细审阅、考察案件之意。《名公书判清明集》有"拖详案卷"、"拖详案牍"、"拖详始末"等用例。参见《名公书判清明集》卷七《户婚门》之《立继·同宗争立》、《立继·官司斡二女已拨之田与立继子奉祀》、《归宗·出继子破一家不可归宗》，第 210、215、225 页。

⑦ 砧基即砧基簿，指登载田亩四至的簿册，出现于南宋绍兴年间李椿年推行经界法时。事见《文献通考》卷五《田赋五》，第 118 页。与以往产税籍册不同之处是，砧基簿对土地的登记采用了打量画图的办法："以所有田各置砧基簿图"，即业主先自实画图；"诸县各为砧基簿三"，官方再编制三份图册。"砧"原字是"占"，意为自己陈报、书写；"基"原义墙基，引申为"基址"，含有四至封界之意。参见何炳棣《南宋至今土地数字的考释和评价（上）》，《中国社会科学》1985 年第 2 期，第 138 ~ 139 页；尚平《南宋砧基簿与鱼鳞图册的关系》，《史学月刊》2007 年第 6 期，第 29 ~ 33 页。

3. 石碑有常熟县双凤乡四十二都器字号荡田壹阡陆佰玖拾亩叁

4. 角壹拾玖步，[1] 据王彬等五户围裹[2]壹阡肆拾亩壹拾伍步租佃外，有

5. 陆佰拾伍亩不见着落。节次是王彬、朱忠、叶延年首论陈焕冒占，乞

6. 根究施行。”奉

7. 权府提刑大卿[3]台判，[4] 帖[5]尉司[6]追。三月二十三日府学再状申府，奉

8. 判府宝谟大卿[7]案，严限催续，追到陈焕、叶延年。奉

---

① 《云麓漫钞》载：绍兴中，李侍郎椿年行经界。有献其步田之法者，若五尺以为步，六十步以为角，四角以为亩……此积步之法，见于田形之非方者然也。参见（宋）赵彦卫撰《云麓漫钞》卷一，傅根清点校，中华书局，1996，第10~11页。

② 围裹，指以围筑堤岸的方式向水面争得新耕地，将荡田开辟为围田。参见虞云国《略论宋代太湖流域的农业经济》，《中国农史》2002年第21卷第1期，第65页。围田，或称圩田、湖田，因各地习惯不同而异。三者时常混用，无严格界限。参见宁可《宋代的圩田》，《中国农村科技》2011年8月，第73页。

③ 权府提刑大卿，即《给复学田公牒一》之三署衔最末之林介。权府即权平江府，提刑即两浙西路提点刑狱事。大卿为尊称《宾退录》载：“世俗称列寺卿曰大卿，诸监曰大监，所以别于少卿监。”参见（宋）赵与时、徐度撰《宾退录却扫编》，傅成、尚成校点，上海古籍出版社，2012，第28页。另据《吴郡志》载：林介，宝庆三年（1227）四月，以提刑兼权。十二月，除太府少卿，依旧兼权。绍定元年（1228）七月，再兼权。十一月，改除大理卿。参见（宋）范成大纂修，汪泰亨等增订《吴郡志》卷一，《宋元方志丛刊》第1册，中华书局，1990，第775页。

④ “台判”一词在《名公书判清明集》颇常见，有“奉提举常部台判”（卷五《户婚门·争业下·争田合作三等定夺》，第143页）、“呈奉知府杨侍郎台判”（卷五《户婚门·争业下·侄假立叔契昏赖田业》，第148页）、“奉徐知郡台判”（卷七《户婚门·归宗·出继子不孝勒令归宗》，第225页）等说法，与碑文本句用法类似，即“某官台判”。亦有“台判”一词单独使用的情形。总的来说，“台判”应是指称特定判决、指示之用语，并含有一定尊称意味。

⑤ 帖，宋代诸州行下属县公文，不用“符”则用“帖”。事轻者用帖。参见龚延明编著《宋代官制辞典》，中华书局，1997，第624页。《庆元条法事类》载“帖”式，详见（宋）谢深甫编《庆元条法事类》卷一六《文书门一·文书》，戴建国点校，载杨一凡、田涛主编《中国珍稀法律典籍续编》第1册，黑龙江人民出版社，2002，第249页。另帖也可表批示、指令之意。

⑥ 尉司，即县尉司，为县尉治所。宋时，小县往往由令、丞或簿兼任县尉，此时不再设尉司；大县则分设令、丞、簿与尉，并设尉司为县尉治所。常熟为经济要县，故有尉司。

⑦ 判府宝谟大卿，即本牒署衔最末之“朝奉大夫、直宝谟阁、知平江军府事章”。章为章良朋，于绍定元年三月十七日到任。参见《吴郡志》卷一一，第775页。判府，按宋制，仆射、宣徽使、使相知州府者为判。参见（宋）洪迈撰《容斋随笔·三笔》卷一四，孔凡礼点校，中华书局，2006，第598页。宝谟，即宝谟阁，贴职名。通常简称“宝谟”者，为宝谟阁学士。章的贴职为直宝谟阁，简称直阁。大卿，但据《给复学田省札》碑末汪泰亨跋语，称章为少卿。故，所谓的判府、宝谟、大卿三个头衔，均超出了章良朋的实际身份，盖是尊称而已。

9. 台判，押下府学，[1] 委职事同常熟邵县尉[2]从公打量。据邵县尉回申："缴
10. 到庄宅牙人蒋成等状，称打量得王彬、施祥、朱千十一、濮光辅、陈焕
11. 见种荡田壹阡柒拾肆亩贰拾叁步，外有宽剩荡田壹阡玖拾亩贰
12. 拾叁步，及备到朱千十一名琼、濮珙、施祥、王大任等供证，系是陈焕
13. 冒占。看荡人张十二供，王彬等元佃学田壹阡陆佰玖拾亩，东止韩
14. 家田，西止径山寺田，南止府学旧田，北止双凤泾，所有陆佰余亩系
15. 陈焕冒占。田邻顾三十三等供，有陈焕围裹学荡成田，不知所纳何
16. 色官物。回申　使府。"续是供赍出叁契。内壹契是顾悦下子荣将信
17. 字坝贰号田贰佰玖拾壹亩贰角肆拾步，东止自比，西止僧宗觉田，
18. 南止王，北止双凤乡泾，嘉定贰年正月初拾壹日，无钱贯、买主姓名。
19. 前有思政乡陈百十三秀才约，后有顾应将田壹拾陆亩永卖与陈
20. 焕秀才契，是嘉定陆年拾月叁拾日、嘉定拾年贰月贰拾肆日印。内

[1] 押下府学，指押下府学监管读书。《名公书判清明集》中有类似情形，如士人充揽户被罚"押下县学，习读三月，候过改日，与揕毁揽户印记，改正罪名"。参见《名公书判清明集》，第404页。在宋代税赋的征收过程中，民间广泛存在揽户包揽代纳民户税赋的现象。宋代揽户地位较低，读书人充揽户往往为人所不齿，故需押往县学改过并收回印记。参见吴业国，王棣《南宋县级赋税征收体制检讨》，《中国经济史研究》2008年第1期，第89～90页。又如士人"诡嘱受财"情节较轻的，"押下州学听读，请本学输差人监在自讼斋，不得放令东西"。参见《名公书判清明集》，第405页。可见南宋士人犯轻微罪过，可通过关押到府学并督其读书的方式作为惩戒。

[2] 县尉，县邑官名。建隆三年（962）县置一尉，在主簿之下。掌阅习弓手，戢奸禁暴事。凡县不置簿，则尉兼之。南宋，沿边诸县有时以武臣充任，并兼巡捉私茶、盐、矾事。有时文武通差。参见《宋史》卷一六七，第3978页。

21. 壹契是王聪等将使字坝陆拾亩，东吉家浜，西赵府田，南行舡路，北
22. 韩其田，召到陈焕秀才，承买价钱陆拾捌贯文，嘉定陆年拾贰月日、
23. 嘉定拾年贰月贰拾肆日印。壹契是俞枢密府提举位，元作两契，将
24. 钱叁阡贰佰柒拾贯文典到陈焕双凤乡己产壹阡叁亩贰角肆步，
25. 转典与朱寺丞宅，无都分，无字号、四至，无陈焕上手干照，[①] 是宝庆元
26. 年叁月契，肆月日印。本职窃详上件事理，府学砧基是淳熙五年造，
27. 碑石是庆元贰年立，具载常熟县双凤乡肆拾贰都器字荡壹阡陆
28. 佰玖拾亩叁角壹拾玖步，除王彬五户租佃外，有陆佰余亩不见着
29. 落，申府根究。本府委邵县尉集田邻打量亩步，回申："除王彬五户所
30. 佃外，宽剩壹阡玖拾亩有零，父宿供证元系陈焕占种。"荡内既无其
31. 他民产隔截，则府学所失陆佰余亩是陈焕冒占也。陈焕无以盖其
32. 冒占之罪，却于今来打量后，执出叁契影射，并在府学年月之后。第
33. 壹契是顾子荣等㕣人交易经帐，即非契书，无钱贯、买主姓名，于年
34. 月上又添改，作正月初拾壹日；第贰契王聪契，又与学荡四至字号
35. 不同；第叁契是俞提举转典陈焕产与朱寺丞，无都分，无四至、字号，
36. 无陈焕上手干照。以亩步计之，叁契共有壹阡叁佰柒拾壹亩，比

① 干照，宋代田宅诉讼中各类契约文书的通称。详见陈景良《释"干照"——从"唐宋变革"视野下的宋代田宅诉讼说起》，《河南财经政法大学学报》2012 年第 6 期。

今

37. 来宽剩之数多贰佰捌拾亩。况俞府壹契内称，系产田契内钱叁阡

38. 贰佰余贯，置田壹阡叁亩有零，则是叁阡壹亩若是民产，其价不应

39. 如是之贱。若果是陈焕己产典在俞府，俞府又典在朱宅，则其契合

40. 在朱宅收掌，赍出到官，不应陈焕执出，见得是诡名伪契。其干照既

41. 不分明，非影射冒占而何？准

42. 《律》[①]："诸盗耕种公私田，壹亩以下笞三十，伍亩加壹等，过杖壹百，拾亩

43. 加壹等，罪止徒壹年半。荒田减壹等，强者各加壹等，苗、子归官、主。"准

44. 《令》[②]："诸盗耕种及贸易官田，（泥田、沙田、逃田、退复田同。）若冒占官宅、欺隐税租赁直

45. 者，并追理。积年虽多，至拾年止。"今陈焕但已身死，伪契叁纸合行毁

（注：以上为第一截）

46. 抹，元占田陆佰余亩，合给还府学管业；其余宽剩荡田肆佰余亩，既

47. 与学荡相连，欲乞

48. 台判并给府学，以助养士。陈焕所收租利，其陆佰亩合追上以次人

① 该条系《宋刑统·户婚律》"占盗侵夺公私田"律文。详见（宋）窦仪等撰《宋刑统》卷一三《户婚律·占盗侵夺公私田》，薛梅卿点校，法律出版社，1999，第228页。本文对标点断句作了适当修改。

② 绍定年间（1228～1233）应行用《庆元重修敕令格式》，此条令文应为《庆元令》的内容。孔学《〈庆元条法事类〉研究》中有"宋代全国性综合编敕表"。按时间推论，绍定年间处于《庆元重修敕令格式》颁行后，《淳祐敕令格式》颁行前，故应行用《庆元重修敕令格式》。参见孔学《〈庆元条法事类〉研究》，《史学月刊》2000年第2期。

49. 监还府学外，肆佰余亩亦合追理入官。附申乞取自使府指挥[①]施行。奉

50. 台判案照行府司，已具禀。将陈焕朱契叁纸毁抹附案，及关府院，就

51. 押上陈焕以次人陈百十四赴府招认所欠十年租课外，所合牒府

52. 学，仰径自管业。须至行遣。

53. **牒请候到照牒内备去事理，仰径自**

54. **管业，具状供申。谨牒。**

55. 绍定元年五月（平江府印）日牒

56. **儒林郎、平江府观察推官吕**

57. **承直郎、平江军节度推官[②]耿**

58. **通直郎、特差通判[③]平江军府事富**

府学

59. **承议郎、通判平江军府事石**

60. **朝奉大夫、直宝谟阁、知平江军府事章（押）**

（二）绍定元年六月平江府牒文

军府　　牒　　府学

1. 承府学教授[④]汪从事申，准　使府断还陈焕元冒占双凤乡四十二

① 指挥，命令的泛称，此处尚未形成行下命令文书。已降圣旨，亦可泛称“指挥”。亦指上行下命令体正式文书。参见《宋代官制辞典》，第624页。

② 推官，州府属官，协理长吏治本州府公事。分节度推官、观察推官、防御推官、团练推官及军事推官数等，节度推官系衔冠以节度军额名，观察推官以下则系州府名。参见《宋代官制辞典》，第544页。故此处，吕、耿二人分别系以平江府、军。

③ 通判，宋太祖初置，既非知州副贰，又非属官。元丰改制，通判为副贰。至南宋，名义上入则贰政、出则按县，但实际地位下降，主要分掌常平、经总制钱等财赋之属。参见《宋代官制辞典》，第535页。另“特差”，《庆元条法事类》卷六《权摄差委·职制敕》规定：“诸知州、通判、县令阙及添差、特差官有故或任满辄差寄居待阙官权摄，并受差者，并以违制论，因而收受供给者，坐赃论。”《中国珍稀法律典籍续编》第1册，第98页。或许通直郎品级低于通判，所以称特差。即“特差”或许是有一种品级本来不够，但是优宠特加的意思。承议郎，从七品；通直郎，正八品。平江府通判是正七品（上州通判正七品，中下州从七品）。另可参见李勇先《宋代添差通判制度初探》，载《宋代文化研究》第6辑，四川大学出版社，1996，第114~130页。

④ 教授，总领州、府学，以经书、儒术、行义训导诸学生徒，掌功课、考试之事，纠正违犯学规者。其沿革参见《宋代官制辞典》，第550页。

2. 都学田，申乞出牓[①]约束事件等，奉

3. 判府宝谟大卿台判案并行，今具下项，须至行遣：

4. 第一项，据申，乞帖委元打量官常熟县尉同本学职事躬亲前去

5. 交业，庶得小人知畏，

6. 此项本府除已专帖委常熟县尉，同与本学差到职事躬亲

7. 前去田所，令府学交业外，今牒府学，请立便差委学职前去，

8. 常熟县尉同与交业，一并具状供申。

9. 第二项，据申，本学交业以后，切恐陈焕兄弟子侄及邻比恶少妄

10. 行搔扰，损掘岸塍，偷斫稻禾，侵害官租，深属利害。乞给

11. 牓严行约束。仍帖本县及巡尉，[②] 告示乡戛、[③] 都保[④]合属去

12. 处知委，常切差人防护，无致损坏官田，仍牓约束。

13. 此项，本府除已出牓府学学田所晓示约束，及帖本县并巡

（注：以上为第二截）

14. 尉告示乡戛、都保知委，常切差［人防护，毋得］妄行生事外，今

15. 牒府学，请照应。

16. 第三项，据申，陈焕冒占学田上有庄屋、农具等物，乞帖下尉司，籍

① 牓，官府向军民发布之下行文体，文体与载体相对灵活，可书于纸、木、壁、石、碑等，多用以通告法令法规，或劝谕教化民众。“出牓禁止”、“出牓约束”等常见于文献。

② 巡尉，宋时常以巡尉并指巡检与县尉，二者均负有捕盗与治安之职。

③ 乡戛，宋时供县衙使用之吏人，协助处理包括催收赋税在内的政务，编制不详，推为非官方编制，或为轮流当值差役之民。《琴川志》载常熟县设各类吏人与公人 24 种：“押录（旧额二人，今以县事繁冗增差不定），手分（随手所分，差无定额）……乡司、乡戛、当直人（轮番散番等，请给于县库、茶酒、帐设、邀喝，请给于税务）……”见（宋）孙应时纂修，鲍廉增补，（元）卢镇续修《琴川志》卷六，载《宋元方志丛刊》第 2 册，中华书局，1989，第 1213 页。

④ 都保，宋时乡役组织，主要负责催征赋税。《宋会要·食货六七》载：“凡州县徭役、公家科敷、县官使令、监司迎送，皆责办于都保之中。”

17. 定名件，给本学田所公用。
18. 此项，本府除已并帖委常熟县尉，仰将陈焕元占学田所庄
19. 屋、农具等物给与本学公用，今牒府学，并请职事前去交管，
20. 具状供申。
21. 第四项，据申，陈焕元佃学田壹佰伍拾余亩，纳米叁拾捌硕有零，
22. 本学得蒙　使府理断，冒占田亩归给本学讫，所有上
23. 项田段，陈焯委难仍前租种，合从本学别召人布种，庶
24. 免他日抵赖学租，紊渎官府，仍乞行下尉司，一并交业。
25. 此项，本府除已并帖常熟县尉、职事逐一交业外，今牒府
26. 学，请照应，径自别行召人布种，具状供申。
27. 第五项，据申，蒙使府施行，陈焕节次案牍，仍乞关府院所断陈
28. 焯等因依，详备始末，牒本学镌刻碑石，庶得久远遵守。
29. 此项，本府除已行关府院，仰备元断陈焯等因依始末案牍
30. 回关赴府，以凭牒府学照应外，今牒府学，请照应施行。
31. 第六项，据申，蒙　使府理断陈焕弟陈焯、陈焕冒占学田壹阡余
32. 亩，给还本学添助养士，乞备因依具申
33. 台部及诸司证会。
34. 此项，本府除已详具元断因依备申
35. 御史台、户部转运司、提刑提举使司证会外，今牒府学，请一
36. 并证应。
37. **牒请照备去牒内事理逐项施行，具状**
38. **供申。谨牒。**
39. 绍定元年六月（平江府印）日牒
40. **儒林郎、平江府观察推官吕**
41. **承直郎、平江军节度推官耿**
42. **通直郎、特差通判平江军府事富**

府学

43. **承议郎、通判平江军府事石**

44. **朝奉大夫、直宝谟阁、知平江军府事章**（押）

（注：以上为第三截）

（三）绍定元年七月平江府牒文

军府　　牒　　府学

1. 承府学教授汪从事申，蒙使帖差委元打量官邵县尉同学职前
2. 去田所，一并拘籍给归本学交业。切虑尉司、承吏受豪户陈焯计嘱，
3. 迁延不为从公逐一交业，深属利害。乞下案证祖，严限行下交业，□〔奉〕
4. 台判催，今具下项，须至行遣：
5. 一、府司除已再帖常熟县尉，照已帖疾速躬亲前去田所，同府学
6. 交业去外。
7. 此项，再牒府学，立便差拨职事前去，所委官同与躬亲田所
8. 交业，具已差定姓名。状申。
9. 一、府司除已再帖常熟县尉，籍定陈焕元占田所庄屋、农具等物
10. 归给府学公用去外。
11. 此项，今牒府学照应，并具交管。状申。
12. 一、府司除已再帖常熟县尉，并将陈焕元佃学田壹佰伍拾余亩，
13. 一并令府学交业外。
14. 此项，今牒府学照应，一并具已交业。状申。
15. 一、府司除已再帖常熟县尉，告示乡戛、都保知委，常切差人防护
16. 陈焕兄弟子侄，及邻比恶少妄行搔扰，损掘岸塍，偷斫
17. 稻禾，侵害官租去外。
18. 此项，今牒府学照应。
19. **牒请照应施行。谨牒。**

20.　　　绍定元年七月（平江府印）日牒

21.　　　　　**儒林郎、平江府观察推官吕**（名字，押）

22.　　　　　**承直郎、平江军节度推官耿**（名字，押）

23.　　　**通直郎、特差佥书平江军节度判官厅公事**[①]**赵**（名字，押）

24.　　**通直郎、特差通判平江军府事富**（押）

府学

25.　　**承议郎、通判平江军府事石**（孝隆，押）

26. **朝请大夫、直秘阁、两浙西路提点刑狱事、兼权平江府、新除太常卿林**（押）

二　《给复学田公牒二》（图2）录文

（一）绍定元年九月平江府牒文

军府　　牒　　府学

1. 承府学汪教授申到因依，乞证周主簿指定监陈焯合纳本学及合
2. 纳本府拾年花利，及照
3. 条收坐罪名，及备申
4. 台部诸司证会，庶免陈焯异时妄诉，申乞指挥施行。奉
5. 台判：府学荡田载之砧基，刊之石刻，悉有可照。先本荡地，续后众户
6. 围裹成田。濮光辅等四名于已围之后就学立租，岁有输纳。惟陈焕
7. 冒占在己。学校第知器字荡田，濮光辅等已行请佃，而陈焕所占，所
8. 未及知。因叶延年等告首，方于砧基、石刻考证，始知源流。陈焕欺弊

① 签书判官厅公事，宋英宗前为“签署判官厅公事”，简称“签判”，协助长吏处理签署文书、用印等。参见《宋代官制辞典》，第542页。

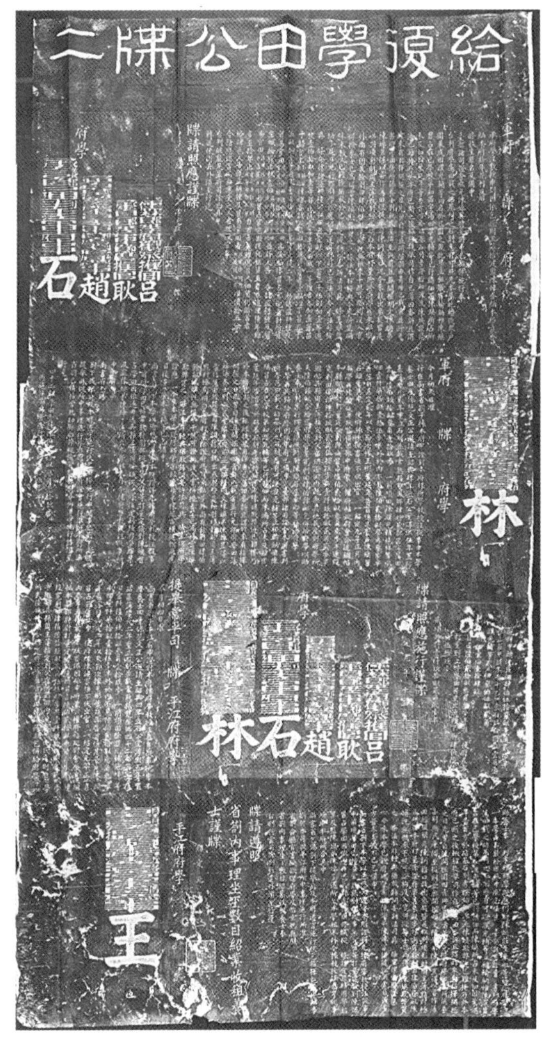

图 2　北京大学图书馆藏《给复学田公牒二》拓本

9. 迹已难掩，乃于本府已断之后，辄经提举司[1]作自己荡田番诉。且谓：

① 宋代官署多有简称提举司者，如提举常平广惠仓司、提举学事司、提举茶马公事等。此处为提举常平司，又称“仓司”，为宋代地方监司之一。熙宁初因推行新法而设，管勾农田水利差役事及平准、调剂兼监督地方行政。《宋史》载：“掌常平、义仓、免役、市易、坊场、河渡、水利之法，视岁之丰歉而为之敛散，以惠农民……皆总其政令，仍专举刺官吏之事。”参见《宋史》卷一六七，第2659页。

10. “昨来有指挥，开掘之日先曾自陈，且开掘围田，青册[①]已载者，并行免
11. 掘。”府学田荡所系养士，别无民产邻至，从前并无开掘明文。陈焕弟
12. 陈焯岂得以尝作荡田，经提举司陈词借口。况今来执出叁契，皆是
13. 以别项影射，周主簿点对极为明白。本府打量，除证府学旧来亩步
14. 外，尚有围裹余剩田肆佰余亩。陈焕既无祖来干照可证，拘没入官
15. 并拨养士已为得当。陈焕欺弊，质之　条法，本非轻典，今来所监瞒
16. 昧米数，又已轻优，犹敢于已断之后，饰词妄诉，法司具　条呈，候监
17. 纳了足日施行。牒府学证应，仍申运司、府司，已送法司。今承法司检
18. 具　条令。《律》：“诸盗耕种公私田者，壹亩以下笞三十，伍亩加壹等，过
19. 杖壹佰，拾亩加壹等，罪止徒壹年半。荒田减一等，强者各加壹等。苗、
20. 子归官、主（下条苗、子准此）。”《律》：“诸妄认公私田，若盗贸卖者，壹亩以下笞五十，
21. 伍亩加壹等。过杖壹佰，拾亩加壹等，罪止徒二年。”　《敕》：“诸盗耕种及
22. 贸易官田，（泥田、沙田、逃田、退复田同，官荒田虽不籍系亦是。）各论如律。冒占官宅者，计所赁
23. 坐赃论罪，止杖壹佰，（盗耕种官荒田、沙田，罪止准此。）并许

① 青册指土地核查、清点后详细登记的册子。亦见金代碑石。元代称“户口青册”，是户口簿的别称。清代为文书名，黄册之副本，以青色为封皮，故称。参见中国历史大辞典编纂委员会编《中国历史大辞典》，上海辞书出版社，2000，第1714页。

人告。”《令》：“诸盗耕种及贸

24. 易官田，（泥田、沙田、逃田、退复田同。）若冒占官宅、欺隐税租赁直者，并追理。积年虽

25. 多，至拾年止。（贫乏不能全纳者，每年理二分。）自首者免。虽应召人佃赁，仍给首者。”

26. 《格》：“诸色人告获盗耕种及贸易官田者，（泥田、沙田、逃田、退复田同。）准价给五分。”

27. 《令》：“诸应备赏而无应受之人者，理没官。”奉

28. 台判：候监足。呈府司。除已具申

29. 转运使衔去外，须至行遣。

30. **牒请照应。谨牒。**

31. 绍定元年玖月（平江府印）日牒

32. **儒林郎、平江府观察推官吕**

33. **承直郎、平江军节度推官耿**

34. **通直郎、特差佥书平江军节度判官厅公事赵**

府学

35. **承议郎、通判平江军府事石**

（注：以上第一截）

36. **朝请大夫、直秘阁、两浙西路提点刑狱事、兼权平江府、新除太常卿林**（押）

（二）绍定元年十一月平江府牒文

军府　　牒　　府学

1. 今月初贰日准

2. 行在[①]尚书省札子。据本府申，证对本府。据府学教授汪从事申：本学

3. 养士田产系范文正公选请，至绍兴肆年立石公堂，淳熙伍年置砧

① 行在，本意指天子巡行所在之地。宋制，车驾巡幸亲征，则随事务，各置行在司。参见《宋会要辑稿·职官四》“行在诸司条”，刘琳等校点，上海古籍出版社，2014，第3113页。南宋以临安府为行在，中央诸司前系行在。

4. 基簿，庆元贰年重立石刻，并载常熟县双凤乡肆拾贰都器字荡田
5. 壹阡陆佰玖拾亩叁角壹拾玖步。　一、前项田除濮光辅、施祥等承
6. 佃壹阡柒拾亩壹拾伍步半外，于内不见陆佰贰拾亩叁角叁步半
7. 着落。自嘉定贰年以来，节次据王彬、叶延年告首，系是豪户陈焕冒
8. 占。虽屡具申　使府，缘陈焕富强，不伏出官。　一、绍定元年正月内，
9. 本学再据叶延年状首，备因依申府。蒙　权府帖巡尉会合追，继帖
10. 本县邵县尉打量，定验到陈焕冒占陆佰贰拾亩叁角叁步半，连段
11. 宽剩田肆佰陆拾玖亩贰角伍拾玖步，共壹阡玖拾亩贰角贰步半。
12. 继帖吴县周主簿，指定到父宿供证，田内既无其他民产，则府学所
13. 失陆佰余亩，合给还府学管业。宽剩田肆佰余亩，乞并给府学，以助
14. 养士。奉　判案行牒学证应，仍将陈焕庄屋、车船等籍给府学。一、
15. 本学再具归给府学因依申府，乞备申　台部诸司证会。本府书判：
16. “府学荡田载之砧基，刊之石刻，悉有可证。濮光辅等立租输纳，惟陈
17. 焕冒占在己。学校第知濮光辅等已行请佃，而陈焕所占未及知。因
18. 叶延年告首，方于砧基、石刻考证，始知源流。陈焕欺弊迹已难掩，乃
19. 于本府已断之后，辄经提举司作自己荡田番诉。且谓：‘昨来有指挥，
20. 开掘之日先曾自陈，且开掘围田，青册已载者并行免掘。’府学田荡
21. 所系养士，别无民产邻至，从前并无开掘明文。陈焕弟陈焯岂得以
22. 尝作荡田，经提举司陈词借口，执出叁契，皆是以别项影射。周

主簿

23. 点对极为明白。”本府打量，除证府学旧来亩步外，尚有余剩田肆佰

24. 余亩。陈焕既无祖来干照可证，拘没入官，并拨养士，已为得当。陈焕

25. 欺弊，质之　条法，本非轻典，犹敢饰词妄诉，法司具　条呈，牒府学

26. 证应。　一、今来本学已证府牒管业，缘陈焕弟陈焯富横健讼，尚虑

27. 日后多方营求，紊扰不已，乞备申

28. 尚书省札下本学，以凭悠久遵守。本府证得：先据府学教授汪从事

29. 申，前项学田已帖常熟县尉邵从事，集父宿等打量，定验到陈焕冒

30. 占学田因依，遂再送吴县主簿周修职，从　条指定，断归府学绍业。

31. 及监陈焕弟陈焯了还所欠本学租米外，今据府学教授汪从事所

32. 申，本府备申

33. 尚书省，乞赐

34. 札下提举司及本府遵守施行。伏乞指挥施行申闻事。已札下浙西

35. 提举司从所申事理施行外，右札付　府证会施行。准此。本府所准

36. 省札已备帖常熟知县、白苑巡检、常熟县尉，各仰遵守施行外，须至

37. 行遣。

38. 　四十二都学田壹阡陆佰玖拾亩叁角壹拾玖步。

39. 　　内施祥等共管壹阡柒拾亩壹拾伍步半。

（注：以上第二截）

40. 　　施祥、甲头沈良佃肆佰伍拾贰亩壹角贰步半。

41. 　　径山庄甲头朱千十乙佃壹佰玖拾捌亩壹角拾叁步。

42.　　濮光辅等贰户佃叁佰伍亩贰角。

43.　　王彬佃壹佰壹拾肆亩。

44. 陈焕冒占陆佰贰拾亩叁角叁步半，准　使府差常熟县

45.　　打量到上件学田，并量出连段下脚肆佰陆拾亩贰

46.　　角伍拾玖步。

47. 贰项共计壹阡玖拾亩贰角贰步半。

48. **牒请照应施行。谨牒。**

49.　　　绍定元年十一月（平江府印）日牒

50.　　　　　**儒林郎、平江府观察推官吕**（名字，押）

51.　　　　　**承直郎、平江军节度推官耿**（名字，押）

52.　　　　**通直郎、特差佥书平江军节度判官厅公事赵**（名字，押）**府学**

53.　　　　**承议郎、通判平江军府事石**（孝隆，押）

54. **朝请大夫、直秘阁、两浙西路提点刑狱事、兼权平江府、新除太常卿林**（押）

（三）绍定元年十一月提举常平司牒文

提举常平司　　牒　　平江府府学

1. 今月初四日准

2. 尚书省札子：平江府申，证对本府。据府学教授汪泰亨从事状申：本

3. 学养士田产系范文正公选请，至绍兴四年立石公堂，淳熙五年置

4. 砧基簿，庆元二年重立石刻，并载常熟县双凤乡四十二都器字荡

5. 田壹阡陆佰玖拾亩叁角壹拾玖步。　一、前项田除濮光辅、施祥等

6. 承佃壹阡柒拾亩壹拾伍步半外，于内不见陆佰贰拾亩叁角叁步

7. 半着落。自嘉定二年以来，节次据王彬、叶延年告首，系是豪户陈焕

8. 冒占。虽屡具申　使府，缘陈焕富强，不伏出官。　一、绍定元年正月

9. 内，泰亨再据叶延年状首，备因依申府，蒙　权府帖巡尉会合追，继

10. 帖本县邵县尉打量，定验到陈焕冒占陆佰贰拾亩叁角叁步半，连
11. 段宽剩田肆佰陆拾玖亩贰角伍拾玖步，共壹阡玖拾亩贰角贰步
12. 半。继帖吴县周主簿，指定到父宿供对，田内既无其他民产，则府学
13. 所失陆佰余亩，合给还府学管业；宽剩田肆佰余亩，乞并给府学，以
（注：以上第三截）
14. 助养士。奉　判案行牒学证应，仍将陈焕庄屋、车舡等籍给府学。
15. 一、本学再具归给因依申府，乞备申　台部诸司证会。　书判："府学
16. 荡田载之砧基，刊之石刻，悉有可证。濮光辅等立租输纳，惟陈焕冒
17. 占在己。学校第知濮光辅等已行请佃，而陈焕所占未及知。因叶延
18. 年告首，方于砧基、石刻考证，始知源流。陈焕欺弊迹已难掩，乃于本
19. 府已断之后，辄经提举司作自己荡田番诉。且谓：'昨来有指挥，开掘
20. 之日先曾自陈，开掘围田，青册已载者并行免掘。'府学田荡所系养
21. 士，别无民产邻至，从前并无开掘明文。陈焕弟陈焯岂得以尝作荡
22. 田，经提举司陈词借口，执出叁契，皆是以别项影射。周主簿点对极
23. 为明白。"本府打量：除证府学旧来亩步外，尚有余剩田肆佰余亩。陈
24. 焕既无祖来干照可证，拘没入官，并拨养士，已为得当。陈焕欺弊，质
25. 之　条法，本非轻典，犹敢饰词妄诉，法司具　条呈，牒府学证应。

26. 一、今来本学已证府牒管业，缘陈焕弟陈焯富横健讼，尚虑日后多
27. 方营求，紊扰不已，乞备申
28. 尚书省札下本学，以凭悠久遵守。本府证得：先据府学教授汪从事
29. 申，前项学田已帖委常熟县尉邵从事，集父宿等打量，定验到陈焕
30. 冒占学田因依，遂再送吴县主簿周修职，从　条指定，断归府学绍
31. 业。及监陈焕弟陈焯了还所欠本学租米外，今据教授汪泰亨从事
32. 所申，本府所合具申
33. 尚书省，乞赐札下提举司及本府遵守施行，伏乞指挥施行申闻事。
34. 札付本司，从平江府所申事理施行。所准
35. 省札，佥厅官书拟欲牒府学及帖常熟县，照
36. 省札内事理坐下数目绍业收租养士。奉
37. 台判行当司，除别行遣外，须至行遣。
38. **牒请遵照**
39. **省札内事理坐下数目绍业收租养**
40. **士。谨牒。**
41. 　　　　绍定元年十一月（两浙路提举司之印）日牒
42. 　**平江府府学**
43. **朝请大夫、提举两浙西路常平茶盐公事王**（押）

三　《给复学田省札》（图3）录文

（一）绍定元年十月省札

1. 平江府申，证对本府。据府学教授汪泰亨从事状申：本学养士田产系范文正公选请，至绍兴肆年立石

給復學田省劄

图 3　台北中研院历史语言研究所傅斯年图书馆藏
《给复学田省札》拓本

2. 公堂，淳熙伍年置砧基簿，庆元贰年重立石刻，并载常熟县双凤乡肆拾贰都器字荡田壹阡陆佰玖拾

3. 亩叁角壹拾玖步。　一、前项田除濮光辅、施祥等承佃壹阡柒拾亩

壹拾伍步半外，于内不见陆佰贰拾

4. 亩叁角叁步三角半着落。自嘉定贰年以来，节次据王彬、叶延年告首，系是豪户陈焕冒占。虽屡具申使府，缘

5. 陈焕富强，不伏出官。　一、绍定元年正月内，泰亨再据叶延年状首，备因依申府，蒙权府帖巡尉会合追，

6. 继帖本县邵县尉打量，定验到陈焕冒占陆佰贰拾亩叁角叁步半，连段宽剩田肆佰陆拾玖亩贰角伍

7. 拾玖步，共壹阡玖拾十亩贰角贰步半。继帖吴县周主簿，指定到父宿供对，田内既无其他民产，则府学所

8. 失陆佰余亩，合给还府学管业；宽剩田肆佰余亩，乞并给府学，以助养士。奉判案行牒学证应，仍将陈焕

9. 庄屋、车舡等藉给府学。　一、本学再具归给因依申府，乞备申台部诸司证会。介书判："府学荡田载之砧

10. 基，刊之石刻，悉有可证。濮光辅等立租输纳，惟陈焕冒占在己。学校第知濮光辅等已行请佃，而陈焕所

11. 占未及知。因叶延年告首，方于砧基、石刻考证，始知源流。陈焕欺弊迹已难掩，乃于本府已断之后，辄经

12. 提举司作自己荡田翻诉。且谓：'昨来有指挥，开掘之日先曾自陈，且开掘围田，青册已载者并行免掘。'府

13. 学田荡所系养士，别无民产邻至，从前并无开掘明文。陈焕弟陈焯岂得以尝作荡田，经提举司陈词藉

14. 口，执出叁契，皆是以别项影射。周主簿点对极为明白。"本府打量，除证府学旧来亩步外，尚有余剩田肆

15. 佰余亩。陈焕既无祖来干照可证，拘没入官，并拨养士，已为得当。陈焕欺弊，质之　条法，本非轻典，犹敢

16. 饰词妄诉，法司具　条呈，牒府学证应。　一、今来本学已证府牒管业，缘陈焕弟陈焯富横健讼，尚虑日

17. 后多方营求，紊扰不已，乞备申

18. 尚书省札下本学，以凭悠久遵守。本府证得：先据府学教授汪从事申，前项学田已帖委常熟县尉邵从

19. 事，集父宿等打量，定验到陈焕冒占学田因依，遂再送吴县主簿周修职，从 条指定，断归府学绍业。及
20. 监陈焕弟陈焯了还所欠本学租米外，今据教授汪泰亨从事所申，本府所合具申
21. 尚书省，乞赐
22. 札下提举司及本府遵守施行。伏乞
23. 指挥施行申闻事。
24. **已札下浙西提举司，从所申事理施行外，**
25. **右札付平江府证会施行。准此。**
26. **绍定元年拾月叁拾**（尚书省印）**日** 丞相在假 （押）[1]

（注：以上第一截）

（二）绍定三年九月省札

1. 平江府申，证对本府。据府学教授汪从事申，据正录、直学、[2] 乡贡进士、学正、[3] 学生王天德等状申：今月拾肆日，准通判转
2. 运主管司牒、准转运使衙，准 尚书刑部符。据常熟县陈焯妄诉学田事，证得：本学淳熙伍年砧基簿，及庆元贰年公
3. 堂石刻，有管常熟县双凤乡肆拾贰都器字号荡田。除王彬、濮光辅等承佃外，有田壹阡余亩不见着落。自嘉定叁年
4. 刘教授以后，节次据王彬、朱忠、张千拾贰、叶延年等告首，被豪户陈焕、陈焯倚恃强横，从嘉定贰年冒占在己，盗收花
5. 利计壹拾玖年。本学累申本府及提刑司追理，缘陈焕、陈焯家豪有力，不能究竟，积计盗收花利壹万叁阡余石。至绍
6. 定元年，又据叶延年告首，遂具申本府。蒙权府提刑林少卿帖匣巡尉追，经涉肆伍个月，至知府章少卿到任，方始追

① 绍定元年十月，在位宰执为右丞相史弥远和参知政事薛极，故告假者为史弥远，签押者为薛极。参见《宋史》卷二一四《宰辅表》，第 5610 页。

② 正录，学正与学录连称。“正、录，掌举行学规，凡诸生之戾规矩者。待以五等之罚，考校训导如博士之职。”直学，学官名，“掌诸生之籍及几察出入”。参见《宋史》卷一六五《职官志五》，第 3911 页。

③ 学正与学录连称正录，参见本页注 2。

7. 得出官帖。常熟县邵县尉躬亲前往田所，呼集邻保父宿供证打量。续据回申，陈焕冒占分明，送吴县周主簿从
8. 条指定，准府牒断，还本学养士。及将陈焕责出伪契及砧基毁抹附案，仍证　条合追拾年花利纳官，所有庄屋、农具、舡
9. 只，一并藉给本学公用。自后，陈焕在安下人黄百贰家染病身死。续蒙本府追弟陈焯监纳盗收花利，其陈焯脱身，又经
10. 提举司，将冒占学田伪作自己荡田妄诉。蒙提举司马郎中[①]台判，是荡是田，皆合归府学，牒学证应。续准府牒，蒙权府
11. 提刑林少卿台判："府学田荡，载之砧基，刊之石刻，悉有可证。先本荡地，续后众户围裹成田，濮光辅等肆名于已围
12. 裹之后就学立租，岁有输纳。惟陈焕冒占在己。学校第知器字号荡田，濮光辅等已行请佃，其陈焕冒占所未及知，因
13. 叶延年等告首，方于砧基、石刻考证，始知源流。陈焕欺弊，迹已难掩，乃于本府已断之后，辄经提举司作自己荡田翻诉。
14. 且谓：'昨来有指挥，开掘之日先曾自陈，且开掘围田，青册已载者并行免掘。'府学田荡所系养士，别无民产邻至，从前
15. 并无开掘明文。陈焕弟陈焯岂得以尝作荡田，经提举司陈词籍口。况今来执出叁契，皆是以别项影射，周主簿点对
16. 极为明白。"本府打量，除证府学旧来亩步外，尚有余剩田肆佰余亩。陈焕既无祖来干照可证，拘没入官，并拨养士，已为
17. 得当。陈焕欺弊，质之　条法，本非轻典，犹敢于已断之后，饰词妄诉。法司具　条，仍申转运司证会。自后，本府领上
18. 陈焯监纳拾年花利，其本人节次止纳到钱叁阡伍佰壹拾贯文官会，[②] 蒙本府牒发，上项钱送钱粮官耿节推交管收，
19. 附赤历官簿讫，及在府责状，甘自理断，之后不敢冒占。罪赏文

① 司马郎中，即司马述，生卒年不详，字遵古，祖籍涑水（今山西夏县）。《吴郡志》卷七"提举常平茶盐司"目载："朝奉郎司马述，宝庆元年十二月到任，绍定元年正月，除大理正，迁金部郎官。"见《吴郡志》卷七，第746页。

② 官会，又称官会子，南宋时由官方发行的纸币。绍兴三十年，户部侍郎钱端礼被旨造会子。三十二年，定伪造会子法。犯人处斩。参见《宋史》卷一八一《食货志下三》，第4406页。

状附案存证。本学为见陈焯富横健讼，尚虑日后多方营
20. 求，紊扰不已，已具申本府，乞备申　尚书省。至绍定元年拾月
叁拾日备准　省札，札下浙西提举司及札下本府，从所
21. 申事理证会施行外。切缘当来本府止据陈焯供责，自后不敢仍前
冒占学田，具状哀鸣，一时宽恤，有失结断罪名，以
22. 致今来陈焯妄经　尚书刑部，隐下　尚书省省札一节，及隐下冒
占学田、盗收花利壹拾玖年，计积壹万叁阡余
23. 石情犯，却以陈焕在外病亡，妄称在狱身死，及将纳到盗收花利
钱叁阡伍佰壹拾贯文，妄作吏胥欺诈脱判，符[①]下转运司。天
24. 德等窃详：陈焯缘见府教先生书满在即，栽埋讼根，为异时侵占
张本。虽诉府吏，乞觅有无，于本学初无关涉，但陈焯
25. 借诉吏胥为名，意实在田。所诉取索案祖，意欲灭去其籍，以显
陈焯豪横狡诈。又陈焯当来于提举司妄诉，则称是自
26. 己荡田；今来于转运司妄诉，则称是自己省额苗田[②]。只此两端，
便又显见得陈焯前后异同，虚妄狡诈。又况上件田元系
27. 文正范公启请于朝，自是本学旧物。今系　尚书省札下，即是
28. 朝廷养士之田。陈焯罪名未正，岂得复萌觊觎，及便欲脱漏桩管
田苗。今摹印到　省札及本府并提举司公牒，随状
29. 见到申府，乞备申　尚书省，乞证先来行下　省札事理。札下刑
部及转运司，就将陈焯并男陈念九押下，从　条结断
30. 冒占学田情罪，及今来违背省札指挥、妄状越诉情罪，及监追未
纳足已指定拾年花　利入官。仍乞　札下平江府府学
31. 证应。本府所据府学教授汪从事前项所申，所合具申
32. 尚书省，乞赐
33. 指挥施行，伏候
34. 指挥。

① 符，文书名。其一指尚书省六部（刑部为六部之一）行下文书，称“部符”；其二指州下所属县，径称“符”。以“符到奉行”结语。本文此处指“部符”。参见《宋代职官辞典》，第623页。

② 省额苗田，指应当纳税的田亩。

35. 已札下刑部、两浙转运司，从平江府所申事理施行，并札平江府证会施行外，

36. **右札付平江府府学证会。准此。**

37. **绍定叁年玖月**（尚书省印）**日** （押押押）[①]

（注：以上第二截）

（三）绍定三年十月跋文

1. 吴学， 文正范公所建，田亦公所请也。碑籍[②]无恙，而

2. 大姓已有侵占之者。常熟陈其姓占田至一千一百

3. 余晦，擅利至二十余年，学校娄鸣，弗克伸也。宝庆三

4. 年冬十一月，泰亨来，复有告者。明年春，始白之郡。今

5. 左司林农卿、[③] 故 宝谟章少卿相继主之，涉半岁，始

6. 克归田。又俾输三季租，别贮以修学。其人诵言，必且

7. 坏是，乃种讼为根。是岁秋九月，泰亨校文回伏

8. 光范，以告得

9. 堂帖，[④] 其人始退听。又明年秋，修頖宫成， 陈秘书[⑤]作

10. 《复田记》， 吴校书[⑥]作《修学记》，皆直书其事，刻珉公堂

11. 矣。明季秋，其人犹复枝辞越诉，志在复占田。

---

① 绍定三年九月在位宰执分别是右丞相史弥远、知枢密院事兼参知政事薛极、签书枢密院事兼参知政事葛洪，故签押者为此三人。参见《宋史》卷二一四《宰辅表》，第 5611 页。三个押字呈“品”字形，尊者在前。《石林燕语》载：“（省札）宰相自上先书，有次相则重书，共一行，而左右丞于下分书，别为两行，盖以上为重。”参见（宋）叶梦得撰《石林燕语》卷六，侯忠义点校，中华书局，1984，第 87 页。

② 此处碑籍应指庆元二年（1196）所置《吴学粮田籍记》一、二，载缪荃孙编《江苏省通志稿·艺文志三·金石十三》，林荣华校编《石刻史料新编》第 1 辑第 13 册，台北：新文丰出版公司，1982，第 9764 页。

③ 左司林农卿，即前文林介。左司，尚书省左司郎中简称，元丰新制正六品。见《宋代官制辞典》，第 182 页。农卿，系司农寺少卿的简称，居于太府少卿之上。

④ 堂帖，即尚书省札，或称省札。堂帖是适应中晚唐政治变化而出现的宰相独立处理政务的文书类型，宰相机构为政事堂（中书门下），故称。宋元丰改制后，政令须经尚书省行下，堂帖遂变为省札。参见李全德《从堂帖到省札——略论唐宋时期宰相处理政务的文书之演变》，《北京大学学报》（哲学社会科学版）2012 年第 2 期，第 106 ~ 116 页。

⑤ 陈秘书，即陈耆卿，所撰《吴学复田记》，载《吴郡志》卷四，第 717 页。

⑥ 吴校书，即吴潜，与汪泰亨同乡，所撰《修学记》载《吴郡志》卷四，第 716 页。

12. 郡太守朱贰卿复以本末，上
13. 尚书省，不旬日，复得
14. 堂帖，重刊于学。诸生来前曰："所在学校常不胜豪右
15. 者，此以空言，彼以訾力。此所主者才一二，彼不得志
16. 于郡，则徼胜于诸司，于台部，不胜不已。今吴学独赖
17. 贤刺史、 贤使者，而
18. 大丞相[①]又主之于上，则此田其泰山而四维之矣。" 又
19. 为之辞曰："田失矣而复归，学圮矣而复治。
20. 堂堂
21. 鲁公实主之，何以颂之在頖诗。" 遂书下方，以告来者。
22. 贰卿又将据
23. 堂帖，辄七年租复作六经阁[②]。泰亨虽满去，然阁成尚
24. 能执笔记之，以踵张伯玉故事。绍定三年季冬十月望，
25. 泰亨谨跋。
26. 吴门张思恭刊。

（注：以上第三截）

① 大丞相，指史弥远（1164～1233）。嘉定元年（1208），迁知枢密院事，兼参知政事，拜右丞相兼枢密使。丁母忧，归治丧。二年，起复右丞相兼枢密使。事见《宋史》卷四一四，第12417页。下文"鲁公"亦是史弥远。

② 《吴郡志》卷四载："六经阁旧有之，吴学始于范文正公，后更八政，始成。而此阁成于富严郎中。先是，张伯玉以郡从主学，后帅浙东，阁始成。"（第715页）

《中国古代法律文献研究》第十辑
2016年，第280～301页

公文中的动态司法：南宋《给复学田公牒》和《给复学田省札》碑文考释*

李雪梅**

摘 要：《给复学田公牒一》、《给复学田公牒二》和《给复学田省札》是三通关联密切的南宋公堂刻石，计载有八份公文、两份判词。公文中迭现的申状、乞请、回复以及调查取证、检法断案等环节，多维度地展现出一起学田案的前因后续，以及案件了结之繁难。借助公文流转，我们既得以了解南宋平江知府根究学田案件以及出判执行的完整程序，也可看到案件关系人施加于案件的影响，乃至案件之隐情和破绽。而学田案的利益关切者申请将公文摹印刻石，也揭示出公文碑在古代司法审判以及纠纷预防中的特殊作用，以及古代司法与行政的密切关系。

关键词：公文碑 省札 公牒 学田 司法

* 本文为北京市社会科学基金重大项目“古代石刻法律文献分类集释与研究”（编号15ZDA06）的阶段性研究成果。本文撰写中，就宋代司法审判问题多次请教屈超立教授；对日文研究成果和台湾地区学者涉及碑文的相关整理研究的梳理，有赖于聂雯和晁群同学的贡献，在此一并致谢。

** 中国政法大学法律古籍整理研究所教授。

一　碑石概貌及碑文研究

南宋绍定元年（1228）《给复学田公牒一》、《给复学田公牒二》（以下简称《公牒一》、《公牒二》）和绍定三年（1228）《给复学田省札》（以下简称《省札》）是一组具有明显关联性的碑刻。三碑所聚焦的“给复学田”，是因平江府府学有600余亩田产被陈焕兄弟冒占，而诉求平江府追还交业，并请求“具申台部及诸司证会”及给发尚书省札以确保永久权益。其关联性不仅表现为各公文的衔接印证，也表现为碑石的形制外观、刊刻时间、公文体式以及公文所涉人物和官署等，均具有不可分割性。将三通碑刻进行合并研究，较之对各碑的逐一研究，更能充分展现这组碑刻的史料价值。

（一）碑石外观

三碑原立地点当在苏州府学，目前存佚情况不详。现所据进行考释研究者为三碑的清拓本。[①]《公牒一》拓本尺寸不详，《公牒二》、《省札》拓本分别为5.8×2.8尺、5.5×2.9尺。[②] 从外观上看，《公牒一》的尺寸应与《公牒二》、《省札》接近。三碑格式类同，均题横额，字体、格式相近。《公牒一》、《公牒二》为四截刻，《省札》为三截刻（可参见整理篇中图1、2、3所示）。

三碑所载主体内容是宋代常见的公文——牒和省札。牒为上下通用之公文体，《庆元条法事类》对牒的体式有专门规定：

> 某司　牒　某司或某官。某事云云。牒云云。如前列数事，则云“牒件如前”云云。谨牒。

① 《公牒一》拓本藏于台北中研院历史语言研究所傅斯年图书馆，大陆文物市场上亦有流传。《公牒二》和《省札》拓本存于北京大学图书馆和台北中研院历史语言研究所傅斯年图书馆。《江苏金石志》著录有《公牒二》和《省札》的碑文。参见江苏通志稿《江苏金石志》卷一五，载林荣华校编《石刻史料新编》第1辑第13册，台北：新文丰出版公司，1977，第9822、9831页。

② 《江苏金石志》卷一五，载林荣华校编《石刻史料新编》第1辑第13册，第9822、9831页。

具官、姓，书字。

内外官司非相统摄者，相移用此式。诸司补牒准此。唯改“牒某司”作“牒某人”，姓名不阙字，辞末云“故牒”。于年月日下书吏人姓名。官虽统摄而无申状例及县于比州之类，皆曰“牒上”。于所辖而无符、帖例者，则曰“牒某司”或“某官”，并不阙字。①

军府（即平江府）发牒文给府学，应属上文中的“于所辖而无符、帖例者”。碑文格式基本遵照《庆元条法事类》所规定的牒式。以《公牒一》所载首份牒文和《公牒二》所载末份牒文为例。牒文首行均大字书“军府牒府学”或“提举常平司牒平江府府学”，即牒式中的“某司牒某司”。各牒文中小字所记事项，即牒式中的“某事云云”。结尾大字书“牒请候到照牒内备去事理，仰径自管业，具状供申。谨牒”、“牒请照应施行。谨牒”，为牒式中的“牒云云。谨牒”。牒式中的“具官、姓，书字”，也同样体现在碑文中。

《公牒一》刻绍定元年（1228）五月、六月、七月三道军府牒府学文，前两道牒文后均有五位官员具姓，为吕、耿、富、石、章姓，分别任平江府观察推官、平江军节度推官、特差通判、通判和知府之职，并按品阶由低往高排列，依次为儒林郎、承直郎、通直郎、承议郎以及朝奉大夫。署名位居最后者字体最大，官职级别最高，是牒文的直接责任者，此为时任平江知府的章良朋。第三道有六位官员具姓署名签押，在吕、耿后增赵姓官员，官职最高者依然为平江知府，此时更换为林介。

《公牒二》亦刻牒文三道，前两道为绍定元年九月、十一月军府牒府学文，具姓官员依次为吕、耿、赵、石、林姓。按照牒式要求的“具官、姓，书字”，“具官、姓”见之于各道牒文，惟“书字”仅见于两道牒文，即《公牒一》的第三份（绍定元年七月）和《公牒二》的第二份（绍定元年十一月），它们分别为各碑同类牒文的最后一个。推测据以摹刻的原纸质牒文上的官职和姓下均书名字并有官员画押，刻碑时却将雷同的字、

① （宋）谢深甫编《庆元条法事类》卷一六《文书门一・文书》，戴建国点校，载杨一凡、田涛主编《中国珍稀法律典籍续编》第1册，黑龙江人民出版社，2002，第349页。

押省略了。

《公牒一》和《公牒二》所载五道“军府牒府学”牒文均钤盖“平江府印”。《公牒二》所刻第三道牒文为绍定元年十一月两浙路提举常平司牒平江府府学牒文，钤盖“两浙路提举司之印”。官印的钤盖位置均在牒文时间的月、日之间。

省札为尚书省札子的简称，源于唐代的堂帖，是适应中晚唐政治变化而出现的宰相独立处理政务的文书类型。因宰相机构为政事堂（中书门下），故称“堂帖”。宋元丰改制后，政令须经尚书省行下，“堂帖”遂变为“省札”。[①] 在《省札》第三截所刻跋记中，也以“堂帖”指代“省札”。

《省札》刻两道尚书省札付平江府公文，依次为绍定元年十月三十日和绍定三年（1230）九月，两札均钤“尚书省印”，位置与牒文一致。《省札》第三截刻绍定三年十月府学教授汪泰亨的跋文，简述陈焕冒占学田案处理之经过及主司之功劳。

上述三碑记载公文八道，时间集中于绍定元年，所载公文具有连续性，依次为绍定元年五、六、七、九、十一月牒文，绍定元年十月省札和绍定三年九月省札。《省札》按碑石上最后出现的时间定为绍定三年季冬刊刻不会产生争论，较难确定的是，《公牒一》、《公牒二》刻于何时？尤其是有无可能刻于绍定元年。

在绍定元年，府学确实表达出要立碑的意图。根据《公牒一》第二道牒文（绍定元年六月），平江府已同意府学“镌刻碑石，庶得久远遵守”的请求，不过尚未发现据此立碑的任何信息。笔者猜测当时未能立碑的原因，与府学要求陈焕归还冒占学田及返还收益之事未得到妥善解决有关。

从《公牒一》、《公牒二》额题所示，刻碑具有连续性，当为同时刊刻。因诸多公文一碑难以尽刻，故分刻两石并标以“一”、“二”，按发牒时间先后顺序排列。《公牒二》所载牒文的最后时间是绍定元年十一月，两碑有无可能立于该年季冬呢？

---

① 参见李全德《从堂帖到省札——略论唐宋时期宰相处理政务的文书之演变》，《北京大学学报》（哲学社会科学版）2012 年第 2 期。

反观《省札》碑，首截公文是绍定元年十月三十日尚书省札付平江府。而《公牒二》所载两份牒文均与此道“省札”有关，时间也晚于“省札”。如果府学在该年季冬立碑，当不会遗漏这份较牒文更重要的“省札”，故绍定元年季冬刻碑的假设也可否定。

最大的可能是三碑集中刻于绍定三年冬季。据《省札》第二截绍定三年九月尚书省札付平江府府学之文，内有府学提出的“今摹印到省札及本府并提举司公牒”之文，其摹印内容正是《公牒》一、二和《省札》三碑所拟刊刻之内容。故刻碑时间当在绍定三年九月以后。

证之以《省札》第三截府学汪泰亨教授所撰跋记。该记简述自宝庆三年（1227）冬十一月至绍定三年（1230）冬十月以来的重要事项，其中提到绍定元年九月得堂帖（即省札），绍定二年“陈秘书作《复田记》，吴校书作《修学记》，皆直书其事，刻珉公堂”，以及绍定三年季秋陈焕之弟越诉，“郡太守朱贰卿复以本末，上尚书省，不旬日复得堂帖，重刊于学”之事。“重刊于学”当指继《复田记》刻石后，再刊堂帖于府学之事。其中并未提到刻公牒碑之事。

绍定二年（1229）八月所刊《吴学复田记》也是证明《公牒》碑刊刻时间的重要依据。该碑由陈耆卿撰文，石孝隆书并题额。碑中述学田被冒占之事道：“建炎亡其籍，而绍、淳之石与版独烂如之，不幸渔于豪民之手，黠吏羽翼之林……在常熟县为田千六百九十亩，而租之入者，仅千亩焉，盖十有九年。”① 所述正是陈焕冒占学田 19 年之事，其中也未提及绍定元年有刻碑之举。

另从三碑额题俱见“给复学田”四字的书写方式看，笔法相同，当为一人所书。据此，本文推测《公牒一》、《公牒二》当与《省札》同时刊刻。

（二）已往研究

三碑的内容已引起中外学者不同程度的关注，尤其是《公牒二》中的内容，吸引了一些宋元法律史和经济史学者的注意。

---

① 《江苏金石志》卷一五，载林荣华校编《石刻史料新编》第 1 辑第 13 册，第 9829 页。

中日法律史学者之所以关注《公牒二》，是因为该牒记述了宋代的法司检法程序。宫崎市定在《宋元时期的法制与审判机构——〈元典章〉的时代背景及社会背景》一文中提到，根据《江苏金石志》所载平江府学的碑刻（即《公牒二》）内容，理宗绍定元年（1228）平江府学状告陈焕侵占学田，平江府法司将检出的适用该案判决的律、敕、格、令法条内容一一开列，再行判决。由此说明宋代审判中法规检索的具体操作。[①] 徐道邻也曾以《公牒二》相关内容为例，论述宋代法司检法程序。[②] 陈景良则利用过此段材料，认为若无完备的档案架阁制度，地方州县检法官员是不可能检出如此详备之法条的，以此论证宋代以“千文架阁法”管理司法文书，为地方州县司法的职业化发展提供了保障。[③]

《公牒二》也为不少研究经济史的学者所关注。日本柳田节子从此碑所记载的陈焕侵占平江府府学田产的纠纷本身，分析国家的官田经营和形势户的关系及力量消长，指出纠纷中持续供证陈焕的濮光辅和施祥等也应视为豪民来考察。[④] 另外，高柯立亦曾提及《公牒二》所载纠纷，以此作为地方豪强与地方官学存在利益纠纷的例证。[⑤]

近年来，台湾学者对三通碑文所记述的学田纠纷作了较深入的研究。杨宇勋对《省札》碑中的两份公文作了完整录文和标点，并注释了碑文中出现的人物、职官及经济法律术语等，讨论了省札申奏流程、荡田开辟程序、纠纷概况及人物关系等问题。[⑥] 熊慧岚详细梳理了学田纠纷的始末，

---

① 〔日〕宫崎市定：《宋元时期的法制与审判机构——〈元典章〉的时代背景及社会背景》（原载《东方学报》第 24 册，1954）姚荣涛译，收入杨一凡总主编，寺田浩明、川村康编《中国法制史考证》丙编第 3 卷，中国社会科学出版社，2003，第 275～276 页。

② 徐道邻：《鞫谳分司考》，收入氏著《中国法制史论集》，台北：志文出版社，1975，第 119～120 页。

③ 陈景良：《唐宋州县治理的本土经验：从宋代司法职业化的趋向说起》，《法制与社会发展》2014 年第 1 期，第 122～123 页。

④ 柳田节子：《宋代の官田と形势户》，收入氏著《宋元社会经济史研究》，东京创文社，1995，第 152～158 页。

⑤ 高柯立《宋代的地方官、士人和社会舆论》，载《中国社会历史评论》第 10 卷，天津古籍出版社，2009，第 197 页。

⑥ 杨宇勋的研究成果是其 2004 年在台湾“宋代史料研读会”上所做报告。参见网页 http：//www. ihp. sinica. edu. tw/～twsung/song/93whole. htm，最后登录时间 2016 年 7 月 27 日。

以此为例说明吴学（即平江府学）在学田争讼中如何维护经济权益，尤其强调了教授作为官学主事者在其中所发挥的重要作用。[①] 李如钧在论述宋代学产诉讼时，数次证引这一学田纠纷，分析官学在学产诉讼时的提告方式，以及官府处理学产案件时搜集证据、援引法条、协助官学执行判决等程序；也以此揭示地方官、豪强、官学在地方社会中的具体活动样态。[②]

总体来看，已有成果对《公牒二》所载纠纷事件中的检法程序较为关注，对《省札》的整理点校较扎实，但缺乏对三通关联碑刻的系统整理和研究，故已有成果未能反映出宋代学田纠纷案件处理的完整流程，也未能揭示公文运转与纠纷裁决的相互关系，因而这三通关联碑刻尚有进一步研究的空间。

二　学田案之经过

兹据三碑所载八份公文，可将陈焕兄弟冒占学田案之经过大致分为两个阶段。两个阶段可以绍定元年六七月陈焕之弟陈焯翻诉为界，前段为案件的调查取证和初步审理阶段，之后为陈焕之弟陈焯的翻诉、越诉阶段。其中《公牒一》的三份公文集中反映前段，《公牒二》和《省札》聚焦于后段。

（一）府学追诉与平江府初审

陈焕冒占学田案正式进入官方视野，是在绍定元年。但冒占学田之事已持续了 19 年。

陈焕冒占之事被府学发现，是因为其他佃户的首告。《公牒二》之绍定元年十一月两份牒文和元年十月《省札》均载文："自嘉定贰年以来，节次据王彬、叶延年告首，系是豪户陈焕冒占……绍定元年正月内，本学再据叶延年状首，备因依申府"；"因叶延年告首，方于砧基、石刻考证，始知源流"。

---

① 熊慧岚：《宋代苏州吴学的经营及其发展趋势》，台湾清华大学历史研究所硕士论文，2008；熊慧岚：《宋代苏州州学的财务经营与权益维护》，《台大历史学报》第 45 期，2010 年 6 月，第 95 ~ 97 页。

② 李如钧：《学校、法律、地方社会——宋元的学产诉讼与纠纷》，台湾大学历史学研究所博士论文，2012。

府学首次状申平江府当在绍定元年正月，其诉求简单明了："本学砧基、石碑有常熟县双凤乡四十二都器字号荡田"1690余亩，王彬等五户围裹1040余亩租佃外，有615亩不见着落。依据佃户王彬、叶延年等人的举报，是陈焕冒占，请求平江府追究此事。收到申状后，平江府知府曾委派（常熟）尉司追查，但无结果。

府学又于绍定元年三月二十三日第二次状申平江府请求追究陈焕冒占学田之事。此时新任知府章良朋刚刚到任（三月十七日到任）。在五月做出初审判决前，章知府严限催续，追到陈焕、叶延年。同时委派常熟邵县尉实地调查取证，获得庄宅牙人蒋成等状，朱千十一等人供证，以及看荡人张十二供、田邻顾三十三等供，均指认陈焕冒占学田或有冒占嫌疑。面对指控，陈焕拿出嘉定和宝庆年间的三份契据，以图证明所耕种之田为自己所有。

调查取证材料及陈焕提供的契据，均汇集到吴县周主簿处，由周主簿先行拟断。正如绍定元年五月牒文载周主簿的交代，"准使府送下陈焕冒占府学荡田公案壹宗，委指定回申"，即周主簿据以拟断的案件是因平江府的委派。而此份牒文的大部分内容，均是周主簿的申文，其中套叠有府学公状，常熟绍县尉的回申，陈焕提供的三份契据内容。在比对府学拥有的学田证据、田邻供证和陈焕的三契内容，周主簿已得出初步结论——府学丢失的600余亩学田被陈焕冒占。

周主簿的断案依据是：(1）双方争执的荡田内"无其他民产隔截"，田产归属容易判定；(2）陈焕提供的三份契纸，时间均晚于府学提供的砧基、石碑年月，即府学拥有田产在先；(3）三契内容均不足为证，伪造明显。

进而，周主簿又以反证法进行推断三契之不可信：（1）以亩步计之，三契共有1371亩，比府学主张的田产之数多，且契载田产价格不合理。"俞府壹契内称，系产田契内钱叁阡贰佰余贯，置田壹阡叁亩有零，则是三阡壹亩若是民产，其价不应如是之贱。"（2）典契的持有人不当是陈焕。"若果是陈焕己产典在俞府，俞府又典在朱宅，则其契合在朱宅收掌，赍出到官，不应陈焕执出，见得是诡名伪契。"

据此，周主簿引《律》、《令》条款做出初步裁定意见：（1）陈焕已死（不再追究律、令规定的笞杖等刑罚）；（2）伪契三纸合行毁抹；（3）原占田600余亩，交还府学；（4）其余宽剩荡田400余亩与学荡相连，欲乞台判并给府学，以助养士；（5）陈焕在冒占期间所收租利，600余亩部分交府学，400余亩部分入官。

平江府同意周主簿的拟判意见，稍作修正后，以公牒形式将处理结果告知府学：（1）陈焕提供的朱契叁纸毁抹附案，及关府院；（2）押上陈焕以次人陈百十四赴府招认所欠十年租课；（3）（600亩冒占田和400余亩宽剩田）府学径自管业，具状供申。

平江府判陈焕父子"赴府招认所欠十年租课"并未见于周主簿的拟判。府学申状仅提到追还被冒占的学田，也未涉及学田被冒占期间的利益损失。周主簿的拟判对府学的利益考虑周到，率先提出在追还不见着落的600余亩之外，再将400余亩宽剩田"并给府学，以助养士"，实即将原本不属于府学的田产划拨府学，但之前的产田收益应没收交官，而非交还府学。周主簿在拟断中附有与此案相关的一条律文和一条令文。令文规定："若冒占官宅、欺隐税租赁直者，并追理。积年虽多，至拾年止。"具体如何出判，留待平江知府决定。

同年六月，府学就此案初审后所面临的产业交接、后续可能出现的问题和补充诉求等，向平江府提出六条关切。其中两条是在初判（断由）基础上提出的新诉求：（1）陈焕冒占学田上有庄屋、农具等物，乞帖下尉司，籍定名件，给本学田所公用；（2）陈焕原佃学田150余亩，"经此次理断后租佃关系难以为继，别召人布种，仍乞行下尉司，一并交业"。

对府学的新诉求和其他四条需要平江府发文委派协助之事，平江府均"同意所申"，并逐条告知所申事项的处理情况及后续要求。

（二）陈焯翻诉和平江府再判

绍定元年六七月间，陈焕至提举常平司翻诉。因五月平江府做出初判时陈焕已死，学田案的当事人转换为陈焕之弟陈焯，而非判决上写明的陈焕之子陈百十四。绍定元年九月牒文记载："陈焕欺弊迹已难掩，乃于本府已断之后，辄经提举司作自己荡田翻诉。"由于"府学田荡所系养士，别无民产邻至，从前并无开掘明文"，陈焯的翻诉未得到支持。提举司的态度异常鲜明："是荡是田，皆合归府学，牒学证应。"

此案又被转回平江府进行再次审判。七月时，平江知府已换为林介。林知府的再审判决（以下简称林判）基本维持章知府的初判（以下简称章判），但仍有显著的不同，即林判增加了“法司具条”的检法程序，且所引法条除章判所准律、令之外，又补增“妄认公私田”律条、“盗耕种及贸易官田”敕条及赏格和令文，使平江府对陈氏兄弟冒占学田案之判决，更符合法定程序，也具有更强的判服力。

对于再审结果，陈焯表示认罚，“在府责状，甘自理断，之后不敢冒占。罪赏文状附案存证”。其后判决开始执行，府学接收被冒占的学田，平江府将陈焯补交的部分盗收花利 3510 贯“送钱粮官耿节推交管收，附赤历官簿讫”（据绍定三年《省札》）。

在三碑所载的八份公文中，唯有绍定元年十一月的“军府牒府学”公文后附条列案件涉及的学田亩数、租佃人姓名及租佃名目。陈焕冒占亩数及宽剩亩数也一并列出：“陈焕冒占陆佰贰拾亩叁角叁步半，准使府差常熟县打量到上件学田，并量出连段下脚肆佰陆拾亩贰角伍拾玖步。”而一系列公文以及公文中所载申状和判词，均围绕 600 余亩被冒占之田和多余的 400 余亩宽剩田之归属。现府学追诉的田产已明确有了着落，学田案至此可告一段落。

然事过两年，绍定三年九月，陈焯越诉至刑部。其诉状中有两个关键主张：一是陈焕在狱身死；二是陈焯补交平江府的 3510 贯盗收花利，是吏胥欺诈，即绍定三年九月省札第 22、23 行所载：“今来陈焯妄经尚书刑部，隐下尚书省省札一节，及隐下冒占学田、盗收花利壹拾玖年，计积壹万叁阡余石情犯，却以陈焕在外病亡，妄称在狱身死，及将纳到盗收花利钱叁阡伍佰壹拾贯文，妄作吏胥欺诈脱判。”其诉求，当是追究陈焕在狱身亡的原因及吏胥欺诈之罪。据其所诉，已由原先的田产案件改变为命案和吏胥贪诈案，合理的追究路径是先至提刑司、转运司，[①] 不服再诉至刑部。

① 绍熙元年（1190）十一月二十九日敕：“臣僚札子奏，仰惟祖宗之制，天下诸路分遣部使者，以婚田、税赋属之转运，狱讼、经总属之提刑，常平、茶盐属之提举，兵将、盗贼属之安抚。比来诸司不存事体，疏易者，杂治而失职；苛察者，振权而侵官。殊不思民讼未经结绝而别司复受诉，则怀奸者得以规免；事任自有隶属而别司辄干预，则为官吏者何所适从。欲望诏外路诸司体分职之意……其余词诉，苟非其职，并关牒各司，随职举按而不得杂治侵官。奉圣旨‘依’。”载《庆元条法事类》卷四《职制门一·职掌》，第 31 ~ 32 页。

但陈焯的越诉，证据薄弱，“今来陈焯妄经尚书刑部，隐下尚书省省札一节，及隐下冒占学田、盗收花利壹拾玖年，计积壹万叁阡余石情犯，却以陈焕在外病亡，妄称在狱身死，及将纳到盗收花利钱叁阡伍佰壹拾贯文，妄作吏胥欺诈脱判，符下转运司”。

刑部将此案移交转运司审理。转运司的判词在绍定三年九月的“省札”中未能体现，但从平江府和府学的申状中，可推测陈焯将面临的罪罚。申状提出三个要求：乞“札下刑部及转运司，就将陈焯并男陈念九押下，从条结断冒占学田情罪，及今来违背省札指挥、妄状越诉情罪，及监追未纳足已指定拾年花利入官”。即追究陈焯的冒占学田罪和妄状越诉罪，并补足原判应交盗收十年花利中尚未交齐的部分。对平江府和府学的申状，尚书省明确表示支持：“已札下刑部、两浙转运司，从平江府所申事理施行，并札平江府证会施行外，右札付平江府府学证会。准此。”

三　公文中的案情虚实

依据上述案情，学田案之当事方为平江府学和陈氏兄弟，争讼的标的是位于常熟县双凤乡四十二都的1000余亩荡田的归属。案件的主审官是平江知府，案件的调查取证工作由常熟县尉承担。案件虽经初审、再审及陈焯越诉后的三审，但判决（断由）中的权利义务内容并未有太大的变化，追本溯源，当归功于受平江府委托进行拟判的吴县周主簿。在案件的推进中，府学汪泰亨教授也功不可没。此案借助汪教授的申状而展开，陈焯翻诉、越诉最终以失败告终，也因汪教授执着于将案情和断由及时“申台部及诸司证会”、“乞备申尚书省札下本学”，而得到多方庇护。这三通公文碑刻立于府学，同样也是汪教授的功劳。借助三碑所载公文及公文中的套叠内容，我们得以看到当事人在案件进行的不同阶段所采取的应对策略，并可进而探寻案情进展之细节和隐情，从而立体地认知地方司法审判活动的运作方式。

（一）申状中的叠加和省并

在三碑所载八份公文中，绍定元年九月牒文、十月三十日“省札”和十一月两份牒文，内容多有雷同。这四份公文的主体内容是府学汪教授的申状和平江知府林介的再审判决。

较之绍定元年五月牒文所载申状，九月牒文所载申状的内容有两个明显变化：一是追溯学田更久远的历史，并突出范仲淹建立府学的功绩："本学养士田产系范文正公选请，至绍兴肆年立石公堂，淳熙伍年置砧基簿，庆元贰年重立石刻，并载常熟县双凤乡肆拾贰都器字……"，而之前的申状只提"本学砧基、石碑有常熟县双凤乡四十二都器字号荡田"，即最初所提证据是淳熙五年（1178）砧基簿和庆元二年（1196）石刻。周主簿拟断时所依据的证据也是此两项，"本职窃详上件事理，府学砧基是淳熙五年造，碑石是庆元贰年立"，均未提范氏助学和绍兴四年（1134）立石公堂之事，毕竟后增两事，与此件案相距久远，缺乏直接证据效力。

二是绍定元年九月牒文所载申状追诉学田案情之经过更为详细，强调绍定元年正月前曾"屡具申使府，缘陈焕富强，不伏出官"，此说在初份申状中并未见到。

至绍定三年九月"省札"所载府学申状中，同样提及绍定元年前"本学累申本府及提刑司追理，缘陈焕、陈焯家豪有力，不能究竟"，巩固了元年九月申状中的事实陈述。

细究此事，府学后来申状中增加的内容当不会凭空捏添。吴学为范仲淹所助和绍兴四年（1134）立石公堂之事，均确有实据；绍定元年前府学曾向平江府和提刑司追究之事，其他材料也确可印证，但是否针对本案涉及的"常熟县双凤乡肆拾贰都器字号"荡田，目前尚无法确定。

因在申状或诉词中含混借转或夸大之现象并不少见。以绍定三年九月省札所载府学申状称："至绍定元年，又据叶延年告首，遂具申本府。蒙权府提刑林少卿帖匣巡尉追，经涉肆伍个月，至知府章少卿到任，方始追得出官帖。"而事实是：绍定元年正月府学申平江府后，林知府曾委派巡尉追究，但没有结果。章少卿三月十七日到任，府学于二十三日再状申府，五月平江府做出判决。其过程虽持续五个月，但却将中间知府调动及两次申状之事合并为一，和事实略有出入。

无论申状中的叠加还是省并，都不过是府学采取的一种应诉策略，以便于在申请"诸司证会"和乞请省札中，得到更多的同情和关注。毕竟平江府学的建立确有名臣范仲淹之功绩，[①] 但将争执的田产直接与范氏助学之事捆绑勾连，“况上件田元系文正范公启请于朝，自是本学旧物”，则属于移花接木的策略。

（二）判词中的“质之条法”和“法司具条”

此案的初判是平江府委托吴县周主簿拟断，周对供证分析、辨别伪契、引律令拟判，几均为平江府知认可。周主簿的拟判内容为：

> 今陈焕但已身死，伪契叁纸合行毁抹，元占田陆佰余亩，合给还府学管业；其余宽剩荡田肆佰余亩，既与学荡相连，欲乞台判并给府学，以助养士。陈焕所收租利，其陆佰亩合追上以次人监还府学外，肆佰余亩亦合追理入官。

其拟判的依据是律、令的相关规定：

> 准《律》：“诸盗耕种公私田，壹亩以下笞三十，伍亩加壹等，过杖壹百，拾亩加壹等，罪止徒壹年半。荒田减壹等，强者各加壹等，苗、子归官、主。”准《令》：“诸盗耕种及贸易官田，（泥田、沙田、逃田、退复田同。）若冒占官宅、欺隐税租赁直者，并追理。积年虽多，至拾年止。”[②]

平江府对周主簿拟判内容稍做调整后做了正式判决。但在后来府学对案件追溯中，周主簿的拟判经常被独立看待。《公牒二》所载绍定元年九月牒文称：“承府学汪教授申到因依，乞证周主簿指定，监陈焯合纳本学

① 嘉定八年（1215）十月刻《苏州学记》载“景祐中范文正公作学于吴”，《江苏金石志》卷一四，载李荣华编校《石刻史料新编》第1辑第13册，第9798页。

② 该条系《宋刑统·户婚律》“占盗侵夺公私田”律文。详见（宋）窦仪等撰《宋刑统》卷一三《户婚律·占盗侵夺公私田》，薛梅卿点校，法律出版社，1998，第228页。本文对律文中标点略作修改。绍定年间（1228～1233）应行用《庆元重修敕令格式》，此条令文应为《庆元令》的内容。孔学《〈庆元条法事类〉研究》中有“宋代全国性综合编敕表”。按时间推论，绍定年间处于《庆元重修敕令格式》颁行后，《淳祐敕令格式》颁行前，故应行用《庆元重修敕令格式》。参见孔学《〈庆元条法事类〉研究》，《史学月刊》2000年第2期。

及合纳本府拾年花利，及照条收坐罪名，及备申台部诸司证会，庶免陈焯异时妄诉，申乞指挥施行。”该牒文还载：“陈焕弟陈焯岂得以尝作荡田，经提举司陈词借口。况今来执出叁契，皆是以别项影射，周主簿点对极为明白。”

周主簿的拟断虽属于初审的一个重要环节，但因是受平江府的委派，决定权当在平江府。绍定元年十一月平江府牒文载有事情之经过：“继帖吴县周主簿，指定到父宿供证，田内既无其他民产，则府学所失陆佰余亩，合给还府学管业。”绍定三年九月省札也记述有案件的初审过程：“常熟县邵县尉躬亲前往田所，呼集邻保父宿供证打量。续据回申，陈焕冒占分明，送吴县周主簿从条指定，准府牒断，还本学养士。”文中“周主簿从条指定，准府牒断”，也反映了案件虽委托周主簿找出据以拟断法条，但判决依然由平江府出具。而府学申状中每每将周主簿之拟断单独罗列，平江府对此也持默许态度。

另一值得关注的是，初判和再判对法条的引证有详略之别。再审中的法司检具的程序明确，所引用法条的形式和数量，均较初判丰富许多。

今承法司检具　条令。《律》：“诸盗耕种公私田者，壹亩以下笞三十，伍亩加壹等，过杖壹佰，拾亩加壹等，罪止徒壹年半。荒田减一等，强者各加壹等。苗、子归官、主（下条苗、子准此）。”《律》：“诸妄认公私田，若盗贸卖者，壹亩以下笞五十，伍亩加壹等。过杖壹佰，拾亩加壹等，罪止徒二年。”《敕》：“诸盗耕种及贸易官田，（泥田、沙田、逃田、退复田同，官荒田虽不籍系亦是。）各论如律。冒占官宅者，计所赁坐赃论罪，止杖壹佰，（盗耕种官荒田、沙田，罪止准此。）并许人告。”《令》：“诸盗耕种及贸易官田，（泥田、沙田、逃田、退复田同。）若冒占官宅、欺隐税租赁直者，并追理。积年虽多，至拾年止。（贫乏不能全纳者，每年理二分。）自首者免。虽应召人佃赁，仍给首者。”《格》：“诸色人告获盗耕种及贸易官田者，（泥田、沙田、逃田、退复田同。）准价给五分。”《令》：“诸应备赏而无应受之人者，理没官。”

由上文可见，从再审的鞫、谳分司程序显然比初审时合规中矩。[①] 绍定元年九月平江府牒文中的一段文字也值得玩味：

> 陈焕欺弊，质之　条法，本非轻典，今来所监瞒昧米数，又已轻优，犹敢于已断之后，饰词妄诉，法司具　条呈，候监纳了足日施行。

此文无意中揭示了初判和再判中“条法”的不同功用。初判的“质之条法，本非轻典”，在于凸显判决之内容，弱化程序；再审的“法司具条呈”，在于突出检法的程序更加规范。

（三）案件之隐情和破绽

法司检具的条令中，不仅有罪罚条款，也有告赏条文。前文所引敕、令、格中，均涉及告赏的内容，如《敕》中的“并许人告”，《令》中的“虽应召人佃赁，仍给首者”，《格》中的“诸色人告获盗耕种及贸易官田者，（泥田、沙田、逃田、退复田同。）准价给五分”，《令》文中的“诸应备赏而无应受之人者，理没官”。

府学发现学田被冒占，是因为佃户的首告。《公牒一》五月牒文载：“节次是王彬、朱忠、叶延年首论陈焕冒占，乞根究施行。”《公牒二》九月牒文载：“因叶延年等告首，方于砧基、石刻考证，始知源流。”《公牒二》十一月两份牒文和《省札》之一均载：“自嘉定贰年以来，节次据王彬、叶延年告首，系是豪户陈焕冒占……绍定元年正月内，本学再据叶延年状首，备因依申府”；“因叶延年告首，方于砧基、石刻考证，始知源流”。

上文中，王彬、叶延年在数份公文中反复出现，可坐实“首告”的身份；朱忠出现两次，均排序在王彬之后，基本可信；张千拾贰出现一次，时间靠后，暂不取信。

---

① 宋代的鞫、谳分司指调查审讯与司法判决互不隶属。刘馨珺认为：鞫、谳分司制度的历史由来已久，但实际施行的情况，仍不甚清楚。迄宋太祖以下，有宋一朝则确立“狱讼推勘”（鞫）与“拟法断刑”（谳）分司的官僚体制，只不过职官鞫谳分工的情形，在州衙以上的机构较为完整。详见氏著《明镜高悬——南宋县衙的狱讼》，北京大学出版社，2007，第243页。另可参见徐道邻《中国法制史论集》，台北：志文出版社，1976，第115~127页。

但在八份公文中，均未见有与告赏有关的描述。平江府的断由中不见对告赏者的奖励，那法司所检具的相关条令又有何意义呢？

公文未载告赏的原因，或许在于申、牒公文的针对性。告赏与府学的诉求无关，不见载于发给府学的公文，似也在情理之中。

此案中最难以解释的疑点是，府学不见着落的学田亩数和追诉的学田亩数难以契合（见表1）。

表1　各方有关冒占学田亩数之表述*

	府学申状	庄宅牙人状 看荡人等供	邵县尉回申	拟断及府判
绍定元年（1228）五月牒文	1. 荡田1690亩 2. 王彬等五户围裹1040亩 3. 有615亩不见着落	1. 王彬、施祥、朱千十一、濮光辅、陈焕见种荡田1074亩，外有宽剩荡田1090亩，是陈焕冒占 2. 王彬等元佃学田1690亩，所有600余亩系陈焕冒占 3. 陈焕围裹学荡成田，不知所纳何色官物	1. 除王彬五户所佃外，宽剩1090亩 2. 父宿供证元系陈焕占种	1. 陈焕所执三契系伪，不能证明占种之宽剩田1090亩的来历，故是冒占 2. 将宽剩田1090亩之中的600余亩"给还府学管业"，其余宽剩荡田400亩仍归府学
绍定元年六月牒文	1. 解除与陈焕元佃学田150余亩租关系 2. 蒙使府理断，陈焕弟陈焯、陈焕冒占学田1000余亩，给还本学添助养士			
绍定元年十一月牒文	1. 荡田1690亩 2. 濮光辅、施祥等承佃1070亩 3. 不见着落620亩		定验到陈焕冒占620亩，连段宽剩田469亩，共1090亩	
绍定元年十月省札	1. 除王彬、濮光辅等承佃外，有田1000余亩不见着落			除证府学旧来亩步外，尚有余剩田400余亩

* 为统计方便，表中所引公文中的田亩数均以亩为对比单位，省略角、步单位。

从府学申状和平江府的判决看，能确认的学田亩数是砧基簿、石碑所载常熟县双凤乡四十二都器字号荡田 1690 亩 3 角 19 步，其中 615（或 620）亩不见着落。府学最初的诉求是找回不见着落的 620 亩荡田。

庄宅牙人及看荡人等所提供的证词可做参考。一个较重要的信息是，庄宅牙人状称现种荡田 1074 亩由 5 人所佃，其中包括陈焕租佃的 150 亩。而指证陈焕冒占的言辞，有的说是冒占荡田 600 余亩，有的说是另冒占宽剩荡田 1090 亩。

邵县尉据以回申的结论是：除王彬五户所佃（1074 亩）外，有宽剩 1090 亩，父宿供证元系陈焕占种。

根据实地调查所得，荡田和宽剩荡田之和为 2164 亩，较府学砧基簿、石碑所载的荡田 1690 亩，多出 474 亩。这多出的 400 余亩该如何归属，确有一定难度。

周主簿拟判中将宽剩田 1090 亩一分为二，其中 600 余亩“给还府学管业”；其余宽剩荡田 400 亩，“既与学荡相连，欲乞台判并给府学，以助养士”。

但陈焕占种的 1090 亩宽剩田，与府学不见着落的 600 亩荡田只存在一种间接关系，并不能直接证明宽剩田 1090 亩是由不见着落的 600 亩荡田衍生的。周主簿拟判的依据是，陈焕不能证明占种之宽剩田 1090 亩的来历，故是陈姓冒占；学荡中原无民产分隔，必定属于府学。

由于这多出的 400 余亩，造成府学申状中追究学田亩数常常前后不一。五月牒文载“有 615 亩不见着落”，十月省札中变成“有田 1000 余亩不见着落”。在引述邵县尉的调查取证结论时，也可看到府学在文字表述上采用的“偷梁换柱”技法。五月牒文载“除王彬五户所佃外，宽剩 1090 亩，宿供证元系陈焕占种”。十一月牒文中，邵县尉的结论变成“定验到陈焕冒占 620 亩，连段宽剩田 469 亩，共 1090 亩”。但平江府的判文尚能尊重事实，600 余亩冒占田和 400 余亩拘没田均是分别表述，并未混为一谈。

尽管在与府学的较量中陈氏兄弟以失败告终，但并不能说明府学的诉求和平江府的判决完全公正合理，陈焯的翻诉、越诉，可能确有隐情。当然有利于陈氏兄弟的内容，自然不会出现在保护府学利益的公文碑中。

依据府学对陈氏“富横健讼”、“倚恃强横”的评价，可以推测，陈氏兄弟亦非普通之辈。在陈焕提供的三份“伪契”中，“壹契是俞枢密府提举位，元作两契，将钱叁阡贰佰柒拾贯文典到陈焕双凤乡已产壹阡叁亩贰角肆步，转典与朱寺丞宅”。从契中涉及的人物官职，可见陈焕的社会关系并不简单。

在诉讼过程中，可以明显看到府学擅于谋划、勾通官府和裁量文字的技巧。而有关陈氏兄弟的翻诉、越诉过程，却缺少客观的描述。另如陈焕原佃150余亩荡田和所占1090亩宽剩田是否位置相连，平江府同意府学申请“将陈焕庄屋、车船等籍给府学”是否侵犯陈氏利益，也都值得细究。但限于材料，这些问题可能不会有解。

结语　公文碑的法律属性

（一）省札之行政终裁效力

此宗学田案在绍定三年了结后，府学将相关牒文和尚书省札子立石存证。对府学而言，刻石已成为一种传统。回顾案件的处理过程，除了淳熙五年砧基簿，公堂石刻[①]在这起讼案中起了重要的作用，诚如碑文所言：“因叶延年告首，方于砧基、石刻考证，始知源流。”“本府书判：府学荡田载之砧基，刊之石刻，悉有可证。”

三通碑石所载的公牒和省札是宋代的常见公文。总体而言，公牒的使用较省札普遍，摹刻于碑石上的公牒也更为常见。[②] 仅以平江府学所立碑石为例，除了本文重点探讨的六份公牒外，尚有开禧二年（1206）《吴学

① 宋代“公堂石刻”可昭示学田的正当来源（包括恩赐、官拨、购买、捐献等），并详载学田的位置、面积、四至、佃额，可起到明确权属，防止侵没，以确保学校教育养士制度的长久持续。而在追讨流失学田时，公堂石刻也是重要的凭据。故“载之砧基，刊之石刻”已成为南宋江南学田管理和制度建设的一种常态。参见拙著《法制“镂之金石”传统与明清碑禁体系》，中华书局，2015，第106～111页。

② 参见〔日〕平田茂树《宋代文书制度研究的一个尝试——以“牒”、“关”、“谘报”为线索》，《汉学研究》第27卷第2期，2009，第43～65页。

续置田记》中所载四份军府牒府学公文,[①] 嘉定十三年（1220）《平江府添助学田记》所载两份军府牒府学公文。[②] 然而省札仅见于本文所关注的两份。

从公文流程看，府学取得省札的程序相对烦琐，需通过平江府代为呈请。绍定元年十月三十日省札是平江府“据教授汪泰亨从事所申，本府所合具申尚书省，乞赐札下提举司及本府遵守施行”，绍定三年九月的省札也是同样的流程。

而公牒却无须转呈，仅在平江府和平江府学、提举常平司和平江府学两个部门间直接传递。从公文运转程序看，公牒具有短程、定向的特色，指示明确；省札则具有长程、连环型特征，流转程序多，凡是与省札所载事项相关的部门均会牵涉其中。绍定元年十月三十日尚书省的札文，除札付提举司、平江府、平江府府学外，还由平江府“备帖常熟知县、白茆巡检、常熟县尉，各仰遵守施行”，即与学田案判决、执行有关的官署，均须知晓并遵行“省札”内容。

而府学申请并刻立省札的目的，也值得特别关注。绍定元年府学呈状的理由是：

> 今来本学已证府牒管业，缘陈焕弟陈焯富横健讼，尚虑日后多方营求，紊扰不已，乞备申尚书省札下本学，以凭悠久遵守。

绍定三年府学呈状也大同小异：

> 本学为见陈焯富横健讼，尚虑日后多方营求，紊扰不已，已具申

① 《吴学续置田记》为两石续刻，详载嘉泰四年（1204）、开禧元年（1205）、开禧二年陆续置买、典买田产和房屋契事十数笔，及开禧元年四月，开禧二年三月、五月、五月军府牒府学四份公文，特批府学所置买田产免征印契钱和苗税（夏税秋苗），“仍行下本学照会，刊上石刻，以示永久”。详见《江苏金石志》卷一四，载林荣华校编《石刻史料新编》第1辑第13册，第9780页。

② 《平江府添助学田记》，五截刻，谢南记并书，主簿李案诗等立石。内载嘉定十一年（1218）正月军府牒府学文，及拨府学拘没官产名件；嘉定十一年十月军府牒府学文，指明以嘉泰四年（1204）公堂石刻存照（蠲免官赋石刻）为例。详见《江苏金石志》卷一五，载林荣华校编《石刻史料新编》第1辑第13册，第9808页。

本府，乞备申尚书省。

两份省札均是为防范陈氏“日后多方营求，紊扰不已”。在府学看来，省札可以断绝陈焯日后翻诉、越诉之途。前述陈焯到提举常平司翻诉、至刑部越诉，可证平江府的判决和公牒，缺乏“制服”陈焯的效力，而省札却具备这种功能。

正是因为府学注意到了省札所具有的最高行政效力，同时省札在国家行政系统的长程运行和畅通无阻，才两次向尚书省提出将省札和公牒刊刻于石，并特别强调了违背“省札”的罪责：

> 今摹印到省札及本府并提举司公牒，随状见到申府，乞备申尚书省，乞证先来行下省札事理。札下刑部及转运司，就将陈焯并男陈念九押下，从条结断冒占学田情罪，及今来违背省札指挥、妄状越诉情罪，及监追未纳足已指定拾年花利入官。

申状将“违背省札指挥”和“妄状越诉”并列，是府学教授应对学田案的有意之举。其他诸如申状中的叠加现象，如绍定三年省札强调学田与百余年前范仲淹助学之事的关联，言“上件田元系文正范公启请于朝，自是本学旧物。今系尚书省札下，即是朝廷养士之田”，均表明府学谙熟官场规则，尤其对古代行政与司法的关系，以及行政干预司法的路径，了然于心，得心应手。

（二）公文碑的法律属性

碑石上公牒和省札的共通性在于，它们都是具有行政约束力的公文，将其摹刻于石，需经过责任方的许可。早在绍定元年六月，府学已向平江府表达了刻石的意愿：“蒙使府施行，陈焕节次案牍，仍乞关府院所断陈焯等因依，详备始末，牒本学镌刻碑石，庶得久远遵守。”尽管当时并未刊刻，但这一信息还是值得关注。它提示，在碑石上刊刻公文要有一定的审批程序。绍定三年府学通过平江府向尚书省递交的申状中强调“今摹印到省札（指绍定元年省札——笔者注）及本府并提举司公牒，随状见到申府，乞备申尚书省，乞证先来行下省札事理”，再次证实了这一点。

由申状内容可以看出，将公文原样摹刻于石亦是属于“公事”之范畴，尤其是公文上的签押、印记，擅自刻立会有伪造官文书之嫌。[①]

府学经过官府授权，将“公牒”等常行公文和来自中央尚书省的“省札”具刻于石，使原本存放于架阁库的档案性公文，[②] 变为效力持久、公示于众的公文碑，意在向社会宣示所涉权益的合法性、确定性，使公文碑具有了明显的法律属性。

宋代存留的数量庞大的公文碑现象值得特别关注。[③] 公文碑多与公产、公事相关。宋代学田案的特殊性有二：一是学田属于官产、公产。官产在与私产的纠纷较量中，具有明显的优势，这是此案府学胜诉、陈氏兄弟败诉的一个重要因素。二是学田案的申诉方——府学教授，是地方官学的代表，在与政府部门的往来交涉中，适宜使用公文，这是与私人为私利而应诉不同的地方。在流传于世的公文碑和讼案碑中，多事关学田、寺产、水利、宗族祠墓等公产公益，而少有涉及私人之事，这也是古代法律碑刻的一个鲜明特色。

古代公文碑多涉及一定的权利义务关系，以及行政管理和法律制度的内容，如寺观敕牒碑是证明寺观存在合法性的重要依据，同时也记载了寺额的行政审批流程。而本文所探讨的公文碑的特殊性，在于司法审理和公文运作的通行并用。

三通碑石上的公文，动态记载了讼案推进的详细过程。尽管每通碑石所载公文都相对独立，然而通过对各公文中套叠的申状、证据、田亩数、律令条款等进行仔细比核，可以发现诸多前后不一甚至相互矛盾之处。而

① 详见《宋刑统》卷二五《诈伪律·诈为官文书及增减》，第 390 页。

② 《庆元条法事类》规定：“诸文书不下司者，长官掌之，以年月事类相次录目注籍。若有替移，验籍交受。”“诸官司被受条制及文书（谓申牒、符帖、辞状之类），皆注于籍，分授诸案，案别置籍，依式勾销，州幕职官掌之，县令、佐通签。”详见《庆元条法事类》卷四《职制门·职掌》，第 29～30 页；卷一六《文书门·诏敕条制》，第 335 页；另关于诸制书、重害文书、非应长留文书等的架阁保管规定，详见卷一七《文书门·架阁》，第 357 页。

③ 截至目前，笔者已整理宋代法律碑目有 520 种，其中公文碑约占 70%。

分析、推断这些行文变化的原因，更能看清案件的真相，也能看到在法律程序之外，行政程序以及行政沟通的重要手段——公文，对案件的影响。

府学作为讼案的赢家，很大程度在于他们深知行政规则，善于借助行政手段。府学立碑原是为自证清白、保护权益，其关注点当是断案的结果，而原样摹刻的公文却保留了更多的细节。尽管长期以来我们都强调中华法系的行政与司法合一的特色，但行政与司法的合一关系在制度和实际运作层面如何体现，仍然需要慧眼识真。

《中国古代法律文献研究》第十辑
2016年，第302~327页

明代私家注律家管见*

李守良**

摘　要：在众私家注律家的努力下，明代私家律学著述宏富，改变了宋元式微之状况而使明代律学走向中兴。基于此，探究私家注律家群体对研究明代私家律学有重要意义。私家注律家多成长于健讼之地，从小对明律有所了解，以后通过潜心自学、他人教授等途径而提高了律学素养。众私家注律家多科举出身，在及第任官后，其专业特长大多得到发挥。众私家注律家针对律例解释的错讹和司法弊端等状况，出于让官员、胥吏和百姓知法、守法的目的注解《大明律》。科举出身的私家注律家，既通经又明律，律著多为系统性的考据类、辑注类著作，但到了明代中后期，非科举出身的私家注律家人数增多，司法实用类律著明显增多。

关键词：大明律　律学　私家律学　私家注律家

明代律学在宋元律学衰微后重新兴起，并在中后期走向繁荣。明代律

* 本文是2013年度教育部人文社会科学研究青年项目“明代私家律学研究”（13YJC820047）的阶段性成果。

** 兰州大学法学院讲师。

学，以私家律学为盛。明代官方律学著作仅有《律令直解》、《大明律集解附例》等数部，而私家律学著作有90余部。[①] 明代私家注律家大多没有显赫的声名，有姓名可考的近五十人中，《明史》有传者仅严本、胡琼、唐枢、朱敬循、王樵、王肯堂、焦竑、蔡懋德等8人。然而在众多官卑位微的私家注律家的集体努力下，私家律学著述宏富，才使明代律学改变了宋元式微之状况，走向中兴。研究明代私家律学，就不得不探究私家注律家。故本文拟对明代私家注律家之地域分布、出身、仕宦、律学知识来源与律学素养、注律目的等方面展开论述，以求全面了解明代私家注律家群体。

一　私家注律家之地域分布

明代私家律学的发达离不开注律家的努力，而私家注律家成长环境对其以后注律产生重要影响。本文拟以注律家之祖居地和出生地等考察其地域分布，从中考察明代私家律学著作与地域的关系。虽然明代私家律学著作与注律家的地域分布间未必有必然的联系，但是注律家在仕宦前所生活地域的社会风气及人们对待诉讼的态度，对他们会产生影响，而且有些私家注律家则是在仕宦前就通晓法律，不能不说受到了当地的健讼风气的影响。[②]

笔者收集到明代私家律著90余部，其中50余部留存于世。有些律著不知撰者，有的即使留名，也未能考证出著者的祖居地或出生地。笔者就所能考证出著者地域分布的47部私家律著的41位作者来看，其中：南直隶9人，浙江13人，江西5人，山东3人，福建5人，湖广3人，河南2

① 李守良：《明代私家律学研究》之《明代私家律学著述考》，中国政法大学博士论文，2012，第25~82页。

② 比如：严本“少通群籍，习法律。”〔（清）张廷玉：《明史》卷一五〇《虞谦传附严本传》，中华书局，1974，第4169页。孙存，自幼接触法律，在（明）张萱：《西园闻见录》卷八四《刑部一》载：“孙方伯存，幼从其父建宁公学于闽，见建宁公与老吏论难律意，率至夜分，知读律之难。”（民国哈佛燕京学社印本）（明）何三畏：《云间志略》卷七《先宪使公远公传》记载：“公未贵时，最究心于律。”（明天启刻本）（明）何良俊：《何翰林集》卷二四记载：“雷州公有弟（何）广，少雷州公三十余岁，实父事雷州公，雷州公教以法家之学，后亦以精核校练知名。”（明嘉靖四十四年刻本）

人，山西1人，地域分布呈现出较明显的不平衡性。即明代私家注律家主要集中在三类地区。第一类为南直隶和浙江，共有22人，占53.7%。第二类为江西、山东、福建和湖广，共有16人，占39%。第三类为河南和山西，共有3人，只占7.3%。

从统计看，明代私家注律家群体的分布呈现出东南为盛，且以浙江和南直隶尤盛的区域特点。此结果的形成，原因是多方面的，其中地方的健讼习俗对其应有深刻影响。比如：浙江在历史上是著名的健讼地区，[①] 南直隶所辖地区亦为健讼之地，[②] 福建亦如此。[③] “江西最健讼”，[④] 其中以南昌府、赣州府闻名，而最健讼者是吉安府。[⑤]《读律琐言》的作者雷梦麟、《大明律解附例》的纂注者衷贞吉、《三台明律招判正宗》的示判者叶伋及《刑台法律》的作者萧近高均来自于上述地区。

多数私家注律家生活在健讼难治之地，讼累不断，累年不决。既然有讼累，法律的解读和理解就成为必然，只有如此，才能在诉讼中处于有利地位。即在讼累地区，法律无时无处不在，这为众注律家从小接触律例提供了可能和方便。如孙存之父在健讼之地福建建宁府任推官，为了更好地

① “浙俗健讼。”〔（明）焦竑：《国朝献征录》卷五〇《工部一·资政大夫工部尚书黄涯郭公朝宾墓志铭》，明万历四十四年徐象橒曼山馆刻本〕；“湖（湖州——笔者注）俗刁而健讼。”〔（明）范景文：《范文忠集》卷七《碑铭行述祭文·先君仁元公行述》，清文渊阁四库全书补配清文津阁四库全书本〕；“金华府民多健讼，所蔓连动数十人，累月不决。”〔（明）焦竑：《国朝献征录》卷四八《南京刑部一·南京刑部尚书陈公道神道碑》〕；处州“俗健讼”〔（明）张应武：《（万历）嘉定县志》卷一一《人物考上·张情》，明万历刻本〕；钱塘民健讼〔（明）何三畏：《云间志略》卷七《叶钱塘宗行公传》〕；台州府民“俗健讼”〔（明）邱濬：《琼台会稿》卷二三《明故中顺大夫都察院左佥都御史邢公墓志铭》，清文渊阁四库全书补配清文津阁四库全书本〕。

② “苏人健讼，尝告连数百人。”〔（明）王直：《抑庵文后集》卷二六《都御史陈公墓表》，清文渊阁四库全书本〕；江阴健讼〔（明）崔铣：《洹词》卷七《杭州同知黄公暨配宜人张氏墓志铭》，清文渊阁四库全书本〕。

③ 自宋代始“闽俗健讼”〔（明）陈道：《（弘治）八闽通志》卷三六《秩官》“（宋）福建路安抚司”，明弘治刻本〕；“兴化素多讼。”〔（明）邓元锡：《皇明书》卷二九，明万历刻本〕。

④ （明）崔铣：《洹词》卷三《南京光禄寺卿张公墓志铭》。

⑤ （明）过庭训：《本朝分省人物考》卷一一《张瑄》载：“吉俗素健讼”，吉安府知府张瑄日断“不下数十百人”（明天启刻本）；吉安府庐陵县亦“健讼难治”〔（明）焦竑：《国朝献征录》卷九七《山西·山西按察司佥事乔公岱墓志铭》〕；赣州府民也健讼〔（明）焦竑：《国朝献征录》卷九二《河南一·河南左布政使孙公存行状》〕；南昌府“俗机狡健讼”〔（明）李梦阳：《空同集》卷五五《序·送程南昌序》，清文渊阁四库全书补配清文津阁四库全书本〕。

审断案件，与“老吏论难律意，率至夜分”。[①] 孙存自幼耳濡目染，对其理解法律起到了很好的作用。在长成入仕后，孙存看到司法中累讼不决的弊端和官吏、讼师弄法之危害，根据自己在司法部门中所见所闻及积累的大量司法经验，加之潜心研究律例，深谙律条适用技巧的知识，对大明律进行系统注释，撰写了《大明律读法书》，赞同或批驳其他观点，阐述自己的见解。当然，有些私家注律家从小未必生活在健讼之地，或者由于父祖任官时随父祖一起迁往，或者因贫困而迁徙。笔者考察过明代私家注律家的身世，大部分人的父祖未见任官，则其自小随父之任官而迁徙的情况应不普遍。

何广祖籍陕西华亭，此在何广后人何良俊为其所作行状中有记载。[②] 何广的先辈后迁去上海，何广还自称“松江人”。[③] 但松江人何广常随任官的兄长在外地生活。据何良俊的记载，何广之兄雷州公何讷轩因精通法律，在元至正中任雷州判官。何讷轩长何广三十多岁，何广随兄一起生活，学习法律知识，何广撰写《律解辩疑》就是其兄授意的。[④] 何广虽精通法律，但未受到出生地松江府健讼风气的影响。孙存亦存在此种情况。孙存为南直隶滁州人，[⑤] 从小随父建宁公在福建生活，并在此时接触了法律知识。[⑥] 还有，注律家因父祖从商等情况而随从父祖离开原籍的情况，虽没有文献记载，但不能排除其可能性。不过在当时的农业社会，此种情况应该不普遍。严本，祖籍昆山，[⑦] 八岁时父母双亡，后过继给嘉定戚氏

① （明）焦竑：《国朝献征录》卷九二《河南一·河南左布政使孙公存行状》。

② （明）何良俊：《何翰林集》卷二四《先府君讷轩先生行状》。

③ 《明一统志》卷九言：何广为上海人。（清文渊阁四库全书本）（明）凌迪知在《万姓统谱》卷三四采用了《明一统志》的记载。（清文渊阁四库全书本）至于何广为华亭人，还是上海人，（明）顾清在《（正德）松江府志》卷二九曰：“何广，字公远，华亭人，后迁上海。”（明正德七年刊本）说明何广祖籍华亭，后迁居上海。这一点也在《〈律解辩疑〉序》中得到了验证，何广自称“松江人”。

④ （明）何良俊：《何翰林集》卷二四《行状·先府君讷轩先生行状》。

⑤ （明）俞汝楫：《礼部志稿》卷四三，清文渊阁四库全书本。

⑥ （明）张萱：《西园闻见录》卷八四《刑部一》：“（孙存）幼从其父建宁公学于闽，见建宁公与老吏论难律意，率至夜分，知读律之难。”民国哈佛燕京学社印本）。

⑦ 一说为江阴人。（清）张廷玉：《明史》卷一五○，《虞谦传附严本传》，中华书局，1974，第4169页。

姑家，[①] 离开原来生活之地。所以，严本的出生地非其长期生活之地。

总之，大多数私家注律家从小生活在健讼之地，这对其有潜移默化的影响，在其以后的仕宦中，对律例产生兴趣应不无此种影响。对律例的兴趣又促使他们通过注律提出自己的见解，改正前人的错误。通过以上大致可知，明代私家律学著作成书受到注律家地域分布的一定影响。

二　明代私家注律家之出身

考察明代私家注律家之出身，可从中探知此群体的知识背景与素养，展现其时代特点，探析其出身与私家律学著作之关系。

明代私家注律家之出身，笔者曾做过统计，见“明代注律家籍贯、出身表”。[②] 从表中可知，明代私家注律家多科举及第。在明代私家注律家有姓名可考的 49 人中，除 15 人不能确定是否有功名外，[③] 其余的 35 人中，明经 1 人，2 人荐举入仕，32 人中进士，科举及第的比例还是相当高的。明代的私家注律家其实是官僚注律家，他们以个人的身份著书立说，阐发律意，表达自己对大明律例的见解。律例乃专门之学，没有深厚功底，断不能系统注释，且《大明律》深奥难懂，注释不易，没有扎实功底，不能完成此艰巨任务。明律承唐宋之余绪，乃礼法结合之结果。科举出身者，精于礼经，能理解法律的精髓，才能更好地注律。明代私家注律家，在明代初、中期，几乎所有的私家注律家都有功名。其所著之律，如《律解辩疑》、《律条疏议》、《大明律释义》、《大明律解附例》、《大明律读法书》等，都是对《大明律》的整体解读，考据类、辑注类著作较

① （明）焦竑：《国朝献征录》卷六八《大理寺·大理寺左寺正严公本传》。

② 李守良：《明代私家律学研究》，中国政法大学博士学位论文，2012，第 84～88 页。

③ 在这 15 人中，徐昌祚可能是有功名的，据《明神宗实录》卷四六二载，徐昌祚官刑部郎中，且徐昌祚乃申时行外甥〔（清）曾燠《江西诗征》卷六一（清嘉庆九年刻本）〕，申历任高职，即使徐昌祚不能科举及第，申也可通过其他途径，比如荐举等让其入仕的。还有，《大明律例注释祥刑冰鉴》的作者周某，据《明代版刻综录》第六卷为周萃辑。周萃，据《（雍正）四川通志》卷九上载：“周萃，字正宇，合江人，万历中举人，任云南保山令，后知滕越州。俱以清廉著，致仕归里，德望益高，屡举乡饮正宾，寿九十卒。崇祀乡贤。”两人因缺乏直接的证据证明他们取得了功名，暂且将他们归入“不详”之列。

多，此需要精深的律学功底和良好的教育基础，否则不能系统、全面解释。在明代后期，非科举出身的私家注律家渐渐增多。嘉靖至万历时期，虽不少有功名的私家注律家撰写了诸如《读律琐言》、《律例笺释》等系统性、全面性的私家律学名著，但更多地为诸如《三台明律招判正宗》、《刑台法律》等律例合编的司法应用性著作。此类著作大多只抄录前人的律例解释，作者更关注的是司法应用规则、行文体式等形式性、程序性内容。

到明代后期，私家注律家之声名日渐式微，非科举出身者增多，不能考证出著者的私家律著也大量增加。私家律学著作编者、辑者渐多，而著、撰者渐少。私家律学著作之著、撰，需有精深的律学素养和扎实的经学基础，否则不能完成此艰巨工作。辑、编私家律著则相对简单，更多是前人著作的汇集编排，此项工作对作者的专业素养要求相对较低，非科举出身者也能胜任。从此侧面看，私家律学著作与注律家出身之间的关系密切。不同类别的私家律学著作，对注律家之律学素养、经学基础的要求是不同的。

三　明代私家注律家律学素养的养成途径

明代官员多科举出，不重视律例，从而造成儒生多究心于经义与礼学而弃律学，律学遂沦为小道。儒生入仕后，多不明律例，在以后的仕宦中，甚需幕宾辅佐，否则在审断案件中冤案迭出，被上司所诃，甚至丢官送命。私家注律家同一般诵读经书的科举入仕人员不同，他们虽大多精读经书入仕，但其在从政之暇，潜心研读、注解大明律，借鉴他家之经验，究其错讹，查其缺漏，补其未备，成其事业，留下了90余部私家律著的丰硕成果。正是私家注律家的集体努力，才使明代律学改变了宋元律学式微的状况而走向中兴。私家注律家能成就此项事业，必有精深的律学功底，否则难以完成此专业性极强的工作，以下笔者拟对私家注律家律学素养的养成途径试加阐释。

明代私家注律家律学素养的养成，是通过何种途径？律学素养又如何？笔者试阐释之。

（一）潜心自学

律学乃专门之学，若不专攻，颇难精通，至于注律则更艰难。注律家只有在入仕之前或之后，怀着一颗热忱之心，潜心学习并精通律例，才有能力注释《大明律》。如何广在未入仕时，已开始专心研究法律。《云间志略》记载："公未贵时最究心于律，常以为士君子读万卷而不读律者，往往有之，于是著《律解辨疑》一书。"① 却敬于《〈律解辩疑〉后序》中言："（何广）未仕之暇，于我圣朝律内，潜心玩味，深究其理，参之于《疏议》，疑者而解之，惑者而□释之，为别□，名曰《律解辩疑》。"② 何广在《〈律解辩疑〉序》中亦言："广〔日尝读律，玩味采摘疑难〕之句，申之以律疏，解其〔义拟，然未敢擅注于律。对款〕分条，编成别集，名曰《律解辩疑》。"③ 从以上记载来看，何广之所以能著《律解辩疑》，乃是日常读律，深究疑难，潜心研究的结果。

王樵任职于刑部时"日读律弗辍"，④ 潜心研读。对于其发愤读律的原因，王肯堂在《律例笺释》"自序"中已言明："先少保恭简公为比部郎时，尝因鞫狱引拟不当，为尚书所诃，发愤读律，是以有《私笺》之作。"⑤ 即王樵在刑部任职时，因鞫狱引拟律例不当而受尚书训斥，由此发愤读律，才有了《读律私笺》之作。

黄承昊"初任大理寺评事，尽心平反，无微不察，精心读律"。⑥ 黄承昊任大理寺评事，是得到大理少卿冯公考选后授受的，⑦ 因而推知他在任大理寺评事前对律例已有很好的研究，其初任大理寺评事之职，乃是针对其专长而授予的。黄承昊"精心读律"，为其以后著《律例析微》二十卷、

① （明）何三畏：《云间志略》卷七《先宪使公远公传》。

② （明）何广：《律解辩疑》，收入《明代法律文献》（下），《中国珍稀法律典籍续编》第4册），黑龙江人民出版社，2002，第296页。

③ （明）何广：《律解辩疑》，收入《明代法律文献》（下），《中国珍稀法律典籍续编》第4册，第3页。

④ （明）陆应阳：《广舆记》卷三，清康熙刻本。

⑤ （明）王肯堂：《律例笺释》"自序"，东京大学东洋文化研究所藏本。

⑥ （明）金日升：《颂天胪笔》卷一四下《起用·黄给谏》，明崇祯二年刻本。

⑦ "适关中，冯公为大理少卿，署寺篆题复考选，公遂得选授。"引自（明）金日升《颂天胪笔》卷一四下《起用·黄给谏》。

《读律参疑》二卷、《律例互考》打下了扎实基础。

严本自小学习法律。[①]《本朝人物分考》曾记载："（严本）永乐癸巳，何澄荐以职堪风宪，征至南京。仁宗在青宫监国事，命吏部尚书疑公义，试《理人策》一篇，复举律疑数条为问，随问敷答，同试者皆授郡邑职，独拜刑部主事。"[②] 严本本为布衣，父母早亡，少贫寒。但很早开始习律，在被荐举前已精通律例。[③] 永乐十一年（1413）为何澄荐举，仁宗命吏部尚书试疑难之律数条，严本随问随答，颇为熟练、流畅，若无扎实之功底，断不可能有此优异表现。可见严本在入仕之前已对法律有精深研究，从而在其他人都任职于地方时，凭其对律例的精深掌握而在刑部和大理寺任职。[④]

应槚日日潜心读律，努力提高自己的律学素养。他在《〈大明律释义〉自序》中言："究心于律文，每有所得，随条附记，积久成帙。大率本之《疏义》、《直引》诸书，而参之以己意。"[⑤] 应槚日日读律，并且对其体会随时记录，日久成篇。可以说《大明律释义》的成书，乃是应槚平日潜心研究律例所致。

冯孜认真读律、注律。王之猷在《新刻〈大明律集说〉序》已言明："冯原泉先生在司寇署中，拮据九年成此书，寔三尺之紫阳也。"冯孜在刑部任职时，潜心研究律例，并结合自己或本衙所处理的案件，用了九年时间写成《大明律集说附例》。该书解释精当，批驳有理有据，是明代私家律学的精品。

张楷，"入官宪台，于法律之学精究讲明，深所练习，乃于听政之隙

① "严本，字志道，江阴人，少通群籍，习法律。"（清）张廷玉：《明史》卷一五〇《虞谦传附严本传》，第 4169 页。

② （明）过庭训：《本朝分省人物考》卷二七《严本》，明天启刻本。

③ （明）缪昌期：《从野堂存稿》卷五《传・严寺正传》引《毘陵志》的记载："公少治刑书，前后两任皆刑官，以习文法吏事有名。"（明崇祯十年刻本）

④ （明）缪昌期：《从野堂存稿》卷五《传・严寺正传》引《毘陵志》的载："洪熙初，以刑部尚书金公纯大理卿虞公谦荐，迁大理寺左评事。"

⑤ （明）应槚：《大明律释义》"自序"，载于杨一凡编《中国律学文献》第 2 辑第 2 册，黑龙江人民出版社 2005 年影印本，第 523 页。

特加论释。”[①] 张楷于听政之暇精究法律，并结合自己在宪台任职之实际经验，撰成《律条疏议》这一私家律学名著。

通过以上可知，私家注律家潜心研究法律，有的是兴趣所在，故在其未仕或入仕之暇，潜心研究，如何广、严本；有的则因在司法部门任职，于闲暇之时结合自己的司法经验，潜心研究，撰成著作。然而无论何种情况，众私家注律家都是通过日常读律，逐步提高自己的律学素养，从而有能力去注释法律。

（二）他人之教授

众私家注律家除了自己认真学习法律外，还常得到别人的教诲，从其他人处得到学习的机会，从而更有利于掌握律例，尽快促成律学素养的养成。《何翰林集》记载：“雷州公有弟（何）广，少雷州公三十余岁，实父事雷州公，雷州公教以法家之学，后亦以精核校练知名……（广）有所著《律解辨疑》行于世，即雷州公所授意也。”[②] 何广从其兄雷州公学习法律，著《律解辩疑》时，还得到雷州公的指导和建议。孙存“幼从其父建宁公学于闽，见建宁公与老吏论难律意，率至夜分，知读律之难。及仕，又承其详刑守官之教”。[③] 孙存之父建宁公时为福建建宁府推官，[④] 为了更好审断案件，常和熟悉律例并深谙司法应用的下属讨论律例及案件，从而使孙存知道学律的困难。孙存之父与属吏讨论时，孙存耳闻目染，长久熏陶，从而对大明律例有所了解。孙存对法律的入门应是从此开始的。孙存以后在法司部门工作时，还得到了其他司法官的教导，使其对法律有了更深理解。私家注律家通过其他人的教诲，加之自己的努力，使他们的律学素养有所提高。

（三）法司部门之熏染与影响

众多私家注律家多在司法、风宪部门工作，对司法中的弊端多有了

① （明）张楷：《律条疏议》之倪谦《重刊〈律条疏议〉叙》，收入杨一凡编《中国律学文献》第2辑第2册，第5~6页。

② （明）何良俊：《何翰林集》卷二四《行状·先府君讷轩先生行状》。

③ （明）张萱：《西园闻见录》卷八四《刑部一》。

④ （明）焦竑：《国朝献征录》卷九二《河南一·河南左布政使孙公存行状》。

解，因而对律例规定与司法适用的冲突情况，在平时学习、研读时更加关注。私家注律家在以后注律时，针对司法适用之情况有选择的注释，又增强了私家律学著作的适用性。如黄承昊“初任大理寺评事，尽心平反，无微不察，精心读律，著有《律例析微》”。[①] 张楷“入官宪台，于法律之学精究讲明，深所练习，乃于听政之隙特加论释”。[②] 应槚“自丁亥备员法曹，幸无多事，而素性褊狭，不善应酬，乃得暇日，究心于律文……”。[③] 从以上记载看，众私家注律家在法司部门任职，经常处理司法案件，积累了丰富的经验，从而在实践中对律例有更深入理解，为其以后注律打下坚实的基础。

总之，明代律学的兴起与繁荣离不开这些精通律学的注律家。私家注律家通过潜心自学、他人传授及在法司等部门的熏染等途径接触律学，潜心研读和注解《大明律》，在借鉴他家经验的基础上，成就了私家注律的事业。

四　私家注律家之注律初衷与目标

（一）私家注律家的注律初衷

明代私家注律约有数十家，其中《律解辩疑》、《解颐》、《律条疏议》、《管见》、《大明律集说附例》、《读律琐言》、《律例笺释》等最为明备，且各有所长。此众注律家费心劳神，努力执着，究心于一律，何为？因其律例浩繁，错讹迭出，诵读不便，故有新作问世。新作问世后，基于看问题的角度及所持观点不同，又有相异的观点产生，从而更新著作出现。有明一代，不断循环往复，从而产生了 90 余部《大明律》的注释。这种情况在《西园闻见录》有所反映：“（孙存）既知诸大郡历年

① （明）金日升：《颂天胪笔》卷一四下《起用·黄给谏》。

② （明）张楷：《律条疏议》之倪谦《重刊〈律条疏议〉叙》，收入杨一凡编《中国律学文献》第 2 辑第 2 册，第 5 ~6 页。

③ （明）应槚：《大明律释义》“自序”，收入杨一凡编《中国律学文献》第 2 辑第 2 册，第 523 页。

久见世所刊《律解附例》多舛，且新故弗别，解亦繁芜”，[1] 才动念头著《大明律读法书》。任甲第在《镌大明龙头律法全书序》中言：“但从事于法家者，以律例各成一书，苦于诵读者多谓浩瀚旨意难明者不便追求，因考《管见》、《附解》、《琐言》等注，言无不尽，意无不详，但书籍多而讲读厌，始见其难也。今以律刊一书，随条附例，注以诸家释意。至于假如招拟、判告体式、行移捷录，靡不备载于中，使学者随诵便观，勿劳寻究，虽不能以会其意而备其全，抑少足以省其繁而便其读矣。”[2] 从任甲第的角度看，众多私家律学释本都企图解决所关注的问题，但对诵读者而言，释本太多，难以选择，于是就有了《镌大明龙头便读新例律法全书》这样的汇编性著作，给诵读者提供阅读的方便。《新刻御颁新例三台明律招判正宗》亦言及此释本的优点。其扉页刊“坊间杂刻明律，然多沿袭旧例，有琐言而无招拟，有招拟而无告判，读律者病之。本堂近锓此书，遵依新例，上有招拟，中有音释，下有判告、琐言，井井有条，凿凿有据者了然”。[3] 此虽有溢美之嫌，但言明了明代私家律学的真实状况。

众诵读者学习、研究律学，所要达到的目的在于“疑者而解之，惑者而□释之”。[4] 众私家注律，则是为诵读者提供方便，解其疑惑，以阐明律意之重要性。王之猷在《新刻《大明律集说》序》中言：“夫三尺法者，与田夫、野妇共，将垂诸千百祀而为烈者也。虽家喻户晓，犹以为不使知，则不能使由，何至于不可读耶！故昔人称读书不读律，虽致君尧舜，犹有遗能，即大明律亦载讲读律令，则读律当与读书同科也，明矣……岂故哓哓然举棋聚讼不置哉！亦惟讲解之不明，遂令失作者本旨，而无从窥圣贤之心耳。”[5] 王氏言明通晓律例解释及讲读的重要性，并言明民众聚讼不已，根源在于法律讲解不明，不能很好地贯彻注律者的意旨。

---

① （明）张萱：《西园闻见录》卷八四《刑部一》。

② 《〈镌大明龙头律法全书〉序》，东京大学东洋文化研究所藏本。

③ （明）舒化等辑《新刻御颁新例三台明律招判正宗》卷首一卷，明末建邑余象斗双峰堂刻本。

④ （明）何广：《律解辩疑》之却敬《〈律解辩疑〉后序》，《中国珍稀法律典籍续编》第4册，第296页。

⑤ （明）冯孜：《大明律集说附例》，东京大学东洋文化研究所藏本。

众注家注律，除了解答民众疑惑外，还为了纠正社会上毁法、坏法之不良风气，并纠正用法、执法之惨苛。万历十九年刘大文在《刻〈大明律集说〉序》中言，冯孜写集说的目的是为了防止官吏舞文弄法。[①] 万历十九年赵寿祖在《〈大明律集说〉序》中亦言："夫例以辅律，其究乃不大远于律，而法吏之巧者，往往借其文以饰喜怒而轻重于其间。即二百年来法家拂士字训句解，昭若发蒙，而甲是乙非，卒无定论。司刑者将何所恃而称平哉？余往待罪爽鸠，心窃患苦之久矣。"[②] 万历十九年王德光在《〈律例集说〉后序》中亦言："律穷而益之以例，律不悉例，例不尽变，而情法两穷，即号称喆士，不能以察微暧之涂，刓滰谫易眩，任率易逞。恣舞者谓齐民可掩耳而袭从，其倒持而无所顾忌，是使死不胜法者罔究于法，死未蔽法者反浮于法也。"[③] 赵寿祖与王德光针对司刑者轻重其罪，玩法于股掌的情况，注释法律，希冀司刑者更好地按律例处断案件。

众注律家为了给诵读者提供方便，释疑解惑，并借此提高官吏的法律素养，提升其执法、用法的水平，愿望良好，但是否为时人所认可和接受呢？实践证明，这的确为时人所急需与倚重。万历十九年刘大文在《刻〈大明律集说〉序》中言，冯孜写成《大明律集说》时，"书成之日，家拟玄珠，竞为摹写，岁月增积，转借益繁"。[④] 刘大文此言可能有溢美之词，却说明此书之受欢迎程度。即使现在看来，此书也是明代私家律学著作之精品。应槚在《〈大明律释义〉自序》亦言："间有知此集（指《大明律释义》，笔者注）欲得之者。"[⑤] 倪谦在《重刊〈律条疏议〉序》中言，《律条疏议》重复刊刻，从而使此书"广为流布以传于世"。[⑥] 众私家律著颇受欢迎，乃是社会的需要，民众的需要。民众主动刊刻、抄录，说明了明代私家律学在法律传播中的重要贡献和价值。

① （明）冯孜：《大明律集说附例》。
② （明）冯孜：《大明律集说附例》。
③ （明）冯孜：《大明律集说附例》。
④ （明）冯孜：《大明律集说附例》。
⑤ （明）应槚：《大明律释义》，嘉靖二十八年济南知府李迁重刻本，收入杨一凡编《中国律学文献》第2辑第2册，第523页。
⑥ （明）张楷：《律条疏议》之倪谦《重刊〈律条疏议〉序》，明嘉靖二十三年黄严符重刊本，收入杨一凡编《中国律学文献》第1辑第2册，第10页。

（二）注律目标

总括言之，私家律著对不同人群有指导作用。主要包括三类：官员、胥吏和民众。

1. 私家律著对官员的指导

《大明律》卷三“讲读律令”条言：“凡国家律令……百司官吏务要熟读，讲明律意，剖决实务。”① 根据《大明律》的规定，百司官吏要学习法律，而且还有专门机关考核，不合格还要受罚。官员等习律例，所用资料主要为国家所颁的律与例，但律文简要深奥，诵读不易，因此要搜寻辅助之书作为参考，而私家律著则是其重点关注的。私家律著针对官员学习律例而撰写。王之猷在《新刻〈大明律集说〉序》总结了私家律著的“三善”，其中第一善是为了官员能明晓法律：“我辈因文以会意，披读了然，判黑白。凡昔之互相出入，互相假借，互相疑似者，断断乎知所取裁，一善也。”② 用法律判黑白，这是一般官员之职责，否则事常错出，或冤案迭出。崇祯五年潘士良在《〈临民宝镜〉序》中亦言及私家律学著作对官员的指导：“凡临民典则，莫不毕具，一开阅自明，如对镜自见。此书真为镜矣。官宦必镜以断狱讼，考吏必镜以定殿最……业儒必备以科命判……此镜亦宝矣！其共珍之，因端其额曰：‘宝镜’。”③

私家律著除对一般官员进行指导外，对司刑者尤为关注。《律条疏议》张荃序言：“虑始学之难，明述为疏议，发其指归……继自今士于入官之初，而议事之谳狱得此书而参考之。”④ 应槚在《〈大明律释义〉自序》中言：“窃谓一得之愚，或可少为治狱之助。”⑤ 倪谦在《重刊〈律条疏议〉序》中言：“法家拂士执此而熟复之，固能使刑当其罪而无所失。”⑥ 从以

① 《大明律》卷三《讲读律令》，怀效锋点校，法律出版社，1999，第36页。

② （明）冯孜：《大明律集说附例》。

③ （明）苏茂相辑《新刻官板律例临民宝镜》，明书林金阊振业堂刻本。

④ 转引自罗昶的《明代律学研究》，北京大学博士论文，1997，第24页。

⑤ （明）应槚：《大明律释义》，嘉靖二十八年济南知府李迁重刻本，收入杨一凡编《中国律学文献》第2辑第2册，第523页。

⑥ （明）张楷：《律条疏议》之倪谦《重刊〈律条疏议〉序》，明嘉靖二十三年黄严符验重刊本，收入杨一凡编《中国律学文献》第1辑第2册，第10页。

上文献记载可知，众私家律著的重要任务就是对司刑者进行指导，以求对他们审断案件有所帮助。在私家律著中，我们还能了解问刑官溺职之情形乃不能很好地学习律例所致。马文升曾言及问刑官不明律例的危害："所以于律条多不熟读，律意亦不讲明。所问囚人，不过移人就律，将就发落，笞、杖、徒、流纵有所枉，为害未大；至于人命，一有所寃，关系非轻。有将强盗窝主未曾造意同谋，官吏因公殴人致死，本无挟私故勘，而俱拟斩罪者，本系故杀，却拟斗殴杀人绞罪者。其他以是为非，以重作轻，且以法司尚。"① 私家律著的撰写，除了为一般官员学习律例提供参考外，更重要的是作为对司刑者审断案件时之参考，以纠正司法之积弊。

2. 私家律著对胥吏的指导

除官员外，众官衙的办事人员——如掾吏、书办以及仵作等检验人员亦应通法律。王之猷在《新刻〈大明律集说〉序》中曾言及律著刻成之第二善："缘吏辈愚者缘之以求通，不至有误入、误出之愆；奸狡者缘之以自警，不敢为上下手，罔上笼下之故智。二善也。"② 从王之猷言论看，私家注律家的注律目的是为了对众胥吏指导，避免其欺上瞒下，上下其手，败坏司法。王肯堂在《律例笺释》"自序"中言及官员与胥吏坏法的情况："及有民社之寄文，又漫不经心，一切倚办吏书而已。其不任吏书者，又于原籍携带讼师、罢吏，同至任所，用为主文，招权纳贿，无所不至，已多冤民矣。又况锻炼以为能，钩距以示察，草菅千百命，以庄严一官者哉！夫小民无知而犯法，犹赤子无知而入井，不能仰体圣祖之心，教诏无素。即使刑当其罪，已为不教而诛谓之曰虐，况移情就律，枉滥实多乎！'"③

胡琼撰《大明律集解附例》的目的，可从其正德十六年《律解附例序》中探知："近时疏解律者，无虑十余家，率繁文剿说。至于隐义，则略而不明，如《辩疑》、《解颐》、《疏义》、《集解》最称明备，又各有所长，莫之能一也。余故有此志，乃今叨按贵阳，见诸司决狱多戾，问之，或人曰：'律文深奥，遐方乏书侩，凡'疏解'之类皆吏胥所未见。间有携至者，又

① （明）马文升：《端肃奏议》卷六《陈言申明职掌清理刑狱事》，清文渊阁四库全书本。

② （明）冯孜：《大明律集说附例》。

③ （明）王肯堂：《律例笺释》。

品汇浩繁，艰于传写，欲并刊之，则财用罔周，故耳。’余曰：‘有是哉，因于听政之暇，取诸家之说折衷之，删繁节要，略其所易知，补其所未备，而以条例附焉，名曰《律解附例》。盖卷帙才与《疏义》等而众说略备，将以资遐陬吏胥传写讲读之便，非敢为大方赘言也。偶藩贰傅君、江君辈欲梓以代钞，余辞不获，遂书所自于末简。”[①] 胡琼写《律解附例》的目的，就是为了使此地的吏胥了解大明律例，增其律学素养。正德十六年何孟春在《书九峰胡侍御律解后》中言胡琼著《律解附例》是为了“奸吏不得容情卖法”。[②] 薛瑄在《蒲州知州张公廉志铭》亦言，吏要学习法律，并且还采取行动学习。“予尝使川蜀道，过其州，见其厅治落落无事，惟闻诵读声，问之，则曰：‘课吏读律，使知畏法，且不暇游惰耳。”[③] 官员要求胥吏熟悉法律，有时胥吏学习律例的愿望还很强烈。明人何乔远在《书何先生刑法记后》言：“释褐后，先正以读律劝。又闻两京在官胥吏开律馆讲究，意谓既遵成宪，复多讲习，当无谬戾。”[④] 据此材料，知两京胥吏开律馆主动学习法律，其学习的参考文本，应有私家律学著作。

3. 私家律著对普通百姓的指导

除官员、吏胥需学习律例外，普通老百姓亦需知法、懂法，从而避祸远罪。王之猷在《新刻〈大明律集说〉序》中曾述及律著刊刻之第三善：“编氓辈豁然知我以为泛常无害者，而其罪如此，闾里之间可作为，而载在官府不可作、不可为者如此，曾闻朝廷有法令，讵知法令如此乎，三善。”[⑤] 倪谦在《重刊〈律条疏议〉叙》中亦言：“凡民观之，亦晓然知迁善远罪之方，其为治化之助。”[⑥] 正德十六年何孟春《书九峰胡侍御〈律解〉后》言：“愚民各知所守。”[⑦] 崇祯五年潘士良《〈临民宝镜〉序》亦言：“庶民必镜，以知趋避。”《昭代典则》卷六“太祖高皇帝己酉二年八

---

① （明）胡琼：《大明律集解》，明正德十六年刻本。

② （明）胡琼：《大明律集解》。

③ （明）焦竑：《国朝献征录》卷九七《山西》。

④ （明）何乔远：《名山藏》卷四八《刑法记》，明崇祯刻本。

⑤ （明）冯孜：《大明律集说附例》。

⑥ （明）张楷：《律条疏议》之倪谦《重刊〈律条疏议〉序》，明嘉靖二十三年黄严符重刊本，收入杨一凡主编《中国律学文献》第2辑第2册，第10～11页。

⑦ （明）胡琼：《大明律集解》。

月”记载了令百姓知律之目的，“监察御史雎稼请命府州县长吏月朔会民读律……凡遇月朔□乡之老少，令儒生读律，解析其义，使之通晓，则人皆知畏法，而犯者寡矣”。[①] 通过以上文献确知，私家注律家注律，是希望普通百姓学习法律，远罪避祸，有利于社会稳定。

4. 注律之终极目标

各注律家通过注律，希望官员、吏胥及百姓认真学习，达到审断有据，遵纪守法的目标，但众私家注律家注律的终极目标又如何呢？王之猷在《新刻〈大明律集说〉序》言之：“三善备而律例明，明则律例行。盖其警醒震动于人之心志者，当与六经同功效，不独行之刑辟间已也。行之久，且将刑措，且将为尧舜之世，则是书其筌蹄也哉！至于以律例为筌蹄，而后廷评公授梓之意为快也，不然，铸刑书者何取焉。”[②] 万历十九年赵寿祖在《〈大明律集说〉叙》亦言及此律著刊行所达到的目的：“凡我同志果率是编而行之，则广皇仁于环海之外，而纳斯世于刑措之风，旦暮可立睹也。”[③] 何广《〈律解辩疑〉序》言：“凡（莅）官君子于议刑决判之间，庶望尽（心慎求），以（辅）圣化，而至于无刑之效，斯亦是编之……”[④] 却敬在《〈律解辩疑〉后序》中言：“庶几乎官明于治，民明于守，吏明于刑，罚当于罪，则人人畏服而知禁，期保斯民不犯于有司，则刑期于无刑，复见于今日矣。”[⑤] 崇祯五年潘士良在《〈临民宝镜〉序》中言：“律例熟明，胸中冰镜，无出无入，毋枉毋纵，故刑不滥，上信守如金石，下凛威如铁钺。胥无舞文之徂公，官无深文之屠伯……天下无冤屈之民，司刑无鬼哭之庭矣。”[⑥] 通过以上文献记载可知，众注律家希望通过官员、胥吏、百姓学习法律，各知所守，达到刑措而不用的理想状态，此正是他们的最终目标。

---

① （明）黄光升：《昭代典则》卷六，明万历二十八年周日校万卷楼刻本。

② （明）冯孜：《大明律集说附例》。

③ （明）冯孜：《大明律集说附例》。

④ （明）何广：《律解辩疑》之却敬《〈律解辩疑〉后序》，收入杨一凡主编《中国珍稀法律典籍续编》第4册，第296页。

⑤ （明）何广：《律解辩疑》之却敬《〈律解辩疑〉后序》，《中国珍稀法律典籍续编》第4册，第296页。

⑥ （明）苏茂相辑《新镌官板律例临民宝镜》，收入杨一凡主编《历代珍稀司法文献（第6册）》，社会科学文献出版社，2012，第1页。

五　仕宦经历[①]

（一）私家注律家初授官状况

因史料阙如，明代众私家注律家初授官情况仅收集到21人，故仅就此21人分析之。

在21人中，严本、应槚、唐枢、郑汝璧、衷贞吉任刑部主事，应廷育任职于南刑部，黄承昊任大理寺评事，在中央法司部门任职之人占了三分之一。陈器任淮安推官，蔡懋德任杭州推官，此为省按察司所属，是按察司派出地方推究案件的重要官员。此9人在法司部门任职，比例还是相当高的。他们得以任职，自然与其专长密不可分。如严本，“永乐十一年以荐征，试以疑律，敷析明畅，授刑部主事”。[②] 此情况得到了《国朝献征录》的确认。[③] 从记载看，严本初授刑部主事，是铨选者看中了他精通律学的特长。黄承昊因其专业特长而初授大理评事。《颂天胪笔》曾记载：“适关中，冯公为大理少卿，署寺篆题复考选，公遂得选授。”[④] 黄承昊任大理寺评事之职，是大理少卿亲自选任，没有律学专长很难被选中。黄承昊的确胜任此职，《颂天胪笔》记载：“初任大理寺评事，尽心平反，无微不察。”[⑤] 总之，此9人在中央和地方法司部门任职，多因精通法律之故。

在21人中，还有5人在地方任职。何广初授江西某县知县，胡琼初授慈溪知县，应朝卿初授建安县令，陈廷琏初授知府，雷梦麟初授无为知州。在明代，对府州县而言，地方官兼理司法。《明史》记载，知县的重要工作就是“听狱讼”,[⑥] 知府“平狱讼”也是其重要职责。[⑦] 对他们而

① 基本材料来源于李守良《明代私家律学研究》之《明代私家注律家仕宦表》，中国政法大学博士论文，2012，第96～103页。

② （清）张廷玉：《明史》卷一五〇《虞谦传附严本传》，第4169页。

③ （明）焦竑：《国朝献征录》卷六八《大理寺》。

④ （明）金日升：《颂天胪笔》卷一四下《起用·黄给谏》。

⑤ （明）金日升：《颂天胪笔》卷一四下《起用·黄给谏》。

⑥ （清）张廷玉：《明史》卷七五《职官四》，第1850页。

⑦ （清）张廷玉：《明史》卷七五《职官四》，第1849页。

言，审断案件是其重要职责之一，是衡量其称职与否的重要标志。

其他人在中央的户部、礼部、翰林院等处工作。这些人之职任，与法律关系不够密切，但21人初授职，14人跟法律有关，此比例还是相当高的。

（二）私家注律家仕宦情况分析

私家注律家的仕宦经历，主要有四个走向：

1. 布政使司、府、州、县之任职

任职州、县者，除梁许任职西北，杨简、胡效才、应廷育不能确知外，何广在江西任知县，胡琼任慈溪知县，胡文焕任上虞知县，应朝卿任建安令，王肯堂任海盐县丞、浙江修水县县丞，叶伋任江西赣州府定南县典史，陈廷琏任徐州知州，应廷育任知州。任府职者，陈廷琏任福建延平府知府、江西广信府知府，孙存任长沙知府、荆州府知府、浙江处州府知府，应槚任常州知府，熊鸣岐任绍兴府知府。注律家任职集中在福建、江西、湖广、浙江和南直隶等东南健讼地区，这与他们通晓律例有一定关联。

布政使司任职者，熊鸣岐任贵州布政司右参政，雷梦麟任陕西左参政，何广任湖广布政司右参议，孙存任河南右布政使，应槚任山东左右布政使，冯孜任福建左参政、江西右、左布政使、湖广左布政史，衷贞吉任湖广右参政、浙江右布政、浙江左布政使，王肯堂任福建参议，萧近高任浙江右参政、浙江左布政使，贺万祚任福建布政使司右参政、江西右布政使，蔡懋德任浙江右参政、河南右布政使。注律家在布政使司的任职主要集中在湖广、福建、浙江、江西等东南健讼地区，这也与其精通律例有关。

私家注律家之府、州、县及布政使司之任职多集中在浙江、福建、江西、南直隶和湖广等地区。上述地区多为健讼之地，私家注律家在此地区任职，平常须处理大量案件，有利于发挥其专长。

2. 提刑按察使司之任职

提刑按察使司按察使“掌一省刑名按劾之事。纠官邪，戢奸暴，平狱讼，雪冤抑，以振扬风纪，而澄清其吏治”，[①] 副使、佥事“分道巡察”。[②]

---

① （清）张廷玉：《明史》卷七五《职官四》，第1840页。

② （清）张廷玉：《明史》卷七五《职官四》，第1840页。

提刑按察使对狱讼之查察乃是其重要职责。从提刑按察使司之职责看，主要负责一省之刑名。私家注律家在此职任上主要有何广、张楷、孙存、应槚、雷梦麟、应廷育、梁许、郑汝璧、王樵、萧近高、熊鸣岐、贺万祚、蔡懋德、衷贞吉等。任职地主要集中在江西、湖广、广东、浙江、福建等健讼地区和陕西、河南、山东及边缘的云南、广西地区，与府州县任职者相比，范围有所扩大，但仍主要集中在东南地区。这说明了东南健讼地区需要按察司官员重点监督。

3. 中央三法司之任职

私家注律家在刑部任职的主要有严本、应槚、陈器、郑汝璧、熊鸣岐、徐昌祚、冯孜、陈廷琏、雷梦麟、王樵、苏茂相等。从记载看，众私家注律家任职于刑部者较多，但少有任高官者。

在大理寺任职的私家注律家主要有严本、张楷、王樵、姚思仁等。虽人数较少，但多高官。

在都察院任职的主要有：张楷、应槚、郑汝璧、王樵、蔡懋德等。

私家注律家在刑部、大理寺、都察院任职较多，这自然是由于他们精通法律，在法司部门工作更易发挥其特长。

私家注律家还有在兵部、户部、礼部、太仆寺及鸿胪寺等部门工作者，此不再赘述。

（三）私家注律家任职时的注律

明代私家注律家多科举出身，有些在职任上撰、辑律著，因而考察其任官时的注律，则能探究其注律目的与动机等问题。

1. 任职府、州、县者的注律

能考证出私家注律家在地方职任上注律的并不多。主要有：何广在江西新□□□[①]任上著《律解辩疑》，孙存在荆州知府[②]任上著《大明律读法

① 本书末洪武丙寅（十九年，1386）春二月（明）却敬《后序》所言："俾施政受法者，举□松江何公名儒，书通律意，由近臣任江西新□□□。未仕之暇，于我圣朝律内，潜心玩味，深究其理，参之于《疏议》，疑者而解之，惑者而□释之，为别□，名曰《律解辩疑》。"

② 《大明世宗肃皇帝实录》卷一三七"嘉靖十一年四月"。

书》，还有大同宣府开平卫，方山人余员注招，江西赣州府定南县典史，鲁斋人叶伋示判的《三台明律招判正宗》，其他待考。从记载看，地方府、州、县官员不是明代私家律学著述的主体。就所能看到的材料分析，这些注者所任职之地多在明代的健讼地区。何广、孙存等官员的注律目的在于对司法官员在审断案件时进行指导，或者是为了法律普及而作。何广作为基层的官吏，在任官之前已熟知明律，[①] 其任官之地乃健讼地区，这就需要地方官员熟知明律，从而在纷繁复杂的地方诉讼中掌握主动，否则处处被动。荆州知府孙存的注律缘由，在《西园闻见录》曾言及"诸大郡历年久见世所刊《律解附例》多舛，且新故弗别，解亦繁芜"，[②] 因此才撰《大明律读法书》。从记载看，孙存著书是为了改正《律解附例》等其他注家解释出现的问题，从而更好地为司刑者服务。方山人余员注招，江西赣州府定南县典史叶伋示判的《三台明律招判正宗》更是为了服务于司刑者而写。此律学著作之示判者乃江西赣州府定南县典史，是基层官吏的属吏，其示判是为了官员撰写判词提供方便，或者对其他司刑者学习写作判词提供参考。总之，在府州县职任上对《大明律》注释的人数不多，可能与其公务繁忙，无暇顾及有关，或与绝大多数府、州、县地方官员无能力对《大明律》注解有关。

2. 任职中央、地方监察系统者的注律

此职任上注律者较多，是明代私家律著的一个重要来源。比如，正德年间胡琼在监察御史任上著《大明律解附例》三十卷，巡按河南监察御史胡效才在嘉靖年间集解、增附。应槚在湖广提学副使任上完成《大明律释义》三十卷。[③] 王楠在巡按河南监察御史任上完成《大明律集解》。熊鸣岐在刑科给事中任上完成《昭代王章》，《刑台法律》是由刑科都（给事中）萧近高注释的。郑汝璧在巡抚山东都御史任上完成《大明律解附例》三十卷。都察院掌院事左都御史衷贞吉、协理院事左副都御史张养蒙、理院事

---

① "公未贵时最究心于律。"载（明）何三畏《云间志略》卷七《先宪使公远公传》。

② （明）张萱:《西园闻见录》卷八四《刑部一》。

③ 应槚久历刑部，曾任刑部主事和刑部郎中，又久在地方任职，有丰富的司法实践经验。他从嘉靖丁亥（六年，1527）年起已开始研究律文，经过十余年的积累，在嘉靖二十二年六月在湖广提学副使任上终于完成。（嘉靖二十二年著者"识"，收入杨一凡主编《中国律学文献》第2辑第2册，第523～524页。

左佥都御史郭惟贤共同纂注《大明律解附例》三十卷。[①] 万历二十九年（1601）两淮察院及巡盐两淮监察御史应朝卿、扬州府知府杨洵校增的《大明律》三十一卷。此都是检察系统人员完成的。

对于此群体撰写明律注释书的目的，我们从前述胡琼的《〈律解附例〉序》中已可窥一斑。御史胡琼写《大明律解附例》的目的是为了提高贵州地区司刑者的素养，为吏胥学习律例提供参考，从而为其传写讲读提供便利。胡琼的做法，得到了贵州布政使司的大力支持，布政使司刊刻了《大明律解附例》，并在全省推广。

总之，监察机关的官员撰写、辑录律著是为了提高地方官员、属吏的律学素养。检察机关的官员注律跟他们的职责有关。他们在监察机关任职，时常根据《大明律》对官员进行监督。正是他们精通明律，又有丰富的司法实践经验，从而有能力注释《大明律》。他们刊刻其律著在本部门发放，以提高本部门官员的律学素养。

3. 任职刑部、大理寺者的注律

在此任上注律者较多。王之垣奏请刑部编辑了《律解附例》八卷；冯孜在刑部用九年时间完成了《大明律集说附例》；王樵刑部任职时就开始写《读律私笺》；大理寺左少卿姚思仁著《大明律附例注解》；《新刻官板律例临民宝镜》由刑部尚书苏茂相辑，大理寺卿虞廷潘世良校，理刑推官太征郭必昌订，后学仰源郭万春注；《法家裒集》是由司台司籍潘智手录，而由从史陈永补录。他们在专门机关任职，有丰富的司法实践经验，所注之律有很强的司法针对性，使律典与司法紧密结合，对本部门的官员律学素养的提高起到了作用。

六　明代私家注律家之司法实践

明代诸私家注律家精通律学，注释律例，为官员、胥吏及百姓学法、用法提供方便。明代私家注律家还常审理、驳正案件，在审理案件时力求

① 黄彰健：《明代律例汇编》（上），《〈明代律例汇编〉序》，中研院历史语言研究所，1979，第46～47页。

公正明允，明恕宽平。私家注律家还通儒明经，有刚正不阿之性格。私家注律家的良好品德、律学素养及在司法实践中既公正执法，又兼顾情理而行仁政，使他们获得了不错的社会评价。

（一）公正明允

诸私家注律家在法司或州县等从事具体的司法工作时，多公正执法，又恤刑而行仁政，不为鄙俗所影响。张楷在宣德年间任监察御史时，“刑部狱系巨盗，赂掾诈死，出复为盗。楷劾罢尚书以下十数人，理冤摘奸，风振朝宁久之”。[①] 应槚任刑部主事时，“惠安张某以赃败，下部，客有为张私谒者，夜遗金七百，峻拒之，严驳如法”。[②] 陈器任淮安推官时，“持法不畏权贵”。[③] 王樵“执法明允，颦笑无所狥”。[④] 黄承昊在万历年间任大理寺评事时，“尽心平反，无微不察”。[⑤] 严本更是公正明允的典范。曾有人叹言：“吾守此郡，阅贵人多矣！清白有持，唯严公一人焉。”[⑥]

（二）明恕宽平

诸私家注律家多科举出身，常在州县任职，亦常为按察司官员，纠举不法。他们还常在中央三法司任职，亲自审断、复审案件，亦常代天子巡按地方，查举罪案。私家注律家常与法律打交道，那么他们对待案件和世事的态度，难免不受其所秉持的治世理念影响。众私家注律家往往有一颗仁恕之心，恤刑宽正而不严苛。如何广在陕西按察副使任时，“宽厚有容”。[⑦] 王樵“为人恬然静慎，所至以宽简称”。[⑧] 胡琼为慈溪令时，“立心

---

① （明）何乔远：《名山藏》卷一二《典谟记》。
② （清）嵇曾筠：《（雍正）浙江通志》卷一六二，清文渊阁四库全书本。
③ （清）嵇曾筠：《（雍正）浙江通志》卷一六一。
④ （明）陆应阳：《广舆记》卷三。
⑤ （明）金日升：《颂天胪笔》卷一四下《起用·黄给谏》。
⑥ （明）焦竑：《国朝献征录》卷六八《大理寺·大理寺左寺正严公本传》。
⑦ （明）施沛：《南京都察院志》卷三九《人物三》。
⑧ （明）过庭训：《本朝分省人物考》卷二九。

公恕，断狱明审”。[①] 正是他们有宽厚、平直之心，在审断案件时才能宽刑仁恕。应槚曾恤刑江南，“平反狱囚，全活者众”。[②] 王樵“既精于律，比晚致通显，不离法曹，益治狱不懈。尝一当热审，两虑重囚，皆多所平反”。[③] 众私家注律家在审断狱讼时，既公正执法，还兼顾人情。给事中张养蒙曾言：“狱贵初情，自古记之。诸臣奉命审谳，据原招以别矜疑，允驳听之部议，法司奉旨议覆，据原奏以定允驳可否，请自上裁。倘有原招未应辨放而任意改定，则是初情不足贵，而重犯可故出也”。[④] 唐枢亦曾言执法者在定罪量刑时要“情罪允当”。[⑤] 正是他们在重人情的基础上公正执法，才使受刑者无冤，甘愿受罚。郑汝璧任刑部郎中时，“京师人颁其明断，咸愿就质，爰书成于手受罚者，自以不冤。”[⑥]

（三）刚正不阿

明代诸私家注律家在仕宦尤其是在法司或风宪衙门中，多坚持原则，刚正不阿，不为时俗所趋。胡琼为慈溪令时，“廉隅自持，棘棘不阿，而立心公恕，断狱明审”。[⑦] 应槚不畏权势亦见《古今谭概》载：“应槚守常州，偕他郡守谒御史。槚居中，独遵宪纲不跪。他日御史见之，指曰：‘此山字太守也！’”[⑧] 其拒绝私谒，严驳如法，已见前述。[⑨] 陈器任淮安推官时，“持法不畏权贵”。[⑩] 黄承昊任吏科给事中时，“中立不倚，勿逐时趋，及逆珰弄权，虐焰

---

① （明）凌迪知：《万姓统谱》卷一一。

② （明）徐象梅：《两浙名贤录》卷二九《吏治》“常州府知府应子材槚”，明天启刻本。

③ （清）万斯同：《明史》卷三一八本传，清抄本。

④ （清）稽璜：《续文献通考》卷百三十八《刑考》，清文渊阁四库全书本。

⑤ （明）过庭训：《本朝分省人物考》卷四六《唐枢》。

⑥ （明）过庭训：《本朝分省人物考》卷五六《郑汝璧》。

⑦ （明）凌迪知：《万姓统谱》卷一一。

⑧ （明）冯梦龙：《古今谭概》卷一〇《越情部·不畏势》，栾保群点校，中华书局，2007，第129页。

⑨ 万斯同《明史》卷二九一亦载：“应槚，字子材，遂昌人，嘉靖五年进士，授刑部主事，有贵人下狱，使人以七百他们除了精通经学外，还有人经、律兼通，为其更好注律打下坚实基础。比如：金行馈，槚峻却之，论如律。”

⑩ （清）嵇曾筠：《（雍正）浙江通志》卷一六一。

熏天，公秉正不阿，一时称为中流砥柱”。[①] 姚思仁公正执法，不通融。[②] 诸私家注律家在仕宦中刚正不阿，秉公执法，即使在皇帝面前，为了坚持原则也有忤旨之举。应廷育，争大礼而忤旨，[③] 唐枢“嘉靖丙戌进士，授刑部主事，会议大礼，继议大狱，抗疏忤旨，廷杖罢归”，[④] 黄承昊“疏谏追夺诰命，忤珰几不免”，[⑤] 而胡琼“哭谏，受杖卒”。[⑥]

（四）通儒明经

诸私家注律家为了科举中第，多精读四书五经，精通经学。其经学素养为以后注律提供了良好的基础。由于《大明律》承唐律之余绪，礼、律紧密结合，因而能通经才能更好地理解律意。如严本“自少喜读书，通儒术”。[⑦] 胡琼“幼习儒”。[⑧] 唐枢“自少有志于理学”，[⑨] 曾师从著名理学家湛若水学习深造。[⑩] 王肯堂“博览群籍”，[⑪] “生平好读书，著述甚富，于经传多所发明，有《论语义府》、《尚书要旨》、《律例笺释》、《郁冈斋笔麈》。尤精医理，著《医科证治准绳》等书，盛行于世”。[⑫] 蔡懋德“七岁读《大学》，便立志学为圣贤。长，能文雅，不欲以文名，日读先儒语录，得王文成书，叹曰：‘圣学渊源在是，吾今知所宗矣。’”[⑬] “（王樵）嗜书，

---

① （明）金日升：《颂天胪笔》卷一四下《起用》《黄给谏》。

② （清）黄叔璥《南台旧闻》卷一六记载：“秀水姚思仁，万历巡按山东、河南，杀贼颇多，忽病中被摄入冥，司主者诘曰：‘尔为御史，何好杀如此？’姚曰：‘某为天子执法耳，非好杀也。’主者曰：‘此言过矣，凡为官当体上天好生恶杀之心，先王刑期无刑之意，今尔不以哀矜，勿喜自省，理应受罪。’姚曰：‘固也，当两省凶荒，某曾上疏请赈所活不下数千万，独不可相准乎？’主者曰：‘此尔幕宾，姚思仁贺灿然之所为也，已注其中年富贵矣！’姚曰：‘稿虽贺，作疏由某，上独不可分其半乎？’主者：‘乃令其生还。’”

③ （清）嵇曾筠：《（雍正）浙江通志》卷一八一。

④ （明）管绍宁：《赐诚堂文集》卷八《奏疏》，清道光十一年读雪山房刻本。

⑤ （明）金日升：《颂天胪笔》卷一四下《起用》《黄给谏》。

⑥ （清）张廷玉：《明史》卷一九二《胡琼传》，第5101页。

⑦ （明）缪昌期：《从野堂存稿》卷五《传·严寺正传》。

⑧ （明）昌日干：《存笥小草》卷五，清康熙六十年昌春溶刻本。

⑨ （明）过庭训：《本朝分省人物考》卷四六。

⑩ （清）万斯同：《明史》卷二八〇，清抄本。

⑪ （清）万斯同：《明史》卷三一八，清抄本。

⑫ （清）赵宏恩：《（乾隆）江南通志》卷一六三，《人物志》，清文渊阁四库全书本。

⑬ （清）陈鼎：《东林列传》卷七，《蔡懋德传》，清文渊阁四库全书本。

尤邃经学，《易》、《书》、《春秋》皆有纂述。”[①] 应廷育除著《刑部志》、《读律》外，还注《中庸本义》、[②]《周礼辑说》[③] 及《经义考》[④] 等书。范永銮撰《明儒警语》一卷。[⑤] 卢廷选撰《尚书雅言》六卷。[⑥] 孙存对律和经的关系作了很好的阐发，并且以此理论注律。他在《大明律读法书》“自序”中认为：“大明律读法者，读大明律法也。律与经配，读经者必穷之六经以通其理，必考之传注以疏其义，必验之诸史以论其世。读律于御制诸书，犹六经也，解疏诸家犹传也，诸条例犹吏也，庸可以不知乎?”[⑦] 王樵亦认为“治律如儒生治经，字比句栉，贯串折衷”。[⑧] 众私家注律家既通晓经学，又潜心研读法律，因而能在重人情的基础上公正执法。

（五）卓有异政

诸私家注律家以宽仁之心公正执法，多卓有政绩。《（正德）松江府志》载：“（何广）居乡里则称学者，任郡邑则为循吏，在风宪有澄清志，位藩垣得大臣体。”[⑨] 胡琼任御史时历巡按贵州、浙江，颇有名声。[⑩] 应槚“居守务实，政虽与时多忤，然所至，民咸称之。”[⑪] 应槚“守济南，历常州、宝庆、辰州，卓有异政……天官尚书许瓒尝宣言于朝，称其为天下知府第一”。[⑫] 绍兴府知府熊鸣岐，“节爱出于精诚，先劳殚其经略，功高东海，名满稽山”。[⑬] 蔡懋德在万历年间任杭州府推官时“有治行”。[⑭]

---

① （清）万斯同：《明史》卷三一八，清抄本。

② （清）嵇曾筠：《（雍正）浙江通志》卷一八一。

③ （清）黄虞稷：《千顷堂书目》卷二，清文渊阁四库全书本。

④ （清）嵇曾筠：《（雍正）浙江通志》卷二四二。

⑤ （清）黄虞稷：《千顷堂书目》卷一一。

⑥ （清）张廷玉：《明史》卷九六，第2353页。

⑦ （明）张萱：《西园闻见录》卷八四《刑部一》。

⑧ （明）过庭训：《本朝分省人物考》卷二九。

⑨ （明）顾清：《（正德）松江府志》卷二九。

⑩ （清）穆彰阿：《（嘉庆）大清一统志》卷四三〇。

⑪ （明）吴瑞登：《两朝宪章录》卷一四，明万历刻本。

⑫ （明）徐象梅：《两浙名贤录》卷二九《吏治·常州府知府应子材槚》。

⑬ （明）李邦华：《李忠肃先生集》卷二《按浙疏略》，清乾隆七年徐大坤刻本。

⑭ （清）陈鼎：《东林列传》卷七《蔡懋德传》。

七　小结

总之，通过上述问题的探究，可了解众私家注律家多成长于健讼之地，耳濡目染，使他们对律例产生了浓厚的兴趣，以后又通过潜心自学、他人教授及司法部门的熏染等途径，提高了律学素养。众注律家及第任官后，其专业特长大多得到发挥。他们针对律例解释的驳杂、错乱和司法应用的弊端，出于让官员、胥吏在法律的框架内各司其职，让百姓知法、守法的目的，以最终达到刑措而不用为理想注解《大明律》。其宏富的著述使明代律学达到了一个高峰，体现了注学与律学的交融，吏学与律学的交融。可以说明代律学的中兴，众私家注律家做出了重要贡献。

《中国古代法律文献研究》第十辑
2016 年，第 328 ~ 366 页

"在民之役"：巴县档案中的乡约群像*

——近代以前中国国家统治社会的一个场景

伍　跃**

摘　要：在中国清代，乡约的设立与里甲、保甲一样，都是源于统治者意志的国家行为。国家设立里甲和保甲的目的是将自然村变为行政村，故它们是以组织的形态登上历史舞台的。相比之下，清代的乡约在创立当初是为了对民众进行教化而设置的职役，不是为了将民众编入一定的框架而设立的行政组织。但是，在运用的过程中，乡约逐步变成了为行政服务的职役，甚至具有了某种行政组织的特征。本文第一节通过巴县乡约的设置、乡约的职责和服务期限以及乡约与金钱的关系等问题，介绍了清代巴县乡约的大致情况。第二节则以围绕乡约人选产生的地域社会内部的对立和诉讼为中心，利用档案资料还原了就乡约人选问题出现的诉讼，分析与行政有关的诉讼问题。第三节主要分析乡约税收和劳役方面的职责，通过乡约垫

* 本文是日本学术振兴会资助项目"巴県档案を中心として見た清代中国社会と訴訟・裁判——中国社会像の再検討"（项目负责人：夫马进）的成果之一。该研究历经三年，参加者除一起阅读档案史料之外，还前往重庆巴南区进行了实地考察。本文是以该项目研究会上的报告为基础，吸收了各位同道的批评建议之后撰就的。在此谨向项目负责人、其他参加者以及为实地考察提供了诸多方便的学者表示谢意。

** 日本大阪经济法科大学国际学部教授。

付相关费用以及日后回收债权的问题，观察了乡约承担地方行政业务的实际形态。总而言之，明清时代的乡约在本质上是反映着专制国家意志的官制组织或职役，他们行使权力的方法源于知县的“权限委让”。在这种情况下，乡约最终只能以“在民之役”的身份存在于社会之中，只能服从于国家权力。

关键词： 乡约　巴县档案　自治　第三领域　在民之役

序　言

顺治九年（1652），清朝政府公布了“六谕”，即“孝顺父母、恭敬长上、和睦乡里、教训子孙、各安生理、无作非为”。这一“六谕”基本上继承了明朝开国皇帝朱元璋颁布的“六谕”。此后的顺治十六年，清朝政府再次“申明”了“六谕”，并决定将已经存在于一部分地区的乡约广泛地推广于全国，用以“开导”“愚氓”。这样，“乡约与官府直接建立了直接的联系”，也就是说确立了由国家主导的乡约制度。①

乡约的设立与里甲、保甲一样，都是源于统治者意志的国家行为。国家设立里甲和保甲的目的是将自然村变为行政村，故它们是以组织的形态登上历史舞台的。相比之下，清代的乡约在创立当初是为了教化民众而设置的职役，不是为了将民众编入一定的框架而设立的行政组织。但是，在运用的过程中，乡约逐步变成了为行政服务的职役，甚至具有了某种行政组织的特征。②

① 《（钦定）学政全书》卷九《讲约事例》，故宫博物院编《故宫珍本丛刊》，海南出版社，2000，第334册影印清嘉庆十七年内府刊本，第255页；和田清编《中国地方自治発達史》，汲古书院，1975，第150页。这一“六谕”基本上继承了明朝开国皇帝朱元璋颁布的“六谕”。而朱元璋的“六谕”又继承自朱熹在《吕氏乡约》基础上为劝化民众而颁布的劝谕榜文。详见常建华《乡约的推行与明朝对基层社会的控制》，《明清论丛》第4辑》，紫禁城出版社，2003年，第1～36页。

② 段自成认为清代乡约的含义有四：其一，“乡村中一定范围的民众相约遵循的乡规民约”；其二，“宣讲（指宣讲皇帝圣谕和乡规民约——笔者注）活动”；其三，指逐渐“官役化”的“乡约长、约长、约正”；其四，“民众自愿或根据官府的强制，依地缘或血缘或其他关系组织起来的基层社会组织”。段自成：《清代北方官办乡约研究》，中国社会科学出版社，2009，第1～2页。

杨开道和萧公权较早开始研究乡约问题，注意到乡约的历史变迁和乡约作为思想统治工具的作用。[①] 佐伯富认为乡约是“以自然村落为基础选拔出的庶民的代表者”，他们“被编入到地方末端的行政组织之中，具有半官半民的性质”，从事着包括维持治安、宣讲圣谕和调解户婚田土纠纷等在内的“真正的乡村自治”。[②]

近年，杜赞奇指出，清朝末年的国家通过“双重经纪”，即“赢利型经纪”和“保护型经纪”，“征收赋税并实现其主要的统治职能”，而存在于华北农村中的“地方”就属于其中之一。[③] 陈柯云利用徽州文书研究了明清时期徽州地区的乡约问题，认为当地的乡约“大部分是统治阶级‘以贱治贱’的工具”。[④] 朱鸿林在研究中以明代为中心，通过对沙堤乡约的个案分析，认为乡约在“社区有限度自治和社会道德提升这最大共性之外……在性质、功能、成效、权威来源、活动项目、宽严程度上都难以一概而论”。[⑤] 常建华注意到明朝政府在治理基层社会时借助乡约推行教化的做法，并利用山西省的石刻资料研究了乡约问题，认为乡约属于乡村中“最基本的行政组织”。[⑥] 段自成在研究乡约问题时主要依据了地方志的史料，他注意到清代中期以后，由于“里甲、保甲、团练等基层组织原有的职能向乡约转移”，乡约的职责从原来的教化逐渐演变为负责官府交办的行政事务，他认为这一过程是“国家权力进一步下移的过程”。[⑦] 梁勇利用

---

① 杨开道：《中国乡约制度·自序》，山东省乡村服务人员训练处，1937，第1页；萧公权：《中国乡村——十九世纪的帝国控制》（*Rural China: Imperial Control in the Nineteenth Century*），张皓等译，联经出版事业公司，2014，第217～241页。

② 佐伯富：《清代の乡约·地保について——清代地方行政の一齣》，《中国史研究》第2，东洋史研究会，1971，第362～378页。

③ 杜赞奇（Prasenjit Duara）：《文化、权力与国家——1900～1942年的华北农村》（*Culture, Power and the State: Rural North China, 1900－1942*），王福明译，江苏人民出版社，1996，第37～51页。

④ 陈柯云：《略论明清徽州的乡约》，《中国史研究》1990年第4期，第44～55页。

⑤ 朱鸿林：《从沙堤乡约谈明代乡约研究问题》《中国社会历史评论》第2卷，天津古籍出版社，2000，第25～34页。以后，朱鸿林又发表了《二十世纪的明清乡约研究》一文，概述并分析了自杨开道以来的乡约研究，认为“要到彻底了解乡约在近世中国社会上的实际意义，看来还有一段距离”。见《历史人类学学刊》第2卷第1期，2004年，第175～195页。

⑥ 常建华：《乡约的推行与明朝对基层社会的控制》，《明清论丛》第4辑，紫禁城出版社，2003，第1～36页；《明清山西碑刻里的乡约》，《中国史研究》2010年第3期，第117～138页。

⑦ 段自成：《清代北方官办乡约研究》，第271～275页。

巴县档案，分析了保甲与乡约的关系。[①] 在日本，山本进研究了乡约在巴县的设置和机能。[②] 三木聪通过追踪乡约和保甲组织在福建省山区逐步确立的过程，探讨了清朝前期乡村控制的形成问题。[③] 蒲地典子利用顺天府档案，分析了宝坻县“乡保”的任免问题。[④]

在本文中，笔者将在吸收既有研究成果的基础上，主要利用巴县档案的史料，分析西南内陆地区乡约的设置问题、人选问题及其由人选问题导致的地域内部的对立，以及乡约在履行官府交办的税务和差务时的作用。透过这些分析，探讨清代乡约的具体形象和乡约在近代以前中国社会中所起的作用。

一　巴县的乡约设置及相关问题

（一）乡约的设置

清朝国家在推行乡约制度的时候，对如何设置没有明确和统一的标准。概而言之，有些州县以独立的村庄为单位设置乡约，有些州县则以若干村庄为单位设置乡约，还有一些州县将乡约设置在市场或交通要地。[⑤]

目前，我们根据档案资料可以确认，至迟在清朝乾隆年间的中期，巴县所有的甲均已经设置了乡约。

这种将乡约设置在甲内的方法应该源于巴县独特的行政区划。康熙四

---

① 梁勇：《移民、国家与地方权势——以清代巴县为例》，中华书局，2014，第109~114页。

② 山本进：《清代四川の地方行政》，《名古屋大学东洋史研究報告》20，1996，第32~55页；后收入《清代財政史研究》，汲古书院，2002，第236~263页。

③ 三木聡：《長関・斗頭から乡保・約地・約練へ——福建山区における清朝乡村支配の確立過程》，山本英史编《伝統中国の地域像》，庆应义塾大学出版会，2002，第127~166页。

④ 蒲地典子：《中国第一歴史档案館藏〈順天府全宗〉宝坻县档案史料の紹介を兼ねて》，《近代中国研究彙報》17，1995，第1~33页；《清末華北における郷保の敲詐・勒索》，《近代中国研究彙報》19，1997，第1~21页。

⑤ 段自成：《清代北方官办乡约研究》，第68~132页；丛翰香主编《近代冀鲁豫乡村》，中国社会科学出版社，1995，第19~20页；李怀印：《华北村治——晚清和民国时期的国家与乡村》（*Village Governance in North China, 1875 - 1936*），岁有生等译，中华书局，2008，第53~81页；魏光奇：《清代民国县制和财政论集》，社会科学文献出版社，2013，第137、148~175页。

十六年（1707）前后，巴县知县孔毓忠鉴于人口增加，在保留康熙六年编成的西城、江北、居义、怀石四里的基础上，在其下又新设了忠、孝、廉、节、仁、义、礼、智、慈、祥、正、直等12个里，并在新设各里之内设立了甲。乾隆二十四年（1759），清朝政府再次调整了包括巴县在内的川东地区行政区划。[①] 此后，直至清朝末年，巴县管辖的里和甲没有发生过变化。详情请参见表1。

表1　巴县的里甲组织

里(3)	里(9)	甲(84)
西城里	慈·正·直	30(10×3)
居义里	节·智·仁	24〔(10×2)+4(仁里)〕
怀石里	忠·孝·廉	30(10×3)

资料来源：《清代乾嘉道巴县档案选编》（下），四川大学出版社，1996，第340~341页。

我们从表1可以看出，巴县存在着两种类型的“里”。

其一是西城里、居义里、怀石里，可视为巴县下属的行政单位。这些里中配有衙役。在巴县档案中保存的差唤票等资料中的“西差”、“居差”、“怀差”就是受知县派遣负责上述三里事务的衙役。但是，这些里没有设置里长。其二是表1中慈里至廉里的9个里，这些里也没有设置里长。知县派遣“怀石里粮差”或“怀里散役”，负责某甲（例如廉里七甲）或某里（例如孝里全甲）的事务。[②]

这样，巴县通过对县内里甲的整编，在保留康熙初年设置的具有行政单位意义的西城里、居义里、怀石里和江北里之外，新设立了12个里（按：此外在县城设有29坊15厢）。在保留下来的里中，虽然维持了原有的衙役，但是没有设置里长。在新设的里中，巴县也没有设置里长。结果，巴县的里甲设置与通常的“县-里-甲”模式不同，采取了“县-

① 乾隆二十四年，江北里转隶江北理民同知，下辖礼、义二里和仁里的一至六甲。同年，祥里一至八甲转隶璧山县。《（同治）巴县志》卷首《巴县新舆地图说》，《重庆地域历史文化文献选编》，四川大学出版社，2011，第1357~1358页。

② 关于巴县的粮差与散役，请参看小野达哉《清末巴县乡村部の徵税請負と訴訟の関係—特に抬墊をめぐって》，《東洋史研究》第74卷第3号，2015，特集号，第36~64页。

里－里－甲”的模式。

关于巴县各甲的规模，请参看表2。

表2　巴县各甲的规模

里甲	户数	时期
节里八甲	171	嘉庆十八年(1813)五月
仁里十甲	82	嘉庆十八年六月
孝里七甲	204	嘉庆十九年
忠里十甲	48	嘉庆十九年
仁里九甲	227	嘉庆二十年
直里□甲	180	嘉庆二十年
直里六甲	77	道光二年(1822)

资料来源：《清代乾嘉道巴县档案选编》（下），第319～330页。

从表2可见看出，巴县的甲规模大小不一。笔者认为，导致这种情况出现的原因之一是巴县当局考虑到当地的居住分布情况。根据史料记载，当地的民众多“倚岩傍峪，星散离居”。[①] 故巴县在编定保甲时采取了相对灵活的处理方法。例如，道光初年，刘衡在担任巴县知县期间为“编联保甲”颁布的《保甲章程》中有如下规定：

一　编联之法每十户为一牌，牌内择一人为牌长。每十牌为一甲，甲内择一人为甲长，均须年力精壮，明白端谨者方可胜任。每十甲为一保，设保正一人，或三四十甲、五六十甲共为一保，共设一保正亦可。

在上述基本原则之外，还有针对居民较少的自然聚落的特殊规定：

一　该场该村有仅止数户，不满十户者，即就本场本村编为一牌。或仅止数牌，不满十牌者，即就本场本村编为一甲。[②]

① 《（乾隆）巴县志》卷二《里社·乡里》，清乾隆二十六年刊本，第27a页。

② （清）刘衡：《庸吏庸言·保甲章程》，官箴书集成编纂委员会编《官箴书集成》，黄山书社1997年影印本，第6册，第214～219页。

以后，巴县在道光十三年（1833）的《保甲规条》中再次申明了“相度其地方之广狭，道里之远近，总取声势以联络，照察可以周道者”的编查保甲的规定。[①]

巴县在乾隆年间是以甲为单位设置保正（保长）的，并且在保正之外，还设立乡约，以“一约一保”原则进行配置。[②] 这种“一约一保”的配置原则反映出地方政府试图通过将乡约制度与保甲制度结合在一起的方法，强化对社会的控制。我们从这种配置原则也可以看出，地方政府在编查社会末端组织时，除了要依据国家的法律制度之外，还要最大限度地照顾到当地的实际情况，在此基础上做出综合的判断。

我们通过乾隆二十七年至二十九年的“约保长名单”可以发现，在巴县全部的84个甲中，有55个甲的记录中同时保留有乡约和保长。其中，按照上述“一约一保”原则设置的有22个甲，占绝对多数（40%——笔者注）。详细情况请参看表3。

表3　乾隆二十七年至二十九年巴县的乡约与保长

合计55甲	一约一保	一约二保	一约三保	一约四保	一约五保	二约一保	二约二保
	22甲	10甲	10甲	2甲	2甲	1甲	2甲
	二约三保	二约六保	二约七保	二约八保	三约三保	四约一保	
	1甲	1甲	1甲	1甲	1甲	1甲	

资料来源：《巴县档案（乾隆朝）》No. 3531。

我们透过表3可以看出，在实际的运用过程中，“一约一保”的原则也是有所变通的。其中一些甲根据当地的实际情况，设置了2名或2名以上的乡约或保正。例如，同治十年（1871）正月二十七日，忠里九甲职员朱厚堂和粮户卢海三等八人联名提出“签状”，称“忠里九甲地阔烟繁，大小公事原有乡约二名承办”。[③] 此外，还有设置了5名乡约的甲。乾隆二十八年五月十三日，节里九甲乡约李秀贤在“签状”中称，“约甲内原有乡约五人承办公务，今有向明甫、张玉书二人□□辞退，并未签替。张璧

① 《清代乾嘉道巴县档案选编》（下），第290页。

② 《清代巴县档案汇编（乾隆卷）》，档案出版社，1991，第200页。

③ 《巴县档案（同治朝）》No. 141。

英双目失明，难以承办公事。约一人焉能代三人之责”，故向知县推荐了“年少力壮，为人谙练”的2人承充乡约。①

通过以上巴县设置乡约的多种情况，我们可以看出国家制度在推广过程中根据各地的不同情况采取了灵活变通的方法。

（二）执照所见乡约与保正的职责

前面已经说过，巴县存在着由乡约和保正共同担任甲内公务的体制。关于乡约和保正的职责，以下根据乾隆年间的执照作一个简要的分析。

这里所说的执照是指知县颁发给预定就任的乡约和保正的委任状，上面明确记载了他们应该履行的职责。乡约和保正在领受了执照之后，方能执行公务。②

以下引用两张执照。③ 这两张执照的发行人都是乾隆二十八年至三十四年担任巴县知县的段琪。

执照一：颁发日＝乾隆三十年十一月□日，受领人＝直里四甲保长李万春

> 特调四川重庆府巴县正堂加四级纪录六次〔段〕 为给照事。本年十月二十三日，据直里四甲李万春认充保长前来。据此，合行给照。为此，照给保长李万春收执。嗣后，凡有甲内公事，务须勤慎办理，协同乡约催督粮务，不得迟延。仍不时稽查啯噜匪类，赌博娼妓，私宰私铸，邪教端公，酗酒打架，以及外来面生可疑之人，许尔密禀本县，以凭究治。倘尔受贿隐匿不报，或告发察出，定行倍惩、决不姑宽。如实力办公无误，定行奖赏。凛遵毋违。须至执照者。

执照二：颁发日＝乾隆三十一年二月十七日，受领人＝孝里一甲乡约李声远

① 《巴县档案（乾隆朝）》No. 37。

② 四川省档案馆编《巴蜀撷影：四川省档案馆藏清史图片集》，中国人民大学出版社，2009，第26页。

③ 《巴县档案（乾隆朝）》No. 39。

特调四川重庆府巴县正堂加四级纪录六次段　为给〔照事〕。本年正月二十七日，据孝里一甲李声远认充乡约前来。据〔此，合行给照。〕为此，照给乡约李声远收执。嗣后，每逢朔望之期，会集公所〔宣讲〕圣谕，化导愚顽。凡有甲内公事，协同保长，务须勤慎办理。〔仍不时稽查啯〕嚕匪类，赌博娼妓，私宰私铸，邪教端公，酗酒打架，以及外来面生可疑〔之人，许尔密禀〕本县，以凭拿究。毋得徇情容隐，倘敢贿匿，一经查出，〔定〕行重究。凛之、慎之。须至执照者。

这两张执照的共通点主要是关于治安和教化的部分，如防范匪类、取缔赌博邪教、制止酗酒打架等等。当发生此类问题时，均"许尔密禀本县，以凭究治"，不允许随意处置。与此相对，乡约执照中除了言及"宣讲圣谕"之外，还要求乡约"凡有甲内公事，协同保长，务须勤慎办理"。保长执照中则写明"凡有甲内公事，务须勤慎办理，协同乡约催督粮务，不得迟延"。我们由此可以看出知县在颁发执照时的基本判断，即在"催督粮务"方面，乡约负主要责任，而保长"协同"办理，此外的"甲内公事"则由保长负主要责任，乡约处于"协同"的地位。

进入道光年间之后，在一些执照上明确写明了乡约负责"粮务"。[①] 请看执照三。

执照三：颁发日 = 道光二十九年四月二十日，受领人 = 慈里七八甲乡约戚得著

为发给执照事。卷查道光二十九年四月□日，经前县任内，案据慈里七八甲绅粮戚庭献等公举戚得著承充该处乡约一案。据此，合行给照。为此，照仰该乡约收执。嗣后，凡遇甲内大小公事，务须勤慎办理。一切鼠牙雀脚，钱债细故，允当善为排解，毋使滋讼。仍不时留心稽查，如有窝娼、窝赌、私宰、私硝、私铸、私贩盐啯匪，及外来面生可疑之人，许尔查明，指名赴县具禀，以凭拿究。但不得徇情容隐，挟嫌妄禀。至尔该甲现管花户□百□十名，原额正粮银□百□

① 《清代乾嘉道巴县档案选编》(下)，第305页。

十□两□钱□分……□勇急公、踊跃催税、……。须致执照者。

在这一执照中，专门言及了慈里七甲和八甲的“花户”数目和“原额正粮”的数目。在清代中叶的四川，“花户”通常指纳税人户。[①] 可见，知县通过在执照中记载纳税人户数目和应纳税粮总数的方法，明确了乡约所应该负责的纳税责任。另有一点值得关注的是，在这一道光年间的执照中根本没有言及“宣讲圣谕”，可见乡约的主要职责已经变为“催税”，此外还有调解和治安。

巴县民间对于乡约负责“粮务”也有类似的认识。道光三十年二月，西城里某甲的粮户周以政等人在推荐黄益青承充乡约的“签状”中说：“……开征在迩，甲无乡约，条粮公务乏人应办。”[②] 此处的“条粮公务”应该就是“粮务”。

由此可见，巴县的官府和民间一致认为，乡约最主要的职掌是负责“粮务”。

如同上述所引执照中指出的那样，乡约和保正的“双头体制”的机能只有在两者“协同”的情况下才能发挥。在执行公务过程中，通常会伴随着经费和权利分配的问题。在面临这些问题的时候，乡约与保正之间的关系是如何调整的呢？兹举一例。

乾隆二十七年前后，孝里三甲的公务由乡约 1 人和保正 4 人担当。二十七年十月十七日，乡约龚楚白向知县提交了如下禀文。

为恳唤同办事。情蚁本年新充乡约，事务等项向未娴熟。但蚁甲内保正许泰林、舒胜华、杨毓、杨子常办理大差，悉知奇弊。至甲内人等，均皆拱服。所以伊等老册并众花名均在伊等手中掌理。又未交卸，并……替，以致屡次票唤，毫无伊等名字在内，故不赴案投供。今奉宪台发钱买办仓谷，又无伊等名字。是以恳票唤来同办，庶公事大差得以早结，免操宪衷。伏乞太老爷台前俯电唤办施行。[③]

① 梁勇：《移民、国家与地方权势——以清代巴县为例》，第 114 ~ 116 页。

② 《清代乾嘉道巴县档案选编》（下），第 304 页。

③ 《巴县档案（乾隆朝）》No. 35。

根据新任乡约龚楚白的说明，保正许泰林等人因经常办理“大差”，故熟知“奇弊”，他们把持着“老册”和“花名”，将自身不愿意承担的公务推给乡约龚楚白办理。当巴县衙门为承办公务发出“票唤”时，因“票”上没有保正许泰林等人的名字，故他们以此为借口，不赴衙门应差。结果，不掌握“老册”、不知道甲内“花名”的乡约龚楚白只得独自承办了衙门交付的公务。当年十月，巴县衙门“发钱买办仓谷”时，“票”上又没有许泰林等人的名字。出现这种情况很可能是因为许泰林等人为了躲避此类无利可图的公务，通过幕后活动使知县在“票”上只写上龚楚白的名字，从而达到脱身的目的。龚楚白有鉴于此，请求知县命令许泰林等人出来一起承办公务。

由此可见，掌握了记载甲内居民基本情况的“老册”和纳税者名簿“花名”的人方能成为在实际上操控该甲的人物。在本案中，乡约作为原告，向知县控诉保正等人藏匿甲内的基本信息，并且逃避公务。更令人感兴趣的是，知县就此仅仅做出了如下批示，即“许泰林等既系保正，抄批，着协同办事可也”。这就是说，知县没有满足乡约的要求，即没有传唤保正等人，反而将球踢回给乡约一方，令他自己将此批文出示给保正等人。笔者认为，知县此举并非仅仅是不愿意介入甲内为承担公务发生的纠纷，或许知县本人对出现龚楚白所诉情况的背景有所了解，甚至还有可能牵扯了私人利益。问题的关键在于，对于知县来说，重要的是有人出面办理“公事大差”，至于由谁出面办理则并非紧要事件。

我们从此案还可以看出，甲内的“双头体制”之间是否能够“协同”办理公务，绝非执照上写得那么简单。该“协同”究竟能否实现，存在着围绕利益得失的种种计算以及与相关方面的关系等多种多样的因素。

（三）乡约的任期

清朝中央政府对乡约的任期和新旧乡约的交替手续没有统一的规定。在巴县档案中，我们可以看到不少连续20年乃至30年担任乡约的事例，也有“办公六载”（智里二甲）或“办公数载”（孝里七甲）的事例。[①] 这

① 《清代巴县档案汇编（乾隆卷）》，第199、201页。

些事例反映出，只要现任乡约本人不提出辞职，也没有受到罢免，那么就可以一直担任该职务。

导致乡约长期在职的原因应该是多样的，其中之一是乡约的职役化（按：特别是与征税事务的关系），还有一个重要的原因就是存在于其背后的、来自地方社会的支持。这里所说的地方社会的支持，主要包括就任乡约时得到了地方社会的推荐，以及地方社会对乡约在履行相关职务时发生的经济负担给予一定的补偿。笔者认为，后者具有十分重要的意义。因为，对于任何一个长期担任乡约的人来说，仅仅依靠他本人的经济能力是难以胜任的。

此外，在巴县的一些地区，还存在着轮流担任乡约的制度。例如，乾隆二十八年五月十三日，孝里三甲的“甲邻”王朝安等三人在提交给知县的“禀状”中说：“蚁等甲内先年议明，承充乡保，办理公务，六年一换，轮流承当。”① 乾隆三十三年六月十二日，智里四甲的乡约杜显亮在禀文中说：“凡自纳户，乡约轮流充当。”②

在某些地区，也出现过要求实施轮流充当制度的呼声。兹举一例。

乾隆二十三年十月十八日，直里八甲的乡约何殿卿等人向知县推举李国仕继任乡约，赵世遵继任保长，并且得到了知县的认可。但是，不料李国仕“计奸躲公，钻充刑书”，赵世遵“钻充快役”，即二人为了躲避承担公务，营谋充当了刑房书吏和衙门的捕快，导致“甲内公务无人承值”。为此，乡约何殿卿于十一月二十三日提出“禀文”，称“甲内公务理应轮流，签替承值，庶苦乐得以均平”。并说明自己已经“办公年久”，希望知县洞鉴李国仕和赵世遵的“奸弊”，“剪除此害，俾苦乐得均”。③

① 《巴县档案（乾隆朝）》No. 37。

② 《巴县档案（乾隆朝）》No. 39。

③ 《清代巴县档案汇编（乾隆卷）》，第 195 页。知县就此做出的批示是：“签替约保，原应议明具报。尔等曾否与李国仕等议妥？致被钻充推卸，并不声明。率渎不准。”由此可见，知县重视的是有人出面承办公务，至于乡约和保正的轮充方法则基本不予考虑。此外，李国仕和赵世遵均由何殿卿等人推荐。既然如此，推荐时通常会称该对方“诚实老练”云云。但此处又称对方因“奸弊”和“害”，且要求知县令该人等履行职务，可见所谓“诚实老练”云云均属子虚乌有，是可以任意上下其手的“基准”。

（四）乡约与金钱

乡约在接收推荐，并经过知县的“验讯”之后会领取知县颁发的执照。史料中有关于乡约向知县缴纳“给照”费用的记载。例如，曾经担任广东省潮阳县知县的蓝鼎元在致友人的信中称：“不才莅官之日，核计潮邑陋规，有渔船换照一千八九百两，保正乡约给照一千六七百两。”[①] 巴县的情况还有待进一步发掘史料，估计存在着颁发执照时收取此类费用的可能性。

巴县的乡约在就任之后，会从甲内收取一定的津贴。例如，咸丰九年（1859），直里九甲廪生张体正等人推荐段成占和吕国亮取代周仕爵，担任乡约。但是，现任乡约周仕爵拒不辞任。结果，知县对此项乡约人事采取了保留的态度，没有立即批准。其理由是“乡约资斧无非取诸地方，乡约多添……地方即多一人累费”。[②] 此处所说的“资斧”应该就是由当地民众负担的乡约津贴。

在“资斧”之外，乡约在承办公务时可以收取一定数额的费用。例如，征税时在知县规定的银钱比价基础上追收一定的费用，或者强征“帮钱”。乾隆三十六年十月二十日，节里十甲的杨屈山等人向知县告发了该里乡约王甫章“恃约滥派”：

> 缘蚁等甲内乡约王甫章收办军需时，仁恩止议每两收钱八百文，殊伊不体恩德，每两钱粮勒收钱一千文。蚁等自来军需局内完纳，给票朗据。因前任仲主将仓米发给甫章，以散花户，讵恶将仓米吞嚼，并未发给花户。至今在乡每两钱粮勒要帮钱一千二百文。蚁不允帮，岂恶仗乡约之势，凌辱赌控。似此恃约滥派，不法已极。迫叩仁恩赏准拘究，以儆滥派，穷黎顶祝。[③]

---

① （清）蓝鼎元：《鹿洲初集》卷三《复顾太史书》，沈云龙编《近代中国史料丛刊续编》第41辑，台北：文海出版社，1974～1983，影印清光绪五年补修本，第183～198页。

② 《巴县档案（咸丰朝）》No. 112。

③ 《清代巴县档案汇编（乾隆卷）》，第211页；《清代乾嘉道巴县档案选编》（下），第237页。

杨屈山等人在此控告乡约王甫章“不法已极”的根据大致有三点：第一，王甫章在知县规定的“每两收钱八百文”之外，“每两钱粮勒收钱一千文”。第二，没有按照知县规定将仓米发给花户。第三，“每两钱粮勒要帮钱一千二百文”。其中的第一和第三两项究竟是乡约自己的“收入”，还是在征收钱粮过程中所需的事务经费，我们现在难以作出判断。但可以确认的是，这两项费用的征收不是出于知县的命令，而是出于乡约本人的判断。

到目前为止的研究基本没有涉及复数的乡约是如何承办公务的问题。以下介绍两名乡约围绕着承办公务问题的金钱关系及其纠纷。

乾隆二十三年前后，孝里十甲有两名乡约。其一为连续五年担当乡约、“子幼年迈”的郭瑞先，另一人为即将担任乡约的赵茂连。当年六月三十日，两人在“中人”见证下订立了“认字”。

> 立出认字人赵茂连。情因甲内有郭瑞先，均该乡约。但瑞先子幼年迈，无人□理。故备铜钱一千五百文，帮凑赵茂连承办公务催督之费。倘后公差以及催差，一面有赵茂连承值，不与瑞先相间。此系二人情愿，于中并无逼勒。日后签点，一不得签递瑞先户内人等。如茂连签递不一，瑞先执约赴公。恐口无凭，立出认字为据。①

根据上述“认字”，我们可以看出以下几点。

1. 在“承办公务催督”时会需要一定的费用，乡约之一的郭瑞先“备铜钱一千五百文”，交与即将就任乡约的赵茂连，用于“帮凑”上述费用。

2. 赵茂连在拿到郭瑞先交来的上述“帮凑”费用之后，凡遇到“公差以及催差”，不得“签点”该乡约郭瑞先及其“户内人等”。在这个意义上，郭瑞先交给赵茂连的“铜钱一千五百文”相当于一种“免役钱”。

3. 如果赵茂连在担任乡约之后违反了上述约定，郭瑞先可以“执约赴公”，即向地方官提起仲裁。

---

① 《巴县档案（乾隆朝）》No. 35。

在上述“认字”成立之后的七月初二日，赵茂连正式成为乡约。当年十月，郭瑞先受到了知县关于办理“买谷”的通知。郭瑞先认为是赵茂连违反了双方的约定，故前述“认字”作为证据提交给知县，要求知县就此做出仲裁。

由此可见，乡约就任时双方之间订立的“认字”属于一种围绕着利益问题的约定。在这个意义上可以说，乡约在就任时，通常会考虑到利益的得失，如果甲内有复数的乡约承办公务，那么他们之间完全可能存在着某种私下交易。

二　围绕着乡约人选的地域内对立和诉讼

以上叙述了与乡约设置相关的若干问题，本节将在吸收近年研究成果的基础上，探讨乡约的具体形象和围绕乡约人选问题而发生的地方社会内部的对立。

（一）乡约的具体形象

根据顺治十六年的规定，乡约“不应以土豪仆隶奸胥蠹役充数”，要求“会合乡人，公举六十以上，业经告给衣顶，行履无过，德业素著之生员统摄。若无生员，即以素有德望，六七十岁以上之平民统摄”。规定还要求乡约“每遇朔望，申明‘六谕’，并旌别善恶实行，登记簿册，使之共相鼓舞”。

康熙九年，清朝政府又以皇帝上谕的形式颁布了十六条“圣谕”，进一步充实了顺治十六年的“六谕”。以后，雍正皇帝又对上述十六条“圣谕”进行“逐条注释，敷衍六七百言，约计共有万言，名曰《圣谕广训》”。我们透过这些历史事实可以看出，清朝中央政府决定在全国推广乡约制度的目的，在于通过“六谕”和“圣谕”等官方文件控制民众的思想意识，在此基础上实现一个具有一定程度自律的社会。[①]

笔者在巴县档案中尚未发现生员充任乡约的记录。以同治年间的事例

① 《（钦定）学政全书》卷九《讲约事例》，第255页。

为中心，虽然有很多关于“平民”充任乡约的记载，但是尚未发现就任时“六七十岁以上”之人。兹举数例。[①]

事例一：（同治三年）孝里二甲乡约朱广积，“年五十八岁”。他从咸丰四年开始承充乡约，就任时年龄为四十八岁。

事例二：（同治二年）节里十甲乡约蓝新发，“承办三十余载，毫无紊乱……（现）年近八十”。可知蓝新发就任乡约时的年龄大约在五十岁左右。

事例三：（同治六年）节里十甲乡约张文锦，“充当乡约迄今三十余载……（现）年近七旬”。可知张文锦就任乡约时的年龄在四十岁左右。

事例四：（同治三年）仁里十甲乡约张唤亭，“承充甲内乡约，办公十余载无违……（现）年迈六十余岁”。可知张焕亭是在五十岁前后就任乡约的。

档案中记载的年龄虽然仅供参考，但是从上述事例中可以看出，就任乡约时的平均年龄大约是在五十岁左右。[②]

就任乡约需要有人推荐。乡约推荐人的身份在清代有过一些变化，详情请参看表4。

表4　乡约的推荐者

	乾隆	嘉庆	道光	同治
事案总数	74	1	4	87
由前任乡约推荐的事案数	58	0	0	6
由前任乡约以外之人推荐的事案数	16	1	4	81

资料来源：《清代巴县档案汇编（乾隆朝）》，第194～208页。《清代乾嘉道巴县档案选编》（下），第294～305页。《巴县档案（乾隆朝）》No. 34～37、39～40、42～43、94、106～107。《巴县档案（同治朝）》No. 141～146、148～150。

根据表4使用的档案史料可以知道，在乾隆年间，乡约继任主要由前任乡约推荐；而到了同治年间，主要是由文生、监生、职员和绅粮负责继任乡约的推荐。我们从这些数字上的变化可以读出乡约地位的变化和地方

① 事例一，见《巴县档案（同治朝）》No. 143；事例二和三，见《巴县档案（同治朝）》No. 144；事例四，见《巴县档案（同治朝）》No. 145。

② 乾隆年间，有二十六岁左右就任乡约的平民，见《巴县档案（乾隆朝）》No. 37。

社会中不同社会集团在权利构造中的位移，还可以推测出乡约在执行公务时考量的变化。

当推荐乡约继任人选的时候，几乎都会提到该人“家道殷实”和“老成谙达”等。例如，乾隆三十三年，孝里七甲的现任乡约谏思贤在推荐牟维灏时说，该人“家道殷实，诗书可通，素行端方”。乾隆三十六年，周元润被推荐继任慈里某甲的乡约，推荐的理由是周元润“老成谙达，书算兼通”。[①]

此处的“家道殷实”，通常是衡量继任乡约之人是否具有一定经济能力的指标。这就是说，如果没有一定的经济能力，就难以适任乡约的职务。例如，咸丰八年十月，节里九甲的监生熊文熙等人向知县举报现任乡约周仕爵不称职，其理由之一是“伊无粮”，就是说周仕爵不属于纳税人户，并非“家道殷实”之人，故没有资格充当乡约。[②]

那么，“家道殷实”具体体现着何种程度的经济能力。关于这一问题，到目前为止的乡约研究几乎均未涉及。以下，举出两个例子作一个简要的说明。

乾隆二十八年三月初三日，巴县智里二甲的乡约罗著光因“父亡母老，子幼家贫”，请求知县准许他辞去乡约，另举黄茂接任。据他说，黄茂“载粮五钱零，家道殷实，颇堪办公”。[③] 乾隆五十年九月，仁里九甲的乡约郭圣选向知县推荐甲内的杜国美继任乡约。据杜国美的孙子、身为生员的杜廷英说，郭圣选的推荐理由是其祖父“册载有条粮四钱八分”。[④] 我们从以上两个事例可以看出，至少在乾隆年间中期和后期的巴县，“家道殷实”的尺度大约就是五钱左右的地丁银纳税额。

这样，在决定乡约人选的时候，清朝政府规定的“行履无过，德业素著”和“素有德望”等标准不见了踪影，取而代之的是“家道殷实”，“老成谙达、书算兼通”等，这些都是履行“地方公务”过程中不可缺少

① 《清代巴县档案汇编》（乾隆卷），第 201 页；《清代乾嘉道巴县档案选编》（下），第 296 页。

② 《巴县档案（咸丰朝）》No. 112。

③ 《巴县档案（乾隆朝）》No. 37。

④ 《巴县档案（乾隆朝）》No. 43。

的经济负担能力和书写计算技能。我们在此看到了制度设计本身与制度在实施过程出现的乖离。附带说一句，笔者在阅读乾隆年间和同治年间的巴县档案时，尚未发现乡约按照规定集合民众“申明六谕”的记载。

此外，上述的“老成谙达”应该包括了在承办公务时向民众传达地方官命令的能力、向地方官报告相关事务的能力，以及办理公务的能力等方面。请看如下事例，乾隆三十二年七月，智里五甲的周阳辉进入巴县居义里快班，充当散役。当年八月，有“隔甲乡约罗殿安”将其“朦签”，充当了智里二甲的乡约。周阳辉本人在十月十一日禀辞未果之后，负责居义里快班事务的“快头”刘忠等人于十一月初二日向知县提出禀文，说明周阳辉并非乡约的合适人选，“役等实见阳辉口讷朴懦，量难充当乡约，仅可承充散役办公”。[①] 囿于史料的限制，我们无法了解此案的最终处理结果。但是，从刘忠等人的说明可以看出，在当地的意识中“口讷朴懦”之人不是充当乡约的理想人选，至少也是辞退乡约的借口之一。

（二）地方社会内部围绕乡约人选问题的纠纷及其特点

笔者以前曾经根据巴县档案和淡新档案分析过地方末端组织首领的选任程序问题：（1）当地居民就人选问题进行协商；（2）在商议之后，当地居民向地方长官推荐合格人选，推荐一方须提交保结状，被推荐者须提交认充状；（3）地方长官对被推荐者进行面试之后，发出相应的命令。[②]

应该承认，这个说明虽然大致符合史实，但是有两个问题：第一个是人选的标准问题。虽然清朝中央政府规定了“德业素著”和“素有德望”的标准，但因缺少客观的衡量方法，故在实践中难以操作。结果，就任乡约之人多是“寡廉丧耻之穷棍”。[③] 第二个是如何协商的问题。在清朝政府颁布的一系列规定中，没有涉及乡约人选的推荐程序和操作方法。费孝通曾经指出在“长老统治”相对比较彻底的地区，人选的产生应该不会成为

① 《巴县档案（乾隆朝）》No. 37。

② 拙著《明清時代の徭役制度と地方行政》，大阪经济法科大学出版部，2000，第46～58页。

③ （清）于成龙：《慎选乡约论》，（清）贺长龄等：《皇朝经世文编》卷七四，中华书局1992影印本，第1832页。

一个难题；[①] 但是在地方社会内部有不同势力互相抗衡、难以形成统一见解的地区，如何选定乡约的人选往往会成为一个诱发地方社会内部对立升级的原因。当地方社会内部存在不同的利益团体的时候，它们之间的关系可以大致分为“支配关系”或“对立关系”。前者指强势团体与弱势团体之间的关系，后者指两个势均力敌团体之间的关系。在前者的情况下，强者的意志通常在该地方社会中占据主导地位，弱者以妥协换得自身的一定利益。因此，在这样的地区，乡约候补者的人选通常是在强势团体的主导下决定的。在决定了乡约的人选之后，掌握地方社会实权的人物通常以“禀文”的形式向知县推荐。例如，笔者以前介绍过的淡新档案中“三皂头役朱宽禀为选举禀请恩准着充事”，就是一张禀文。[②] 巴县档案中也有不少这样的禀文。同治元年五月十一日，廉里九甲长生场的文生王应律为首的数名“绅耆”在协议之后，以禀文向知县推荐粮户胡永泰继任乡约。[③]

但是，在两个强势团体并存、双方之间难以就乡约人选达成妥协的地区，诉讼往往成为解决纠纷的手段之一。以下，介绍一例与乡约人选问题有关的诉讼。[④]

同治六年（1867）五月十九日，仁里十甲的监生蔡立鹄与职员雷晋亭等8人向知县递交了一张“禀状”，起诉的对象是乡约余海山。状中称：

> 甲内乡约余海山，全不体德办公，遇事生波，案鳞难举。略开粘呈。再不斥革，乡愚受害，不知胡底。现值公务浩繁，生等协众酌议，公举昔年曾充乡约、病故无暇蒋德明之子蒋玉亭，原系载粮民籍，谙练老成，尽可承充。

该禀状使用了状纸（按：即格眼状），上除钤有“内号”、“旧案”的戳记之外，还钤有代书的戳记和“捕衙挂号讫”的戳记，并且有手书的“丁字四千三百十二号”的号码。这就是说，提诉一方和巴县县衙都是按照诉讼

① 费孝通：《乡土中国》，人民出版社，2008，第85页。
② 《淡新档案》，台湾大学，1995，第3册，第87~91页。
③ 《巴县档案（同治朝）》No. 142。
④ 《巴县档案（同治朝）》No. 145。

的立案程序处理这一问题的。此外，该禀状还附有“余海山劣迹单”，上面列举了余海山自咸丰二年以来“有案”（指衙门受理他人控告后立案——笔者注）的六项“劣迹”。此处有一点值得注意，这就是状纸上钤有的“旧案”戳记。清代的地方衙门在受理案件时，对于初次立案的案件，通常会在状纸上钤盖“新案”的戳记，如果所收状纸言及的内容属于已经立案的案件，则通常会钤盖“旧案”的戳记。如果这一说明大致不错，那么可以认为，仁里十甲内部围绕着乡约问题发生的诉讼由来已久，至少可以上溯到同治六年五月十九日之前。巴县知县就此做出批示：“所呈余海山劣迹多端，殊属不法，自应予以斥革。惟所举之蒋玉亭是否谙练老成，著该处监正团首具覆核夺。”

六月十三日，担任“各团办公监正团首”的贡生蔡志清等 7 人根据知县的批示，提交了写在状纸上的“禀状”，声明：

前月监生耿连城等以抄恳斥革禀，签蒋玉亭充当甲内乡约，并请斥革婪约余海山等情在卷。沐批……等。遵批查明，海山不法属实，玉亭谙练公务，堪可承充，接理公务。生等均系各团办公监正团首，不敢徇情袒禀。

在该状纸上钤有“旧案”、“内号”、“捕衙挂号讫”和代书人的戳记，编号为“丁字五千七十二号”。知县在受到这张状纸之后，决定启动乡约的“验充”程序，于六月十八日发出“签票”，下令召唤蒋玉亭。

六月二十八日，情况发生了变化。担任着团练监正的贡生蔡志清通过抱禀也向知县递交了“禀状”。蔡志清在状中声称，上记五月十九日的禀状是蒋玉田盗用他人之名“妄保”，六月十三日的禀状则是“窃生名架以查明禀覆呈卷”。蔡志清在禀状中说：

本甲乡约余海山体办公务，多年无紊，有惯揸案鳞滥衿蒋玉田挟揸害乡良不遂之忿，串伊胞弟蒋玉亭朦充乡约，希图狼狈为符，揸害分肥。前窃耿连城等名妄保，今复窃生名架以查明禀覆呈卷。生查余海山为人公正，并无劣迹不法等情。生不敢与讼棍党恶同禀朦保，为此据实呈明，恳恩仍准海山充当办公，并恳将玉亭名摘涂，以免窃保钻充害良。

蔡志清使用的也是状纸，上面钤有“旧案”、“内号”、“捕衙挂号讫”和代书的戳记，编号为“丁字五千四百九十号”。

巴县知县在收到蔡志清的上述禀状之后，做出批示：“所称蒋玉田窃名朦禀，是否不虚。至余海山有无劣迹不法情事，应否照旧承充，候于原签内添唤余海山并蒋玉田等查讯核夺。”可见，知县有意详细调查此事。

八月初三日，拥护蒋玉亭担任乡约的人们开始反击。监生蔡立鹄和保正蒋化南等4人提出“禀状”，称：

生等甲内乡约余九皋物故，余海山假充，户房乡约硃册无名。同治四年四月，监正李芳成等以遵示呈明禀海山假约诈搕。冬月，黄主（黄朴——笔者注）讯实，责押海山，缴还搕银十一两，钱二十钏，案立刑房。由此，公事海山未理。因生境于涪南紧相接壤（即涪陵县和南川县——笔者注），今夏协议，公举蒋玉亭承充乡约，殷实老成。讵海山挟玉亭兄蒋玉田宿忿，六月窃立鹄侄蔡志清名，以窃名妄禀架空控玉田，恩批传讯，冒渎。但海山无耻无厌，钻害居心，协恳示革。至玉亭已呈认状，恳赏给充，以专责成。

可见，蔡立鹄等人声明六月二十八日以蔡志清名义提交的状纸是余海山假名捏造之物，除要求罢免余海山之外，还要求知县允许蒋玉亭继任乡约。在他们使用的状纸上，钤有“放告”、“旧案”、“内号”、“捕衙挂号讫”和代书的戳记，编号为“丁字七千四百二十八号”。

八月初八日，保有道员虚衔的雷晋亭和文生、武生、职员、贡生、监生11等人向知县提交了一份禀文。主要内容如下：

为窃禀朦革，协恳仍留事。情甲内乡约余海山多年办公无紊，害遭案鳞服约、无恶不作之蒋玉田，即蒋恒与余海山否挟何嫌。前窃职等名，架以粘恳斥革，朦禀批革。复窃职等名，捏以查实禀覆，朦保玉田胞弟玉亭钻充。两次窃名妄禀在卷，海山帖邀绅等理讲始知。绅等宿信余海山为人公正老成，凡遇甲内大则练团防隘、税契条粮、不惮劳苦，小则鼠牙雀角、排难解纷，不避嫌怨。故遭悔不具控、永不管公、惯搕乡良讼棍同党挟怨，以致窃禀朦革，捏砌情词，自买自卖，妄株无辜。绅等不忍海山勤慎办公，因公遭怨，平遭玉田兄弟党恶，窃控拖累。绅等因公起见，不敢与具永不入衙甘结讼棍随声附和，为此同各团绅粮商榷，一以赴案，据实呈明窃名妄禀，一以协恳作主，仍留海山，永当甲内一切公事，不得误废。

由此可见，他们在禀文中声称，五月十九日和六月十三日的禀状都是蒋玉田伪造的，余海山担任乡约是合格的，希望知县允许余海山继续留任乡约。这张禀文使用的不是状纸，而是普通的纸张，上面钤有“内号”的戳记。

知县就此禀文做出的批示是：“候于审单内添列该职等之名，赴案质讯。”

两天后的八月初十日，余海山本人也递交了一张诉状，这张诉状使用的虽然也是格眼状，但是却没有“状式条例”的部分，其内容大致如下：

为挟嫌窃控，粘恳讯究事。情约自道光廿八年办公至今无紊，阖团皆知。害由案鳞讼棍蒋恒即玉田，挟同治三年冯家礼以统恶诬索控玉田，词列约名作证。伊由此怀忿。窃南邑（南川县——笔者注）文生耿连城等名，次窃蔡志清等名，架查实覆禀，妄控朦保伊不法胞弟蒋玉亭钻充娄约，希图与盗卖仓谷、前道宪审实责发卡、追悔不具控之讼棍，党恶害良分肥。且约于前张主（张秉堃——笔者注）禀辞，未准。今遭玉田弟兄捏造无证无据粘单，图泄前忿。约不畏嫌怨，略粘伊恶迹，禀恳查卷，自分讯究。

余海山在状中称蒋玉田怀恨盗用他人名义，最终目的是为了让其胞弟蒋玉亭担任乡约。该状纸存在着一些难以判读的部分，但是可以看出上面钤有“简房”的戳记。巴县的简房就是负责接收呈词的书吏们的办公场所。该诉状还附有蒋玉亭的 33 条“不法劣迹”，最早可以上溯至道光十四年。

类似的案件在巴县档案中还可以看到一些。[①] 由于缺乏详细客观的资料，我们难以辨别实际的状况和双方所诉内容的真伪，也无法知道知县就此案做出的最终判断。但是以下几点是值得我们注意：(1) 双方围绕着乡约人选问题发生诉讼；(2) 双方使用了状纸——格眼状；(3) 诉讼本身基本合乎通常的程序，即状纸上钤有代书戳记、并且钤有衙门用于立案的“放告”、“内号”、“旧案”和“捕衙挂号讫”等戳记，还编有千字文的号码，等等。

现在，囿于资料的制约，我们尚不能很好把握对于围绕着包括乡约在内的地方末端组织首领人物的人选发生的纠纷。至于那些尚未发展到诉讼的纠纷，我们了解的更少。不过，有一点可以指出的是，这种围绕着人选问题的地方社会内部的对立，并非是近代以前四川巴县地区的特有现象。李怀印在研究中就曾经涉及清末到民国时期直隶获鹿县围绕着“乡地”人选而发生的纠纷。[②] 在当代中国的一部分农村，村民之间围绕着乡村自治组织——村民委员会的选举存在着相当程度的对立。[③] 总而言之，与明确规定了“丁粮多者”等人选标准的明代里甲制度不同，清朝政府没有规定可供基层社会操作的、关于乡约人选的明确标准。制度设计本身的缺陷是诱发此种纠纷和对立的原因之一。在这个意义上，笔者认为，推广乡约制度的本意是为了实现一个安定的地方社会，但是在这一制度运用的过程中，却因为制度自身的原因在地方社会内部制造新的对立。

（三）人选推荐方法的选择和诉讼的特征

如上所述，决定乡约人选的方法大致有二：其一是推荐的方法；其二是诉讼的方法。在使用推荐的方法时，通常要使用禀文。在无法就人选问题达成地方社会内部的妥协的情况下，诉讼成为决定人选问题的手段之一。在这种情况下，就需要使用状纸。在“长老统治”相对比较有效的地区和无人出面竞争乡约人选的地区，地方社会内部就乡约人选问题比较容

① 《巴县档案（同治朝）》No. 144。

② 李怀印：《华北村治——晚清和民国时期的国家与乡村》，第 82 ~ 111 页。

③ 贺雪峰：《乡村治理的社会基础》，中国社会科学出版社，2003，第 83 ~ 94 页；孙琼欢：《派系政治：村庄治理的隐秘机制》，中国社会科学出版社，2012，第 18 ~ 20 页

易达成一致，故而也不需要采用诉讼的形式。[①]

实际上，不同利益集团围绕着乡约人选问题的活动都是旨在实现某种目的的社会活动。换句话说，属于马克斯·韦伯所说的“目的理性行为”。[②] 上文曾经介绍过，对立双方都是通过揭发对方推荐之人的“劣迹”，从道德的角度指责对方，并且号称自己一方推举之人为合格人选，如该人“大则练团防隘、税契条粮……小则鼠牙雀角、排难解纷……”。[③] 他们在实际上是通过这种基于道德观念的指责，以实现谋得控制乡约职务乃至乡村控制权的目的。因此，他们的行为在本质上属于“目的理性行为”。这就是说，他们“通过对外界事物的情况和其他人的举止的期待，并利用这种期待作为‘条件’或者作为‘手段’，以期实现自己合乎理性所争取和考虑的作为成果的目的”。[④] 为了实现这一目的，他们选择了诉讼的方法。

毫无疑问，诉讼本身伴随着一定的成本。在清末的四川，“状式与白禀费多寡之比较大致皆十与二之比例”，使用状纸大约需要 60 ~ 800 文的状纸费、100 ~ 1000 文的代书费和 720 ~ 2100 文的传呈费。[⑤] 在光绪年间的巴县，规定每写状纸一张需要向代书人交纳“笔墨辛力戳记钱二百六十文、写字钱四十文”，但在实际上，代书人每张状纸收取“戳记钱”460 文、“辛力写字钱”360 文。[⑥] 上述事案相关人员的住所都是巴县仁里十甲，根据状纸上的记载，该处距县城为 90 ~ 120 里，即 45 ~ 60 公里。这样，他们为了本件官司，在上述“笔墨辛力钱”和“戳记钱”之外，还需要支付交通费、住宿费和饮食费等项费用。这些还仅仅是提诉阶段的成本。目前，笔者难以判断这些诉讼成本对于诉讼者个人或团体来说究竟构成何种程度的负担，但是，如果不是为了实现某种目的，他或他们是不会付出这笔费用的。实际上，在近代以前以小农为中心的中国社会里，“回

① 吴毅：《村治变迁中的权威与秩序》，中国社会科学出版社，2002，第 69 页。

② 马克斯·韦伯（Max Weber）：《经济与社会》（*Wirtschaft und Gesellschaft*），林容远译，商务印书馆，1997，第 56 页。

③ 《巴县档案（同治朝）》No. 145。

④ 马克斯·韦伯：《经济与社会》，第 56 页。

⑤ 李光珠：《调查川省诉讼习惯报告书》；吴佩林：《清代县域民事纠纷与法律秩序考察》附录，中华书局，2013，第 424 页。

⑥ 《巴县档案（光绪朝）》No. 294 与 No. 843。

避风险”和“安全第一”是维持生存的基本原理之一。在这样的社会里，人们的行动无疑“是以安全第一原则为基准而做出慎重选择的结果”。[①] 在这个意义上，我们完全可以认为，在乡约人选问题上寻求通过诉讼解决地方社会内部的纷争就是人们“慎重选择的结果”。

当然，诉讼双方在诉讼过程之中如果能够达成某种妥协，那么就存在着撤回诉讼的可能性。我们也不能排除，诉诸诉讼本身可能是旨在争夺对地方社会的控制，或许是为了显示个人乃至团体在地方社会的存在感。但是，我们通过上面介绍的诉讼可以看到，在这种明知诉讼成本也要提起诉讼这种行为的背后，隐藏着源自当地居民内部对立而出现的对地方社会控制权的争夺。不同势力在通过诉讼表明自己一方的正当性这一点上是彼此共通的。

关于此类诉讼的性质，笔者认为它不同于前近代中国大量存在的与户婚、田土、钱债、斗殴等有关的民事或刑事诉讼，明显属于涉及“地方公务”即地方末端社会组织首领人选的行政诉讼。

笔者曾经以旌表烈妇和举人身份问题为例，研究过近世中国曾经存在的行政诉讼。前者是要求国家对以死明志的烈妇进行表彰的诉讼，后者是对地方官滥用公权力剥夺举人身份表示不满，要求上级衙门取消地方官该项行政措施的诉讼。这些行政诉讼主体是“民”和“官”，即“民”（包括保有虚衔和学衔之人——笔者注）为原告，“官”（无视以死明志的节烈行为、并且褫夺了为烈妇鸣不平的举人的学衔的知县——笔者注）为被告。[②]

但是，上面介绍的与乡约人选相关的行政诉讼却呈现出另外一种形态。即原告依然是“民”，而写在状纸“被禀”即被告一栏的不是“官”的名字，而是对立势力试图拥立的人物的名字。双方都是试图通过揭露对

① 詹姆斯.C. 斯科特（James C. Scott）：《农民的道义经济学：东南亚的反叛与生存》（*The Moral Economy of the Peasant*：*Rebellion and Subsistence in Southeast Asia*），程立显等译，译林出版社，2001，第22～23页；岸本美绪：《伦理经济论与中国社会研究》，陈少锋译，载王亚新、梁治平编《明清时期的民事审判与民间契约》，法律出版社，1998，第327～349页。原载《思想》第792号，1990，第213～225页。

② 拙稿《近世中国における行政訴訟の一齣——烈婦の顕彰と挙人の身分を例に》，夫马进编《中国訴訟社会史の研究》，京都大学学术出版会，2011，第380～426页。

方推荐人选的"劣迹"，申明己方推荐人选"老成练达"，希望得到行政当局得认可。

笔者认为，对立双方向县衙提起诉讼的理由主要有以下两点。

第一，乡约是由地方长官任命的。在选任地方末端组织首领之时，以知州和知县名义颁发的执照是乡约的身份证明。对于当地居民来说，向该执照的颁发者，即有权任命地方末端组织首领的知州知县提起诉讼理所当然。

第二，源自社会意识的影响。对于当地居民来说，乡约等地方末端组织的首领是负责公务，即执照上写明的"办公"之人。毫无疑问，此处的"公"所指的是维持地方治安、征收税粮等由知县代表国家委派的行政事务。透过此类行政诉讼，我们可以看出当时存在着这样一种社会意识，即当发生了涉及负责"公务"的组织或该组织首领人选的纠纷的时候，对立双方会以诉讼等方式要求代表国家权力的知州知县进行调停或仲裁。

三　乡约的职责："粮务"与"夫差"

进入清代以后，巴县在征收税粮时最初是以里甲制度为依托的。以后，经过"滚单法"和"甲催法"，至迟在乾隆二十五年前后，确立了以乡约为中心的征税体制。《（乾隆）巴县志》称，与每年轮流担当的"甲催法"相比，这一体制"可连年不换，急公者奖，玩误者革。计每岁无签报之繁，比甲催有督办之力"。[①] 这样，乡约从负责教化之人变成了根据知州知县的命令征收国税皇粮的直接责任人。

在本章中将分析乡约负责的征收税金和夫差钱的业务。由于篇幅所限，暂不涉及乡约因负责该业务得到的"好处"。

① 《（乾隆）巴县志》卷三《赋役志》，第30页a～31页a。"滚单法"是以5个花户为一个纳税单位，由甲首根据记载了各户资产状况和纳税额的文书进行征收的方法。"甲催法"是"就一甲之户轮流签报催粮也"，即甲内所有花户每年轮充甲首，负责甲内的纳税事务的方法。

（一）乡约与地方公务：“粮务”

如上所述，在同治年间的巴县，乡约的主要职掌是“粮务”。所谓“粮务”是指征收地丁银，以及以地丁银为基数计算的附加税，即捐输、津贴、夫马。此外还有三费的征收。具体的来说就是税粮的“催纳”和“抬垫”。[①]

1.“催纳”

在执行“粮务”的过程中，乡约首先面对的业务是“催纳”，即催促纳税。

在清代的四川，每年“设柜开征”地丁银和付加税是在二月中至四月末、八月十五日至十二月上旬。[②] 各州县的知州知县作为当地征税最高责任者会以告示的形式公示具体的起讫日期。通常，在公示之前，知州知县会命令当地的“绅粮”在正月下旬或二月上旬“会议”银钱的“官定汇率”。例如，光绪二十四年（1898）正月，巴县的绅粮们奉命“筹议”了如下“征收价单”。

地丁		一两四钱八分、闰征在内
津贴	每正粮一两征收银	一两一钱五分
捐输		四两二钱七分
合每两征收银六两九钱正		

这就是说，在对“加平、火耗、鞘匣、绳索、领解串票及局中一切经费、并偿还挪借”等项进行综合考量的结果，决定按照税额银一两实征银六两九钱的比例进行征收。[③] 此处的“地丁”既是“地丁银”，也是确定津贴和捐输等项附加税征收额的基准。下面将要介绍的李宜斋抬垫案例中，三费银以“原载条粮银”即“地丁银”为基准，按照一比一的比率征收的。这无疑是同治二年就任巴县知县的王臣福根据“绅民“们“议决”

① 《巴县档案（同治朝）》No. 14556。

② 周询《蜀海丛谈》卷一《田赋》，沈云龙编《近代中国史料丛刊》第1辑，文海出版社有限公司，1966～1973，影印1948年排印本，第28页。

③ 《清代四川财政史料》（上），四川省社会科学院出版社，1984，第339～340页。

的基准、即在征收地丁银时收取同额的三费银的规定办理的。①

在“征收价单”之外，知县还会公布如同表5的银钱“官定汇率”。

表5 银钱的官定汇率

年月日	项目	银1两折合铜钱
光绪十年二月初四日	捐输	1590文（市平九八银）
光绪十三年二月十三日	津贴	1730文
光绪十七年正月二十二日	津贴	1700文（市平九七银）
光绪十九年正月十四日	地丁	1700文（市平九八银）
光绪二十七年二月□日	捐输	1270文（九七平九八银）
光绪三十年三月初十日	捐输	1190文（市平九八银）

资料来源：《清代四川财政史料》（上），第338～341页。

除上记的“征收价单”和银钱汇率之外，知县还会公开“设柜开征”的日期。例如，光绪十九年正月十四日，巴县知县就地丁银征收的开始日期发出了如下“告示”。

为晓谕地丁正耗开征日期事。案奉藩宪札饬，征收本年分地丁正耗银两，仍照原额设柜开征，听民自封投柜完纳。现在立等支放兵饷，定限三月内扫数批解，不准蒂欠，稍有违误。等因。兹本县定期于二月十二日设柜开征……至纳银者，各以每名查算，不得包揽多户合扣。其纳钱者，每名亦应照市价扣折，毋得搀合小钱。惟查乡间所用银两，每锭倾成足色只有九二三之数，若以钱折银完纳，每九八平足色银一两，须合制钱一千七百文，方归划一。倘有包揽代纳，以潮毛抵赖者，许该柜扭禀，以便从严究惩。该柜书等亦不得压色浮收。如花户等投纳拥挤之际，以致误将该户册票数目填写参差，抑或裁加白票，将割过条粮拨错，仰该花户立即执票来房，查照向规，月给息银三分，退还更正。各宜凛遵，毋违。特示。②

① 《（民国）巴县志》卷一七《自治》“三费局”，《重庆地域历史文化文献选编》，第2362页。

② 《清代四川财政史料》（上），第339页。

其主要内容如下：

1. 转达布政使关于地丁银的征收期限为三个月的命令，同时宣布巴县的开征日期为二月十二日。

2. 以花户为单位纳银征收，纳钱者按每两折合1700文的比例交纳。

3. 要求自封投柜，不许包揽。

此类告示通常揭示于衙门之外或城门等人多聚集的场所。知县也会派遣差役，向往各甲进行传达。例如，同治八年二月初九日，知县派遣“粮差”将“签”和“高牌”交给慈里七、八两甲乡约邹炳崑，通知他“催纳”“条粮”。从十二日起，邹炳崑“即执高牌，催各粮户”。这里的“签”和“高牌”不仅是面向纳税者的通知文书，也是乡约履行征税业务之际的委任状。就在邹炳崑开始传达之后不久，监生陈协三以钱债纠纷为借口抢去了“签”和“高牌”。结果，邹炳崑因没有了“签”和“高牌”，“致众生疑，各怀观望，不能完粮”。为此，邹炳崑在二月二十一日以妨害“粮务”为理由，向知县起诉了“恶霸陈协三”。[①]

从这一事例可以看出，来自知县的公文指示是乡约在履行“粮务”时的必要条件之一。这就是说，尽管乡约执照上写有明确的职掌，但是并不等于乡约可以任意行事，他必须在得到代表国家的知县的文书指示之后方能开始行动。

2. “抬垫”[②]

清代的税粮征收中的基本原则是“自封投柜”，即由纳税者本人将应纳银钱包封之后，自行投入衙门指定的“柜”中。前面介绍的光绪十九年告示中就强调了这一原则。但是，西村元照很早就曾经指出，在实际征税的操作中，包揽的存在是一种尽人皆知的“常识”。[③] 近年，杜赞奇和李怀印也研究过征税过程中的“包揽”行为。但是，所有这些研究基本没有涉及“包揽”是否与地方官的强迫要求有关的问题。[④]

---

① 《巴县档案（同治朝）》No. 14632。

② 关于抬垫问题的最新研究，请参看第310页注2的小野达哉论文。

③ 西村元照：《清初の包攬——私徴体制の確立，解禁から請負徴税制へ》，《東洋史研究》第35卷第3号，1976，第114~174页。

④ 杜赞奇：《文化、权力与国家——1900~1942年的华北农村》，王福明译，第48页；李怀印：《华北村治——晚清和民国时期的国家与乡村》，第112~133页。

在四川地区，曾经广泛地存在过“抬垫”的行为。[①] 根据档案资料的记载，抬垫即“抬银代垫”、“抬借垫完”和“抬银垫完”。[②] 也就是说在纳税负责人必须在指定日期之内将指定额度的税金“扫数”，即全额收纳的原则之下，乡约即便借债也要将尚未征收的部分交纳，然后再向花户追征该部分税款。这些是乡约们的“常识”。例如，咸丰六年（1856）五月，兼任廉里四、五、八甲的乡约徐世太等人决定，“于扫数时，凡甲内未上纳者，约等垫纳”，并为此将银二十四两交与巴县衙门户房书吏。[③] 这里所说的“垫纳”就是“抬垫”。乡约们为此交给书吏们的银两，相当于承办该项征税业务的保证金。而且，我们通过这一事例可以看出，承诺在征税时以“抬垫”形式完纳甲内税款，是乡约就任之际的必要条件之一。发生抬垫的原因涉及很多方面，以下主要分析一下制度上的主要原因。

我们在巴县档案中经常可以看到知县强迫乡约们进行抬垫。例如，咸丰十一年，节里六甲乡约周正品在征收“正粮防堵津贴积谷”时，甲内“张协和、张精一、陈应仕应上正粮、防堵、津贴、积谷未能上纳”，只得“遵谕抬银，如数垫纳”，即按照知县的指示借债完纳。[④] 节里九甲的“熊藕船、吴庆斌、张凤文、黄应琦等抗同治四、六两年及前岁条粮、津贴等项不上”，乡约杨洪泰“叠奉谕抬银垫纳”。到同治十年，“垫银共计数目五十余两”。[⑤] 当某甲的税粮未能按期满额交纳时，知县“追比”的对象不是未纳之人，而是负责该甲征税事务的乡约或粮差。同治十三年十二月十一日，巴县正里十甲乡约陈银山就“抬垫”的理由作了如下说明：“六月完粮之时，恩比莫何，迫约垫银代上”。可见，“抬垫”是因为受到了“恩比”。[⑥] 知县之所以强迫乡约等人进行抬垫，应该是顾及考成制度的制约和上司的压力。

在这里，介绍一例乡约奉知县命令抬垫税款，在经过多年之后依然无法回收债权的事例。

---

① 周询：《蜀海丛谈》卷一《田赋》，第29页。

② 《巴县档案（同治朝）》No. 871、14666、14674。

③ 《巴县档案（光绪朝）》No. 37。

④ 《巴县档案（同治朝）》No. 14533。

⑤ 《巴县档案（同治朝）》No. 14666。

⑥ 《巴县档案（同治朝）》No. 14706。

同治三年，巴县知县王臣福要求家住孝里三甲等处的董翕堂和董文明一族在通常的税金和附加税之外，“捐输银三千余金”。董翕堂一族中有亲戚在巴县衙门充当“户书”，还有人是“文生”。董翕堂等人在得知上述要求之后，远赴成都，事实上拒绝了知县的要求，并且“抗纳”了当年的“津贴·大粮及杂派”。到了八月的“扫数”之时，担任孝里三甲乡约的李宜斋奉知县的抬垫命令，“将父膳银并外借多金，替伊垫银百五十两扫纳”。八月十五日，李宜斋代董氏一族的29名花户交纳了地丁银和三费银等附加税，领取了“票据百余张”。此后，李宜斋在董氏一族自成都返回巴县之后，数次向他们要求清偿债权，均被拒绝。光绪元年正月，董氏假称算账清偿，从李宜斋手中骗走了抬垫的证据——28张“正粮纳票”。李宜斋在多次向巴县衙门申诉无果之后，将董氏一族告至知府衙门。奉知府命令审理此案的“黄主”要求李宜斋提交“代纳票据”。为此，李宜斋交出了抬垫“三费银”的“票二十九张”。这29张“纳票”现在保存在巴县档案之中。这样，除去被董氏骗走的28张“纳票”和作为审案证据提交的29张“纳票”之外，李宜斋的手中依然保存有为董氏一族抬垫的59张纳税票据。结果，直至光绪四年，本案依然未能了结，由于本利叠加，李宜斋的负债达到了“本利银八百余两”。[①]

实际上，就是在为董氏一族抬垫的同治三年八月十五日当天，李宜斋还为其他8名花户抬垫了税款。其中，有连续抬垫十余年甚至二十余年的事例。例如，根据李宜斋报称，“张必达，即张必端，粮八分，垫上十年，该本利银数十两”。又，“郭龙山，粮四分，垫上二十余年，算该本利银数十两”。[②] 此处应该留意的是，如已经说明的那样，“粮八分”和“粮四分”都是“地丁银”的征收额，也是三费银等附加税的计算基准。而且，李宜斋在为回收上述债权兴讼的同时，还在为其他花户抬垫。[③]

我们透过这些案例可以看出，至少在同治年间的巴县，负责维持征税秩序的知县虽然利用告示等手段命令禁止包揽，但在实际上他首先要考虑

① 《清代四川财政史料》（上），第654～655页；《巴县档案（同治朝）》No. 862；《巴县档案（光绪朝）》No. 4189。

② 《巴县档案（光绪朝）》No. 4189。

③ 《巴县档案（同治朝）》No. 14657。

税收的实绩。故知县不仅默认包揽的存在，甚至通过“签”或“谕”强迫直接负责征税的乡约等进行抬垫。因此，我们在档案见到的抬垫是一种“官制抬垫”或“官制包揽”。

（二）乡约与地方公务：“夫差”

巴县位于四川东部的交通重地，属于官僚和军兵往来频繁的冲要之地。因此，巴县的“夫差”是比较多的。例如，乾隆五十七年十月十六日和二十六日，巴县奉命向各“里甲约保”发出“差票”，命令派工修理“沿江水塘、烟墩”。[①] 其十月十六日的“差票”是命令修理用于停泊哨船的水塘：

为行知修理塘递墩哨事。

案准重庆镇标右营专城巴县江北泛司厅廖　移称，大兵告竣，有海公爷带领索伦官兵自省由舟赴楚，所有沿江水塘、烟墩等项，移请修理，以壮观瞻。等由。准此，合行札饬。为此，票差本役前去，即着令□里□甲约保□□等，速将该管□□塘房、烟墩、哨楼、旗杆、牌坊等项，逐一修理齐全，彩画鲜明，赴县投递完结，以凭查验。去役协同该约等，毋得玩延滋事。如违重究不贷。慎速。须票。

计粘单一纸。

大河吊尔（鱼）嘴水塘　智里十甲共修。西城里差：莫大、广荣。快头：李荣、吴荣。拨。

瓮坝沱水塘　慈里十甲共修。西城里右班差：上五甲练刚、下五甲鞠林、杨贵。

海坝碛水塘　节里上一二甲修。居义里差：张荣、张斌。快头：陈刚、鲁大有。拨。

木洞水塘　廉里十甲共修。怀石里差：刘朝、李大柄。快头：岑世勋、廖俸。

同年十月二十六日，巴县衙门再次命令节里、智里、直里和慈里

① 《巴县档案（乾隆朝）》No. 115；《清代巴县档案汇编（乾隆卷）》，第46～49页。关于巴县的“塘房”，见《（乾隆）巴县志》卷五《兵制》，第5页b～7页a。

的“约保”从速修补用于“塘汛”的“旱塘”。此次指定的应修塘房和负责里甲如下：

佛图关双塘　节里七八九十甲修/节里三四五六甲修。

石桥铺　智里上五甲修。

二郎关旱塘　智里下五甲修。

白市驿旱塘　直里下五甲修。

顺山铺旱塘　慈里上五甲修。

走马岗旱塘　慈里下五甲修。

由此可见，巴县智里、慈里和节里的“约保”在不到一个月的时间之内两次接到了修缮塘房的命令，“夫差”之繁，可见一斑。

在履行各类“夫差”时所需的费用由各甲自行承担。例如，乾隆三十六年以后，朝天党（坊）的铺户根据巴县衙门的命令，负责雇用人夫搬运物资的“公务”。各铺户每月要按照一定得标准交纳“铺户夫差钱”或“门面夫差钱”。其标准为，“大街铺面，每铺收银八分；中铺户，收银六分；小铺户，收银四分”。乡约根据银钱比价，按照上记标准向各铺户收取铜钱，开销“夫价”。但是，乾隆五十年前后起，由于“钱贱夫价加倍”，乡约在承办“夫差”时出现了收不抵支的情况。乾隆五十九年八月二十七日，朝天党和储奇党的乡约向巴县知县报告，征收额为“四百七十余千（文）”，但是“开销”的“夫价”为“四百八十余千（文）”。知县在批文中，没有言及“十余千（文）”的赤字，只是要求“秉公支销，毋稍侵渔干究。[①] 此后，赤字逐渐增多。

乾隆六十年三月十二日，朝天党和储奇党的乡约再度提出禀状，报告了征收额为“一百六十八千九百文”，“支销”为“三百五十五千一百五十六文”，赤字达到“一百八十六千二百三十六文（原文如此——笔者注）”。同时，乡约还报告说，在向铺户征收“夫钱”时，“门面铺户均推不出，实难派收欠夫钱，辱催莫何”。对此，知县在批示中说：

① 《巴县档案（嘉庆朝）》No. 228。以下关于朝天党和储奇党承办“夫差”的史料均与此同。

铺店出资，乡约经收，僱夫应差，旧有章程，遵行已久。现值军务大差，更须迅速，何得推诿。仍照前批，按月催收二次，毋许饰朦干咎。簿仍发。

关于铺户交纳的费用用于“僱夫应差”的情况，请看乾隆六十年五月巴县储奇党负担的“夫差”费用（见表6）。

表6　储奇党夫差领壮单

期间	差务内容	费用	期间	差务内容	费用
五月二十五日	驿夫 4 名	3600 文	六月十三日	夫 147 名	3675 文
	驿夫 4 名			驿夫 2 名	3240 文
	驿夫 2 名			驿夫 3 名	
六月初一日	下河夫 40 名	1000 文		驿夫 4 名	
六月初六日	驿夫 26 名	9360 文	六月十五日	驿夫 14 名	5340 文
	驿夫 4 名	1800 文		下河夫 12 名	
	夫 1 名		六月十七日	驿夫 8 名	2880 文
	下河夫 125 名	5735 文	六月二十二日	驿夫 4 名	9720 文
	驿夫 7 名			驿夫 8 名	
	下河夫 104 名	2575 文		驿夫 7 名	
六月初八日	驿夫 16 名	5760 文		驿夫 8 名	14250 文
六月初九日	驿夫 16 名	6480 文		下河夫 570 名	
	驿夫 2 名		六月二十三日	河夫 96 名	2400 文
	下河夫 300 名	7500 文	六月二十五日	更夫 3 名	1800 文
	驿夫 8 名	5760 文		更夫 1 名	440 文
	驿夫 8 名		小计		101015 文
	夫 10 名	7700 文			
	下河夫 20 名				

资料来源：《巴县档案（嘉庆朝）》No. 228。

也许在上述雇用人夫费用之外还有其他的开销项目，储奇党乡约何玉堂等向各店铺征收的“一百一十九千五百八十文”不敷支出，只得再向钱铺借债“二百三十千文”（见表7）。即便如此，在支付了上述雇用人夫的费用等之外，依然“欠夫价钱五十六千四百零七文”。

表7　储奇党乡约何玉堂借债

单位：文

钱铺名	借入额	“利钱”
承裕号	30000	5000
	60000	10000
大顺号	60000	10000
万顺号	50000	8000
永发号	30000	5000
合计	230000	38000

资料来源：《巴县档案（嘉庆朝）》No. 228。

在履行“夫差”过程中出现赤字的原因是多方面的。就乡约制度自身来说，由于乡约本人没有足够的权威，以致“铺户夫差钱”的征收不能足额是原因之一。

承办“夫差”的乡约每月要向知县提交会计报告，说明收支情况。在大部分会计报告中，只是笼统地开列“共收钱……”。只是在一部分报告中，比较详细地开列了应收与实收的情况。关于这一点，请参看表8。

表8　朝天党铺户夫差钱的征收情况

年月	铺户总数	纳付铺户	未纳铺户	征收率(%)
乾隆六十年三月	2042	959	1083	46.96
乾隆六十年十月	2292	830	1462	36.21
嘉庆元年三月	2048	1049	999	51.22

资料来源：《巴县档案（嘉庆朝）》No. 228。

由此可见，至少在乾隆六十年前后，朝天党只有30%～50%的铺户交纳“铺户夫差钱”，乡约只能利用这些征收到手的“铺户夫差钱”承办“夫差”。乡约在会计报告中说明未能全额征收的理由时，往往使用“畏酿祸累，不敢强勒”，或“不敢扰烦铺户”。换句话说，当地的乡约在遂行“夫差”的过程中不敢或不能使用强制性手段收取本应收取的“铺户夫差钱”。其结果导致乡约如果不是自掏腰包，就只得去向钱铺等借债。

也有一些乡约在会计报告中向知县诉说自己的苦况，甚至表示无法承担“夫差”。乾隆六十年三月十二日，朝天、储奇两党乡约朱世林等向知县提出禀状，称：

> 两党各领派收钱一百六十八千九百文，两党共支销用出钱三百五十五千一百五十六文，除收开销不敷，下该夫字钱一百八十六千二百三十六。又粘单呈，电奉府宪革禁市钱，行使局钱。夫字称要局钱。且门面铺户均推不出，实难派收欠夫钱，辱催莫何。为此缴簿。

巴县知县在收到上述禀状之后，批斥道：

> 铺店出资，乡约经收，催夫应差，旧有章程，遵行已久。现值军务大差、更须迅速、何得推诿。仍照前批按月催收二次。勿许饰朦干咎。簿仍发。①

透过上述的“粮务”和“夫差”的事例，我们可以看出，由于知县将乡约的业务视为一种徭役，故对履行业务过程中发生的经费和赤字表现得十分冷漠。

结语　乡约的属性

最后，笔者想在本文各项讨论的基础上就乡约的属性谈谈个人的见解。

费孝通认为，传统中国社会结构呈现一种“双轨制”。一方面是“由上而下”的政治轨道，即“政治哲学上的无为主义”和“行政机构范围上加以极严重的限制”；另一方面则是“自下而上”的政治轨道，即“中国政治中极重要的人物——绅士”和“享受着地方人民授予的权力，不受中央干涉”的“自治团体”。在这种体制之下，“中央所派遣的官员到知县为止，不再下去了。自上而下的单轨只筑到县衙门就停止了，并不到每家人

① 《清代乾嘉道巴县档案选编》（下），第 238 ~ 239 页。

家大门前或大门之内的”，故“当地方官是近于闲差”。[①] 温铁军则认为，自秦代实施郡县制以来的2000多年里，“政权只设置到县一级，国家最低管理到县级”。[②] 于建嵘认为，在宋代以后，“治权所代表的官治体制从乡镇退缩到县一级”，清代州县以下的社会统治是由“地方之人”“按地方公共之意”“治地方公共之事务”。他还认为，“中国传统乡村社会的政治特征是由保甲制度和宗族组织及士绅统治结合在一起的乡村自治政治”。[③] 对上述观点持不同意见的秦晖将此类意见归结为，“国权不下县，县下惟宗族，宗族皆自治，自治靠伦理，伦理造乡绅”。[④]

此外，黄宗智在国家与社会之间存在着“第三领域”，社会成员基本上是在“第三领域”中才与国家发生“接触”。他将哈贝马斯用于特定对象的概念——“公共领域”修改为“价值中立”的概念——“第三领域”，用于研究前近代中国社会以及行政司法问题。但是，黄宗智本人没有就“第三领域”做出详细的说明，即“第三领域”是一种制度，还是一种支撑制度的组织？或者仅仅是一种用于分析问题的概念。同时，黄宗智没有根据史料对“semiofficials”，即“准官吏”的征税方式做出说明，但却主张县以下的行政运作也是在“第三领域”的范围里进行的。[⑤]

在学术界中，已经有学者利用巴县档案研究了乡约的问题，注意到“第三领域”这种“结构性的理想模型”难以理解一个巨大、复杂的社会。不过，该学者基本没有涉及乡约在履行公务时的权力的由来及其属性的问题，而我个人认为这恰恰是反映乡约身份的本质性的问题，也就是乡约在前近代中国社会中的属性问题。[⑥] 我认为，对于学术研究来说，与某某概

---

① 费孝通：《基层政权的僵化》，《乡土重建》，观察社，1948，第42～53页。

② 温铁军：《中国农村基本经济制度研究》，中国经济出版社，2000，第411页。

③ 于建嵘：《岳村政治——转型期中国乡村政治结构的变迁》，商务印书馆，2001，第57～133页。

④ 秦晖：《传统十论——本土社会的制度文化与其变革》，复旦大学出版社，2003，第3页。

⑤ 黄宗智（Philip C. C. Huang）：《中国的“公共领域”与“市民社会”——国家与社会间的第三领域》（“*Public Sphere*”/“*Civil Society*” *in China? The Third Realm between State and Society*），程农译，载邓正来等编《国家与市民社会：一种社会理论的研究路径》，中央编译出版社，1998，第420～443页。

⑥ 陈亚平：《清代巴县的乡保，客长与“第三领域”——基于巴县档案史料的考察》，《中西法律传统》2009年第7期，第167～203页。

念或某某范式相比，我们更应该注意前近代中国社会的人们是如何看待“乡村自治政治”、“第三领域”以及“准官吏”的问题。

首先，清朝国家是如何看待乡约的呢？在根据乾隆帝的敕命编纂的《皇朝文献通考》中有一段十分著名的史料，兹引用如下：

> 其以乡人治其乡之事者，乡约地方等役，类由本乡本里之民保送佥充……其管内税粮完欠、田宅争辩、词讼曲直、盗贼生发、命案审理，一切皆与有责。遇有差役，所需器物，责令催办，所用人夫，责令摄管。稍有违误、扑责立加。终岁奔走，少有暇时。乡约里长甲长保长，各省责成轻重不同，凡在民之役大略若此。①

通过这一史料，我们可以明显地看出，在国家看来，乡约根本不是什么“以乡人治其乡之事者”的负责宣讲圣谕之人，而仅仅是一个“在民之役”即负担徭役之人。其实，这种认识也是那个时代的常识。冯桂芬就将乡约等归入“贱役”一类，“地保等贱役也，甲长等犹之贱役也，皆非官也；团董绅士也，非官而近于官者也，惟官能治民，不官何以能治民？”② 可见，在当时社会意识之下，能够“治其乡之事”亦即“治民”的只能是“官”，而不是什么“乡人”。退一步说，即便是“治民”，也只能是“用贱以治贱”。③ 据此，我们可以知道，乡约、里长、甲长和保长等不是属于“乡村自治政治”或“第三领域”的一员，而是被置于国家统治之下的“贱民”。姑且不论涉及财产纠纷的民事诉讼，就本文介绍的围绕着乡约人选发生的纠纷，以及通过乡约负担“粮务”和“夫差”时所见的国家与社会的关系等方面，笔者没有在巴县档案中发现作为历史事实存在的“乡村自治”和“第三领域”。

其次，我们再来看看巴县民众眼中的乡约。如上所述，“粮户”们以“条粮公务乏人承应”为理由向知县推荐乡约的候补之人，以及要求知县

---

① 《皇朝文献通考》卷二一《职役考》，台湾商务印书馆影印文渊阁四库全书本，第632册第447～448页。

② （清）冯桂芬《校邠庐抗议·复乡职议》，上海书店出版社，2002，第11～13页。

③ 《（康熙）休宁县志》卷二《约保》，清康熙二十三年刊本，第17页a。

罢免某乡约的理由多是不能“体德办公”。[①] 这里所说的“公”无疑是衙门即国家交办的以“粮务”和“夫差”为主的各类公务。我们从这一事例可以看出，民众认为“合格”的乡约基本是能够代表自己承办“公务”之人。换句话说，民众眼中合格的乡约就是“在民之役”。

最后，我们根据巴县档案分析一下“准官吏”们的自我认识。乾隆三十五年五月十六日，巴县知县以“因讼作证”为理由罢免了智里十甲乡约赵光大，并且指名由陈奇栋继任乡约。当知县命令陈奇栋承办“吊鱼嘴塘房”的修理时，陈奇栋以尚为获颁执照为理由，没有立即动手。[②] 由此可见，知县代表国家向乡约颁发执照是乡约履行公务的必要条件。当然，知县根据自身的判断，可以在无须征询当地居民意见的情况下罢免乡约。

总而言之，乡约制度的原点可以上溯到朱元璋的“六谕”。朱元璋的目的是为了在民间创造出一个具有一定自律能力的社会，在其之上施以专制统治。因此，明清时代的乡约在本质上是反映着专制国家意志的官制组织或职役，其来源根本不是“乡村自治政治”，而且也不属于位于国家与社会之间的“第三领域”。就巴县档案来说，我们没有看到过自发地起源于民间的乡约制度。实际上，包括乡约在内，那些“准官吏”之人在承办包括“粮务”和“夫差”在内的公务时行使的权力源于知县所有的行政权的部分延长，而不是来源于“乡村自治”或“第三领域”。这就是说，乡约行使权力的方法源于知县的“权限委让”。在这种情况下，乡约在最终只能以“在民之役”的身份存在于社会之上，只能服从于国家权力。

2016 年 8 月 2 日　于生驹山麓

日文版载于《東洋史研究》第 74 卷第 3 号，2015 年 12 月

① 《清代乾嘉道巴县档案选编（下）》，第 304 页；《巴县档案（同治朝）》No. 145。

② 《巴县档案（乾隆朝）》No. 40。

《中国古代法律文献研究》第十辑
2016 年，第 367～394 页

清代巴县农村的租佃实态

——“抗租”、“骗租”与“主客关系”

凌 鹏*

摘 要：本文以清代同治时期巴县地方的县衙档案为材料，从中选取与土地租佃相关的大量诉讼案件进行分析。首先，通过分析发现，在围绕着租谷的案件中，“抗租”的案件极少，而“欠租”、“措租”、“骗租”的案件则大量存在。其次，通过对于具体案件的分析，探明这四种租谷纠纷的具体含义。其中，“欠租”是指“滞纳租谷的事实”，“措租”是指“依据某单方面的理由强硬地滞纳租谷”，“骗租”是指“捏造正当理由来恶意骗取租谷减免”，而“抗租”则是指“提出公开的理由反对缴纳租谷，或者不通情理地无视纳租义务”。其中，“抗租”是跳出租佃关系之外来公开反对，而另外三种行为则是在租佃关系之内的纠纷。

为了深入理解这一区分的重要意义，本文更在此基础上对当时人就“租佃关系”的具体理解进行探讨。通过对于租佃契约以及具体诉讼案件的分析，发现同治时期巴县地方的人都是以“主客关系”这一概念来理解租佃关系的。随后，具体分析了当地“主客关系”的含义及其对于租佃关系各个侧面的具体影响。

* 凌鹏，京都大学文学研究科博士生。

最后，本文提出，巴县地区的人是在具体的社会和历史背景下，借用“主客关系”这一传统的伦理关系来理解和处理“租佃关系”。这一视角也许能为理解中国近世以后的社会关系提供一些启发。

关键词： 同治巴县　租佃关系　抗租　骗租　主客关系

序　言

宋代以后，地主与佃户关系成为中国社会的一个重要的社会关系。在明清时期，与租佃关系相关的“抗租运动”纷纷涌现，而中央政府针对此也制定了各种法律与政策。到了近代，地主与佃户之间的斗争更成为中国革命的原因之一，极大影响 20 世纪中国政治、社会走势。毫无疑问，租佃关系是近世以来中国史研究中的重要课题。

不过，自 20 世纪 80 年代以来，对于中国传统租佃关系的研究，有着显著的减少倾向。究其原因，可以说在理论与史料上都出现了问题。因此，本文首先总结历来对于租佃关系的诸种理解，其后利用新视角与新史料，对中国传统的租佃关系进行研究。

一　对于租佃关系的三种见解

对于传统的地主—佃户关系，历来学界大概有三种见解存在。而在这三种见解的背后，则是对于中国近世社会整体的不同理解。简单而言，三种见解如下：

（一）“伦理论”下的地主与佃户关系

这是 20 世纪前半期中国对于社会与租佃关系理解的重要思想，其典型代表为梁漱溟与费孝通。

简单来说，这一理解是指由于儒家意识形态及其影响，儒家的伦理规范极大地左右了人们的行为。其中，租佃关系中的地主与佃户双方都主要依据伦理规范来行动。例如梁漱溟氏将中国理解为“伦理本位”的社会，将社会关系理解为伦理关系，强调社会关系之中的“情谊”和“义务”。[①]而费孝通则论述到，在传统道德和习俗的影响下，地主不至于过度地榨取佃户，而佃户也没有必要故意不交租。[②] 同时，在日本的中国史研究之中，战前的“共同体”论也与此种“伦理论”有着相同的侧面。[③]

在这一认识的背后，是对于中国传统社会的基本思考，即特别重视儒家思想的“伦理性”，将人的行为理解为是伦理观念支配之下的行为。不过，这一理解带来两个问题：第一，租佃关系的本质并不是伦理关系，而是经济关系。而且在儒家经典之中并不存在租佃关系的伦理。第二，基于这一理解，可以说明传统租佃关系中的“减免”“互助”行为，但是对于明清时期的各种“欠租”“抗租”行为，却没有足够的解释力。

（二）“阶级论”下的地主与佃户关系

在“伦理论”理解出现的同时，在马克思主义的影响下，“阶级论”成为另一个重要的理解。[④] 按照“阶级论”的理解，地主、佃户各自是中国封建社会中相互对立的阶级，而租佃关系的本质，则是地主阶级以超经济强制的手段对于佃户的榨取。这一理解亦是地主与佃户身份法研究的源流。在此，地主与佃户关系的本质，并非“伦理论”所主张的伦理关系，而是对立阶级之间的激烈斗争。

在中国，这种对于地主与佃户的阶级论理解，是从 20 世纪 50 年代至 80 年代中唯一“正确”的理解。[⑤] 当然，其中有着诸学派间的争论，但基

---

① 参考梁漱溟《乡村建设理论》第 2 章“中国旧社会组织构造及其所谓治道者”，《梁漱溟全集》第 3 卷，山东人民出版社，1989，第 166 页以下；同氏《中国文化要义》第 5 章“中国是伦理本位的社会”，《梁漱溟全集》第 3 卷，第 79 页以下。

② 参考费孝通《江村经济》第 11 章“土地的占有”第 4 节“不在地主制”，《费孝通文集》第 2 卷，群言出版社，1999，第 129 页以下；同氏《乡土重建》、《地主阶级面临考验》，《费孝通文集》第 4 卷，第 375 页以下。

③ 代表性的研究者有平野义太郎、清水盛光等。“共同体论”强调中国农村的封闭性、村成员的集团性以及村落内部的秩序。与此不同，中国的“伦理论”则没有言及“共同体”，而是强调更加普遍性的传统“伦理”与“道德”。

④ 代表性研究者有民国时代的经济学者如薛暮桥、陈翰笙、王亚南、冯和法等。

⑤ 代表性研究者有李文治、傅依凌、刘永华、章有义、叶显恩、乌廷玉、方行等。

本的理解方式是类似的。而在日本学界，类似的研究范式亦在一段时间内占据主流。[①] 在这一理解下，租佃关系的变迁、赋役制度的发展以及商品经济的影响等研究主题都呈现出来。

在“阶级论”之下，确实能够解释地主与佃户间的各种矛盾与纠纷，以及“抗租运动”等事件。不过，同样会带来两个问题。第一，不考察地主—佃户间纠纷的具体原因，而将其全部纳入“阶级斗争”的概念，这一点是否合适？第二，在阶级论中，如何来理解租佃关系中的“减免”、“互助”行为，同样成为一个问题。

（三）“经济论”下的地主与佃户关系

20 世纪 90 年代之后，在“阶级论”的理解之外，对于地主与佃户关系的“经济论”研究，成为中国传统租佃关系研究的主流。

从这一“经济论”的视角来看，地主的土地所有量、各地的实际地租率、佃户占总人口的比率以及农民的生活水平等问题，成为探究地主与佃户关系时候的重要问题。在这些研究之下，逐渐形成了新的租佃关系的形象。例如，土地权的分散程度较高，真实的地租率适中，佃户所占的人口比率较小，农民的生活水平也有提高等。[②] 这一种纯“经济学”的理解，打破了“阶级论”的地主—佃户像，而认为中国传统的租佃关系是与市场经济规律相符合。

在这一“经济论”理解的背后，是将中国传统社会中的人理解为现代式的“合理经济人”。据此，在中国传统的租佃关系，是地主、佃户都合理性地考虑利益得失，并在此基础上形成合意，通过契约而确立的一种经济关系。[③] 而在日本学界，自 20 世纪 50 年代开始，宫崎市定氏便已经开始强调中国近世社会的资本主义性质，将近世以来的租佃关系理解为契约

① 代表性研究者有北村敬直、小山正明、重田德等。

② 代表性研究者有曹幸穗、侯建新、史建云、史志宏、武力、郑起东等。

③ 例如，赵冈《从另一个角度看明清时期的土地租佃》，《中国农史》2000 年第 2 期；高王凌《租佃关系新论》第一、二、三章，上海书店，2005；秦晖、彭波《中国近世佃农的独立性研究》，《文史哲》2011 年第 2 期；彭波《国家、制度、要素市场与发展：中国近世租佃制度研究》，博士学位论文，清华大学历史系，2011。

关系。[①]

不过，在此一理解之下仍有一些难以解释的问题。第一，如果将传统租佃关系理解为纯粹的经济关系，那么如何理解某些特殊的租佃关系呢，例如徽州地区的“佃仆制度”等。第二，在与租佃关系相关的各种事件中，与“经济合理性”相反的行为大量存在着。若仅仅从“合理的经济人”出发，则很难理解这些行为的意义。

以上是从租佃关系来看中国近世社会的几种基本视角。此外，还有一些其他取向的租佃关系研究，例如日本学界在20世纪70年代之后，开始关注租佃关系的其他侧面，例如同族关系与在地势力、[②] 政治与宗教思想[③]等。而在80年代之后的地域社会研究之中，与租佃关系相关的研究亦有登场。[④] 这些研究主要是关注影响到“租佃关系”的其他外部因素，然而对于租佃关系自身则没能超出以上的几种理解。

以上三个视角虽然各有其无法解释的难题，但可以说各自都提出了重要的见解，解释了不同的事实侧面。将这三个侧面进行综合，大概便是中国传统租佃关系的整体图。一方面，在租佃关系之中，“减免”、“互助”等伦理行为确实大量存在；另一方面，在地主与佃户之间，“欠租”“抗租”等主佃间的纷争也大量存在。同时，租佃关系的本质还是一种经济关系，其经济的性格也是一个重要侧面。

但是，对于这三个侧面，应该如何进行综合地解释呢？之前的研究并没有发展出具有说服力的解释。而为了解决这一问题，需要对租佃关系展开一个新视角的研究。最关键是要探究当时人对于租佃关系是如何具体理解的，对于与租佃关系相关的纠纷与诉讼是如何进行处理的。

---

① 宮崎市定：《宋代以後の土地所有形態》，《東洋史研究》12卷第2號，1952。

② 森正夫：《十七世紀の福建寧化県における黄通の抗租反乱》一、二、三，《名古屋大学文学部研究論集．史学》1973年期、1974年期、1978年期。

③ 小林一美：《抗租·抗糧闘争の彼方——下層生活者の想いと政治的·宗教的自立の途》，《思想》1979年第2期。

④ 在日本，有三木聪氏对于福建的“抗租”运动进行了一系列的研究，其后收录在《明清福建農村社会の研究》一书中（北海道大学出版会，2002）。在中国，则有刘永华《十七至十八世纪闽西佃农的抗租、农村社会与乡民文化》（《中国经济史研究》1998年第3期）、黄志繁《地域社会变革与租佃关系——以16~18世纪赣南山区为中心》（《中国社会科学》2003年第6期）等。

众所周知，在近世之后的中国社会，伴随着社会与经济的发达，与传统的家庭、宗族、政治等领域不同的“社会”这一领域得到显著发展，并成了中国人日常生活的重要部分。例如农业中的租佃关系、手工业中的师徒关系、商业中的雇佣关系等。而这些“社会关系”，是传统儒家经典中规定的伦理规范所无法直接处理的问题。因此，对于这些社会关系，近世以来的中国人是如何理解、如何处理的，成了关键问题。

在研究这一问题时，除去利用先行研究之外，还需要更加具体而丰富的史料——即地方档案。在此以“巴县档案”为例。第一，在巴县档案中与租佃相关的诉讼档案中，有着双方的诉讼状、供词、租佃契约以及其他文约等各种史料，从中不仅能够了解租佃纠纷本身，还能获知多种外围信息。第二，最重要的是，在案件的过程和结果之外，还能从档案中窥探到当事人对于租佃关系的理解和感觉。而这是从其他史料之中无法得知的。第三，在诉讼状之中，存在很多讼师所写的“套话”。但是，这些套话恰恰体现了巴县地区社会整体对于租佃关系的普遍理解和感觉。由此看来，巴县档案中与租佃相关的史料，是以新视角来进行租佃关系研究的绝好材料。

本文将从与巴县档案中与租佃相关的案件中，首先选取与“田租纠纷”相关的诉讼案件，以此来探讨地主—佃户间的关系。首先发现，在地主与佃户围绕着田租的多种纠纷之中，除去少量的“抗租”案件外，更多的是“欠租”、“骗租”、“措租”[①] 类的案件。随后，通过对于“欠租”“骗租”等类型区分的检讨，来探究当时的地主与佃户对于租佃关系的具体感觉，以此来建构对于中国传统社会“租佃关系”的新理解。

二　中央与地方的“抗租”和“欠租”

在地主与佃户之间讨论田租纷争的场合，最为重要的是“抗租”概念。在历来的研究中，除去集团性的激烈“抗租运动”之外，日常的地主与佃户间的“欠租”等行为，也经常被包括在“抗租”这一用语中。例如

① 简单而言，“欠租”是指“拖欠租谷”；“措租”是指“强硬地滞纳租谷”；“骗租”是指以欺骗的手段骗取租谷。对于其间的联系与差异，在后文中还有详细说明。

森正夫氏对于学界使用的抗租概念，曾经做过一个一般意义的说明。

> 抗租，即抗拒交租。若借用日本的地主制的用语来说明的话，即是类似于小作人的佃户（或者是佃农等），对类似于地主的田主（或者是业主）进行抵抗，拒绝缴纳相当于小作料的租这样一种行为。一直以来，我们都是将被称作欠租、逋租的不交或者滞纳小作料的行为，以及由于生活费不足而不得不实行的佃户的细微抵抗，以及伴随着对佃户来说需要特别紧张的严厉决断的行为，以及从外侧看来仅仅是消极的行为，都用“抗租”来表述。[①]

20世纪80年代之后，研究中对于“抗租”的理解也没有发生大的变化。究其原因，可以认为是受制于传统史料的影响。[②] 但是，如果从具体的史料来仔细分析，当时的人们，对于“抗租”“欠租”“掯租”等概念，其实也有着明确的区分。

例如据森正夫氏的研究，在清代史料中首次出现“抗租”是在雍正十三年（1735），在刚刚即位的乾隆帝下发的谕旨中，有“壬午。劝减佃租……若彼刁顽佃户，藉此观望迁延，则仍治以抗租之罪”一句。[③] 在此，“藉此”的含义，是指利用乾隆帝的谕旨来实行抗租行为。此外，在乾隆十一年（1746）八月壬辰的上谕中，对于“罗日光、罗日照等聚众抗租事件”有“岂有任佃户自额数，抗不交租之理……此乃国法之所难宥，断不可稍存宽纵者”一句。[④] 乾隆二十三年十一月对于江苏省崇明县的“聚众抗租事件”，则有“刁民藉词抗租，已干严禁”一句。[⑤]

---

① 森正夫：《抗租》（《中国民众反乱史四　明末—清Ⅱ》，平凡社，1983。其后收入《森正夫明清史论集》（二）中。森正夫的这篇文章，是基于对“抗租”的普遍性理解，更加详细地区分了“抗租”的三个时期，以此进行说明。在此之外，滨岛敦俊的《明代江南農村社会の研究》（東京大学出版会，1982）第10章“明末清初江南の農民闘争”中，也有类似的讨论。

② 由于集团性的“抗租”行动都是较大的事件，在《实录》、《文集》、《地方志》中往往会有记载，因此这些史料往往会形塑研究者对此的印象。

③ 《大清高宗纯（乾隆）皇帝实录》卷九“十二月壬午”条。

④ 《大清高宗纯（乾隆）皇帝实录》卷二七三“八月壬辰”条。

⑤ 《大清高宗纯（乾隆）皇帝实录》卷五七四“十一月戊戌”条。

从以上《实录》的数个例子来看，“抗租”的案例有两个重要特征：第一，多为集团性行为，即“聚众”的情况多。第二，往往是“藉此”、“藉词抗租”的情况，即有主张抗租行为的某种公开理由。①

不过，围绕着租佃关系的纠纷，其实在“抗租”以外还存在有其他类型的事件。同样在《清高宗实录》之中，还有与“抗租”不同的“欠租”和“掯租”案件。例如在乾隆三十四年四月壬申日的上谕之中，有“马元功以佃田掯不完租，被业主控告，乃恃老咆哮公堂。治以枷号之罪，原所应得”一句。② 这一案件即是“掯租”的案件，最终的惩罚是“治以枷号至罪”，而非《大清律例》中“抗租禁止条例”的“杖八十”。③ 而且，这一处罚的原因与其说是“掯租”，毋宁更应该是“恃老咆哮公堂”。此外，在乾隆三十六年八月壬辰日的上谕之中，有“细阅案情，段兴邦以佃户欠租细事告官断追，已非安分之人。追周德先业已遵断交清，而段兴邦犹以为未足，仍然掯给收字。复以禀官差押清租追佃恐吓，致周德先一家同时窘迫自戕”一句。④ 在这一案件中，乾隆帝是将“欠租”看作“细事”，相反，对于因欠租而起诉佃户的田主，则批为“非安分之人”。

以上两个案件与“抗租”事件之间，有着明显的差异：第一，前文所列的“抗租”都是群体事件，而此处的则是个人性事件。第二，当佃户等在“掯租”、“欠租”的时候，并没有类似“抗租”那样的公开的反抗理由（即“词”）。第三，政府对于“掯租”、“欠租”事件的态度与对于“抗租”事件的态度，要远为和缓。

实际上，对于“抗租”与“欠租”等事件的区分，不仅存在于中央政

① 在康熙、雍正的时代，当皇帝下发赋税减免的谕旨之时，往往会有同时减免田租的命令。而乾隆帝所下发的减免田租的谕旨，可以看作是这一传统的新的发展形式。对于这一点，可以参考周藤吉之《清朝前期に於ける佃户の田租減免政策》，《清代東アジア史研究》，日本学术振兴会，1972；经君健《论清代蠲免政策中减租规定的变化——清代民田主佃关系政策的探讨之二》，《中国经济史研究》1986年第1期；岸本美緒《清朝中期経済政策の基調——一七四〇年代の食糧問題を中心に》，《清代中国の物価と経済変動》，研文出版，1997等。

② 《大清高宗纯（乾隆）皇帝实录》卷八三三“四月壬申”条。

③ 对于雍正五年《抗租禁止条例》的内容及其确立过程可以参考三木聪的《抗租と法・裁判一雍正五年の〈抗租禁止条例〉をめぐって》一文（《明清福建農村社会の研究》，北海道大学图书刊行会，2002）。

④ 《大清高宗纯（乾隆）皇帝实录》卷八九一“八月壬辰”条。

府层面上，在地方官层面上也普遍存在。例如，陈弘谋在江苏巡抚再任时公布的“业佃公平收租示”中，有“竟有无良之辈，藉名报灾，观望延挨，不肯完租。将所收米谷，藏匿质当。更有奸徒，倡为不还租之说，把持纠约，不许还租”一语。[①] 在此，陈弘谋是将一般的“欠租”等事件（竟有无良之辈……）与“抗租”事件（更有奸徒……）进行了区分。此外，在《江苏省例续编》中还有“不思佃户寻常欠租、并无重大罪名。焉可轻易收入囹圄……其聚众抗霸者，原不能不尽法惩办。如所欠有限而枷号收禁，几致身家莫保。殊非恤佃之道”[②] 一语，也是在两者之间做了明确区分。

在此，从政府文书之中，可以看到对于“抗租”与“欠租”等行为有着明确的区分。不过，若仅仅利用以上的史料，并不能充分地解明“抗租”、“掯租”、“欠租”等各自具体的意义。在第三章中，将通过同治时期巴县地区具体的“抗租”案件，来检讨“抗租”、“欠租”等词语的具体含义。

三　同治朝巴县地区的“抗租”诉讼

在进入具体的分析之前，首先要对巴县地区的自然状况和租佃制度做一个简单说明。巴县位于四川盆地的东部边缘，县城即现在的重庆市渝中区所在。同治时期的巴县，包括县城所在的半岛（嘉陵江与长江的合流点），与半岛相连的西部与北部地区，以及长江以南的广大区域。由于位于四川盆地的外缘，全局属于山间地带。特别是长江以南的部分更是典型的山岳地形，土地贫瘠。同时，巴县地区属于亚热带性气候，且处于两江交汇，全年的月平均气温都在零度以上，降水量与空气湿度较高，合适农耕生产。因此，清代巴县大部分的水田都可以一年二作，秋季是水稻，春季是麦、豆等杂粮。就租佃关系而言，田主所收的租谷是秋季的稻，而春

---

① （清）陈弘谋：《培远堂偶存稿》卷四五，光绪二十二年鄂藩署排印本。

② 《江苏省例续编三编四编》不分卷（藩例），同治十年《不准妄枷佃户并收禁》，江苏书局，同治八年至光绪十二年。

季的杂谷等都归佃户所有。[①]

巴县的租佃关系，大体分为两类：一类是佃田（即水田），另一类是佃土（即山土）。山土的生产力要比田土低很多，一般而言只有佃土的佃户较为贫困。在同治时代的租佃关系中，佃田的租谷大都是实物定额租以及实物分成租，而较少货币地租。此外，巴县的租佃制度中，押租制度普遍存在。押租的数额与租谷的数额成反比关系。因此，在佃户之间的转佃行为也较多。就租佃的年限来看，大部分是十年以下的短期租佃，同时并不存在田面、田底以及永佃等习俗。

本文所利用的巴县档案，是清代四川省的巴县衙门的存留文书。其年代由乾隆时期直至宣统时期。文书的总体有113020卷，[②] 其中同治朝文书有1698卷。对于这一文书，夫马进已经有了详细介绍。[③] 经四川省档案馆整理后，现在的同治朝巴县档案分为“内政”、“司法总类”、“命案”、“地权”等22类，其中便有“租佃”类（同治案件号No.13650～14035）。[④]

简单计算的话，同治巴县档案中的租佃类案件总计有386件，其中与田土租佃无关的案件有85件，与田土相关的案件有301件，其中与佃租相关的案件有104件。在诉讼状中，明确地使用了“抗租”这一非难的案件只有三件，而其他主要使用“欠租”非难的案件有22件，主要使用“措租”非难的案件有15件，主要使用“骗租”非难的案件有26件。其余的37件，则使用了例如“租谷不清”、“租谷不焉”“延不交租”等较为含糊

① 参考王鉴清修，向楚等纂《巴县志》卷一一《农桑》，1939年刊，台湾学生书局1967年影印本；王国栋《巴县农村经济之研究》第4章“土地”、第5章“租佃制度”（1939），《民国二十年代中国大陆土地问题史料》v.54，成文出版社，1977；巴县志编撰委员会编《巴县志》第2章“自然概况”，重庆出版社，1994。

② 马小彬：《清代巴县衙门司法档案评介》，《四川清代档案研究》，西南交通大学出版社，2009，第39～50页。

③ 夫马进：《中国诉讼社会史概论》，《中国诉讼社会史の研究》，京都大学学术出版会，2011，第3～123页。

④ 此前，利用巴县档案来研究地主与佃户关系的重要成果有MadeleineZelin（曾小萍）的“清代中期四川省佃户的权力”（*TheRights of Tenants in Mid－Qing Sichuan：A Study of Land-Related Lawsuits in the Baxian Archives*，The Journal of Asian Studies，Volume 45，May 1986，pp. 499－526）。该论文以从乾隆到同治年间的120件租佃案件为例，对巴县的租佃形式、租额、押佃制等概况进行了介绍，并据此讨论了佃户的“权利”及其来源。

的非难。

从这一粗略的统计来看，在同治朝巴县档案与田土相关的“租佃类”案件之中，“抗租”的案件极为稀少。而“欠租”“揹租”“骗租”以及“租谷不清”等案件，则占据了租佃案件的绝大部分（自然，在其中也有重复的部分，即是说在一个案件之中，可以看到“欠租”与“揹租”、“欠租”与“骗租”等非难同时使用的情况。不过，很少见到与“抗租”非难同时使用的情况）。在此，首先对两件“抗租”案件进行分析，[①] 以此来探讨在实际生活之中“抗租”的具体意义。

（一）案件 No. 13996[②]

同治十二年八月十三日，直里六甲的田主李文淮以“为灭霸诬索叩唤讯究事”为理由，指控他的兄长李文江，其中称“前岁腊月凭族分居、每人应分产田谷一百□十石、各房分关可凭……殊文江父子套佃过手、延今抗租不纳。理问，恶霸反妄称系伊膳业、尤支子李应益将蚁业另佃石如海居耕……”

简单而言，在这个案件中，李文淮以“抗租”非难指控其兄李文江。在此，使用“抗租”这一非难的理由是，李文江原本是租借了自己（李文淮）的田地，但事后却声称这一田地是他所有，因此正面否定了“纳租”的道理。而导致这一状况出现的原因，据李文淮所言则是虽然已经分家（分关可凭），但土地契约却一直留存在长男（即李文江）的手中，导致李文江否定租佃关系。因此，李文淮声称李文江藉此而“抗租”。对此，知县在批词之中指出李文淮的状词的漏洞，[③] 即如果有分关的话，应该可以简单地便清楚真相。由此可见，知县对于这一“抗租”非难是抱有疑问的。

---

① 这三个案件即案件 No. 13722、案件 No. 13952 以及案件 No. 13996。其中，由于案件 No. 13722 并不仅是“抗租”的案件，本文在此不予详细讨论。

② 《巴县档案（同治朝）》No. 13996，“直六甲李文淮……案”以下，本稿仅使用“No. + 番号”的表示方法来指同治朝的案件。如果有引用其他时代案件的时候会特别加以指出，例如咸丰时期的案件标记为“咸丰朝 No. + 番号”。

③ “所争之田究系该具呈分产、抑系李文江膳业、不难执出分关、投凭族证验对明确、理清息事。毋遽兴讼致伤一本之谊”。

九月三日，李文淮提出了第二份禀状“为霸串勒搕再叩唤究事”。在这一禀状中最值得注意的是，他没再使用“抗租”非难，也没有提到李文江宣称土地为自己所有的情节。反而改用了“骗租”非难进行指控：“长兄李文江佃耕蚁业谷田四十石数载，并无押佃银两，迨后骗租。伊子李应益反将蚁业转佃石如海、私取押银一百五十两吞用。”由此可见，李文淮（或者是其背后的讼师）已经意识到了之前的“抗租”非难是无法成立的，所以才调整了非难，将其变为“骗租”指控。不过，这一“抗租”非难不成立的原因，并不是诉状中声称的李文江的行为不符，而是因为有“分关可凭”。

其后，到了同治十二年十一月十三日，李文江也提出了自己的“诉状”，以“奸骗捏诬诉讯究刁”来指控李文淮。他在其中指出自己与李文淮是各自占有一半的田地。而且还附上了族人的“合约”作为证明。对于这一“诉状”，知县批“候讯察断”。此后，档案中没有了对该案件的后续记录。

在这一案件中，李文淮在告状之中利用了“抗租”的非难，而要使这一非难得以成立，则需要一些必要的情节做支持。在这个案件中，这一情节则是“李文江保管全契，声称这一土地是自己所有，因此抗租”。即是说在这一情节中，李文江完全否定了与李文淮之间的租佃关系，也否定了纳租的义务，所以可称为“抗”。不过这一捏造被知县看破，于是迅速改变为“骗租”非难。[①] 在此，可以看到此案与前论《实录》中的“抗租”案件的某些异同。虽然在《实录》中的案件都是集团行为，而此处是个人案件，但是两者都有着某种公开的“抗租”理由，并以此来否定“纳租”的正当性。

（二）案件 No. 13952[②]

同治年间，仁里十甲的监生徐行之，高步云、严子贞，与武生蒋灿等一同创立了“义冢会”，而寡妇熊李氏是该会的佃户。熊李氏的丈夫已

① 实际上，在案件 No. 13722 之中，也有类似的变化发生。即当田主诉讼状中的“抗租”非难被地方官驳斥之后，立刻将其转变为“骗租”非难。

② 《巴县档案（同治朝）》No. 13952“仁十甲徐行之等……案”。

经过世，其子外出营生，而此时丈夫的父亲又生病了，家中没有足够的劳动力。因此，熊李氏便擅自将义冢会的土地再转佃给他人。当义冢会的管理者听闻此事后，便中止了与熊李氏的租佃关系，而将田地租与他人。此时，熊李氏丈夫的父亲正好过世，她便采取了不下葬、不交租的行为。

同治十年十一月十三日，监生徐行之等以“为协恳究逐事”为理由具禀熊李氏：“……李氏翁熊合顺病故不葬、抗租不焉。[①] 李氏反以套剥逼毙。差唤、泼蛮。唤获朝友。委主讯明利济并无逼毙情事。断伊缴租六石、限合顺尸棺限二十日移葬。”对此，知县李的批语是：“案经讯断、着即遵照。毋□□渎。”

从这里可以看出，熊李氏也曾以“套剥逼毙”为理由指控义冢会诸人，非常类似于“图赖”的行为。但是这一点被知县看破了。在知县差唤当事人的时候，熊李氏撒泼不到场。后来经过知县审判，断熊李氏缴租六石，并限时间将夫父亲移葬。而这个诉讼状是在这之后，熊李氏依旧蛮横不遵，义冢会等人才再次提起诉讼。

简单而言，在监生徐行之等以“抗租”非难来指控熊李氏的时候，诉讼状中展现出来的熊李氏的形象是一个典型的诉讼之中的蛮横妇女形象。在巴县档案中也屡次出现类似形象，例如“撒泼蛮横”（案件 No. 13791）、“无理滋闹”（案件 No. 13865）、“蛮横打毁”（案件 No. 13937）、“来家肆闹”（案件 No. 14032）等，即是指某些蛮横而不讲道理的妇女形象。在这个案件中，熊李氏也是被看作是此类不通情理的妇女，被指责为“停尸不葬，抗租不焉”，以及“差唤，泼蛮”。[②]

因此，在前案李文淮的诉状中，如果说使用“抗租”非难的前提在于李文江宣称田地是自己的，因此以公开的理由抗租的话；那么在这个案件之中，所以能用“抗租”非难来指控熊李氏，是因为将她看作为完全不讲

① 此处原文为“搗”字，在巴县方言中是“交纳”的含义，后文相同。

② 从中也可以看出，此处所引的诉讼状，其实是有前案的，即案件 No. 13946。其中也专门言及了寡妇熊李氏的蛮横形象。例如在同治十年八月廿八日的“催状”之中，职员何变齐、何春发等以“为凶阻殡居事”为理由起诉熊李氏，其中称“情本月职等以恃妇蛮殡控私佃张朝友主唆熊李氏将尸估殡等情”。

道理、无视“纳租”合理性的蛮横寡妇。在此，用“抗租”非难的理由并不仅仅是熊李氏不交租谷这一事实，而是该事实背后的态度与动机。熊李氏不是公开反对纳租的合理性，而是根本非理性地无视这一道理。其实，在中国传统之中，一直存在着将妇女看作某种天生带有非理性特征的倾向，也正因为如此，对于妇女的惩罚也往往较为轻微。在此案中，堂审之后，知县对于熊李氏的处罚也甚为宽大，只是“断伊缴租六石，限合顺尸棺限二十日移葬”，而没有加以任何处罚。

从以上两件包含有“抗租”非难的案件来看，可以清楚三点特征：第一，田主在起诉佃户的时候，并不是可以随意使用“抗租”非难的。相反，在使用“抗租”非难时候，需要某些特定的条件。这种条件或者是佃户以某种公开的理由反对“纳租”的道理，或者是佃户完全撒泼蛮横、不通情理，彻底无视“纳租”的道理。第二，地方官与当事人等，都能明确地意识到“抗租”与“欠租”等（特别是骗租）等非难之间的差异。因此，当“抗租”非难被识破时，便会变更其非难。第三，“抗租”非难不仅可用于团体行为，也可以用于个人行为。是否为团体行为，并不是判断“抗租”的真正关键。相反，能够形成团体行为的原因，往往是与第一点密切相关，即只有在存在某种普遍性的公开理由的时候，才可能号召起集团行动。

在此可见，同治时期巴县地区的“抗租”案件，与现代研究者对于“抗租”的理解有较大的差异。在这里所认识的“抗租”事件中，最重要的是佃户以某种公开的理由反对或者彻底非理性地否认“纳租”道理的存在，由此而导致“不交或滞纳租谷”。正是这一点，使得“抗租”与“欠租”、“骗租”、“揹租”等行为区分开来。

四 “欠租”、“揹租”与“骗租”

在“欠租”、“揹租”、“骗租”这三个用语之间，其实存在紧密关联。特别是在具体案件中，甚至在同一个诉讼状之中，都可能看到将这三个词语相互之间混杂使用的情况，例如可以见到“欠骗”、“揹骗”，或者“欠揹”的用法。可以说佃户在滞纳租谷的时候，往往可能会同时带有这三种含义。不过通过对具体案件本身的分析，还是能够看出其侧重点的不同。简单而言，“欠租”一词的含义最广泛而含糊，“揹租”一词的意义最为清楚，而“骗租”一词的意义则最为微妙深刻。

（一）“欠租”与“揹租”

“欠租”非难显示了一个事实，即“佃户滞纳了租谷”。不过，对于佃户滞纳租谷的理由以及动机，这一个非难则没有任何说明。“欠租”一词中，确实含有对于佃户某种程度的指责，不过其程度不强。因此，如果田主在诉讼佃户时只是提出“欠租”这一非难的话，地方官往往会通过非常简单的“签饬”方法来解决（例如案件 No. 13667、案件 No. 13745），[①] 即简单地命令当事人寻求乡约保长等人的调解。而如果在“签饬”之后，佃户依然滞纳租谷，地方官则往往命令将当事人带到县衙进行审讯，通过探查“欠租”背后的原因来进行裁决（例如 No. 13768）。[②] 因此，在大部分的诉讼状中，当田主控告佃户的时候，在“欠租”非难的背后，往往还会添加如“揹租”或者“骗租”等对于其动机的指责（例如案件 No. 14008、案件 No. 13743）。[③]

而与欠租不同，“揹租”的“揹”一词的含义较为明显，在《汉语大词典》中解释为“压制、刁难、卡”。即是说，佃户是以田主所不能同意的某种理由（或者是某个道理，或者是某种势力）为根据，由此而刁难不给租谷。在同治朝巴县的租佃案件之中，最常被用作“揹租”根据的是所谓押租银的问题。一般而言，在租佃关系结束的时候，田主有义务将佃户的押租银全额返还。然而，若田主在此时只是先返还一部分押租银的话，佃户则常常将此作为依据而采取“揹租”的行为。而在田主看来，自己扣留一部分押租银的原因，正是为了防止佃户在退佃之后不按规定交租。

---

① 《巴县档案（同治朝）》No. 13996“廉二甲孝慧堂为……案”；No. 13745“廉七甲覃春山为……案”。

② 《巴县档案（同治朝）》No. 13768“智四甲万镒顺以……案”。

③ 在案件 No. 14008 之中，田主张东山的“告状”中称：“前两载欠谷十石二斗、让一石下欠九石二斗。阳认利谷、久揹不交。”此外、在案件 No. 13743 之中，田主卢志道的“禀状”称：“讵陈升只焉租谷三十六石、下欠租谷十六石估骗不给。”

例如案件 No. 13953[①] 中，同治十年九月二十日，刘受亭以“为恶骗霸阻叩唤究逐事”为理由控告佃户王岐山的“掯租不纳”行为。[②] 在田主的告状之中，没有对佃户“掯租”的理由进行详细说明。而在同治十一年二十三日，王岐山提出了自己的“诉状”，其中提到在佃户退佃之后，田主刘受亭只返还了 170 两的押租银，余下三百两没有返还，因此自己才不交全租谷的。[③] 然而在田主看来，自己是要等佃户将租谷全部交清之后，才返还其余的押租银，并不认同佃户的“先返还押租银再交租谷”的理由。因此在他看来，佃户的这种不交租谷的行为便是“掯租不交”。与此类似的案件还有多例（例如案件 No. 14010）。[④]

从这些案件来看，“掯租”行为与公然反对或者无视“纳租”道理的“抗租”行为不同，佃户往往是依凭着某种不被田主认可的理由（并不是直接反对交租的理由），或者是某种力量（例如“恃强掯租”等）而采取滞纳租谷的行为。

（二）骗租

“骗租”这一用语，要比此前的“欠租”和“掯租”都更加复杂，而且拥有更加深刻而微妙的含义。从前文所统计的“骗租”案件的大概数量来看，这一非难是田主在起诉佃户时候围绕着“租谷问题”的最为普遍而且重要的非难。从其字面意义而言，“骗租”是指“以欺骗的手段来达到不交（或少交）租谷的目的”。“骗”这一种行为，是指欺骗。但若仔细分析“欺骗”行为，会发现其中有着两层的内容：其一是捏造某些事实行为。但是如果仅仅捏造事实还不能称之为“欺骗”，在此之上还需要第二层，即令人基于相信这些事实而达到某个理解，或者说捏造某些事实，并依据这些事实为基础，利用某些正当的理由来达成自己的特定目的。

---

① 《巴县档案（同治朝）》No. 13953“正九甲刘受亭控……案”。

② “岐山父王泰发痞踞不搬。央团挽劝、勒让租四石，仍就原佃……今五月，□逼勒退，垫项不认，掯租不纳。”

③ “殊受亭套租过手，图骗押银，只给银十八定，众一百七十一两零，下欠三百廿八两零，支吾拖掯。”

④ 《巴县档案（同治朝）》No. 14010“杨柳坊童义和控……案”。

若以租佃诉讼之中的“骗租”非难来说，则一方面是指佃户对于某些事实的捏造行为；但另一方面，“骗”这个词还隐含着另一层意思，即佃户基于这些事实试图说服田主同意他不交或者少交租谷。在这一过程中，佃户所利用的理由，其实是同样得到田主承认的理由。在此，田主用“骗租”非难所指责的并不是这些减免租谷的理由本身，而是佃户为了能利用这些理由而编造出来的虚假事实，以及故意欺骗的用心。不过，在此最为有意思的是，佃户用来“骗租”的理由具体有哪些呢？

例如在案件 No. 13705[①] 之中，同治二年八月十三日，仁里十甲的职员徐裕泰提出了诉讼状，以“为恶骗凶伐叩勘验唤事”为理由指控其佃户杨学青的“骗租”行为：“咸丰十年，杨学青以银百两佃蚁业高峰坪耕居，约注每年焉佃租三十二石，不少升合，佃约抄呈。殊学青套佃后、奸狡异常。去因骗租五石，今五月退佃……”对此，知县的批语是“候验伤勘唤人证讯究”。随后在九月十八日，佃户杨学青也提出了自己的诉讼状（“为捏诬措累事”），其中对于田主所指控的“骗租”行为进行说明：“今秋共获谷二十七石零。蚁焉租二十石，余求让免，不允……今秋歉收，租谷照市酌焉，各团均有义让，伊独藉措……”

根据杨学青的说明，由于今年歉收，只收获了二十七石谷，因此缴纳二十石，并请求将其余的租谷减免。但是田主不同意这一减免要求，而是指责佃户“骗租”，即捏造歉收的事实试图骗取“减免”。其后，经过差役的调查，发现田主对于佃户的诉讼其实是诬告，佃户的歉收是事实，因此减免的请求也具有正当性。在档案的最后，田主也没有提出新的诉讼状，案件便结束了。从这点推测，很有可能田主与佃户之间就“减免”问题达成了某种协议（不过，也有可能是档案缺失）。

实际上，在同治朝的巴县档案中，与此类似的“骗租”案件还有不少。例如在案件 No. 13696 中，[②] 同治二年九月十日，田主龚理以“为遵牒投质恳提究追事”为理由起诉佃户钱大忠的“骗租”行为。[③] 对于这一非难，佃户钱杨氏（即钱大忠之母）在诉讼状中说明：“今年六月氏夫故、

① 《巴县档案（同治朝）》No. 13705“仁十甲徐裕秦以……案”。

② 《巴县档案（同治朝）》No. 13696“杨柳坊钱杨氏……案”。

③ “佃户钱海清之子钱大忠骗租谷银两、踞房不搬、害职捐项无力呈缴”。

氏请凭众劝伊让谷三十余石……殊龚理心怀叵测、升合不给”。[①] 即是说佃户提出了解释，由于其丈夫突然病逝，所以才请求租谷的“减免”。可以看到，在此也与前述案件 No. 13705 一样，“骗租”非难的背后是某种具体的“减免”理由。

从这些案件中可以总结出来，关于“骗租”案件有两个重要特点：第一，当田主用“骗租”非难指责佃户的时候，其实是对于佃户所采用的要求“减免”理由的正当性给予了承认。例如，在上述案件之中，无论是对于第一个案件中的“因为歉收而请求减免”，还是对于第二个案件中的“因为丈夫去世而请求减免”，田主都没有否认这两个理由的合理性。特别是第一种理由“歉收”，本身便已经成了租佃契约中经常出现的一项具体规定。[②] 第二，虽然田主并不反对以上两种“减免”的理由，但是田主对于佃户却有“骗租”指控，所指责的不是“减免”理由本身，而是佃户通过捏造或者夸张事实的方式，来恶意地利用此种理由“骗租”租谷。

因此，围绕着“骗租”而来的田主与佃户之间的纷争，在表面上看来，似乎与“抗租”行为有着非常类似的现象，即都是不交或者少交租谷。但是在相似的表面现象之下，田主与佃户之间争论的问题却完全不同。在“抗租”案件中，佃户是公开提出其他的道理来否定“纳租”的理由，或者是完全不讲道理地无视“纳租”的合理性。但是，在“骗租”案件之中，佃户与田主双方都是完全认同围绕着租佃关系而来的“交纳租谷”以及“减免租谷”的某些道理，是在同一个情理框架之内来展开冲突，所争论的是减免的具体适用条件以及减免的额度。例如在咸丰朝的一个案件中（咸丰朝 No. 08591[③]），田主也是起诉佃户的“骗租”行为。对

① 实际上，同治二年九月九日以前、田主已经在分主处提出了数份诉讼状。可见同治二年九月九日的佃户的具禀状。

② 例如在案件 No. 13705 中，保存有一张租佃契约，其内容称：“计抄立出佃田地房文约……即日主客面议，杨姓出备押佃银一百两整。其银无利，每年付焉租谷三十二石……以主人租斗交焉，不得短少升合。如年岁欠丰，照主人照市纳租……”在此，“以主人租斗交焉，不得短少”这一规定是指“纳租”的道理，而“如年岁欠丰，照主人照市纳租”这一规定则是指的“减免”的道理。此处的“市”的意味并不是“市场价格”，而是“减免”时候的习惯。关于此点，笔者有另文专论。

③ 《巴县档案（同治朝）》No. 08591“太平坊刘洪义等……案”。

此，佃户在诉讼状中提出的反驳是：“……业租谷九石六斗。今秋欠收、焉租五石二斗。其余求让、非骗可比。”在此可以明确地看出，在“骗租”与“减免”之间有着直接的对应关系。

从以上对于“欠租”、“掯租”与“骗租”案件的分析来看，这三类案件（或者说在田主的三种非难）之中，佃户其实都是明确地处在“租佃关系”之内，承认租佃别人的土地便需要“交纳租谷”这一道理的正当性，或者只是以某些单方面的理由来滞纳租谷（掯租），或者从租佃关系的内部利用公认的“减免”理由来不交或少交租谷。而与此相反，“抗租”案件中的佃户行为，则是对于“租佃关系”本身的否定，或者说对于“纳租”道理的无视。当然，在此所分析的“抗租”行为都是属于个人领域的小案件，而若是此种对于“租佃关系”的公然否定扩大为某种群体性的事件，便会成为本文前面所论述的多个较大范围的“抗租事件”。因此，前节所论的“抗租”与本节所论的“欠租”、“掯租”与“骗租”之间有着明确的性质差异。“抗租”行为其实是在租佃关系之外公然地反对其合理性，但是“欠”、“掯”与“骗”三种行为则是在租佃关系内部的纠纷，尤其是“骗租”行为，更是以不当行为的方式反而加强了佃户与田主双方对于租佃关系之中“交租”与“减免”道理的认同，反而加强了租佃关系的稳固性。

这样一种区分，也许在“阶级论”的视角看来，都应该被纳入“地主—佃户之间的阶级冲突”中；而在“市场论”的视角看来，都应被纳入是“违背租佃契约的行为”之中。但是在当时巴县社会的人看来，这一区分却与他们对于“租佃关系”本身的具体理解和感受密切相关，具有重要的意义。下面，进一步讨论当时人对于“租佃关系”的实际理解。

五　“主客关系”——对于同治时期巴县租佃关系的理解

“租佃”这一词语，是中国自唐宋以后经常使用的词汇。但是，这一词汇，其含义只是在于“租借土地（或者房屋、水面等）进行生产经营活动，并且纳租”，而没有对田主与佃户之间的人际关系进行任何规定。[①] 因此，如果想要理解“抗租”、“欠租”、“掯租”、“骗租”等行为背后的具体感受，便不能单单将思考限制在“租佃关系”一词中。在巴县地区，最有意思的是，在地主与佃户之间会使用“主客关系”这一概念来理解和处理“租佃关系”中遇到的各种问题。

（一）“契约”与案件中的“主客关系”

在已读巴县档案的范围内，所见最早出现“主客关系”的档案是嘉庆二年的租佃契约“唐占鳌佃约”，其中有“此系主客二家心甘悦服、并无勉强”。[②] 其后，在道光、咸丰时代，都可见到不少此类表述。[③] 直至同治时代依旧如此。例如在前述案件 No. 13705 中，佃户杨学青的租佃契约中便有“即日主客面议，杨姓出倫押佃银一百两整”，便是以主客来描述田主与佃户间的关系。此外，在案件 No. 13881 的契约中也有“主七客三”这一用语。[④]

而且，不限于租佃契约，在巴县的租佃诉讼之中，也有很多利用“主客”来描述地主—佃户关系的例子。例如在案件 No. 13839[⑤] 之中，同治七年三月二十八日，正里八甲的佃户王正贵以“为霸吞捏诬诉讯攸分事”来控诉田主时，称“切蚁与伊系属主客、无辜窃名相加、有玷声名”。[⑥] 在此佃户将自己与田主的关系理解为“主客”，所以认为田主作为主人以“窃

---

① 例如在唐代元稹的《同州奏均田状》中，有“既缘差税至重、州县遂逐年抑配百姓租佃”一句（元稹：《元氏长庆集》卷三八，上海古籍出版社，四库唐人文集丛刊，1994，第199页）。在宋代苏轼的《申三省起请开湖六条状》中，则有“自来西湖水面，不许人租佃”一句（苏轼：《苏轼文集》第三〇卷，孔凡礼点校，中华书局，1986，第866页）。

② 《唐占鳌佃约》中有“立出佃田地文约人唐占鳌……瓦房半向。牛栏、仓厫、柴山竹木、必要照守护蓄……此系主客二家心甘悦服、并无勉强。今恐人性解凭、特立此佃约为据”。四川省档案馆、四川大学历史系主编《清代乾嘉道巴县档案选编》上，四川大学出版社，1989，第70页。

③ 例如在道光九年的《程思智佃約》中，有“每年租谷主客均分，押佃银五十两整”。道光十年《杨贤洪佃约》中，有“在后主客田内平分”。《清代乾嘉道巴县档案选编》上，第73～74页。

④ 《巴县档案（同治朝）》No. 13881“节十甲王思九以……案”。其中，佃户王碧福的租佃契约有“年岁不一，旱时欠丰，主七客三均分，不得争论”（咸丰十一年八月）。

⑤ 《巴县档案（同治朝）》No. 13839“杨柳坊王正贵佃种……案”。

⑥ “切蚁与伊系属主客，无辜窃名相加，有玷声名”。

名”相加，是更加令人气愤的。此外，与此类似的案件还有不少（例如案件 No. 13743、案件 No. 13745 等）。[①]

由以上可以看到，在嘉庆到同治时期的巴县，将具体的“地主—佃户关系”当作是某种“主客关系”，这是一种普遍的理解方式。但是，在这里所言的“主客关系”，仅仅只是单纯“地主—佃户关系”的同义语或者代称呢，还是带上了其他的某种特别的意义呢。对此要进行细致分析。

（二）“主客关系”的意义

在案件 NO13932[②] 中，同治九年，田主（僧侣）世炳与其佃户杨贤良之间围绕着租谷问题产生了诉讼。对于这一诉讼，团邻方大川等进行了调停，并于八月十三日提出了一份“拦词状”，其中称“两造谊属主客、不忍兴讼滋累。当将世柄等呈词拦回、凭团理处”。

在此“主客之谊”的“谊”这一个字，据《汉语大辞典》有“情”与“义”两个层面的含义。相应的，“主客之谊”这一概念，一方面指主客之间的“情”，另一方面则指基于此种情的“义”（即行动的规范）。因此，在团邻等人进行调停的时候，据此“主客之谊”而提出了“拦词状”。此外也有类似的其他例子。[③]

若追溯历史，可以发现与“租佃”概念不同，“主客”概念是自古便存在于古代儒家经典之中的礼制概念之一。例如在《礼记·王制第七》中所述的“七教”——“父子、兄弟、夫妇、君臣、长幼、朋友、宾客”，其中“宾客”关系便是“主客”关系，与“父子”、“君臣”等关系相并列。此外，在《礼记·少仪第十七》中，对于“宾客”有说明：“宾客主恭，祭祀主敬”，孔颖达正义曰“恭在貌，敬在心。宾客轻，故主恭，祭

① 在前述的欠租案件 No. 13743 中，同治三年十一月二十一日，证人张慎斋的供词中有“因他们主客今年租谷不清，口角。向小的们理论，理处不下，因此来控”。此外，在案件 No. 13745 中，在知县的最终判决后，田主的供词是“念在主客多年，谕小的缴银一百七十两，饬领各结完案”。

② 《巴县档案（同治朝）》No. 13932“杨柳坊僧世柄等……案”。

③ 例如在案件 No. 13799 中，同治五年九月十四日、廪生舒荣丛等以“为声息恳销以敦和好事”为由提出了“恳状”。其中有“生等见伊等系属主客，多年毫无紊乱……不忍两造失和，挽劝理息”一句。

祀重，故主敬。”

简单而言，在中国的儒家经典之中，是将“主客关系”中（宾客）的基本情感规定为“恭”（更偏于外在形式化的尊敬之情，而与“祭祀主敬”中更加内心化的“敬”之情有一定的差别）。而且，这样一种偏于外在的“恭”之情，并不仅仅是单方面的，而且是主人与客人之间双向性的。[①]

在此之外，若要说到明清时代的“主客关系”的其他例子，那么最广为人知的可谓是地方官与幕友之间的关系。在严格意义上，地方官与幕友的关系也并非“主客关系”，而是类似雇主与雇工间的雇佣关系。但是，与“租佃关系”类似，在当事人的理解中，却也是以“主客关系”来理解这此种“官幕关系”的。例如，在汪辉祖的《佐治药言》“尽心”条中，指出官员对于幕友是“厚廪而宾礼之”，而幕友对于官员的悲喜也有尽心的责任。[②] 在“尽言”条中，他指出幕友作为“宾师”，对于官员（主人）有着忠告的责任。[③] 而在“不合则去”条中，他指出由于幕友与官员之间是“宾主”关系，并没有身份的从属关系，因此一旦“不合”便应该自由地离去。[④]

基于以上的论述，我们也许可以对“主客关系”有一个大体的理解。第一，在“主客关系”之中，最为根本的是主与客之间的某种相互“尊敬”（即“恭”）之谊（包括情与义）。第二，基于主客关系，双方相互之间有着互相忠告的责任。第三，由于主客关系并不是身份从属关系，所以

① 例如在《礼记》卷四《曲礼下第二》中，有“大夫士相见。虽贵贱不敌，主人敬客，则先拜客；客敬主人，则先拜主人”。郑玄注，孔颖达疏《礼记正义》，龚抗云整理，北京大学出版社，1999，第117页。

② “且官与幕客，非尽乡里之戚，非有亲故之欢，厚廪而宾礼之、什伯于乡里、亲故，谓职守之所系，倚为左右手也。而视其主人之休戚，漠然无所与于其心，纵无天谴，其免人谪乎？故佐治以尽心为本”。汪辉祖：《佐治药言》“尽心”条，徐明、文青校点，辽宁教育出版社，1998，第1页。

③ “惟幕友居宾师之分，其事之委折既了然于心，复礼与相抗，可以剀切陈词，能辨论明确，自有导源回澜之力，故必尽心之欲言，而后为能尽其心”（汪辉祖：《佐治药言》“尽言”条，第2页）。其中，除了“宾客”外，还带有一定的“师”的地位，但这一点依具体情况而不同。

④ “且宾之与主，非有势分之临也。合则留，吾固无负于人；不合则去，吾自无疚于己”（汪辉祖：《佐治药言》“不合即去”条，第2页）。

一旦不合，则田主与佃户都可以自主地离开（不合则去）。[①] 在这三点之中，作为基础的毫无疑问是主客之间的“尊敬”之情与义，可以称之为“主客之谊”。[②] 这里所谓“主客之谊”，其实正是巴县档案租佃案件中的重要概念。

那么，此种“主客之谊”到底对于租佃关系的哪些方面产生了具体的影响。

（三）“主客关系”的影响

虽然在“租佃关系”中有着多个侧面，但其中主要是由“纳租”和“减免”这两个最基本的侧面构成。而“主客之谊”正是对于这两个侧面产生着重大的影响。

1. “主客关系”与“纳租”

由于“尊敬”之谊是主客关系中的基础原则，因此，“租佃关系”的全体，可谓都是处于这一基础原则的笼罩之下。此处并不是说“主客关系”取代了“租佃关系”，毋宁说是以“主客关系”来理解和处理“租佃关系”，其中便包含“纳租”与“减免”等多方面的行为。从前引的租佃契约来看，契约中在对田租的数额进行规定时，通常是在“主客关系”之下来论述的，例如“每年租谷谷主客均分”（《程思智佃约》）、“在后主客田内平分”（《杨贤洪佃约》）、“主七客三均分、毋得争论”（案件 No. 13705）等。从此处来看，在中国的契约之中，按要求“纳租”并不单单是遵从契约的义务行为，更是在主客关系之中表达了“客”对于“主”的尊敬之情。

与此相反，不按规定纳租这一行为，在当时的感觉之中，也不仅仅是

① 对于田主与佃户之间的“主客”关系，最有名的自然是宋代的主户与客户之间的“主客”关系。但是，宋代的“主户”与“客户”的关系更多的是指在户籍与身分法上的意义。对于这点，有着众多的研究与讨论。例如宫泽知之的《宋代農村社会史研究の展開》（谷川道雄编《戦後日本の中国史論争》，河合文化教育研究所，1993）；高桥芳郎《宋至清代身分法研究》第二章（李冰逆译，上海古籍出版社，2015）等。在此，同治巴县的“主客”关系与宋代的“主客”关系并不相同，也没有前后承继的关系。

② 在儒家经典之中，也称为“宾主之情”。例如在《仪礼注疏》卷四《士昏礼第二》中，贾公彦的疏中称“乡已行纳采、问名，宾主之情已通矣”（郑玄注，贾公彦疏《仪礼注疏》，彭林整理，北京大学出版社，1999，第 64 页）。

违反契约的行为，更是冒渎了“主客之谊”的行为，是对于“主人”的不恭。因此，田主所感到最不满的（至少在诉讼状中表现出来的），并不仅是经济上的损失，毋宁可以说是感情的某种冒犯。例如在前论案件No. 13705之中，同治二年八月十三日，田主（职员）徐裕泰在起诉佃户杨学青的“骗租”行为时，诉讼状的最后称：“职遭恶佃骗租痞踞，霸伐凶伤，情实难堪。叩勘验唤究追逐搬，儆佃欺主刁习。伏乞。”

在此，若重新来看前节所论的“骗租”行为，便可以意识到这恰恰是对“主客之谊”的恶意利用，即利用主人对客的情谊来骗取“减免”，因此是在主客关系之内对“主客之谊”最为严重的冒犯。与此相对，则“欠租”与“掯租”行为对于“主客之谊”的冒犯程度则明显更轻。这一点，其实与所欠租谷的数量多少并无直接相关。而“抗租”的行为，则已经不再是冒犯，而是直接对于“主客关系”与“主客之谊”的否定，同时也是对既存社会秩序的反抗。因此，中央与地方政府都对“抗租”行为抱有最高的关注。

2.“主客关系”与“减免”

在租谷的减免过程之中，“主客之谊”是“减免”行为的一个基础。例如在道光六年十一月二十三日田主彭元基的供状之中，他声称“至余欠银钱租谷，小的念系主客，情愿当堂义让免还”。[①] 即是说，田主是因为考虑到田主与佃户之间的主客关系，才实行减免的。

确实，在租佃契约之中，便有对于“减免”的规定。但是一方面，租佃契约中所确立的地主—佃户关系，原本就是“主客关系”。另一方面，在实际上的具体减免中，所要考虑的也都是“主客之谊”的具体情况。即使在契约中没有对减免的具体规定，亦是如此。例如在案件No. 13745[②] 之中，由于田主负债，所以不仅不愿返还佃户的押租银，而且还诬告佃户。但有意思的是，知县的最终判决却是命令佃户将押租银（200两）减免了一部分（30两），如同治三年十二月五日田主的供词之中称“念在主客多年，谕小的缴银一百七十两，饬领各结完案”，可见其原

① 四川大学历史系，四川省档案馆编著《清代乾嘉道巴县档案选编》下，第155页。

② 《巴县档案（同治朝）》No. 13745“廉七甲覃春山为……案”。

因正是“主客关系”。

由这一案件可以知道，正由于“主客之谊”是双向的，所以除去田主“减免”佃户的租谷之外，还可能出现佃户“减免”田主之押租银的情况。

3. 田主—佃户之间的相互“忠告”

除去前论的“纳租”与“减免”之外，在汪辉祖论及官幕之间的“主客关系”时，还有重要的一点，即客对于主的忠告。这是由于“主客关系”已经超越了单纯的职务或者工作关系，而带有更加整体性的和社会的情感意涵。因此，在巴县档案的租佃诉讼中，不仅有田主对于佃户的忠告，而且还有佃户对于田主的忠告。而且从忠告的内容来看，很多内容与“租佃关系”本身并无直接关联，而是对于田主或佃户在日常生活中的不良行为的忠告。

例如在案件 No. 13913① 之中，同治九年闰十月十八日，正二甲的田主（职员）朱正春以“为恶佃凶踞叩验唤究事”起诉佃户陈顺发，“伊兄弟不习正业，惯与伊戚讦讼。职知屡劝，不改……前月职凭团邻遣搬”。在此，田主称曾对佃户的不良行为给予了多次忠告，但是佃户并不遵从，最终田主只能“凭团退佃”。对于这一事件，若只从纯经济上的“租佃关系”出发是无法解释的，因为佃户并没有违背契约不交租谷，只有在“主客关系”之下才能理解。与此类似的案件还有数件。②

另外，对于田主及其家族的不良行为，在“主客关系”之中，佃户同样有着忠告的责任。例如在案件 No. 13694③ 中，同治二年九月十二日，田主于联芳、监团于朝富首先对佃户胡永祥的“惹祸生非”与“持刀凶闹”的行为提出起诉，对此，佃户胡永祥于九月二十二日也提出诉讼状。其中，他声称“衅由弥陀寺僧性慈窥联芳外出，伊即来家，与联芳妻文氏苟合。蚁常撞遇，已非一次。因思主客谊重，间或理斥性慈不必往来。殊性慈挟忿，暗与文氏商串，向联芳称蚁诬伊不美情事”。在佃户的叙述中，

---

① 《巴县档案（同治朝）》No. 13913“正二甲朱正春因……案”。

② 例如在案件 No. 1373 中，节里九甲田主（孀妇）王姚氏以“为窝招凶踞叩唤究逐事”为由控告佃户“唐世元，刘郭氏佃氏业耕……不守本分，窝招游勇沈痞二估来业内搭棚鸠踞……投团周利生等理遣搬移”。在这一案件中，田主正是基于佃户“不守本分”的理由，要求解除租佃关系。

③ 《巴县档案（同治朝）》No. 13694“廉里五甲于联芳告……案”。

他是由于考虑到“主客谊重”，所以对于田主之妻的“通奸”行为进行“理斥”。[①] 这种叙述所反映的，恰恰是田主与佃户之间具有相互忠告责任的“主客关系”。

4.“主客关系”的条件与“正名”

所谓“主客关系”，其原始含义其实只是主人与客人之间的关系。简单而言，主人有照顾客人的责任，客人有尊重主人的义务，主客之谊便存在于其中。这一关系原本与“租佃”行为并无任何关联，为何巴县地区的人会利用“主客关系”来理解和处理“租佃关系”呢？要回答这一问题，需要考虑到清代巴县地区的社会状况。

众所周知，清代的四川是一个典型的移民社会。清代初期到中期，大量的移民从湖广、江西、广东等地迁徙至四川，而巴县（重庆）正是这一迁徙路线上的重要中间点。[②] 因此，与山田贤所研究的川北地区不同，巴县地区的人口流动性极高。在这一个流动的社会之中，最重要的并不是“同乡聚居——‘宗族’的形成——公权力与地方精英”[③] 这一过程，而是在流动中互不认识的移民之间如何确立社会秩序的问题。另外，当新的移民来到巴县时，往往是以小家庭的形式来到，首先面临的便是如何寻找居住场所的问题。同时，巴县地区由于是山地，田地往往分散在山间。因此，新移民在租佃土地的时候，往往需要同时居住在田主拥有的位于田土旁边的房屋之中，此即是所谓的“上庄”。[④]

陌生的新佃户在租佃田地的同时，也将家庭搬迁至田主的房屋之中，而且佃户并不需要另外付出租金。在这一意义上，田主与佃户之间确实形成了

---

① 根据知县最终审讯的结果，可知佃户的诉讼其实是诬告。不过，即使是诬告，但佃户在诉讼状中所表述出来的理由，却反而可以证明在当时的社会中，这一理由是被人所接受的。此种情况，正与“骗租”类似。

② 李禹阶：《重庆移民史》，中国社会科学出版社，2013，第526～529页。

③ 山田贤：《移民的秩序：清代四川地域社会史研究》，曲建文译，中央编译出版社，2011，第310页。

④ 在巴县的租佃契约之中、往往都有对于房屋的详细说明。例如在第386页注2的《唐占鳌佃约》中，有“瓦房半向、牛栏、仓厫、柴山竹木、必要照守护蓄”的记载。另外，在道光十七年佃主谢广发的供状中，有“声泰计将家具搬至小的家里，把田犁了七丘”一句。佃户钟声泰的契约中有“先行就把家具搬上庄去，已将田犁七丘”。四川大学历史系，四川省档案馆编著《清代乾嘉道巴县档案选编》上，第164页。

某种意义上的“主人”与“客人”的关系（即客人住在主人家中）。但是，在这一社会条件之外，“主客关系”的形成还有更加重要的原因。

在此，首先要提及中国传统的“正名”概念。在《论语·子路第十三》中，子路就“为政”的问题询问孔子：“‘卫君待子而为政，子将奚先？’子曰：‘必也正名乎！’”。其后，孔子对于“正名”的解释是：“名不正，则言不顺；言不顺，则事不成；事不成，则礼乐不兴；礼乐不兴，则刑罚不中；刑罚不中，则民无所措手足。故君子名之必可言也，言之必可行也。”简单来说，在孔子看来，“正名”概念是指为事情确立正确的行为规范。

但如前所述，中国近世之后，伴随着社会经济的发展，出现了众多且重要的新社会关系。例如“租佃关系”、“师徒关系”、“雇佣关系”等等。而面对着这些新的社会关系，在传统儒家思想之中，却没有与之相应的“名”和“礼制”的既有规定。在这种情况下，借用在儒家传统中已有的其他关系（例如“主客关系”）来处理这些新的关系，便成了中国近世社会中特有的方法，[①] 也可以理解为是“正名”的某种新形式。在巴县地区的人们用“主客关系”来理解和处理“租佃关系”时候，正是通过主客关系中的情谊与义务，为原本是纯经济关系的租佃行为设定了正确的行为准则。而且恰恰是有了这一层的准则，才能够保证“租佃关系”本身的顺利运行。

结　语

以上通过对同治时代巴县的租佃案件进行具体分析，展示了对于“租佃关系”的一种新的理解，与序言中所举出的对于中国传统租佃关系的三种理解都有不同。同治时期巴县的人们，是以“主客关系”这一种“名”来理解“租佃关系”，并以此来处理其相关的问题。由主客关系所带来的地主与佃户之间的“互敬”之谊，其实对于租佃关系中的“纳租”和“减

① 从“礼制”这一视角来讨论“租佃关系”的努力，有滨岛敦俊的《“主佃之分”小考》（《中村治兵卫先生古稀纪念论文集》，刀水书房，1986）。此外，高桥芳郎也对于“主仆之分”和“主佃之分”有过详细讨论（参考《宋至清身分法研究》第1章、第2章）。本文的理解受到以上这些研究的重要启发，但并不完全相同。

免”行为，都有着保障和制约的双重作用。同时，从“主客关系”的视角来看，地主与佃户之间的矛盾和纠纷，便不再是单纯的围绕着是否违反契约的纠纷，也不是阶级斗争的冲突，而是变成了各种不交或少交租谷的行为对于“主客关系”和“主客之谊”的尊重或者冒犯的情况。在这一背景下，才能够理解“欠租”、“掯租”、“骗租”与“抗租”行为之间的重要区分。这些区分在现代人看来也许不成为问题，但是在当时巴县社会的人看来，却极为重要的。若从具体的分析来看，在同治时期的巴县社会中，虽然围绕着租谷的诉讼案件数量不少，但是其中大部分都是“欠、掯、骗”的案件，“抗租”的案件很少。从中也可以看出，这一时期的巴县社会虽然纷争频发，但社会秩序本身尚没有受到太大的动摇。

不过，需要注意的是，本文所论述的是以“主客关系”来理解“租佃关系”，这一具体的理解方式并不能够简单地推广到其他的地区。“主客关系”这一理解方式，正如前所论，是以巴县地区具体的社会和历史条件为基础而形成的。而根据不同地区的不同社会与历史条件，也很可能有其他的“正名”的方式。例如，徽州地区的“佃仆制度”，似乎也可以理解为另一种对“租佃关系”的“正名”，即用“主仆关系”来理解“租佃关系”。而要真正解明这一点，则需要对徽州的社会与历史背景进行细致分析。

最后，回到本文一开始所提出的问题。租佃关系是20世纪中国革命的一个关键理由，也是影响中国政治与社会走向的重要因素。而其具体内容，则是将中国传统的“租佃关系”，理解为地主与佃户之间围绕着“抗租”等行为的阶级对立关系。但是在本稿所研究的巴县地区，却可以发现，至少在同治时期的租谷纠纷之中，“欠租、掯租、骗租”三种行为最多，而“抗租”行为则极少。同时，人们对于租佃关系的理解并不是阶级对立式的，而是更加复杂的以“主客关系”之“名”来理解租佃关系，并在此基础上出现了多种多样的行为与冲突。若基于此种对中国传统租佃关系的新理解，再回过头来审视20世纪中国的社会与政治变动，是否会有一些新的启发呢?

日文版载于《東洋史研究》第74卷第3号，2015年12月

《中国古代法律文献研究》第十辑
2016 年，第 395 ~ 420 页

清末巴县“健讼棍徒”何辉山与裁判式调解“凭团理剖”

〔日〕夫马进 著　瞿艳丹 译*

摘　要：在中国文献中，宋代以后，“健讼棍徒”是一类频繁出现的人物，何辉山正是其中一个典型。他在地域社会抬高自己的地位，利用国家制度来提起诉讼，以此建立并保全其财产。为了赢得诉讼，他有效利用了“职员”名号及“团练监正”的称号。他在诉讼中打败竞争对手，并以“万天官首事”的身份延续他的成功。并控制那里的米市，以此攫取巨大利润，同时以团练身份及诉讼手段收回大量捐赠的呆账。为他人承包诉讼，即“包揽词讼”，在前近代的中国虽被禁止，但他反而能利用其“万天官首事”的身份，受到公权力的庇护，公然收账。1866 年，他建立了太平场，并向巴县知县提交一份“团规”草稿，借口称维护太平场的秩序。团规中规定民事诉讼在提交地方衙门之前，必须要听从“凭团理剖”。凭团理剖即由团练判断是非曲直。在当时的巴县，大部分正规的凭团理剖以调解仲裁的形式实施，但他们显然是在模仿裁判。何辉山计划在他的地界开辟民事诉讼的人民

* 夫马进，京都大学名誉教授；瞿艳丹，京都大学文学研究科东洋史研究室博士后期课程在读。

法庭。据巴县档案可知，巴县知县删除了这条规定，并没有做出批准。由此，我们可以看到“健讼棍徒”何辉山与知县之间就司法权产生的冲突。

关键词： 健讼棍徒　凭团理剖　职员　团练监正　团规

序　言

中国文献中以“健讼”之语形容社会状况，多见于宋代之后。健讼是指积极进行诉讼，而迄今为止，尚难完全了解其实态，或曰具体情况。对此，我主要使用清末同治年间的《巴县档案》，已经论述过在当时的巴县区域，也就是现在的重庆周边地区，即便用“诉讼社会”一词形容也太过温和，那里的诉讼行为不论质或量都很惊人。①

在中国文献中，将积极诉讼的人物呼作“健讼之徒”等。至今也很难完全解明这类“健讼之徒”的具体形象。不过若根据《巴县档案》，不仅可以清楚把握这种具体形象，还可以把握究竟是出于什么原因才把他们视为健讼的。

同治十一年（1872），何辉山以同族何增庸、何国英父子为对象，提起诉讼。而何增庸、何国英也是“健讼之徒”。次年之初，何增庸在与何辉山的诉讼斗争中已经死去，而其子何国英等何氏同族则对四川总督提起上控，也就是上诉。据诉状所附何辉山的诉讼单可知，咸丰九年（1859）正月至同治十年九月的十三年间，他直接为原告或被告的诉讼达七十八件之多。② 何国英称，因这些文书都在各处衙门，任谁都知道此事不假，而何辉山自己也只对其中一部分提出反论，故而这应该不完全出于捏造。单纯计算一下，何辉山每年大概有六件新的控告他人或被他人控告之事。新的诉讼案件延续好几年也是常事，因此何辉山一年之中承担的诉讼总数肯

① 夫马进：《中国诉讼社会史概论》，载夫马进编《中国诉讼社会史研究》，京都大学学术出版会，2001，第60页以下；中文版载《中国古代法律文献研究》第6辑，范愉译，社会科学文献出版社，2012，第39页以下。

② 《巴县档案（同治朝）》No. 83“计开讼棍何辅臣即何辉山又名何仲奎又名何春荣各案”。

定远多于这个数字。我曾介绍过刘元坦及其妻刘王氏作为巴县健讼的事例。他们在八年间，一共与十二件新的诉讼相关。[①] 单纯计算一下，何辉山至少要比他们“健讼”四倍吧。四川总督在受理何国英等人的诉状后，命重庆府知府调查“何仲奎（何辉山）是否为健讼棍徒”。

所幸《巴县档案》中，保留了大量道光至光绪年间与何辉山及何增庸、何国英相关的案件。单笔者所收集的便有三十件以上。这些案件于说明“健讼之徒”之实态可谓相当贵重，而我想于此集中讨论两个问题，在解明问题的过程中，介绍“健讼之徒”的具体形象。问题如下：

其一，何辉山之所以为“健讼之徒”，用了何种身份，又是如何利用诉讼保全其地位及财产的。在思考旧中国的社会移动问题时，科举制度通常被视为重要的制度。而何辉山连最起点的生员都不是。在构筑社会地位时，他又最大限度地利用了国家制度——当然，并不是科举制度。首先，是包含“职员”这一名头在内的身份制度；其次，是包含“监正”在内的团练制度；最后，即诉讼制度。他所走的道路并不是由生员、举人、进士而为官僚的“正途”，甚至连捐纳出身所走的“杂途”都不是。[②] 总之，第一个问题是要具体说明“健讼之徒”与两种身份，即与国家制度的关系。

其二，《巴县档案》中屡屡出现的“凭团理剖”究竟为何，又是如何被何辉山利用的。“凭团理剖”即“由团练判断是非曲直”。“剖”即解剖的剖。“凭团理剖”大概可以归入中国法制史研究中一贯所说的调解或调停概念。调解问题几乎是历来讨论旧中国诉讼及裁判时一定要提及的。[③] 然而有关调解的问题，目前仅止于考察什么是中国裁判时提出的对比概念，或者只被视为裁判中解决纷争的一个过程。而运用地方档案详细介绍相关史料、考察裁判与调解的研究，也并没有特别讨论“凭团理剖”的问题。[④]

在本文中，我将“凭团理剖”理解作“裁判式调解”的概念。因为这

---

① 夫马进：《中国诉讼社会史概论》，第 100 页；中文版第 66 页。

② 有关捐纳、正途、杂途及其组合，参考伍跃《中国捐纳制度与社会》，京都大学学术出版会，2011。

③ 比如黄宗智《处理纠纷的正式系统：大清律例与州县审判》，载氏著《民事审判与民间调解：清代的表达与实践》，中国社会科学出版社，1998；滋贺秀三《有关清代的民事裁判》，载氏著《续・清代中国的法律与裁判》，创文社，2009。

④ 吴佩林：《清代县域民事纠纷与法律秩序考察》，中华书局，2013，第 92～125 页。

虽然的确是一种调解（调停），但我认为其裁判式要素比历来所介绍的一般性调解事例远为浓厚，有与裁判相似之处。① 探明“凭团理剖”的问题，大概也可以比从前的研究更为清晰地说明，对生活在那里的人们及国家而言，什么是裁判，什么是调解。

在进入本论之前，我们先来简单看一看何辉山的出身及生涯。

何辉山之名可见于《何氏族谱》（太平场，2001）。关于何辉山其人，有如下简单的记载：“何仲奎，字辉山，黄氏、潘氏。前清运同衔。受业垭口，立兴太平场。”就《何氏族谱》而言，何辉山一代之前，没有任何一人拥有哪怕是虚衔的官职。明初虽有一人“管理国税”，但并不清楚是否确为官僚。连考上生员的记录都没看到。《巴县档案》虽记载何辉山的同辈何国英为武生员，其父何增庸为监生，但不见于《何氏族谱》。虽然有必要注意《何氏族谱》中常有的遗漏或误记，但一如《何氏家族二〇〇〇年修谱续序》中所云“我卑姓寒门”，可以说何辉山一族到他为止，都是彻底的庶民家族。

他将位于清代忠里十甲的市镇太平场作为根据地，而在此之前，似已在太平场以南约三公里的接龙场发迹。道光二十年（1840）的诉讼案件中，何增庸登场时已拥有监生的名号，在接龙场以团练监正的身份活动〔《巴县档案（道光朝）》No. 5313〕。当时，可以通过捐纳轻松成为监生，因此在这一时期，可以确定何氏已拥有一定程度的财富。

何辉山之名最光辉的时期，大概是从《何氏族谱》也特别记载的同治五年新开太平场，到光绪元年被当作太平场栈店（即旅馆）杀人案件的嫌疑人为止，前后不足十年。

从县一级别来看，他不仅连生员都不是，一生也未有过官职。《何氏族谱》中的“运同衔”，当然只是没有实职的名号而已〔《巴县档案（同治朝）》No. 83〕。

何辉山的生年，可以从若干诉状的记载逆推，大约在道光五年（1825）至道光九年之间。而他的卒年则不明。不过，在光绪十六年（1890）的一份

① 滋贺秀三：《有关清代的民事裁判》，第 184 页以下，虽然采用了王亚新提出的“调解型审判（裁判）模式”概念，滋贺将“调解型裁判”用作自己的概念。本文将“凭团理剖”概念化之际，参考了滋贺的这一想法。

诉讼文书里，“监犯恶棍”何辉山作为被告出现过〔《巴县档案（光绪朝）》No. 15020〕。监犯即已判决收监的囚犯，或曾被收监的罪人。而更有意思的是，现存档案可知，在次年（光绪十七年）的案件中，他指控做佃户的同族外甥盗取了九石谷物〔《巴县档案（光绪朝）》No. 37108〕。如此说来，至少这一年何辉山还在世，且依然健讼。据说其时他已 67 岁。

在同治十一年之始，何辉山与同族何增庸、何国英父子的诉讼大战过程中，四川总督向重庆府知府下达调查“何仲奎（何辉山）是否为健讼棍徒”的命令。巴县知县对此有什么样的调查结果？这为解明当时诉讼制度与官僚机构何处有问题，为什么何辉山一直是“健讼棍徒”提供了重要素材，遗憾的是无法在本文中谈及。

一 “职员”身份的诈称问题

在《巴县档案》的诉讼文书中，何辉山之名作为原告或被告本人初次登场，大约在咸丰八年（1858）〔《巴县档案（咸丰朝）》No. 4026〕。此时他提交的诉状中，已经用了“职员”这一名头。他虽是光绪元年（1875）杀人事件中的嫌疑人，但这时还在自己也知道没有根据的文书里使用这一身份。自同治十年已判明该“职员”身份属诈称之后，在新提起的诉讼中，诈称身份依然成为问题，甚至说下次真的去买“职员证”来作为事后措施，几乎一贯都在使用这一身份。这说明，他在提起诉讼时，为保护自己，有多么看重又多么留恋“职员”这一身份。

“职员”本指广义上拥有官职的人，但在清末却是虚衔，也就是完全名目上的官职。通常是通过捐纳，也就是向国家捐赠金钱来买得的名头。何辉山在“职员”方面，具体诈称的是同知。因为仅是名号，所以也可以称为同知衔。所谓同知，是知府以下的副知事，官正五品。同治十二年(1873)，何国英陈述何辉山的罪状中，就有一条“咸丰九年假冒同知，顶戴水晶，手持朝珠，着补服”。[①] 但在实际的诉讼文书中，之前的咸丰八

① 《巴县档案（同治朝）》No. 83“计开何仲奎即何辉山又名何辅臣又名何春荣恶迹十款，第一款”。

年，何辉山已假冒“职员”之名，故而可确认他在同治十二年之前已诈称职员身份。

此处见到的“顶戴水晶”，是说官僚在官帽上装饰水晶，以示官品。据《大清会典事例》规定，允许五品官及六品官戴水晶。朝珠是文官五品以上允许佩戴珠串。补服则是对应各品级在胸前装饰相应纹样的官服，看纹样即可判断是几官品。譬如文职五品官，作白鹇纹。[①] 据何国英称，何辉山甚至还命人擎红伞，乘四人轿，在巴县乡间俨然官僚、乡绅模样。

那么，何辉山是以什么契机自称同知衔的呢？应该是咸丰八年，为表彰其经理团练的功绩，而“由巴县知县张某赏赐六品功牌”。[②] 咸丰年间张姓的巴县知县，只有咸丰八年至同治二年在任的张秉堃，据其人传记可知，他曾利用团练成功讨贼，因此同何辉山供词相符。[③] 在何辉山之名首度出现的咸丰八年诉讼文件中，他也与团练相关联而登场；再者，也与咸丰十一年的文书中，他明确自称团练负责人职名——“监正”的情况相符。[④]

赏赐给何辉山的“功牌”到底是什么？幸而《巴县档案（同治朝）》No. 434 留有相关实例。与赏赐何辉山的一样，是“赏赐六品顶戴”。也就是赏赐六品官身份的同时，也允许在官帽上装饰与之相对的顶戴。因此，何辉山才开始佩戴允许五品官及六品官使用的水晶顶戴。然后，大概又更进一步，虽然是赏赐六品，却假冒更上一级的同知衔。“功牌”中仅记载“赏赐六品顶戴”，并没有说“赏赐同知衔”，因此“职员”与同知衔都无疑是身份诈骗。

“职员”诈称问题浮出水面，是在同治十年（1871），据何辉山开始用这个名号已经过去了十多年。在前几年，他经营的太平场油屋，发生了两斤油（即一公斤）被盗的事件。时任太平场团练监正的何辉山抓住犯人，交给差役。这时，何辉山认为盗油事件是犯人们的共同谋划，想要向知县提起诉讼，但同是团练牌首的周化南却说服他这种轻微案件不应诉讼。因

① 《钦定大清会典事例》卷三二八，新文丰出版公司，1976，第 9467 ~ 9474 页。

② 《巴县档案（同治朝）》No. 13013“四川重庆府为详覆事”（同治十一年正月十三日）。

③ 《民国巴先志》卷九下《官师下》“张秉堃”条，学生书局，1967，第 1267 页。

④ 《巴县档案（咸丰朝）》No. 2995。

此，何辉山把周化南一起告了，但知县的判决称盗油并非谋划，且斥责何辉山“不应妄控”，何辉山完全败诉。何辉山对此不满，立刻上控重庆府，更向四川按察司与四川总督提出上控。① 在上控诉状中，还夸大其词地写道，自己可能有杀身之祸。因此四川总督受理上控，立刻命重庆府知府瑞亨进行调查。何辉山的“职员”身份是否作伪，这成了问题。据知府瑞亨调查审讯的结果可知，何辉山提出的国子监所发证明书监照、户部发给的州同部照，以及购买监生身份时交给户部的部照，这三件都属伪造。

这三张“伪照”也作为一件文书，留在了《巴县档案》中。在三张规定用纸上，各钤户部、国子监之印，在现代的我们看来，恐怕都很难看出是伪造品。连知府也无法判定真假。因此将这三种文件都送至皖捐总局，请求仔细查验。结果断定三张都“无疑是伪照”。于是知府命巴县知县彻查“这是何辉山本人伪造，还是他被何人所骗”。②

因大约一公斤油被盗的理由而惊动总督的上诉案件，结果是知府判定原告和被告都一样可恶，何辉山在诉状上巧妙作了手脚，这虽然十分不像话，但实际上盗窃属实，很难说是完全的诬告。总督与按察司也都认为知府判断甚妥。这起因何辉山“可能有杀身之祸”的伪词而有的上控，虽说是由盗油小事而起，但因制度方面没有矛盾，总督便受理，也说明制度运用之严格。但像这样的诉讼得到受理，无疑也是令如何辉山一般的健讼之徒增长的一种原因。而且，尽管是闹到总督那边的上控案件，对“诬告”

① 《巴县档案（同治朝）》No. 13013“四川重庆府为详覆事”（同治十一年正月十三日）。周化南为牌首之事，见《巴县档案（同治朝）》No. 8636：“同治九年九月，何辅臣（何辉山）之雇工杨老幺、张四窃得何辅臣被盖一床，控经巴县讯明，将杨老公等笞责省释。十月间，文易氏至何辅臣铺内闲坐，乘间窃得清油二斤携回，周俊即以耳圈一支向文易氏换油二斤使用。何辅臣闻知，疑惑是周俊等通同串窃，即将周俊拉获，交该场巡役带县，一面赴县具呈。周化南以事甚细微，即邀约周明朋等，向何辅臣拦劝。何辅臣不依，彼此口角抓扭，经人劝散。何辅臣即控，经巴县讯明周俊等并未串窃，饬其不应妄控。何辅臣畏惧，又因被周明朋等抓扭，一时气忿，即捏砌情词，由府上赴宪辕暨督辕呈牍。”

② 《巴县档案（同治朝）》No. 13013，特授四川重庆府正堂……瑞为札饬查办事（同治十一年正月十八日）：“惟查，何辅臣词称职员，据供，伊在援甘局报捐州同职衔等语。当即追缴部监照三张查阅，纸张不符，州同照上并无品级戳记，背花印过于解明，照尾城字六百二十八号据，亦无钤口印，真伪莫辨，当即移查去后。旋淮皖捐总局颜移称，随将敝局颁领部监各照比对，纸张、部印、监印、司印大相悬殊，伪照无疑，等由。准此。查前项各照既系诈伪，是否何辅臣自行伪造，抑被何人诓骗，均应彻究。”

的何辉山却没有处以像样的惩罚，而且连总督都表示能够接受，认为不是问题。因为即便在官僚机构尚为严正的时代，一如“无谎不成状”所云，诉状中包含“诬告”，是为常识。[①] 这种诉讼制度，在知道包含有常识性“诬告”部分的前提下，依然受理案件，当然也是令那些健讼之徒增长的原因。就这样，何辉山诉讼周化南等人的上控案件，经过一番昂然正当地来回往复，终于尘埃落定，而剩下来的就是“职员”诈称问题。

同治十一年正月十八日，重庆知府下令巴县知县调查部照与监照是否为何辉山伪造，又或者是被谁欺骗而获得的伪造品。何辉山迅速展开了行动。二月四日的文件上，他自称是被人欺骗才获得部照，并告发了对方的名字。[②] 对方不是巴县人，而是住在其他县，这应该是想让搜查进行不顺。因此，搜查果然不了了之。这时，诉状上写的身份不是“职员”，而是“军功”。面对知府怀疑是否为诈称的讯问，何辉山并不说自己是府同知，而自供“捐纳州同职衔”。伪造部照上也写有“州同职衔”。这大概是为了与他自己实际所持有的“六品功牌”相一致。[③] 州同就是知州下面的副知州，这个品级是从六品，故与“六品功牌”对应。

虽然在巴县没有受一次讯问，何辉山却上控重庆府，称自己被骗，才获得了假监照与假部照。这只是将越控称为上控罢了。此时，他自称“监生”之名。[④] 之后不久，又向川东道上控，这时还是用了原来的“职员”之名。[⑤] 在这份诉状中，写到了知府怀疑是否为何辉山本人伪造。此外，因为提交给县、府、川东道的诉状中，都称三份证明文件是为人欺骗而买下的，那么也就是说，已承认自己并非真正的“职员”。写明被知府怀疑，

① 夫马进：《中国诉讼社会史概论》，第 25 页；中文版第 17 页。

② 《巴县档案（同治朝）》No. 6305“具禀状，军功何辅臣为乘閴撞害事（同治十一年二月四日）”。

③ 《巴县档案（同治朝）》No. 13013“特授四川重庆府正堂……瑞为札饬查办事（同治十一年正月十八日）”。

④ 《巴县档案（同治朝）》No. 6305“具告状，监生何辅臣为撞骗朦抵，叩抵究追事（同治十一年七月三日）”。

⑤ 《巴县档案（同治朝）》No. 6305“特授四川重庆府知府……瑞为遵批札饬事（同治十一年七月二十八日）”：“川东道姚批，据该县职员何辅臣抱告何叔云词称，为冤埋撞抵，非提莫伸事……切，职州同部照原陆达庵诓骗代捐，印色不符，须究达庵，方知伪造。兹职由县叩府，冀提达菴到质攸分。殊今府疑职造，仰县提职，究明伪造确系何人。又未饬县催问达菴父子质辨虚假，冤埋莫白，职何能甘。”

自己明知是伪造品，还要继续利用“监生”、“职员”的名头，不仅厚颜无耻，无疑还愚弄了知府及川东道道员。

何辉山之前提交的两张部照及一张监照，都写明发行年月日为同治九年五月三日。一公斤油被盗事件是在同治九年十月，那之后也一直在诉状中写“职员”身份。这段时间内，他应该是想蒙混自称“职员”，把证明文件伪造成盗窃事件发生之前的同治九年五月三日，这大概是最顺当的判断吧。

另外，有关日期标为同治九年五月三日的监照与护照，即便他自称“自己不知道这是假的。自己也是被骗了钱财的受害者”，“被骗”购买监照以前，已有超过十年诈称“职员”身份，这样的事实是难以掩盖的。为什么呢？一如今日的我们可以读到他一直以来以“职员”身份向县里提出的许多诉讼文书一样，当时这些文书也作为档案一直保管在巴县的仓库。他在巴县衙门内部一定是很有名的人物，知县被知府命令彻底调查，只要查一下档案，肯定很容易就能发现身份诈称问题。这样的话，何辉山必然不想被巴县衙门彻底调查有关“职员”身份的诈称问题。于是，不妨想象一下，他会给巴县衙门的胥吏或差役充足的贿赂，与知县李玉宣沟通关系，这些都是极有可能的。因为知县李玉宣虽两度被知府瑞亨命令“彻底究明”，却完全没有相关的调查报告。这么说，何辉山应该也玩弄了知县。知府瑞亨下达巴县知县的命令中，有这样的内容：“是否该原呈自行伪造，抑系被人诓骗，饬县查究在案，迄今未覆。仰巴县立提该原呈到案，究明各照确系何人伪造，照例严办，勿稍纵延。”①

接到知府命令后过了八年，巴县也没有对重庆府做出任何答复。最后知县李玉宣终于给出答复，并不是在本次上控到总督的案件里，而是后来何辉山又提起其他诉讼的时候，总督命重庆府调查“何仲奎是否为健讼棍徒”，这次巴县总算给出了调查报告。新诉讼中，“职员”身份是否属于诈

① 对《巴县档案（同治朝）》No. 6305“具告状，监生何辅臣为撞骗朦抵，叩抵究追事（同治十一年七月三日）”的批示：“查，此案前经本府提讯，该原呈词称职员，调验部监各照，均不相符。是否该原呈自行伪造，抑系被人诓骗，饬县查究在案，迄今未覆。仰巴县立提该原呈到案，究明各照确系何人伪造，照例严办，勿稍纵延。词发，仍缴。”

称是重要争论点，因此不得不做出回答。而这件新的诉讼一旦发生，何辉山这次当真通过捐纳买下了州同衔。[1] 因此，李日宣的调查报告书中只说“何辉山购买部照、监照时为人所骗，但立刻捐纳州同职衔，现在于乡里持有执照”，现在已经有了真的身份文件，所以不成问题，他在国家身份制度方面常年诈称等事，概不追究。[2] 在这里，何辉山成为健讼之徒的要因，还有官僚机构纲纪之松弛以及地方官权威之失堕。

那么，何辉山所用的“职员”之称呼，在实际诉讼中有怎样的含义呢？在当时的巴县诉讼文书中，没有任何职位的普通民众，会自称“蚁”，意指如蝼蚁般渺小的人类。在讯问记录（录供）中，他们供述时使用的第一人称是“小的”，用词卑微。职员的话就不同了，诉状中写明身份“职员”，诉讼文书中就不用“蚁”，而自称“职”。讯问记录中也称“职”。虽然在巴县都同样是群众，但产生了“蚁”、“小的”与“职员”、“职”的身份差别，光从文字表面看，后者也与国家感觉更近，处于优势地位。[3]

就公共问题向地方官发出请愿文书，叫作公禀。提交公秉时，“职员”与举人或生员并列。一如后面所见，在开设太平场时提出的公秉中，五名请愿者的排名顺序是，举人 > 贡生 > 职员 > 武生 > 监生。这五位是主要的请愿者。其余“同秉”者排名序列是监正、甲长、牌首、乡约。由此可见，职员只是团练监正的特殊待遇，似乎被认为在贡生之下、武生员及监生之上。尽管公秉中的身份序列有各种样式，如职员 > 武举 > 贡生 > 监生 > 文生 > 职员〔《巴县档案（同治朝）》No. 825〕，职员 > 廪生 > 文生 > 监生 > 团首 > 客约（No. 877），文生 > 武生 > 职员（No. 891），增生 > 职员 > 监生（No. 918），职员（监正）> 客长 > 乡约（No. 919），贡生 > 廪生 > 文生 > 监生 > 职员 > 团首（No. 919）等，不能一概而论，然而在当时人们的意识中，公秉时“职员”是可以作为某地区实力拥有者的。毫无疑问的是，地位至少要高于接下

① 《巴县档案（光绪朝）》No. 8305。据刑房计开覆讯（光绪元年八月十三日），何辉山及其子何常武均供述同治十一年报捐州同职衔，实际上交给了衙门检查。

② 《巴县档案（同治朝）》No. 83“四川重庆府巴县为详覆事（同治十二年八月七日）”。

③ 诉状与询问记录上如何书写自称，各地不同。譬如《太湖厅档案（同治·光绪朝）》中，一般人民在诉状中称“身”，询问记录中为“小的”，职员则相应自称“职员”与“职”。

来成为问题的团练监正。同时是职员又是监正的情况下，如果没有直接与团练相关，那是因为他们用了职员这个身份。

二　接龙场万天宫首事、团练监正的活动

何辉山于同治五年开设太平场，以此作为自己活动的舞台，之前的舞台则一直是接龙场。在这里可以确定，他是以道观万天宫首事的身份管理经营米市，以及回收施主捐赠的无法收回的债券。因此，便有效地使用“职员”及“团练监正”的身份。

当时，在重庆府城的城隍庙，或者接龙场等各地市镇的寺庙与道观里，都设立有称为米市或斗市的谷物市场。根据在米市的交易量，一部分收益会供奉寺庙，作为住持的生活费及神佛的香油钱。[①] 掌管米市的人，似乎可以获得非常大的利益。咸丰年间，何辉山为获得接龙场万天宫米市（斗市）的利益，与同族何增庸及同为健讼之徒的刘元坦（刘平臣）反复进行诉讼斗争。后来，在何辉山的自供中，称为了获得利权，自己负担了五百余两的诉讼费用，何增庸负担了两百七十余两，花费合计七百七十余两。[②] 支配万天宫米市用了七百七十两诉讼费，似乎也还是比较相称的价格。

① 《巴县档案（同治朝）》No. 877“举人文国恩……等为以公济公、协恳示禁事（同治七年十二月十一日）”。“附近跳石场观音阁系乡场香火祈祷之所，虽招住持，原无常业。经众公置官斗，设立米市，专靠每斗抽合，似作焚献。”《巴县档案（同治朝）》No. 877“教谕王学化……为恳示立案事（同治四年十月三日）”：“井口镇地临河道，人烟稠密。道光三十年设立复兴场，各团助银置买公地，开设斗市，集卖杂粮食米，便贫民采买……今职等齐集附近各团协同酌议，立簿募捐，建文武庙，作客帮会议公事之所，公立官斗锡碗，招僧监搗以杜争端，每斗米粮只取一合，作寺僧焚献口食之费。”

② 《巴县档案（同治期）》No. 14679“具禀状、职员何辅臣即何辉山为恳饬查送、泾渭攸分事（同治十一年七月十八日）”：“但咸丰年间，职因斗市，协同增庸，与刘平臣等互控叠年”；《巴县档案（同治期）》No. 83“同治十二年五月二十日，刑房连国珍叙，讯问调书”：“问据何辅臣即何辉山供……因他故父何增庸在日，看见接龙场万天宫的废弛斗市，才与职员商议，出头兴讼，原言讼费用度皆系二家均派均认，以致搆讼多年。始将斗市的出息，理明作为义举，使附近贫民子弟得以训读，职员垫讼费银五百余两，国英们父子垫银贰百七十余两。”此外，吴佩林《清代县域民事纠纷与法律秩序考察》（第 130 页以下）介绍了各种史料中见到的诉讼费用。其中，同治四年，顺天府宝坻县某人所用诉讼费为六百两。这一金额在所介绍的内容中已属高额，而这里的七百七十两则更高昂。

支配米市，伴随谷物买卖应该有很大的收益，而收益更大的是作为万天宫首事收回被赠予的呆账债权。当时民间的人们金钱借贷不顺利，在已经不可能收回债权之时，出租方就将这些债权捐赠给善堂或公局等机构。不良债权以这种“善行”的名义捐赠给善堂或公局，就给这些善堂或公局带来强权式的特性。据光绪五年（1879）十月二十九日《申报》的论说可知，“见有索债而未即偿者，则曰，如不即行交出，吾将送入某善堂，而欠者无不赶即措缴者。盖一经缴入善堂，则所欠若干，不但分文不能短少，而且另有所费”。①

《巴县档案》中留下了经理万天宫首事的何辉山以职员、监正的双重身份提起诉讼，实际上回收债权的案件。被催收债务的是张先禄。从万天宫开始的催债始于咸丰十年。因此称万天宫为公局。由于案件很复杂，以下仅以何辉山所做之事为讨论焦点。

债权虽已转移给公局万天宫，但张先禄尚未返还，因此何辉山告了他。讯问的结果，是以八月为期，勒令返还，不过到底还是没还。十月，何辉山要求衙门将张先禄带到，但其人已然逃亡。因此，第二年，何辉山就以团练监正的身份抓捕张先禄，将之送到衙门，要求审讯。咸丰十一年二月二十九日控告张先禄的具秉状中，原告“职员、监正”何辉山以下，还罗列了团首、客约等团练相关者的名字。②

咸丰十一年四月十三日进行的审问，带有“职员、监正”名号的原告何辉山进行了如下供述：

> 问据何辉山供，职员是经理万天宫的首事。因这张先禄约借王天和钱十八千。并欠朱连文钱四十六千文，都骗没还。王天和同朱连文才舍入万天宫焚献、职员向讨没给，把张先禄、张先品具控询断，叠催追缴，钱文没给。沐把他掌责收押，如今张先禄们在外把钱如数付

---

① 夫马进：《清代苏州普济堂的碑刻与公牍复印文件——有关善堂的强权式性格》，载夫马进编《中国明清地方档案研究》，1997～1999年度科学研究费补助金〔基盘研究A2〕研究成果报告书，京都大学文学部东洋史研究室，2000，第171页。

② 《巴县档案（咸丰朝）》No. 2995“具禀状，职员监正何辉山、团首文正刚、客约喻元亮、胡臣德，抱禀（同禀）魏正礼、王天和、卢合兴、朱连文、卢大超为夯骗诬事（咸丰十一年二月二十九日）”。

楚，谕令具结备案。就是。[①]

当时的讯问记录（录供）有原告、被告双方供述，还有给出讯问结果的判决，因此何辉山所做之事以及诉讼结果，都非常明了。但案件并没有就此完结，尚有后续。

同治二年七月，这次轮到张先禄告何辉山。诉状表明，他自己的确同朱连文与王天和立下文书，借了七十二千文钱，并且不曾返还，“豪恶何辉山勾串连文、天和、魏正礼，各将蚁借项舍入万天宫，便伊出头勒收”。是年被何辉山控告，判决要求掌责、拘禁、全额返还。自己典卖田土，苦心筹措，何辉山却说没必要还钱。而是骗自己把从朱连文等人处借来的钱全部给他，问何辉山索要借约，他却又要钱十串，否则不还借约，“执约重索，吼称复欲扭禀”。因此求助于官府。[②]

看来，何辉山不仅对张先禄说没有还给万天宫，自己拿了全部的钱，还不归还借据，说若想要借据，那就再出十千文。倘若如此，那么两人的结状称“张先禄们在外把钱如数付楚”，就成了两人统一口径，是撒了谎。这里，何辉山之所以说“复欲扭禀”，是因为他是接龙场的团练监正。咸丰十一年，何辉山作为原告代表万天宫控告张先禄时，也用了职员和监正的名号。而且第一回能把张先禄抓送到衙门，也正因为他是万天宫首事，又是负责治安维持的团练负责人——监正。他说还要这么再来一次。

然而，张先禄和他的弟弟张先品不仅在咸丰到光绪年间与何辉山扯上

---

① 《巴县档案（咸丰朝）》No. 3001“刑房计开覆讯（咸丰十一年四月十三日）”：“问据何辉山供，职员是经理万天宫的首事。因这张先禄约借王天和钱十八千，并欠朱连文錢四十六千文，都骗没还。王天和同朱连文才舍入万天宫焚献。职员向讨没给，把张先禄、张先品具控讯断，叠催追缴，钱文没给。沐把他掌责收押，如今张先禄们在外把钱如数付楚，谕令具结备案。就是。”

② 《巴县档案（咸丰朝）》No. 3001“具告状人张先禄为掯约索害事（同治二年七月十一日）”：“豪恶何辉山勾串连文、天和、魏正礼，各将蚁借项舍入万天宫，便伊出头勒收。是年二月，辉山扭蚁送案，沐张主掌责卡禁，断蚁全缴。害蚁当田措银，辉山嘱蚁勿缴，套蚁将连文等借项如数清给，悉交伊手，张玉海过交始释。蚁问辉山揭出借约，恶藉索蚁钱十串未允，掯约不揭……执约重索，吼称复欲扭禀……（批）着即凭证，向何辉山讨还借约息事。不必率请唤追。”

关系，其实也经常控告他人，或被他人控告，屡屡在《巴县档案》登场（咸丰朝 No. 139，1349，4364，10763，光绪朝 No. 24290）。譬如咸丰十年，张先品就同万天宫的一位施主魏正礼（魏三）发生金钱纠纷，而将对方控告。那些呆账中应该有一件与此相关。也就是说，张先品本身就是个健讼的人物，不会那么容易地就教何辉山那样骗了。这件官司背后似有内幕。面对张先禄的控告，知县写下批示，云“着即凭证，向何辉山讨还借约息事”。然而，且看何辉山一直以来的行事方式，很难想象他会从命交还凭证。正如张先禄所控，何辉山应该本来就与朱连文等人串通，命将呆账捐给万天宫。

如上所述，对于何辉山而言，万天宫首事的身份有两点非常重要：其一，可以支配开在那里的米市（斗市）；其二，可以把捐给那里的债权收入囊中。

同治六年，一位名王志山的监生提出诉讼，称自己从重庆城回来途中路过太平场，被此地一霸何辉山及其手下抓住殴打。然而据何辉山称，二人相争的原因是“殊志山挟职阻充万天宫首事之嫌，今三月捏控道宪，飞株职名”，王志山想做万天宫首事而不成，因此对他怀恨在心。成为万天宫首事，竟这般吸引人，不惜人们持续诉讼与暴力事件。何辉山还说：“万天宫首事系万民公议，王主堂签，非生閬管。”① 这里所说的王知县，只能是同治二年至四年间在任的王臣福。如果何辉山真的如此主张，那么咸丰年间至同治四年，这段时间他都能确保在接龙场万天宫的支配权。因为“王主堂签”应该不是他偶然看到，他与知县也应该搭上了关系。为了确保这种权益，他用控告对手刘元坦、王志山这样的手段赶走了对方。

① 《巴县档案（同治朝）》No. 9585 “具禀状，监生王志山为畏罪拦搕，叩验拘究事（同治六年四月八日）”：“今春生以非提难结，控有凭包讼案鳞不法讼棍何辉山等于道先，批发恩辕……生在渝归路过腰店（太平场），辉山胆统多人，拦途扭生入店，私设法堂，吊拷灌，殴伤生腰肋背膀……等处”；具禀状，监生王志山为瞒捏翻累，恳查并讯事（同治六年四月十四日）：“窃伊词称，万天宫首事系万民公议、王主堂签，非生閬管”；《巴县档案（同治朝）》No. 9586 “具禀状，职员何辉山为聚众凶伤，抬叩验拘事（同治六年四月十一日）”：“殊志山挟职阻充万天宫首事之嫌，今三月捏控道宪，飞株职名。”

在明清时代，诉讼被称为承包工作，即“包揽词讼”。也就是说，自己虽然不是诉讼当事人，但帮人代理诉讼。在前近代的中国，这是违反法令而被禁止的。[①] 然而作为公局首事催收债权，提起诉讼，确实是诉讼当事人的行为，因此是合法的。哪里是《申报》说的，这里还有知县等公权力的后援。正如事实所见，张先禄不仅受到两次讯问，要求返还借款，在还款前还受到拘禁的处分。何辉山受此公权力之庇护，公然做着“包揽词讼”之事。

他为了推进这样的“业务”，进行诉讼，利用万天宫首事、职员、团练监正这样的身份，如同三位一体，堪称绝妙。何辉山利用职员与监正的身份，自他将活动根据地移往太平场后，基本没有变化。这一点，从接下来“团规”的制定与“凭团理剖”中，更可明显地看到。

三　太平场的开设及团规的制定

同治五年（1866）二月八日，他开辟太平场之际，首先就只做了八条“团规”，即团练规则，并将草案提交给知县。在残存的《巴县档案》中，留有他提交的草案与知县修正、公布的定稿。前者的内容，包含有何辉山想如何建设太平场，以及在维持该地治安的团练中，他希望有什么样的任务，从中也可以窥见他的打算。而从后者可以看到，代表国家立场的知县，会对何辉山领导的团练哪方面有所担忧。其中可以如实看到只有在档案中才反映的双方博弈，很是珍贵。

作为公秉的团规八条草案中，何辉山自己以“职员”的名义列在最先，以下还有监正、团首、保正、民、乡约等十名人士联名提出。首先，在序言中陈述团规协议，“以靖地方”，“欲正人心而厚风俗”。有关设置团练的目的条款，知县也出于相同考量，并无修改痕迹。在这八条当中，能

① 夫马进：《明清时代的讼师与诉讼制度》，载梅原郁编《中国近世的法制与社会》，京都大学人文科学研究所，1993，第452页。中文版《明清时代的讼师与诉讼制度》，载滋贺秀三等：《明清时代的民事审与民事契约》，法律出版社，1998，第402页。英文版："Litigation Masters and the Litigation System of Ming and Qing China", in *International Journal of Asian Studies*, Vol.4, No, 1, 2007, p.90.

明显看到双方考虑不同，以及互有龃龉的在于以下两条。①

首先是当地有盗贼等出现时的处置方法。草案中，本地居民“应即时放炮鸣锣，齐集捆拿”，而知县改成了“随时投团”。这也可以说是很小的改动，结果是承认团练逮捕盗贼，并将之送往衙门，但这小小的改动，却能读出知县忧惧之所在。而当居民踌躇不决，不能迅速集合之时，草案中的“凭团公罚”改为“指名禀究”。对不与公罚权即团练合作的本地人，不认可团练自行加以裁处。

所谓团练，即维持某地域治安的自卫组织。而何辉山企图在自己的指挥之下，当自己觉得有问题的人出现时，能立刻逮捕。他想要的是对不服自己指挥的居民拥有官方认可的“公罚”权力。但知县对此颇有戒心，并没有给予何辉山率领的团练以“公罚”的权限。虽然很怀疑这样下来团练是否真能起到自卫团的效果，但代表国家权力的知县，比起担心当地自卫机能受损，更担心团练指挥者偏离国家规制，利用国家规制对居民任意制裁。

草案与定稿还有一点重要区别，即草案中团练试图取得裁判权，知县对此一概不允。草案云：“嗣后无论户婚田土债项等事，必先凭团族理剖，有不息者，任其据实控告。”因为要求在县衙门裁判之前不可钻空子，这里的构想，也许颇类明代的里老裁判。众所周知，所谓户婚、田土、债项，即现代所说的民事案件。草案希望在处理一切类似民事案件的琐碎案

---

① 《巴县档案（同治朝）》No. 108“署巴县正堂全衔霍为示谕事（同治五年□月初一日）”。何辉山等人是在知县黄朴在任期间（同治四年至五年）提出草案的。因此胥吏所写文书也记作“署巴县正堂全衔黄为示谕事”，日期也用草体墨书，记作十月初四日。但黄朴不久似乎离任，草书曰“此稿移交核办”，移交下一任知县办理。霍为芬新到任，是在同治五年十月至十二月间（夫马进《中国诉讼社会史概论》，第71页）。以下记录的是何辉山提交草案的一部分序文及八条团规中的两条。两条团规中知县删除的部分以下划线标注，添加的内容以括弧表示。

职员何辉山、监正何超然……等禀称，为协恳示禁，复整团规，除害安良，以靖地方事……欲正人心而厚风俗，必除弊窦以儆愚顽。

一　团内士农工商，务须各守正业，毋得游手好闲，遇有痞匪结党成群，扰害地方，及盗窃抢（夺）等事，应即时放炮鸣锣，齐集捆拿（随时投团）送究，倘有观望不到，查出凭团公罚（指名禀究）。

一　挟忿搆讼，民所时有。嗣后无论户婚田土债项等事，<u>必先凭团族理剖，有不息</u>（即处不息）者，任其（听本人）据实控告。倘有不肖地棍，<u>贪婪差役</u>，互相纠串，遇事闖入使事不息（唆控以致缠讼不息者），团约查出，指名禀究。

件时，不是直接控告到衙门，而是先由团练或宗族“理剖”。知县并没有认同这一点，而是规定即便是民事案件，也不由团练或宗族处理，命当事人直接诉至知县。

草案中虽云“凭团族理剖”，但这“团规”草案既然是由团练所申请，那么由宗族进行的理剖不过是追加条款而已，是一种委婉的表达，更直接地说，不妨看成本意就是想要“凭团理剖”。

团规草案提出后几个月，同治五年八月三十日，忠里十甲举人唐莹焱、贡生胡耀廷、职员何辅臣（何辉山）、武生何国英、监生何增庸，加上甲长、牌首、乡约，一共九人，联名上书申请开设太平场。不过当中的唐莹焱虽号称为举人，但翻检《民国巴县志》卷八举人一览，并未见其名。而且应当注意的是，也没有刘元坦的名字。他在前一年已经成为生员，同为忠里十甲人士，名字理应出现在申请开设太平场的文书里。但如前所述，刘元坦与何辉山就接龙场米市（斗市）的利权问题长期斗争，这之后也持续抗争。如此，刘元坦的名字应该是故意排除在申请书之外了。而文书上能看到的武生何国英与监生何增庸，都是何辉山的同宗，一直都围绕接龙场米市利权问题协助何辉山对抗刘元坦。这样看来，太平场可以说是何辉山及何氏一族掌控的市镇了。其所处位置与已有的太和场、石岗场、接龙场、小观音场约距三公里至五公里，每月逢二、五、八日有市集。而且，据说这是八团的人们聚齐设立的。① 开始有十来家居民，同治十一年，也就是开场后六七年，已有三十来家。②

那么，何辉山在太平场又做什么呢？前文已述，他经营油屋，开设栈

① 《巴县档案（同治朝）》No. 8636“具禀状，举人唐莹焱……为协恳兴场以利商民事（同治五年八月三十日）”：“本甲十团地方辽阔，俱无场市。路通綦南两邑大道，与太和、石岗、接龙、小观音等四场相隔数十里，十团居民感集穹远，兼往来客商歇息不便。今各团协议在孝和团内择地一□，旧有腰店，居民十余家，可立场市，名曰太平场，每逢二五八日作场□”；《巴县档案（同治朝）》No. 13443“具禀状，忠里十甲太平场监正、职员何辅臣……为恶贼凶刼、协恳拘究事（同治十三年五月十七日）”：“集齐八团众议设立太平场，以济赶急买食。”

② 《巴县档案（同治朝）》No. 14679“具禀状，杨海山等为禀明免累事（同治十一年三月二十八日）”：“太平场因同治五年兴设，共有三十余家。”

店（旅馆）。此外，还在那里开辟了五间店铺，经营药品生意等。[1] 而且，何辉山开设太平场之后，就向来此经商者征收地租，并根据买卖的商品征收杂税（相当于江户时代的“冥加金”）。[2] 一如前文所述，何辉山拥有若干田土及佃户，同时还是太平场及接龙场万天宫的首事。

不过，他在太平场所做的更多应该还是诉讼。为的是通过诉讼赶走对抗者，守住既得利益，并进一步增值。这就是说，他在太平场经营的事业，最重要的是栈店，也就是旅馆的经营。因为这里既是衙门派遣的差役留宿之所，又是诉讼当事人的旅店。此外，团练监正将逮捕的敌对者送至衙门之前，还可将之暂时留置于此，或加以私刑。而且，这里还是进行“凭团理剖”时裁判式调解的场所。

四 “凭团理剖”与何辉山

《巴县档案》中，出现了大量“凭团理剖”或与之类似的表现。譬如乾隆二十八年（1763）的案件中，地主向衙门控诉，佃户不仅不交租，还殴打自己，知县下批示，命令立定租佃契约的中间人调查并提出报告。对此，中间人的回答是“蚁等遵委，即邀同两造理剖”，要求佃户缴纳欠租，并劝地主放弃诉讼。之后大约一个月，原被告双方提出结状，“经乡邻秉公剖明，各愿遵依”。这里的“乡邻”，与提出和息文书的“约邻”一样，因此乡邻与约邻无疑都是“乡约的人们”。他们表示，近邻乡亲不忍成为原告被告，永久关系不睦，“邀神祠剖论”，请求取消诉讼。〔《巴县档案（乾隆朝）》No. 1843〕。据已有的研究，这应该被理解成典型的调解事例，事实上这正是调解。乾隆年间，团练尚未被组织，因此代为理剖的就是乡约。

---

① 《巴县档案（同治朝）》No. 83“刑房计开，讯问调书（同治十二年五月日）”：“问据何辅臣即何辉山供……又因团众仝职员请示，兴立太平场，在彼开有铺面五间，国英们各房均在，赊取货物及药钱等项，均未付给钱文，簿据可凭。”

② 《巴县档案（同治朝）》No. 83“计开何仲奎即何辉山又名何辅臣又名何春荣恶迹十款”第八款：“一、兴场灭场。太平场原由仲奎（何辉山）而兴，业成钜市……凡遇来场生贸者，重索地租，估赊估商贾，见货抽分，名为场租肥己。违则诬以酗酒滋事，惯以铁链锁搕，或令养痞捉出，场外黄葛树上，私刑吊拷，百般磨搕。”

乾隆四十二年的租佃案件中，应该是相应知县的批示，地主一方的诉状中，表示七号理讲众剖，佃户付钱（初七理讲众剖给钱）〔《巴县档案（乾隆朝）》No. 1033〕。这里的“理讲众剖”，也是典型的调解。乾隆六十年的事例中，在诉至衙门前，称“凭借乡约众人的调解，希望归还典当契约文书（凭约邻理论）”。再往后的时代，还有“凭团邻理论”这样的表现，这也是调解事例（No. 3018）。

到了何辉山主要活动的同治年间，就出现了“投街邻理说”〔《巴县档案（同治朝）》No. 7022〕、“凭团绅粮、与他理讲众剖”（No. 14507）、“投街邻理剖”、“投理街邻剖”“凭执街邻理讲息讼”（No. 7435）、“投族理剖”（No. 3393，No. 6955）、“投鸣团理”（No. 14279）、“凭众理剖”（No. 8880）、“投理众斥”（No. 4340）、“投团集剖”（No. 4340）、“投帮（米帮）集理众斥”（No. 8763）等表现，此外，还有省略的“理剖”、“众剖”、“投理”等语，频繁出现在诉状中。这些用语，应该就是原被告在诉至衙门之际使用的套语，为了说明但凡明理者都会认可自己的主张，在控告至衙门前，自己已尽力做了能做的事，给知县留下一个好印象。另外，“理剖”实际上如何进行，其具体过程并不明确。

不过，就在很多以为可能只是套话的案例中，还出现了不少的确是裁判式调解的“凭团理剖”，甚至可以呼作民众裁判的事例。首先，看下面这件咸丰年间的事例。

咸丰六年（1856），忠里十甲，即之后开设太平场的附近，有一位妇人被人袭击，夺走了首饰。她遇到胡天坤，看到他的样子，便认为他是犯人，但因首饰并不在此人身边，妇人便遭“凭团理斥”，说她妄指犯人，被“众剖”为“不应冒认诬良”。此处“不应……”之意，容后再述。在此，纷争暂且得到解决，但最终还是闹成了官司。在此诉讼中，所载原告方第一位拥有团练监正与监生（国子监生）身份，此人正是何辉山的叔父何增庸。

此时，被指抢夺首饰的男子提出抗辩书（诉状），当中有四位被告方证人，其中一人是他表兄弟之子刘河澄（刘和澄）。然而原告方为了证明这位刘河澄是何等不可信赖，向衙门提出了刘迄今所做的十一条恶行，他向团练承认做了恶事并发誓再不为此的两通服约，以及写给个人的一通保证书。这是为了让知县对被告留下坏印象。

其中有一通是道光二十八年（1848）提交给团练的罪情承服书。这是他借钱给人时，因伪造借用证文而被对方控告之时所写，但对方并非将他控至衙门，而是“乡场地方”。地方即与乡约有关的职务。记载曰：“凭乡场理剖，因年月字迹、数目前后显有伪造。经场差及地方等欲行辕禀究，身知理曲难逃……甘愿出立认约一纸给场……有藉故寻衅，听凭地方执约禀究，罪自不辞。”[①] 这里的“凭乡场理剖”，在列举十一条恶行时写作“凭团送究”。因此，乡场具体而言就是团练。

的确，这里的“凭乡场理剖”，“凭团送究”并不是在衙门由知县执掌的裁判。但在乡场理剖的“场”，也会明白地解决问题，判定借用证文的真伪。由知县判决的情况下，需要从当事人那里取得结状，与之相似，乡场理剖也需要立下誓约书一般的“服约”。这虽然的确是调解，但要进行与衙门裁判十分相似的手续。这也是称此为“裁判式调解”的原因。

此外，还有一份，是刘河澄等人咸丰二年（1852）提交给团练的服约，因他唆使侄子诬告无辜之人。这份服约以其侄为主体，曰“凭阖境绅团理剖，身不应听旁唆妄控李观保……等”。这里说的“不应……”，与知县在衙门进行的裁判中，明记罪人罪情的形式完全一样。在明记其侄罪状后，又写明如有再犯，甘愿被团练、乡约（团约）扭送至衙门。从写明“不应……”，以及立下类似结状的“领认约”来看，与其说理解成单纯的调停，不如理解为裁判式调解更能把握实质。这一份文件，在记载十一条罪状的文书中，将“凭阖境绅团理剖”写作“凭团剖出实情”。[②] 包括刘

① 《巴县档案（咸丰朝）》No. 3597“外抄粘河澄服约一联（咸丰六年三月二十七日）”：“立恢心认约人刘河澄……以致李广宗弟兄披（被）凭乡场理剖，因年月字迹、数目前后显有伪造。经场差及地方等欲行辕禀究，身知理曲难逃。洞鉴再三，央请张义和……等央免送究，甘愿出立认约一纸给场，□后□□□伪造□□□……有藉故寻衅，听凭地方执约禀究，罪自不辞。”道光二十八年二月十七日的日期下有立出恢心认约人刘河澄签名（花押），左边写的是“凭乡场张先忠……等知见”，列有张先忠等十一人姓名。

② 《巴县档案（咸丰朝）》No. 3597“外抄粘河澄服约一联（咸丰六年三月二十七日）”：“立领认字人张仪山……害遭身叔张文星、刘金山（刘河澄）等主摆身，捏以刁卷串匿控案。幸周子维撞遇拦回，凭阖境绅团理剖，身不应听旁唆妄控李观保……等，理应送官究治。身自知情亏……听团约等禀公究治，坐罪无辞。”咸丰二年十月十五日的日期之下，有张仪山、张文星、刘金山（刘河澄）等人之名，或十字画押，或作画押。其左列有凭阖境街邻（李兴法）等同在见，共计十四人之名。

河澄写给个人的一份保证书在内，三份文件据说都由团练内部保管。

以上的事例表明，首先在道光二十八年进行了凭团理剖，接着是咸丰二年又进行了凭团理剖，再者是咸丰六年首饰抢夺事件中还是凭团理剖。

由上大略可知“凭团理剖”到底为何，并能大致把握其实态。以下举例说明，何辉山与之有何联系。

首先，是同治六年（1867）何辉山联合何增庸、何国英父子进行必须击败卢德用的诉讼大战时的事。这里，何辉山作为何增庸一方的证人登场；另外又作为调停者，担负着劝说卢德用不如让步，放弃诉讼的任务，因为何增庸势力太强。问题是，何增庸控告卢德用之际，也向衙门提出了与前文一样的“服约”，即经过凭团理剖，卢德用及其子卢洪成等人写下的保证书。在这里，“服约”也被称作“罚帖”。

“服约”“罚帖”也有三份：一是同治四年，卢芳成向团练孝和团提出的服约；二是咸丰十年，卢洪成提交给团练及乡约的罚帖；三是同治二年，卢好臣交给双和团及孝和团的罚帖。卢芳成、卢洪成、卢好臣与卢德用有何关系，俱不明了，但从敌对方何增庸将交给衙门的服约及罚帖题作“卢德用屡盗据单”来看，三人应该都是他的孩子。

（一）卢芳成在接龙场盗取数量极少的麦子与钱财时，被团练抓获，原本应该立刻送至衙门，但卢向孝和团立下誓约，保证自己修理二十丈道路（约六十米），今后再不行恶。因此服约上写明“凭孝和团理剖，众斥身不应私窃”。如前所述，“不应……”这种表达是记录衙门判决或讯问过程时的形式。孝和团诸人定下卢芳成“不应”为小偷的罪情，没有直接将之扭送衙门，而是令其修理道路二十丈作为惩罚。①

（二）卢洪成盗取两只鸭子，被团练抓住。同样写明“凭团约等剖名，众论身□不应□窃”。

① 《巴县档案（同治朝）》No. 3066“计开卢德用、卢芳成父子服约抄呈”：“身出有服约。在场于十月初二日，凭孝和团理剖，众斥身不应私窃，将身送官究治。身自知罪究难逃，苦苦哀求众团，并给失主，自愿罚修路二十丈，以戒身效尤，日后不能复蹈前辙。倘蹈前辙，藉事生非，恁意众团失主执约禀公，自甘坐罪无辞……立服约一纸存执为据。

凭团约刘国性……何辉山……依口代笔何瀛山笔。

同治四年十月初二日，立服约人卢芳成　押。”

（三）卢好臣偷鸡被抓住时的罚帖。[①] 这里也写明“投双和团、孝和团首等，众斥理非”，立誓修路十丈。修二十丈或十丈路，应该是团练的制裁手段。

在此，《巴县档案》中频繁见到的“解剖”、“众剖”等表现中，至少形式上最遵守的时候，已经探明了所采取的是怎样的形式及过程。同治五年何辉山开设太平场之际，所作团规草案中，“凭团族理剖”所表现的内容里，可以明确看到他具体在想着什么，更进一步说，可以明确读出他的企图。即有关户婚田土等类一切民事案件，公认在直接诉至衙门前，由其进行民众裁判。此外，作为团练的负责人，他想得到的是上文所说的“服约”、“罚帖”。何增庸能向衙门提交载明卢德用父子迄今罪行的“罚帖”，应该也是因为当时他自己就是团练监正，或者说与他步调一致的何辉山是监正的缘故。

何辉山亲自主持这类裁判式调解，或曰民众裁判的事例，请见下文。前文已述，成为接龙场万天宫首事会有很大的利权，因此何辉山要与王志山相争，在此斗争中，王志山在太平场被何辉山及其同党逮住殴打，王遂诉至衙门。这时，何辉山自然要提出抗辩诉状，并附上其与王志山立下的“合约”，即二人已然和解的誓约书。其中，王志山这样说：

> 归家路过太平场，辉山凭众理剖、众斥身不应妄控辉山，理宜禀公。身知情亏，俯礼哀乞甘书永不妄捏字约一纸，与众存据……倘敢仍踏前辙，恁凭团约执约禀公，自甘坐罪勿辞。

正如此文所见，“凭众理剖”的主角是何辉山，王志山陈述自己罪情时同

① 《巴县档案（同治朝）》No. 3066“计开卢德用、卢芳成父子服约抄呈”：“立出罚帖人卢好臣，情于本月二十一日，因至赵家岩，有刘元发所喂雄鸡，被身私窃。当失主拿获，即投双和团、孝和团首等，众斥理非，定欲送究。身自知情亏，身再三哀祈失主及两团首等，身千愿罚路十丈，以戒效尤。倘仍到前辙，身自千坐罪勿辞。中间不虚，罚帖，是实。

同治二年冬月二十二日，立出罚帖人卢好臣　押

凭团刘世玉、卢合兴、何叔芝、何辅芝仝见、依口代笔何商□。”

样也用了“不应”这样的表达。[1] 何增庸等人加以众剖一事，也记录在内。

这份“合约”，据王志山诉状可知，显然是何辉山一派抓住他，将他带到所经营的栈店时所写。王志山在诉状中批判何辉山“私设法堂”、“凭众理剖”，即民间人士像衙门那样开设法堂，任意裁判，并加以私刑。[2]“凭团理剖”在这里写作“凭众理剖”，在取得“合约”的过程里，何辉山应该动用了私刑。

前文已述，何辉山联合何增庸同卢德用展开激烈的诉讼大战，在此过程何辉山向衙门提交从前“凭团理剖”时取得的“服约”、“罚帖”。这件诉讼本身由同治五年十二月何增庸同卢德用就谁在两人土地边界侵入对方领地砍树一事而起，在此，“凭团理剖”如何进行也是重要的争论点。首先，何增庸在同治六年正月二日最早的诉状中称树木砍伐事件发生时，邀卢德用来团练集理，他并不来。这里举出了刘国性作为团证，即团练一方的证人。接下来是卢德用正月七日提出的答辩书，主张事件刚发生，自己就到团邻刘国性处求其确查伐木情形，“约今正初七理剖”，而何增庸担心自己谎言暴露，遂于正月二日控至衙门。

但据二月二十四日做成的讯问记录，何增庸主张“投团刘国性们与德用理剖，众斥德用赔还栢树了事”。在讯问现场，刘国性等人也作证说，何增庸将卢德用带来，要求他们去伐木现场查看情形，众斥卢德用赔偿了息。卢德用在接受讯问时也推翻了自己曾经主张的答辩书，承认事件发生后“被何增庸知觉，投团与小的理论，众斥小的赔还息事”。也就是说，至少在伐木现场进行的“投团理剖”中，团邻理剖结果认为何增庸为白、

① 《巴县档案（同治朝）》No. 9586“计抄王志山自书合约一纸（同治六年四月六日）”：“归家路过太平场，辉山凭众理剖，众斥身不应妄控辉山，理宜禀公。身知情亏，俯礼哀乞甘书永不妄捏字约一纸，与众存据……倘敢仍踏前辙，恁凭团约执约禀公，自甘坐罪勿辞。

凭何增庸……刘福寿同在

同治六年四月初六日，立合约人王志山自书亲笔。”

② 《巴县档案（同治朝）》No. 9585“具禀状，监生王志山为畏罪拦搕，叩验拘究事（同治六年四月八日）”。

卢德用为黑。[1]

以上可见，“凭团理剖”与知县进行的正式裁判有诸多相似处，但不得不说，这还只是调解的一种。在“凭团理剖”中，并没有如知县审判时进行的合法刑讯，也就是说，即便进行了私下拷问，也不会记录下来，更何况理剖的结果也不会加以笞杖一类的身体刑。恐怕在这些“服约”“罚帖”中，如果自己违法了，在裁判现场反而会成为问题吧。此外，由以上介绍的史料可以明确，这些都只是“理剖”“众斥”一类的表现，并没有知县审判时“谕”“断”“判”一类的表达。命令修理二十丈路，当作惩罚，因此才呼作“服约”或“罚帖”，然而也总将这些惩罚写作自己的愿望、请求。

而更可注意者，地方官是认可以上这些凭团理剖的。前文介绍的服约、罚帖都是经过凭团理剖做成的，无论是道光、咸丰、同治年间，这些都是为了让知县对诉讼的另一方产生坏印象而提出的证据文书。而且，在衙门的审判过程中，知县对这些提交的证据文书，或其中明确记载的凭团理剖，并未有任何挑剔、责难。

这样的话，在普遍认可凭团理剖的地方行政惯行中，巴县知县对何辉山等人提出的团规，却有特别不承认的可能性。大概是因为“凭团理剖”简单地变成了“凭众理剖”，担心团练主持的制裁会实质性地私刑化。或许可以这样考虑，可以承认作为惯行的凭团理剖，但要避免将之公示（示谕）。这无疑是一种绝妙的判断：承认进行“凭团理剖”，但无论如何绝不让出裁判权，绝不公认。[2] 在这里，我们可以感受到国家绝不将裁判权让

---

① 《巴县档案》（同治朝）No. 3066“具禀状，监生何增庸为恶窃凶伤事（同治六年正月二日）”：“邀伊集理、不场。

具诉状人卢德用、卢洪成为霸伐诬窃，诉勘添质事（同治六年正月七日）。

蚁当投团隣刘国性等看明霸伐情形，约今正初七理剖，增庸知虚难掩，本月初二……

同治六年二月二十四日，刑房瞿仕英录。

问据何增庸供……投团刘国性们与德用理剖，众斥德用赔还栢树了事。

问据刘国性……同供……小的们拢看，众斥德用赔还了息。

问据卢德用供……被何增庸知觉，投团与小的理论，众斥小的赔还息事。”

② 嘉庆十八年公布的团练牌甲条例中，也规定“其余田土、婚姻、债账口角，及一切寻常事件，均勿干预”，团练被禁止染指寻常案件及民事案件。参见《清代乾嘉道巴县档案选编》下册，四川大学出版社，1976，第281页。

渡民众的强烈意志，即便是地方行政严重腐败、纲纪严重松弛的清末时代，也能在这些方面意外获知这些细微的抉择与措施。

结 语

清嘉庆年间的幕友王有孚，曾严格区分助人、救人诉讼的“讼师”及与人不幸的“讼棍”。[①] 何辉山完全没有“救人”讼师的一面，也不是唆使他人提起没必要之诉讼的“讼棍”，而的确是应呼为“健讼棍徒”的人物。他是这类人物的代表，而本文所示，当时巴县这一类人物非常多，在探讨中国文献中大量出现的“健讼之徒”是怎样的人，他们又是在怎样的要因下产生的等方面，何辉山的事例为我们提供了非常大的启发。

与他相关的“凭团理剖”，不仅是理解何为中国之调解这一问题不可或缺的一种类型，对于了解何为中国审判也非常重要。而且，这不单是法制史上的问题，对于理解清代社会同样重要。因为至少日本研究者看到“凭团理剖”问题，立刻就会联想到日本江户时代的“村八分”、“村法、村掟”。不得不思考两国社会的差异。

日本江户时代的做法的确有与“凭团理剖”相似之处，但曾经有自治性远高于此、制裁方法也极为严厉的“村的裁判”。中国的凭团理剖，不过是处以修理道路十丈、二十丈的惩罚。但在日本村落，依据村法，或曰村掟，不仅要处以罚金，还常常实行“村追放”、“村八分”。[②] 我从未听说过明清时代的中国有相当于日本“村追放”、“村八分”的词语。

前文已述，咸丰六年提起的诉讼中，原告一方向衙门提出有关刘河澄的十一条罪状。其中第十一条曰，“连年河澄叠次诈搕乡愚，每遇查获，即服约为惯”。[③] 屡屡立下服约，无法处以更多制裁，因此要用最严厉的制裁，将之送至衙门，进行正式审判。与之相比，日本村内的制裁，就显得

① 夫马进：《明清时代的讼师与诉讼制度》，第 474 页；中文版，第 420 页；英文版，p. 108。

② 前田正治：《日本近世村法研究》，有斐阁，1950；水本邦彦：《幕府审判与村规》，氏著《近世的乡村自治与行政》，东京大学出版会，1993。

③ 《巴县档案（咸丰朝）》No. 3597“计抄粘刘河澄叠犯案恶迹，并服约粘呈”：“一、连年河澄叠次诈搕乡愚，每遇查获，即服约为惯。”

格外严厉。本来就《巴县档案》而言，连假设清代巴县社会有日本那样的“村”都很困难。

何辉山有效利用国家给予的身份，以及国家全权把握的裁判，成功发迹，并提出作为草案的团规，经知县修正，最终“凭团理剖”并未获得公认。透过这一系列的考察，应该可以获知国家权力已渗透到如太平场这般最下层的乡村中心地。而且，就算在清末这样国家力量弛缓、地方官员权威大为失堕的时代，也未能扰乱由乡村地域的住民、宗族主导的地方自治。何辉山提出的“团规”草案与日本江户时代的“村法”、“村掟”相当不同。“凭团理剖”的“理剖”主体并非自然村落，而原本国家组织的团练或乡约，不正好最能说明清代社会的特征么。

日文版载《東洋史研究》第74卷第3号，2015年12月

《中国古代法律文献研究》第十辑
2016年，第421～435页

鹰取祐司《秦汉官文书的基础研究》介评

石　洋*

一　学术史位置与全书结构

20世纪初以来汉简大量出土，给秦汉史研究带来了重大变革。在一个多世纪的摸索中，面对不断增加的零简遗文，学者们不仅兴奋地捃摭着被传世文献忽略的细节记录，借以填补历史“缺环”；同时也逐渐深切地意识到回归史料本身，从简牍文书的原始状态——如外形、书写格式、制作及使用流程、保存和废弃方法等——提炼信息的必要性。因之，简牍古文书学悄然兴起，成为秦汉史研究中最具活力的领域之一。

关于秦汉官文书制度，早期的学者如王国维、劳榦、陈槃、王献唐等皆有筚路蓝缕的贡献。新中国成立后，陈梦家利用考古学方法另辟蹊径，把汉简文书研究推向了新高度。不过，最先大规模开展工作，并且自觉地利用古文书学方法整理汉简的是日本学者。以森鹿三为班长的京都大学人文科学研究所居延汉简共同研究班，继承日本古文书学较成熟的方法论，逢着20世纪50年代末居延汉简图版及出土地信息相继公布，有效地将新

* 中国政法大学法律古籍整理研究所讲师。

资料运用于简牍研究中，促使探索方向从补苴史传之缺失转入简牍文书的复原。在20世纪70年代后，简牍出土迎来新的密集期，战国楚、战国秦及秦王朝、汉初、西汉前期、西汉中后期、东汉初、东汉中后期、三国吴等时期的简牍皆获得丰富积累，极大地刺激了史学界对古代文书制度的研究意欲。在此期间出版的几部著作，如永田英正《居延汉简研究》、大庭脩《汉简研究》、李均明《简牍文书学》（及同氏后出《秦汉简牍文书分类辑解》）、汪桂海《汉代官文书制度》、李天虹《居延汉简簿籍分类研究》，以及裘锡圭、于豪亮、谢桂华等人涉及简牍文书的单篇文章，都在学界引起了较大反响。特别是永田、大庭两氏分别展现的方法论——集成研究法和册书复原法，以及李均明、汪桂海对文书制度的全面分类梳理，都成为之后研究的基石。[①] 21世纪以来的16年间，简牍出土数量再被刷新，同时整理、刊印技术也有长足进步。中日学界又涌现出多种关于秦汉文书制度的专著，如冨谷至《文书行政的汉帝国》（2010）、凌文超《走马楼吴简采集簿书整理与研究》（2015）、刘钊《汉简所见官文书研究》（博士学位论文，吉林大学，2015）、籾山明《秦汉出土文字史料研究：形态、制度、社会》（2015）、藤田胜久《中国古代国家与信息传达》（2016），此外还有邢义田、侯旭东等散见于各类学术期刊的论文。这一阶段的客观条件为研究者拓宽视野、细化观察提供了有力保证，旧说中因史料局限造成的疏误也赖以修改。此外，在方法论上实现突破，如将简牍外形的视觉效果导入文书研究，以及将集成研究法和册书复原法有机融合；在具体实践中，也更注重从制度到人的关怀，借助书写格式、笔迹、墨色、收卷方式、废弃状态等细微处流露的消息，观察文书制作、使用乃至废弃的过程，透视政务运作中文书处理者的作业方式及心理状态。这些新动向，都显示出超迈此前阶段的意气，本文即将介绍的鹰取祐司先生新著《秦汉官文书的基础研究》便是在上述学术背景下产生的。

① 关于20世纪学界对秦汉官文书的研究史情况，在中国大陆和台湾方面，可参考刘钊《汉简所见官文书研究》，吉林大学博士学位论文，2015，第37～102页。在日本方面，除刘钊文以外，还可参考籾山明《日本居延汉简研究的回顾与展望——以古文书学研究为中心》，顾其莎译，《中国古代法律文献研究》第9辑，社会科学文献出版社，2015，第156～172页。

鹰取先生1965年生，现任日本立命馆大学文学部教授，该书系东京汲古书院汲古丛书的一种，出版于2015年3月。全书分四部分，凡730页，具体章目如下：

第一、第二部主要涉及文书制度，第三、第四部则探讨审判流程。根据“结语”，本书并非布局严整、首尾照应的专著，而是作者在该领域中旧论文的集结。各章曾先后发表于《史林》、《古代文化》、《中国出土资料研究》、《立命馆东洋史学》、《立命馆文学》等学术刊物上，时间起于

1996年，终于2013年，收入本书时均作了大幅修订。在下节中，先就书中的讨论内容及主要观点做一简介。

二　内容要旨

第一部《秦汉官文书的种类和用语》

第一章《汉代官文书的类别与格式》。既有研究对汉简中书、檄、记、符等称谓的实指及其相互关联分歧较多，特别是诸种名称究竟系文书的种类区分，抑或格式差异，未能妥善解决。针对此问题，作者蒐集西北边塞出土汉简中较完整的“书到”、“檄到”、“记到”文书，指出自称为“书”和“记”的文书各有特定的书写格式；同时判断“檄”并非文书的类别，而是书写材料。此外，考察了“书”与“记”各自的格式特点和使用层面的差异，指出“书”是需要与皇帝诏书、律令同等对待的文书，不论记载方式还是寄送装帧上都相对严格，而“记”则是长史、丞接到太守或都尉等长官指示后制作的文书，形式较省略。两者可以用书籍的精装本和平装本之差加以类比。本章中还讨论了“符”和“传”。从“符到”文书出发，重点考察了不为学界所重的不剖之符，指出符本是一种用作通行证的书写材料，分可剖之符和不剖之符，前者以两片相合作为信用证明，后者则通过颁发者的封印作信证。关于与“符”用途相类的“传”，指出其有不开封者和途中反复开封、再封者两种，形制上存在差异，前者系单纯的通行证，后者则可以利用传舍并获得给食。

第二章《秦汉官文书的用语》。自敦煌、居延汉简公布以来，学界对秦汉官文书中的常用套语已作过研究，并形成了一些共识，但因近年大量秦汉简牍出土，这些成说开始受到质疑。针对该现状，作者选取“A告B谓C”、“主”、“写移某到”、“它如……”等九种，结合多种史料详加辨析，提示了一些值得重视的论断。如常见于命令下达文书的“A告B谓C”，旧说认为是“A向B、C并行下达”，而新说则以为“A向B再向C逐级下达”。作者将旧新两说代入目前所能利用的秦汉简牍，仔细推绎其中矛盾，否定了新说。再如广泛涉及律令、爰书及下达文书的“它如……”格式句，籾山明曾认为是“以上内容，即……”，但受到学界批评后，放弃了旧说，改解为“此外，如……”。作者同样以结论代入来检验两说在各类文书中的合理性，重新证实了籾山旧说。

第二部《文书的传递》

第一章《汉代诏书下达时的御史大夫与丞相》。大庭脩复原《元康五年诏书册》后，认为其中的文书传达流程为：丞相→御史大夫→皇帝→御史大夫→丞相，并将御史大夫视为皇帝的秘书官，因此介于皇帝与丞相之间。本章则从《二年律令·津关令》中发现大庭说难以解释的记录，从此展开探讨。作者认为，诏书中“丞相上某书”一语实为形式上的套话，上呈流程中并不经过丞相；同时主张，下达诏书的最初承接者，应是“以闻”（事件上奏）者。在本章中，还考析了诏书下达时御史大夫和丞相的存在角色，以及两者的关系。

第二章《秦汉官文书的下达形态》。如《元康五年诏书册》中那样，以统属关系逐级下达的文书传递形态为学界熟知，而本章中则提示了与此相异的另一种传递形态，其典型格式为“以道次传别书，相报。不报者，重追之。书到言”，即“在路线上依次传递文书的抄件，收信人收到后须把接信日期呈报寄信人。若寄信人未收到报告，则须再度催促收信人。当文书到达目的地时，要向寄信人报告”。作者认为这是对特定的下达对象，以传阅文件的方式向一条交通线上的所在县依次传达。这可能是为应对特殊事件，在必须使相关人员周知的情况下使用的下达方式。

第三章《汉代的文书传递方式》。先行研究中，陈伟认为秦至汉初的文书传递方式主要有两种：一是“以邮行”，即通过邮传递，邮设置于以京师为中心、联结郡与郡的干线道路上；二是“以次传”，通过县传递，经由联结相邻县道的道路。但作者通过对尹湾汉简《元延二年日记》及悬泉置汉简的解析，认为“以邮行”和“以次传”皆行走于联结各郡之间的干线道路上，此外的文书传递则由“以亭行”承担，三者构成了覆盖汉帝国全境的最主要的文书传递方式。

第四章《汉代悬泉置附近地区的文书传递》。先行研究中对悬泉置附近的文书传递路线有不同理解，本章综合新公布的悬泉汉简，重新复原了当地邮行、县次传及亭传所对应的骑置、置、亭的位置关系。指出邮行方式主要用于皇帝收发的文书，以及指定以“邮行”、“驿马行”递送的“急书”；而县次传方式则用于更广泛的官府间的传递文书，是汉帝国文书行政的动脉。

第五章《汉代居延、肩水地区的文书传递》。既有研究中关于额济纳流域的文书传递路线探讨较多，但大体是据文书递送者的所属机构名称加以推测，并且主张当地只有一条递送路线。本章认为，简牍中所见的递送者可能是因顺路回燧的临时差遣，其所属机构未必能正确反映常规文书的经由路线。在此考量下，作者仔细甄辨了各简所见的递送机构的位置关系，认为汉代居延、肩水地区存在三条文书传递路径：1.“驿马行”道，经由“万年”、“武强”等驿，用于递送“以邮行”文书。2.“收降—不今”道，经由“收降”、“不今”等亭燧或置，用于递送“以县次传”文书。3. 亭行道，用于“以亭行”文书。其中。在第 2 道与第 3 道同时出现的亭是两条路径的交叉结点。

第六章《标写着收件人且用于缄封文书的简》。章题的日文原文为“文書の宛名簡”，欲藉此观察文书如何缄封，如何寄送。根据本书《序言》，“宛名簡”的直观表述为“标写收件人，且为缄封文书而加盖上的简牍”。这类简自王国维以来被称为“检”，但因一些学者对“检”的定义与王氏有异，王氏的称法也不尽符合汉人对“检”的认识，故本书特别提出了“宛名簡”概念。先行研究的积累很丰富，但多少都存在难以诠解的矛盾，本章在指出各自问题后，首先，从无封泥匣的“宛名簡”入手，证明这类简上直接加盖封泥，且文书并非皆用布衣包好再添加“宛名簡”。其次，对边塞出土“宛名簡”进行彻底蒐集，选其中较完整的 479 例以有无封泥匣、有无传递方式标注等四种标准加以分类，解析各类所占比例，着重观察了封泥匣机能与使用者、发信者与传递方式的两两对应关系。最后，结论认为，“宛名簡”可按有无封泥匣及封泥匣的不同形状分为三种，其使用因发信者的官位、有无保密必要而定，与传递方式无关。候官内的文书直接或用亭行方式传递，不必特别标注传递方式；而从候官以外的发文，除须标明“以邮行”者之外，传递方式一项也非不可或缺。

第三部《断狱文书》

第一章《汉代举劾文书复原》。20世纪70年代，居延甲渠候官遗址T68出土了多件举劾文书，但由于简支散乱，只能通过复原作业恢复册书的面貌。诸册书中，《不侵守候长陈业举劾文书》、《令史周立举劾文书》相对完整，可区分为“正文非‘状’”、“正文‘状’”、“呈文A”、“文书B”、“中转文书C”五部分（定名皆据本书）。目前学界对此五部分的组合方式有分歧。本章对先行学者的复原方案提出了疑义，通过细致检讨各部分用语，推究各部分的记载重点、相关性和相斥性，认为举劾者将“正文‘状’”上附加“呈文A”，送往甲渠候官，候官再于其上追加“中转文书C”，送往居延县；举劾者将“文书B”与“正文非‘状’”直接送往居延县狱。该复原方案不仅有助于恢复其他残散的举劾文书，而且从中可以获知，举劾案件与承担军政的都尉府—候官系统全然无关，其处理皆由民政系统的县、县狱全权负责。

第二章《断狱手续中的“劾”》。本章延续前章的议题，讨论举劾的意义，并且探究举劾当事者虽大体为候官属吏，但举劾本身却与军政系统无关的原因。先行研究主张“劾”即弹劾，以罢免有罪官吏为目的，本章则否定旧说，认为“劾”是把应处罚的罪犯向狱通报，并将其押送至狱的文书手续，是相当于刑事审判的断狱程序的开始。此外，对“劾”与“告”的关系做出了表述，认为“劾”是发觉他人犯罪行为的官吏将案情记录，做成举劾文书，并送往县、县狱的手续；而“告”是发觉他人犯罪行为的人以口头或书面形式向官吏进行案情通报，该内容由官吏整理，上呈县廷。

第四部《听讼文书》

第一章《汉代边境的债权回收手续》。籾山明认为，汉代边境债权回收流程如下：先通过债权人以“自言”形式向官府提出收债申诉，官府向债务人询问并责求债务，若债务人不服，便须提交“自证爰书”做出澄清。但本书作者发现，债权回收文书中“自言”与“自证爰书”两者不并存，事实上存在两种回收方法：一是债权人在无契券或保证事实的爰书作凭证的情况下，官府在其申诉文书中写上“自言”二字，即便债务人不服，也无须责其提交“自证爰书”；二是债权人有券书等作凭证，故文书中不加“自言”，若债务人不服，则被要求提出“自证爰书”，一旦有虚伪，便依据“证不言请律”处罚。本章讨论中，还阐述了官府对“行道贳卖”的管理情况，以及贳卖名籍的制作流程。

第二章《证不言请律与自证爰书的使用》。本章延续了上章未能展开的议题，分析了“证不言请律”的含义以及相应爰书的法律效力，并指出“自证爰书”的四种使用方式，比如同一案件中不重复写爰书作证等等。

第三章《“前言解”的意思与询问命令的再抄录》。由于“候粟君所责寇恩事”爰书中显示，该案件中相隔十三日再次提出了爰书，与前章结论有矛盾。故本章以此为线索，探讨了“候粟君”册书中“前言解”（即“辩解已经报告”）和询问命令再抄录的意义。

第四章《“候粟君所责寇恩事”的再考察》。既有研究认为，“候粟君”册书是接受诉讼的上级机关命令下级制作原案，以此为基础下定判决，因之它属于断狱手续。但该解释无法说明官府为何将当事者之一寇恩的自证爰书交付另一名当事者候粟君，且从笔迹等方面看，也有一些无法诠释的疑点。本章复原了“候粟君”册书中询问及文书递送的流程，认为应将册书视为办理诉求收债的听讼文书。

第五章《汉代的听讼》。既有研究认为，“候粟君”册书中，起诉方粟君、被诉方寇恩的询问结果和自证爰书会被送至都尉府或县廷进行审理，最终获得裁决。但此理解存在不能调和的矛盾。本章认为，“候粟君”册书属于听讼，它不产生最终判决，如果诉讼某一方不服，可以写爰书自证，在此情况下若出现虚假供述，则用“证不言请律”加以处置。通过这种方式，将民间的财产纠纷导入具有法律效力的爰书体系中，迫使证据不利的一方惮畏责任而自动退却，由此解决纠纷。

三　特点及学术价值

从以上介绍可知，本书诸章主要着力于常用语词、文书传递系统以及审判程序三个方面的探讨，这一取向与作者的学术经历直接相关。据《后记》中鹰取先生自述，他自本科生时代即就读于日本东洋史研究重镇京都大学，硕士研究生阶段开始，受业简牍学家永田英正教授，之后又参加宋代法制史家梅原郁教授主持的共同研究班，在两位师长的引导下步入了汉简及法制史研究之路，于1999年取得同校人文科学博士学位。毕业后，他参与京大人文科学研究所冨谷至教授主持的“汉简语汇研究班”，此前的研究得以延续整合。在本书中，随处可见作者对文书语义的敏感，对概念界定的谨慎，对旧说辨析的绵密，这些视角、问题意识及论证方法无疑深受其求学和研究环境的影响。下文拟从书中展现的一些特点入手，简单评析本书的学术价值。

（一）以语词为线索，从文书细部切入其使用方式及运作程序。表现为如下方面：对语词概念严格界定；从简文出发厘定文书性质，进而把握不同格式的差异；追究文书套语的含义，借以解析其运作流程。

首先谈语词界定。在本书序言中，特地制造了几个新概念，比如“宛名簡”、“ 簡側切り込み”，它们大体对应学界惯用的“检”和“刻齿”。不过作者注意到，简牍中的“检”字可以指代封泥匣本身，也可以指代附加封泥匣的简；学界惯称为“检”的那种标写收件人的简也有附加封泥匣和不附加封泥匣之别。关于“刻齿”的“齿”，既可以表示简侧的刻痕，也可以表示封泥匣的凹槽。为避免概念混淆，作者首先正名，并在本书相应处使用了自造概念。这里一方面体现了作者分析问题的严谨，不轻易沿用既有习称；另一方面也能窥见其对秦汉官文书全貌的宏观把握。

其次是借助简文厘定文书性质，进而把握不同格式的差异。如第一部第一章的介绍中已谈到，学界对书、檄、记、符的各自性质众说纷纭，作者从简文中的自称出发，运用集成法蒐集出各类“某到”文书，作初步区分。之后，仔细辨别自称为书、记、檄的格式差别，以澄清书、记的性质与檄不同。在此基础上对比书、记之间的使用区别，于是书、记、檄三者的相互关联随之豁朗。上述的研讨是集成研究法的又一次深化利用，针对官文书研究中一些容易混淆的概念，该方法值得借鉴。

最后谈推究官文书套语的含义，从而解析运作流程。如第一部第二章中通过对“A告B谓C”语义的考析，阐明了该格式文书的传递路径；又如第四部第一章从责名籍和贯卖名籍中“自言”的存在与否，推求文书种类及生成方式的差异。蔽言之，从关键词语的追究迈向制度史探索是本书的一大特色。这一点应与日本东洋史学的文献使用方法有关，即论文中引用的古汉语必须附加训读，引用的简牍文献则须译为现代日语。该方法虽受到一些日本汉学家的诟病，对中国学者而言更无必要，但从积极方面说，一则最大限度地抑制了引用者对原文囫囵吞枣地理解，另则也养成了日本东洋史学者对语词的高度敏感。除训练方法外，本书作者长期参加冨谷至教授组织的"汉简语汇研究班"，并承担大量语词注释工作，同样是形成其研究特色的重要因素。

（二）整体观察文书传递系统，多层、多样地理解文书传递路径，注意到选派文书传递者时人事安排的灵活性。

首先谈多层、多样地理解传递路径。如上节所介绍，作者在第二部第三、第四章中强调了文书传递时使用的不同传递方式，及其所对应的文书等级。通过复原悬泉置附近的文书递送路径，指出当地存在多条线路，分别对应着不同级别的递送要求。藉此认识，第五章反思既有研究中对居延、肩水地区递送路线的判断，推测当地也有多条线路并存。该结论对制度史和历史地理研究意义重大，颇有助于重新理解汉帝国文书行政的体系和交通线控制。此外，在上述框架下，简文中的个别套语也能得到合理诠解。如"以邮亭行"，冨谷至认为它与"以邮行"相同，[①] 但未能说明两者分别表述的原因。而本书则指出，该词表示混合利用以邮行和以亭行两种方式。假设送信至甲渠候官，单纯用以邮行不能经过，因此需要先以邮行，送到距候官最近的邮行、亭行交结点，转换成亭行，再送往目的地。这个新说显然需要对传递系统整体理解后才能获得。

其次是注意到边塞机构在选派文书递送者时的灵活性。以往研究居延、肩水地区文书传递系统的学者，常直接利用燧卒所属障燧的位置复原路线。但本书则注意到个别燧名的出现频率，以及该燧燧卒的行走朝向，从而作者意识到，边塞机构向某燧传递文书时，可能会差遣到本机构出差的某燧燧卒顺路带回，而这种临时指派并不一定处于常规路线上。从中可见，作者尽管很重视文书传递结点在复原路线时的价值，但

① 冨谷至：《文书行政的汉帝国》，刘恒武、孔李波译，江苏人民出版社，2013，第209页。

同时也考虑到人事安排的灵活性。不难推想，无论边塞抑或内地，类似的临时调度必然大量存在，因此在使用简牍还原历史场景时应格外留意。

（三）重视文书制度的复杂性，慎重对待难解问题，精细考辨。

制度史研究的魅力之一，是从纷繁的材料中钩稽出潜在的规矩。不过就边塞出土文书而言，因其形式多样且存在时代的变化，往往很难作一律概括，所以最大限度蒐集样本，归纳分类，寻找其间的关联异同尤为重要。这里可举本书第二部第六章所论的“标写着收件人且用于缄封文书的简”加以说明。此类简比较复杂，有附加封泥匣与否、标识传递方式与否、捺印和标记投递记录与否之别，上述形制上的差异是否意味着使用方式的不同？这些议题逐渐成为文书缄封制度的讨论焦点。如最近出的冨谷至文认为：“首先将零散的册书、邮件放入邮囊中包好，然后再系好附检并封印起来。在检面上要写明收信机关或者收信人。有多个邮件的时候，将他们集中放入一个邮囊里，然后另外附上写有收信人的检。总之，检面分为两种：一种附加在个别册书上（暂且称之为内检）；一种附在收纳了传送文书的邮囊上（暂且称之为外检）……外检和邮囊，要在诸如甲渠候官这样的邮书传送机关打开，邮囊中的内检要经过检查。如上所述，内检需保持原样而不开封，而附加了外检的邮囊则必须打开，所以外检没有封印的必要。另外，外检与内检的收信地址具有不同性质，内检上写的是各件文书的受领者的名字，而外检上写的是这个邮囊的最终送达地址。”① 但本书却没有轻信冨谷的推测，而是仔细搜罗了 479 例标有收件人的简，按有、无封泥匣，有、无标记递送方式列表，发现冨谷说存在五个疑点，不能妥当解释实际的现象。在质疑之上，作者更提炼了同类简的四个要素：一是官文书还是书信，二是有无封泥匣，三是有无标记递送方式，四是有无捺印及投递记录，将 479 例分别以四位阿拉伯数字标记（如 1011，表示官文书、无封泥匣、标记了递送方式、有印文和投递记录），从不同的组合方式观察其百分比，最后得到内容要旨中所述的结论。本书这种不轻易想象概括，而是从归纳分析来寻找内在关联的论证显然更具有说服力。

① 冨谷至：《文书行政的汉帝国》，刘恒武、孔李波译，第 162 页。

上述例子外，本书各章中皆能见到精细的考辨。对于既有观点，作者每每用代数式的方法，不厌其烦地将它置于多层次史料中检验真伪，很令人想起20世纪30年代滨口重国的名文《践更与过更》。作者的很多新见就出于分条缕析的辩诘后，因此给相关探索带来了着实推进。

除在文书制度上的贡献，本书所获结论对其他领域也有助益。比如第四部第一章，系统阐述了官方对行道贳卖的管理制度，诸如债名籍和贳卖名籍的区分，行道贳卖名籍的制作流程，官文书中有否“自言”字样与交易之际是否签订契约的关系，贳卖欠款的偿还期限，偿还期与贳卖名籍制作时间的关系等。这些见解很有助于窥探官府监管民间买卖活动的方法，可以为解析内地同边塞间的经济交流提供参考。

四　商榷与展望

本书敦实厚重，在上述多方面成就突出，但也不免存在一些可商之处，或者说能进一步展开的部分。仅就笔者所见及，略陈数端。

第一，关于第二部第一章对“丞相上某书”的解释。自大庭脩以来，学界对元康五年诏书册中“丞相上大常书”看法比较一致，即认为“丞相向御史大夫呈递了太常的上言”。而本书认为，汉代诏书中的“丞相上某书”，并非表示真正通过丞相上呈奏文，只是一种形式性的表述。我们观察作者引证过程，主要的证据是《二年律令·津关令》中上呈者（将下级奏文呈献皇帝的人）和“以闻者”（制作奏文并献给皇帝的人）往往不一致——上言者均将奏文上呈丞相（或相国），再由他进呈皇帝；而令文末的“以闻者”则多为丞相（或相国）和御史连署，前后矛盾。而且，此格式与东汉后期乙瑛碑中鲁前相直接上言皇帝，不见司徒上呈环节，最后由司徒、司空连署“以闻”的情况形成对比。作者的见解颇为新颖，不过因辨析较多地运用了逻辑推绎，似有进一步确证的必要。特别是未能结合汉初至西汉后期丞相的职掌变化，说明为何“丞相上某书”套语要形式性地体现在诏书中。如所周知，西汉时期丞相的地位发生了很大变化，从丞相对国务的统摄监管过渡到三公的鼎足分政。在汉初，丞相的重要职责之一，即主动向皇帝提出新政策、措施及用人方案（即所谓“请事”)。[1] 若广义地看，“丞相上某书”也能视为一种“请事”，那么该套语的存在意义，就不能仅从文书层面推测，既须要切实论述直接受理郡国上言的官署，也要综合考虑中央官署——如相府、御史大夫寺及皇宫的位置关系对文书运作的影响。换言之，可以用“丞相上某书”为线索更深挖掘文书运作背后的人事制度。本书未能有类似关照，不能不说是个遗憾。另外，关于丞相和御史大夫的职权，祝总斌《两汉魏晋南北朝宰相制度研究》第二章曾有精善的辨析，而这里似也未加参考。

第二，关于第二部第三章对“以亭传”的论述。陈伟梳理秦及汉初律中相关表述，主张秦至汉初两种最主要的文书传递方式是“以邮行”和“以县次传”。而本书认为，从汉初开始“以亭行”也是最重要的方式之一。观察作者的主要证据，一为西汉后期的尹湾汉简，另一为悬泉置简。我们知道，秦至西汉初期亭的功能发生了一些变化，即秦时期的亭主要用以维持治安，同时兼管市务，进入汉代以后因亭成市的记录还屡见于史籍，不过总体趋势上汉初以后亭不再兼管市务，市的管理体系逐渐独立出来。[2] 亭在传递文书上的作用与上述机能的伸缩是否有关？另外，秦汉之间交通线的建设也是一个逐渐完善的过程，比如秦时期在县治所之外的道路沿线尚未有专门负责人员食宿的机构，普遍设立专门保障往来官员使者等的食宿与交通的“置”可能主要产生于西汉。[3] 鉴于此，尽管能确认秦时期的亭可能已负担了文书传递职能，但“以亭行”之制是否从汉初开始既已完备？或者它在秦汉之间有否变化？鉴于以上现象，汉初至西汉中期“以亭行”的情况还需要更多、更明确的史料加以检证。

第三，关于文书制度研究的着眼点。近年，制度史研究逐渐瞩目于“日用而不知”的常态层面，关注日常政治生活的展开和日常政治秩序的建立。“在梳理典章的基础上，更加注重其功能与效用、动态的实施方式与运作过程”，“致意于制度的协调组合方式、事件内在交错关联、人物的

① 祝总斌：《两汉魏晋南北朝宰相制度研究》，中国社会科学出版社，1990，第28～30页。

② 裘锡圭：《啬夫初探》，载同氏《古代文史研究新探》，江苏古籍出版社，1992，第488～493页。

③ 侯旭东：《皇帝的无奈——西汉末年的传置开支与制度变迁》，《文史》2015年第2辑，第15页。

多重关系脉络，对于将各类因素联结融通、使其得以发生效力的、无形而潜在的氛围、机制、网络，进行细致而‘到位’的研究。”[①] 因之，制度与人的互动不能缺位。就本书言，涉及文书制度与人事关联的内容也有一些。如前节谈到的，作者考证额济纳流域文书传递路线时，特别注意了燧卒因出差顺路将信件带回本燧的现象，其行走线路与正规递送路径不同。又如第三部第一章中，作者推证举劾文书的一部分由举劾者直接送往居延县狱（详本文内容要旨），但这部分却与其余应送往甲渠候官中转的另一部分同时出土于甲渠候官遗址，且该案件所有文字的笔迹皆同。作者猜测，举劾文书因格式复杂，举劾者本人不一定具备制作能力，必要时他们会到候官供述，请习熟格式的吏制作文书，候官出土的即该文书的底本。[②] 诸如此类的发现和推论都饶有趣味，可以藉此深究制度条款的日常运作情况，也有助于复原边塞小吏、戍卒的工作状态。但不无可惜的是，或许因其与相关章节论述异旨，本书没能更深展开，在缜密的制度考析中未能充分呈现人的身影。

官文书制度是构成日常政治生活的骨架，也是切入日常统治秩序的关键，[③] 在新史料不断积累的今天，其深耕广拓的空间自不待言。目下，秦汉官文书研究与古文书学、考古学的结合日趋紧密，新思路迭出；[④] 而且也有突破断代制约，实现长时段整合的倾向。[⑤] 可以说，该领域吸引了秦汉史学界几乎所有一流学者的目光，步入快速发展阶段。在上述潮流中品

---

① 邓小南：《〈文书·政令·信息沟通：以唐宋时期为主〉序言》，载邓小南、曹家齐、平田茂树主编《文书·政令·信息沟通：以唐宋时期为主》，北京大学出版社，2012，第3页。上述思路在秦汉文书制度的研究中也多有体现，如邢义田《汉代简牍公文书的正本、副本、草稿和签署问题》，《中央研究院历史语言研究所集刊》第82本第4分，2011年12月，第601~678页。侯旭东《西汉张掖郡肩水候系年初编——兼论候行塞时的人事安排与用印》，《简牍学研究》第5辑，甘肃人民出版社，2014，第180~198页。

② 关于这篇举劾文书的最近研究，有唐俊峰《甲渠候官第68号探方出土劾状简册的复原与研究》，《简牍学研究》第5辑，第38~58页。唐文对该文书制作程序的推测与鹰取氏不同，参见第54页。

③ 侯旭东：《读汪桂海著〈汉代官文书制度〉》，《中国史研究动态》2000年第8期，第29页。

④ 详见籾山明《日本居延汉简研究的回顾与展望——以古文书学研究为中心》，顾其莎译，《中国古代法律文献研究》第9辑，第167~172页。

⑤ 参考黄正建《中国古文书学的历史与现状》，《史学理论研究》2015年第3期，第135~139页。

读鹰取先生新著，它似乎并不着意于前沿理论的尝试，取向上更接近传统制度史——在新史料环境下反思旧说，以不同视角相察经典议题，从细枝末节迫近宏观构架。藉绵密考析所获得的独到知见，重塑了许多关键问题的理解，也必将成为本领域前进的崭新基础。

附记：小文撰写中，曾先后得到侯旭东、徐世虹两位教授的指教，谨致上诚挚谢意。文中错误及不当处，责归笔者。

《中国古代法律文献研究》稿约

《中国古代法律文献研究》为中国政法大学法律古籍整理研究所所刊，于1999年创刊，自2010年始改版为年刊，欢迎海内外同仁不吝赐稿。

《中国古代法律文献研究》以中国古代法律文献为主要研究对象，刊发原创性的学术论文、书评和研究综述。本刊以中文简体出版，来稿以2万字以下为宜，同时请附300字以内的中文摘要、关键词与英文标题；如是外文稿件，请作者授予本刊中文版的首发权利。已经公开发表（包括网络发表）过的中文稿件，请勿投稿。本刊采取同行专家匿名评审制度，将在收到稿件后两个月内回复作者有关采用与否的信息。

有关投稿中的版权问题，请作者自行妥善解决。

本刊投稿截止时间为6月30日。

来稿一经刊发，本刊将向作者寄赠该辑图书1册。

来稿请附作者简历、详细通讯地址、邮编、电子邮件等联系方式，以纸版或电子版形式，分别寄至：

（100088）北京海淀区西土城路25号中国政法大学法律古籍整理研究所　赵晶　收

电子邮箱：zhaojing0628@ gmail. com

《中国古代法律文献研究》编辑部

Journal of Chinese Ancient Legal Literature Studies

The Journal of Chinese Ancient Legal Literature Studies is edited by the Institute for Chinese Ancient Legal Documents, China University of Political Science and Law. It was published for four times during the period of 1999 - 2007. The Institute starts to publish it annually from 2010. Submission of papers both from domestic and overseas is welcomed.

The Journal mainly focuses on the research of the legal literature in ancient China, publishing original academic papers and book reviews, each of which should be no more than 20000 words. The journal will be published in simplified Chinese, please submit your paper with a Chinese abstract no more than 300 words, keywords and an English title. If it is a paper in other language, the authorization for publication of its Chinese version in this journal for the very first time will be appreciated. If the paper in Chinese was published in any form including on Internet, please don't submit again. All the papers submitted will be reviewed and examined by the scholars in an anonymous manner. Whether it is accepted or not, the author will be informed within two months upon the receipt of the paper.

For copyright related matters, please properly address on your own in advance.

The deadline of submission is June, 30th annually.

Once the paper is published, the contributors will receive one copy of the Journal.

The paper for contribution, prepared in soft or hard copy, and supplied with a brief resume of the author and his/her detailed information for contact, such as the address, post code, and email etc, shall be sent to the following address:

Dr. Zhao Jing, Institute for the Research of Legal Literature in Ancient China, China University of Political Science and Law, Beijing (100088), China.

E-mail: zhaojing0628@gmail.com.

Institute for the Research of Legal Literature in Ancient China

China University of Political Science and Law

《中国古代法律文献研究》撰稿凡例

一　论文缮打格式

字体：中文请使用宋体简体字，英文请使用 Times New Roman。字号：正文五号字，注解小五号字。

二　标题层级

请依次使用 一、(一) 1. (1) A. a.

三　标点

请使用新式标点，除破折号、省略号各占两格外，其他标点均占一格。书刊及论文名均请使用《 》。

四　数字表示

公元纪年使用阿拉伯数字，中国年号、古籍卷数使用中文数字（年号例如建武二十五年、贞观八年、乾隆三十五年，卷数例如卷一〇、卷二三、卷一五四）。第一次涉及年号者，请用（ ）配加公元纪年。

五　注释体例

请采取当页脚注、每页连续编码的方式。

注释号码采用阿拉伯数字表示，作①、②、③……，每页重新编号。

再次征引，不需出现来源书刊或论文的全部信息，采用“作者，书名/论文名，页码”的形式。

引用古籍，应依次标明作者、书名、版本、卷数，如（清）顾炎武著，黄汝成集释《日知录集释》卷一五，清道光十四年嘉定黄氏刻本。

引用专著（包括译者）或新印古籍或古籍之点校整理本，应依次标明作者（包括译者）/整理者、书名、章/卷数、出版者、出版年代、版次（初版无须标明）、页码，如瞿同祖：《瞿同祖法学论著集》，中国政法大学出版社，1998，第50页；（清）黄宗羲著，全祖望补修《宋元学案》第1册，陈金生、梁运华点校，中华书局，1986，第150页。

引用论文，应依次标明作者、论文名称、来源期刊/论文集名称、年代、卷次、页码，如徐世虹：《对两件简牍法律文书的补考》，载中国政法大学法律古籍整理研究所编《中国古代法律文献研究》第2辑，中国政法大学出版社，2004，第90页；张小也：《明清时期区域社会中的民事法秩序——以湖北汉川汈汊黄氏的〈湖案〉为心》，《中国社会科学》2005年第6期，第190页。

引用外文文献，依常规体例，如 Brian E. McKnight, *Law and Order in Sung China*, Cambridge University Press, 1992, pp. 50 - 52.

图书在版编目(CIP)数据

中国古代法律文献研究. 第十辑 / 徐世虹主编. --北京: 社会科学文献出版社, 2016. 12

ISBN 978-7-5097-9956-7

Ⅰ. ①中… Ⅱ. ①徐… Ⅲ. ①法律-古籍研究-中国-文集 Ⅳ. ①D929-53

中国版本图书馆 CIP 数据核字（2016）第 268739 号

中国古代法律文献研究【第十辑】

主　　编 / 徐世虹
执行编辑 / 赵　晶

出 版 人 / 谢寿光
项目统筹 / 宋荣欣
责任编辑 / 宋　超

出　　版 / 社会科学文献出版社·近代史编辑室（010）59367256
地址: 北京市北三环中路甲 29 号院华龙大厦　邮编: 100029
网址: www. ssap. com. cn
发　　行 / 市场营销中心（010）59367081　59367018
印　　装 / 三河市东方印刷有限公司

规　　格 / 开 本: 787mm × 1092mm　1/16
印 张: 28　字 数: 442 千字
版　　次 / 2016 年 12 月第 1 版　2016 年 12 月第 1 次印刷
书　　号 / ISBN 978-7-5097-9956-7
定　　价 / 89.00 元